Edinger · Betriebliche Steuerlehre

umweltfreundlich
... weil auf chlor- und säurefreiem Papier gedruckt.

Kompendium der praktischen Betriebswirtschaft

Herausgeber Prof. Dipl.-Kfm. Klaus Olfert

Betriebliche Steuerlehre

von

Prof. Dipl.-Kfm. Ludwig Edinger
Dipl.-Hdl.

5., überarbeitete und erweiterte Auflage

Kiehl

Zur Herstellung dieses Buches wurde chlor- und säurefrei gefertigtes Papier, zur Umschlagkaschierung eine Folie verwendet, die bei der Entsorgung keine Schadstoffe entstehen läßt. Mit diesem Weg wollen wir einen Beitrag zum Schutz unserer Umwelt leisten.

Die Deutsche Bibliothek - CIP-Einheitsaufnahme

Edinger, Ludwig:
Betriebliche Steuerlehre / von Ludwig Edinger. - 5., überarb. und erw. Aufl. - Ludwigshafen (Rhein) : Kiehl, 1994
(Kompendium der praktischen Betriebswirtschaft)

ISBN 3-470-70565-8

Herausgeber:
Prof. Dipl.-Kfm. Klaus Olfert
Hochschule für Technik, Wirtschaft und Kultur Leipzig
Fachbereich Wirtschaftswissenschaften
Postfach 66, 04251 Leipzig

ISBN 3 470 **70565** 8 · 5. Auflage[2] 1994

Herstellung: Druckhaus Beltz, Hemsbach

Kompendium der praktischen Betriebswirtschaft

Das Kompendium der praktischen Betriebswirtschaft soll dazu dienen, das allgemein anerkannte und praktisch verwertbare Grundlagenwissen der modernen Betriebswirtschaftslehre praxisgerecht, übersichtlich und einprägsam zu vermitteln.

Dieser Zielsetzung gerecht zu werden, ist gemeinsames Anliegen des Herausgebers und der Autoren, die durch ihr Wirken an Fachhochschulen, in der betriebswirtschaftlichen Unternehmensberatung, bei der Schulung von Führungskräften bzw. als leitende Mitarbeiter von Unternehmen vielfältige Kenntnisse und Erfahrungen sammeln konnten.

Das Kompendium der praktischen Betriebswirtschaft umfaßt mehrere Bände, die einheitlich gestaltet sind und jeweils aus zwei Teilen bestehen:

- Dem **Textteil**, der systematisch gegliedert sowie mit vielen Beispielen und Abbildungen versehen ist, welche die Wissensvermittlung erleichtern. Zahlreiche Kontrollfragen mit Lösungshinweisen dienen der Wissensüberprüfung. Umfassende Literaturverzeichnisse zu jedem Kapitel verweisen auf die verwendete und weiterführende Literatur.

- Dem **Übungsteil**, der eine Vielzahl von Aufgaben und Fällen enthält, denen sich ausführliche Lösungen anschließen, die schrittweise und in verständlicher Form in die betriebswirtschaftlichen Fragestellungen einführen.

Als praxisorientierte Fachbuchreihe wendet sich das Kompendium der praktischen Betriebswirtschaft vor allem an:

- **Studierende** der Fachhochschulen und Universitäten, Akademien und sonstigen Institutionen, denen eine systematische Einführung in die betriebswirtschaftlichen Teilgebiete vermittelt werden soll, die eine praktische Umsetzbarkeit gewährleistet.

- **Praktiker** in den Unternehmen, die sich innerhalb ihres Tätigkeitsfeldes weiterbilden, sich einen fundierten Einblick in benachbarte Bereiche verschaffen oder sich eines umfassenden betrieblichen Handbuches bedienen wollen.

Für Anregungen, die der weiteren Verbesserung der Fachbuchreihe dienen, bin ich dankbar.

Klaus Olfert
Herausgeber

Vorwort zur 5. Auflage

Die Konzeption wurde beibehalten: Vermittlung von Grundkenntnissen über die Steuern, die für die Unternehmen und die Unternehmer Bedeutung haben.

Für Sachkomplexe und Fragestellungen, die spezielle Probleme zum Gegenstand haben, muß auf Einzeldarstellungen von Steuern bzw. auf die sehr umfangreiche Spezialliteratur verwiesen werden.

In dem Bestreben, das Buch auf dem neuesten Stand der Steuergesetzgebung und Steuerrechtsprechung zu halten, war eine gründliche Überarbeitung der Materie notwendig.

Alle bis zum Erscheinen dieser erweiterten Auflage eingetretenen Gesetzesänderungen, u.a. durch das Standortsicherungsgesetz, Mißbrauchsbekämpfungs- und Steuerbereinigungsgesetz, Umsatzsteuer-Binnenmarktgesetz, Grenzpendlergesetz und Gesetz zur Änderung des Umsatzsteuergesetzes und anderer Gesetze wurden, soweit notwendig, berücksichtigt. Auch sind redaktionelle Textänderungen eingearbeitet worden, soweit sie von grundsätzlicher Bedeutung für das Verständnis sind und nicht nur für eine Übergangszeit Anwendung finden. Auch die EStR 1993 konnten Berücksichtigung finden.

Der Aufgabenteil mit Lösungen dient zur Vertiefung des erworbenen Wissens und ist geeignet, die Gesetze auf steuerliche Sachverhalte anzuwenden und Entscheidungen zu begründen.

Für Anregungen bin ich dankbar.

Wuppertal, im Juli 1994

Ludwig Edinger

Benutzungshinweis

Kontrollfragen

Die Kontrollfragen dienen der Wissenskontrolle. Sie finden sich am Ende eines jeden Kapitels. Zur Wissenskontrolle wird folgende Vorgehensweise vorgeschlagen:

- Beantwortung der Kontrollfragen und Vermerk in der Spalte »bearbeitet«.

- Vergleich der beantworteten Kontrollfragen mit den in der Spalte »Lösungshinweis« gegebenen Textstellen.

- Vermerk in der Spalte »Lösung«, ob die beantworteten Kontrollfragen befriedigend (+) oder unbefriedigend (-) gelöst wurden.

Aufgaben/Fälle

Die Aufgaben/Fälle im Übungsteil dienen der Wissens- und Verständniskontrolle. Auf sie wird jeweils im Textteil hingewiesen:

1
2
3
4
5
.
.
.

Der Übungsteil befindet sich als »blauer Teil« am Ende des Buches. Es wird empfohlen, die Aufgaben/Fälle unmittelbar nach Bearbeitung der entsprechenden Textstellen zu lösen.

Inhaltsverzeichnis

Abkürzungsverzeichnis

Abs.	=	Absatz
Abschn.	=	Abschnitt
a.F.	=	alte Fassung
AfA	=	Absetzung für Abnutzung
AktG	=	Aktiengesetz
AO	=	Abgabenordnung
AStG	=	Außensteuergesetz
Aufl.	=	Auflage
BAnz	=	Bundesanzeiger
Bd.	=	Band
BdF	=	Bundesminister der Finanzen
BewDV	=	Durchführungsverordnung zum Bewertungsgesetz
BewG	=	Bewertungsgesetz
BewRGr	=	Richtlinien zur Bewertung des Grundvermögens
BFH	=	Bundesfinanzhof
BGB	=	Bürgerliches Gesetzbuch
BGBl.	=	Bundesgesetzblatt
BiRiliG	=	Bilanzrichtlinien-Gesetz
BStBl.	=	Bundessteuerblatt
BVerfGE	=	Entscheidungssammlung des Bundesverfassungsgerichts (Band, Seite)
DBA	=	Doppelbesteuerungsabkommen
ErbStG	=	Erbschaftsteuergesetz
Erl.	=	Erlaß
ESt	=	Einkommensteuer
EStDV	=	Einkommensteuer-Durchführungsverordnung
EStG	=	Einkommensteuergesetz
EStR	=	Einkommensteuerrichtlinien
FKPG	=	Gesetz zur Umsetzung des Föderalen Konsolidierungsprogramms
GewStDV	=	Gewerbesteuer-Durchführungsverordnung
GewStG	=	Gewerbesteuergesetz
GewStR	=	Gewerbesteuerrichtlinien
GG	=	Grundgesetz
GrEStDV	=	Grunderwerbsteuer-Durchführungsverordnung
GrEStG	=	Grunderwerbsteuergesetz
GrStG	=	Grundsteuergesetz
GrStR	=	Grundsteuerrichtlinien
HGB	=	Handelsgesetzbuch
i.d.F.	=	in der Fassung
i.S.	=	im Sinne
i.V.	=	in Verbindung
KapErtrSt	=	Kapitalertragsteuer
KGaA	=	Kommanditgesellschaft auf Aktien
KStDV	=	Körperschaftsteuer-Durchführungsverordnung
KStG	=	Körperschaftsteuergesetz

KStR	=	Körperschaftsteuerrichtlinien
LStDV	=	Lohnsteuer-Durchführungsverordnung
LStR	=	Lohnsteuerrichtlinien
NWB	=	Neue Wirtschafts-Briefe
OFD	=	Oberfinanzdirektion
RennwLottG	=	Rennwett- und Lotteriegesetz
RFH	=	Reichsfinanzhof
RGBl.	=	Reichsgesetzblatt
RStBl.	=	Reichssteuerblatt
StandOG	=	Standortsicherungsgesetz
UStDV	=	Verordnung zur Durchführung des Umsatzsteuergesetzes
UStG	=	Umsatzsteuergesetz
UStR	=	Umsatzsteuerrichtlinien
VersStG	=	Versicherungssteuergesetz
vEK	=	verwendbares Eigenkapital
vGA	=	verdeckte Gewinnausschüttung
VO	=	Verordnung
VStDV	=	Vermögensteuer-Durchführungsverordnung
VStG	=	Vermögensteuergesetz
VStR	=	Vermögensteuerrichtlinien
VZ	=	Veranlagungszeitraum
ZG	=	Zollgesetz

A. Grundlagen

In dem einführenden Kapitel werden behandelt:

- Grundbegriffe
- Steuersystem
- Rechtsquellen

1. Grundbegriffe

Folgende Grundbegriffe sind zu unterscheiden:

- Steuern
- Steuersubjekt, Steuerdestinatar, Steuerträger
- Steuerobjekt
- Steuertarif.

1.1 Steuern

Steuern werden in § 3 Abs. 1 AO wie folgt formuliert:

> *„Steuern sind Geldleistungen, die nicht eine Gegenleistung für eine besondere Leistung darstellen und von einem öffentlich-rechtlichen Gemeinwesen zur Erzielung von Einnahmen allen auferlegt werden, bei denen der Tatbestand zutrifft, an den das Gesetz die Leistungspflicht knüpft; die Erzielung von Einnahmen kann Nebenzweck sein. Zölle und Abschöpfungen sind Steuern im Sinne dieses Gesetzes."*

Nach dieser Definition gelten für Steuern folgende **Kriterien**:

- Steuern sind Geldleistungen, die **einmalig** (z.B. Erbschaftsteuer, Grunderwerbsteuer) oder **laufend** (z.B. Einkommensteuer, Gewerbesteuer, Grundsteuer) erhoben werden können.
- Steuern begründen keinen Anspruch auf eine besondere und bestimmte staatliche Gegenleistung. Sie dienen allgemein der Erzielung von Einnahmen zur Erfüllung der Staatsausgaben. Nach dem finanzwirtschaftlichen Grundsatz der „Nonaffektation" dienen alle Einnahmen als Deckungsmittel für die Gesamtheit der Ausgaben. Das bedeutet, daß eine Zweckbindung bestimmter Einnahmen nicht gestattet ist.
- Steuern sind Zwangsabgaben, die kraft staatlicher Finanzhoheit von Bund, Länder und Gemeinden erhoben werden.
- Es besteht eine Leistungspflicht für alle, bei denen der Tatbestand, an den das Gesetz die Steuer knüpft, erfüllt ist.

- Die Einnahmenerzielung durch Steuern kann auch Nebenzweck sein. Das trifft besonders bei Steuern und Zöllen zu, die als Lenkungsmechanismen (außerfiskalische Ziele) eingesetzt werden.

Die Legislative bedient sich also der Steuern neben der Finanzierung der öffentlichen Haushalte auch zur Erreichung wirtschaftspolitischer Ziele. Der Wirtschaftspolitik liegen verschiedene **Ziele** zugrunde:

- Allgemeine konjunkturpolitische Ziele wie Preisstabilität, Vollbeschäftigung, außenwirtschaftliches Gleichgewicht, stetiges und angemessenes Wirtschaftswachstum.
- Regionalpolitische Ziele wie Verbesserung der Infrastruktur.
- Strukturpolitische Ziele wie Subventionen, steuerliche Erleichterungen für einzelne Wirtschaftsbereiche.
- Sonstige Ziele wie Gestaltung einer lebenswerten Umwelt, steuerliche Begünstigung bei umweltschützenden Maßnahmen, Entwicklungshilfe.

1.2 Steuersubjekt, Steuerdestinatar, Steuerträger

Wer nach den einzelnen Gesetzen **Steuerschuldner** ist, d.h. Träger von Rechten und Pflichten sein kann, ist Steuersubjekt. Der Begriff des **Steuerpflichtigen** geht weiter als der des Steuerschuldners und erfaßt auch denjenigen, der als Steuerschuldner in Anspruch genommen wird, ohne eine Steuer zu schulden (vgl. *Tipke*). Nach § 33 Abs. 1 AO ist Steuerpflichtiger, *„wer eine Steuer schuldet, für eine Steuer haftet, eine Steuer für Rechnung eines Dritten einzubehalten und abzuführen hat, wer eine Steuererklärung abzugeben, Sicherheit zu leisten, Bücher und Aufzeichnungen zu führen oder andere ihm durch die Steuergesetze auferlegte Pflichten zu erfüllen hat"*.

Die Steuerschuld entsteht durch die Verwirklichung des Steuertatbestandes. In der Regel hat der Steuerschuldner die Steuer zu zahlen.

Wer kraft des bestehenden Schuldverhältnisses berechtigt ist, die Entrichtung einer Steuer zu fordern, ist **Steuergläubiger**.

Als **Steuerdestinatar** wird die Person bezeichnet, die nach dem Willen des Gesetzgebers die Steuer wirtschaftlich tragen soll, beispielsweise der Letztverbraucher bei der Umsatzsteuer.

Die Person, welche die Steuer tatsächlich wirtschaftlich letzten Endes trägt, wird als **Steuerträger** bezeichnet.

Beispiele:

(1) Bei der Einkommensteuer sind in der Regel
- Steuerschuldner,
- Steuerträger,

- Steuerdestinatar

in einer Person vereint.

(2) Bei der Lohnsteuer ist Steuerschuldner, Steuerdestinatar und Steuerträger der Arbeitnehmer, während der Arbeitgeber Steuerzahler ist und für die ordnungsmäßige Entrichtung der Steuer haftet.

(3) Bei der Umsatzsteuer ist der Unternehmer Steuerschuldner und Steuerzahler; der Letztverbraucher ist Steuerdestinatar und im Falle der möglichen Überwälzung (Inzidenz) Steuerträger; gelingt die Überwälzung wegen der bestehenden Konkurrenzverhältnisse nicht, so ist der Unternehmer zugleich Steuerträger.

1.3 Steuerobjekt, Steuerbemessungsgrundlage

Steuerobjekt oder Steuergegenstand ist diejenige Sache, dasjenige Rechtsverhältnis oder derjenige Vorgang, der als **Grundlage der Besteuerung** dient. Dies sind Vorkommnisse des Wirtschaftslebens, die als Tatbestandselemente steuerbegründend sind.

Die Größe (Quantität) des Steuerobjekts wird als **Steuerbemessungsgrundlage** (auch Besteuerungsgrundlage) bezeichnet; sie wird also durch die Normen gebildet, die das Steuerobjekt quantifizieren *(Tipke)*.

In den einzelnen Steuergesetzen wird die relevante Besteuerungsgrundlage jeweils definiert. Sie kann als Wert oder auch als Mengengröße (technische Merkmale) produzierter oder umgesetzter Güter bestimmt werden.

1.4 Steuertarif

Durch die Verrechnung mit dem Steuertarif ergibt sich die Höhe der Steuer. Der Steuertarif ist ein Verzeichnis (Tabelle), in dem bestimmten Einheiten der Bemessungsgrundlage ein bestimmter Steuersatz (Prozentsatz) oder ein bestimmter Steuerbetrag (Geldbetrag) zugeordnet ist.

Der Steuersatz ist die Größe, die zusammen mit der steuerlichen Bemessungsgrundlage das Maß der steuerlichen Belastung angibt:

$$\frac{\text{Steuerbetrag}}{\text{Bemessungsgrundlage}} \cdot 100$$

Nach dem Verhältnis der Steuersätze zu den Besteuerungseinheiten unterscheidet man verschiedene Tarifformen:

- **Proportionaler Tarif:** Der durchschnittliche Steuersatz bleibt bei jeder Höhe der Bemessungsgrundlage konstant (Umsatzsteuer).

- **Progressiver Tarif:** Der durchschnittliche Steuersatz nimmt bei steigender Bemessungsgrundlage zu (Einkommensteuer).
- **Regressiver Tarif:** Der durchschnittliche Steuersatz nimmt bei steigender Bemessungsgrundlage ab (gegenwärtig in Deutschland nicht angewandt).

Den Steuersatz, mit dem die jeweils letzte Einheit der Bemessungsgrundlage belastet wird, bezeichnet man als **Grenzsteuersatz** oder **marginalen Steuersatz**.

Jene Beträge, bis zu denen eine Steuer nicht erhoben wird, nennt man **Freigrenze**. Bei Überschreitung solcher Freigrenzen wird die **gesamte** Bemessungsgrundlage der Besteuerung unterworfen. Beträge, die bei der Ermittlung der Steuerbemessungsgrundlage abzugsfähig und damit steuerfrei sind, stellen **Freibeträge** dar; sie werden vornehmlich aus sozialpolitischen Gründen gewährt.

Beide Institute sind Mittel der Steuerpolitik und sollen bestehende Härten mildern.

2. Steuersystem

In der Vielzahl der Steuern läßt sich nur teilweise eine Systematik erkennen. Es gibt kein einheitliches Steuergesetzbuch; die einzelnen Steuern wurden nicht in einem einheitlichen Gesetz zusammengefaßt. Fast jede Steuer wird in einem besonderen Gesetz geregelt und diese Gesetze sind nicht nach einheitlichen Gesichtspunkten systematisiert (vgl. *Tipke*). Dieser Umstand erklärt sich aus der Tatsache, daß alle geltenden Steuerordnungen historisch gewachsen sind. Durchgeführte Reformen gehen über den Rahmen von Teilreformen nicht hinaus, so daß immer nur eine partielle Systematisierung entsteht.

Bestimmte Strukturwandlungen in der Wirtschafts- und Gesellschaftsordnung wie auch der instrumentale Einsatz der Steuern in der Wirtschafts- und Sozialpolitik haben immer wieder größere und kleinere Reformgesetze zur Folge. Es vollzieht sich permanent eine rationelle und zielkonforme Gestaltung des Steuersystems und wird damit zu einer langfristigen Aufgabe der Steuergesetzgebung (vgl. Ermächtigungsvorschrift § 51 EStG).

Für die Unternehmen sind nicht alle Steuern von Bedeutung, doch erfüllen eine große Anzahl ökonomischer Größen und Prozesse steuerliche Tatbestände und dienen als Besteuerungsgrundlagen verschiedener Steuern.

Im Vordergrund der laufenden Besteuerung stehen

- der Ertrag,
- das Vermögen und
- der Umsatz der Unternehmen.

Die für den Unternehmer weniger bedeutsamen Steuern werden in diesem Buche nicht berücksichtigt.

2.1 Zielsetzungen der Besteuerung

Primär dienen die Steuern zur **Einnahmenerzielung** des Staates, um über Mittel zur Durchführung der öffentlichen Aufgaben zu verfügen. Der Grad der Aufgabenerfüllung hängt also weitgehend von der Höhe der Steuereinnahmen ab.

In zunehmendem Maße wird die Steuer zu einem Instrument der Wirtschaftslenkung. Nach Artikel 109 Abs. 2 GG sind Bund und Länder ausdrücklich gehalten *„bei ihrer Haushaltswirtschaft den Erfordernissen des gesamtwirtschaftlichen Gleichgewichts Rechnung zu tragen“.*

2.2 Prinzipien der Besteuerung

Prinzipien beinhalten Sollsätze, die bei der Realisierung vorgegebener Ziele zu beachten sind.

Die klassischen Steuerregeln von *Adam Smith* (1723-1790) postulieren Gleichmäßigkeit, Bestimmtheit, Bequemlichkeit und Wirtschaftlichkeit (Billigkeit).

Adolph Wagner (1835-1917) stellt die Forderung auf, das Steuerwesen nach finanzpolitischen, volkswirtschaftlichen, ethischen und verwaltungsmäßigen Gesichtspunkten zu ordnen.

Die modernen Besteuerungsgrundsätze lassen sich auf folgende **Normen** festlegen *(Krüger)*:

- **Fiskalisch-budgetäre Prinzipien:** Diese streben die hinreichende Bedarfsdeckung und die Steigerungsfähigkeit der Erträge des Steuersystems an.
- **Ethisch-sozialpolitische Prinzipien:** Diese besitzen heute Priorität. Im Vordergrund steht die Forderung nach Steuergerechtigkeit, die primär in einer Berücksichtigung der persönlichen wirtschaftlichen Leistungsfähigkeit besteht.
- **Wirtschaftspolitische Prinzipien:** Ihre Beachtung bedeuten „Besteuerungsneutralität in bezug auf den Wettbewerb im Unternehmensbereich, insbesondere auf Standort, Rechtsform- und Finanzierungsformwahl“ und gleichzeitig „aktive und passive Flexibilität des Steuersystems im Sinne einer modernen Konjunkturpolitik“.
- **Steuertechnische Prinzipien:** Hier „sind die Grundsätze der Systemhaftigkeit, der Transparenz und der Stetigkeit zu nennen. Mit ihrer Beachtung soll ein möglichst hoher Grad an Praktikabilität der Besteuerung erreicht werden“.

2.3 Grundsätze des Steuerrechts

Die Prinzipien des Steuerrechts berühren den Vollzug der Besteuerung nach einer rechtlichen Ordnung. Diese wird durch die jeweilig geltende politische und soziale Auffassung geprägt und ändert sich mit den wechselnden politischen, sozialen und wirtschaftlichen Vorstellungen. Nach den herrschenden Wertvorstellungen werden aus dem Postulat der **Steuergerechtigkeit** mehrere Prinzipien abgeleitet:

- Besteuerung nach der Leistungsfähigkeit
- Anwendung des Sozialstaatsprinzips
- Beachtung des Rechtsstaatsprinzips.

Daraus ergeben sich:

- Gesetzmäßigkeit oder Tatbestandsmäßigkeit der Besteuerung
- Rechtssicherheit (Tatbestandsbestimmtheit), Rückwirkungsverbot, Analogieverbot,Vertrauensschutz
- Gleichmäßigkeit der Besteuerung
- Verbot der Benachteiligung von Ehe und Familie
- Keine unmittelbare Regelung der Berufswahl oder Berufsausübung.

2.4 Steuerbelastung

Die Steuern können die Steuerträger

- direkt oder
- indirekt

belasten.

Diejenigen Steuern, die **unmittelbar** an die Leistungsfähigkeit anknüpfen, werden den **direkten** und die **mittelbar** die Leistungsfähigkeit über den Konsum erfassen, den **indirekten** Steuern zugerechnet.

Diese Einteilung unterstellt die Möglichkeit der Steuerüberwälzung (Inzidenz), wonach die indirekten Steuern überwälzt werden können bzw. dies sogar erwünscht ist (Abhängigkeit von der Marktsituation).

Die direkten Steuern können nach ihrer Erhebungsform nicht oder zumindest nur bedingt überwälzt werden.

Bezieht man diese Einteilungskriterien auf die Steuerarten, dann entfallen die direkten Steuern auf die Erzielung von Einkommen und auf den Vermögensbesitz, und die indirekten Steuern auf Verkehrsvorgänge und Verbrauch (Einkommensverwendung).

2.5 Steuervergünstigungen

Die Höhe der Steuerschuld wird durch Steuervergünstigungen gemindert. Unter den Begriff der Steuervergünstigungen werden alle die Steuerschuld mindernden Normen mit Ausnahmecharakter subsummiert (vgl. *Tipke* und *Wacker*).

Im einzelnen werden unterschieden:

- **Steuerbefreiungen:**
  - subjektiv (z.B. § 5 KStG, § 3 GewStG, § 3 VStG)
  - objektiv (z.B. § 3, 3a, 3b EStG, § 4 UStG, § 13 ErbStG, § 3 GrEStG)
- **Steuerermäßigungen:**
  - Steuersatzermäßigungen (z.B. §§ 34, 34b EStG)
  - Steuerbetragsermäßigungen (z.B. §§ 34c, 34e, 34f, § 35 EStG, § 19 KStG)
- **Bewertungsfreiheiten:**
  Zulässigkeit niedrigerer Bewertung (z.B. geringwertige Wirtschaftsgüter, § 6 Abs. 2 EStG)
- **Sonderabschreibungen:**
  Korrektur der Steuerbemessungsgrundlage (z.B. §§ 7d, 7e, 7f, 7g, 7h, 7i, 7k EStG)
- **Freibeträge:**
  Beträge, die bei der Ermittlung der Steuerbemessungsgrundlage abzugsfähig und damit steuerfrei sind (z.B. §§ 3 Nr. 26; §§ 13 Abs. 3, 14a, 16 Abs. 4, 17 Abs. 3 EStG; § 110 Abs. 1 Nr. 2, 6 Abs. 2 und 3 BewG, § 6 VStG)
- **Freigrenzen:**
  Beträge, bis zu denen eine Steuer nicht erhoben wird; bei Überschreitung dieser Grenzen ist der ungekürzte Wert anzusetzen (z.B. §§ 16 Abs. 4, 17 Abs. 3, 23 Abs. 4 EStG; § 110 Abs. 1 Nr. 8-12, Abs. 3 BewG)

2.6 Steuerarten

Die Steuern lassen sich nach verschiedenen Kriterien einteilen.

2.6.1 Einteilung nach der Steuerbelastung

- **Direkte Steuern**

  (1) Personensteuern

  Sie erfassen die Leistungsfähigkeit natürlicher oder juristischer Personen unmittelbar:

  - Einkommensteuer
  - Körperschaftsteuer
  - Vermögensteuer
  - Erbschaftsteuer
  - Kirchensteuer

(2) Objektsteuern

Sie sind auf die unmittelbare Erfassung der Ertragsfähigkeit eines Objektes abgestellt:

- Gewerbesteuer
- Grundsteuer

- **Indirekte Steuern**

Sie erfassen die Leistungsfähigkeit von Personen über Vorgänge in der Vermögenssphäre und bei der Einkommensverwendung.

(1) Verkehrsteuern

- Feuerschutzsteuer
- Grunderwerbsteuer
- Kraftfahrzeugsteuer
- Rennwett- und Lotteriesteuer
- Umsatzsteuer
- Versicherungsteuer

(2) Verbrauchsteuern

auf Lebensmittel:	Süßstoffsteuer
auf Genußmittel:	Biersteuer Branntweinsteuer Kaffeesteuer Schaumweinsteuer Tabaksteuer
auf sonstige Verbrauchsgüter:	Mineralölsteuer Spielkartensteuer

2.6.2 Einteilung nach dem Steuerobjekt

Die Einteilung nach dem Steuerobjekt (Steuergegenstand) orientiert sich an dem Tatbestand, der die Steuer auslöst.

- **Besitzsteuern**

Zu den Besitzsteuern zählen die Steuern, die unmittelbar die wirtschaftliche Leistungsfähigkeit einer natürlichen oder juristischen Person erfassen und damit Einkommen und Vermögen belasten.

Realsteuern sind im Gegensatz dadurch gekennzeichnet, daß der Steuergegenstand eine Sache (Objekt) ist und die persönlichen Verhältnisse des Eigentümers oder Besitzers zurücktreten.

Es ist üblich, die Besitzsteuern in

- Personen- und
- Realsteuern

einzuteilen.

Steht die Person des Steuerpflichtigen im Vordergrund und werden weitgehend seine persönlichen wirtschaftlichen Verhältnisse berücksichtigt, so werden solche Steuern als Personensteuern bezeichnet.

(1) **Personensteuern**

- Einkommensteuer
- Lohnsteuer
- Körperschaftsteuer
- Vermögensteuer
- Erbschaft- und Schenkungsteuer
- Kirchensteuer

(2) **Realsteuern**

Steuergegenstand der Realsteuern, auch als Sach- oder Objektsteuern bezeichnet, ist eine **Sache** im Gegensatz zu den Personensteuern, die sich auf Erträge oder Vermögen natürlicher oder juristischer Personen beziehen.

Die Realsteuern werden ausschließlich nach bestimmten sachlichen Kriterien erhoben, so daß die persönliche wirtschaftliche Leistungsfähigkeit unberücksichtigt bleibt.

Zu dieser Gruppe zählen die **Gewerbesteuer** und die **Grundsteuer** (§ 3 Abs. 2 AO). Beides sind Gemeindesteuern. Sie sind bundeseinheitlich in entsprechenden Gesetzen geregelt. Den Gemeinden obliegt die Festsetzung der Hebesätze entsprechend der Gemeindesatzung.

- **Verkehrsteuern**
  Siehe Einteilung indirekte Steuern (1) - S. 28

- **Verbrauchsteuern**
  Siehe Einteilung indirekte Steuern (2) - S. 28

2.6.3 Einteilung nach dem Steueraufkommen

Gemäß Art. 106 GG ergibt sich folgende Einteilung nach dem Steueraufkommen:

- **Gemeinschaftssteuern**
  (gemeinsame Steuern von Bund und Ländern)
  - Einkommensteuer
  - Körperschaftsteuer
  - Umsatzsteuer

- **Bundessteuern**
  - Zölle und Finanzmonopole
  - Verbrauchsteuern (soweit sie nicht den Ländern und Gemeinden zufließen)

- Versicherungsteuer
- Ergänzungsabgabe zur Einkommen- und Körperschaftsteuer (wird derzeit nicht erhoben)

- **Ländersteuern**
  - Vermögensteuer
  - Erbschaftsteuer
  - Kraftfahrzeugsteuer
  - Verkehrsteuer, soweit sie nicht dem Bund zustehen
  - Biersteuer
  - Abgaben von Spielbanken

- **Gemeindesteuern**
  - Gewerbesteuer
  - Grundsteuer
  - Örtliche Verbrauch- und Aufwandsteuern
  - Anteile an der Lohn- und Einkommensteuer

2.6.4 Einteilung nach betriebswirtschaftlichen Kriterien

Die Einteilung der Steuern unter betriebswirtschaftlichen Gesichtspunkten soll die Einflüsse der Besteuerung auf die unternehmerischen Entscheidungen deutlich machen.

Hier interessieren besonders die Kostenrelevanz und die Wirkung der Steuern auf die Preisgestaltung ebenso wie der Einfluß der Besteuerung auf Finanzierungsentscheidungen (vgl. *Wöhe / Bieg*).

Demnach ist eine Einteilung wie folgt möglich:

- **Produktionsfaktorsteuern**

  Bemessungsgrundlage ist der Einsatz von Produktionsfaktoren nach Menge und Preis.

  Einsatz Produktionsfaktor Werkstoff:

  - Gewerbekapitalsteuer
  - Vermögensteuer
  - entsprechende Verbrauchsteuern

  Einsatz Produktionsfaktor Betriebsmittel:

  - Gewerbekapitalsteuer
  - Vermögensteuer
  - Grundsteuer
  - Grunderwerbsteuer
  - Kraftfahrzeugsteuer

- **Betriebsleistungssteuern**

  Bemessungsgrundlage ist die Menge oder der Preis der erstellten Leistungen.

  - Umsatzsteuer
  - Ausfuhrzölle
  - Verbrauchsteuern, die auf die produzierten Güter erhoben werden

- **Gewinnsteuern**

  Bemessungsgrundlage sind der steuerpflichtige Gewinn und Gewerbeertrag.

  - Einkommensteuer
  - Körperschaftsteuer
  - Gewerbeertragsteuer.

2.7 Steuereinnahmen

Rund 9.000 DM pro Bundesbürger haben die öffentlichen Hände (Bund, Land, Gemeinden) im vergangenen Jahr an Steuern kassiert - insgesamt 749 Milliarden DM (Grundlage "Steuerspirale 1993" - Globusschaubild 2036). 90 Prozent dieser Summe stammen aus nur sieben Steuerquellen: Lohn-, Umsatz-, Körperschaft-, Gewerbe-, Einkommen-, Mineralöl- und Tabaksteuer. Drei Dutzend weitere Steuerarten müssen für die restlichen zehn Prozent herhalten. Ob der Bürger ein Haus kauft oder ein Lotterielos, ob er trinkt oder ausschenkt, ob er angelt oder ins Kino geht, immer kassiert der Staat mit. Einige der kleinen Steuern haben zweifellos ihre Berechtigung. Steuern auf gesundheitsschädliche Genußmittel mögen zum Genuß mit Maß anhalten. Die Hundesteuer ist eine Entschädigung für häufchenweise Umweltverschmutzung. Andere Steuern sind jedoch ebenso zweifelsfrei nur dazu da, die Staatskasse zu füllen.

Nachfolgende „Steuerspirale“ zeigt die Zusammenhänge auf:

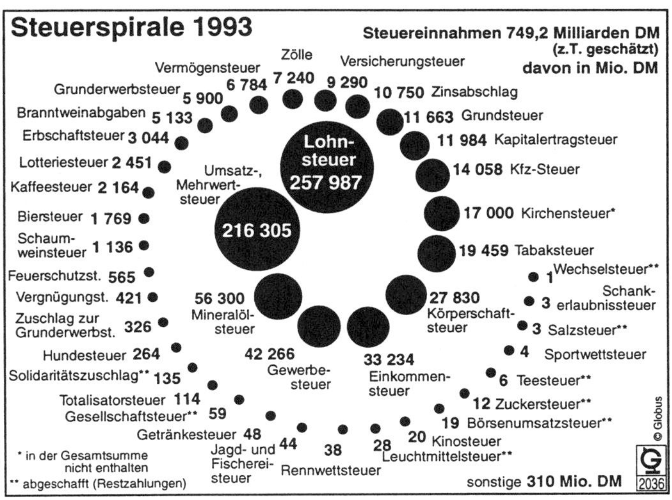

3. Rechtsquellen

Steuern werden in einem Rechtsstaat auf Grund von Steuergesetzen erhoben.

Die Steuergesetzgebung in der Bundesrepublik hat ihre Grundlage im Art. 105 GG; dieser unterscheidet dem föderalistischen Aufbau der Bundesrepublik entsprechend

- eine ausschließliche und
- eine konkurrierende Gesetzgebung.

In Abschnitt X (Das Finanzwesen) Art. 105 GG ist geregelt:

Abs. 1: *„Der Bund hat die ausschließliche Gesetzgebung über die Zölle und Finanzmonopole.*

Abs. 2: *Der Bund hat die konkurrierende Gesetzgebung über die übrigen Steuern, wenn ihm das Aufkommen dieser Steuern ganz oder zum Teil zusteht oder die Voraussetzungen des Artikels 72 Abs. 2 vorliegen.*

Abs. 2a: *Die Länder haben die Befugnis zur Gesetzgebung über die örtlichen Verbrauch- und Aufwandsteuern, solange und soweit sie nicht bundesgesetzlich geregelten Steuern gleichartig sind.*

Abs. 3: *Bundesgesetze über Steuern, deren Aufkommen den Ländern oder den Gemeinden (Gemeindeverbänden) ganz oder zum Teil zufließt, bedürfen der Zustimmung des Bundesrates.“*

In diesem Zusammenhang ist also auch Art. 72 GG von Bedeutung:

Abs. 1: *„Im Bereich der konkurrierenden Gesetzgebung haben die Länder die Befugnis zur Gesetzgebung, solange und soweit der Bund von seinem Gesetzgebungsrecht keinen Gebrauch macht.*

Abs. 2: *Der Bund hat in diesem Bereich das Gesetzgebungsrecht, soweit ein Bedürfnis nach bundesgesetzlicher Regelung besteht, weil*

1. eine Angelegenheit durch die Gesetzgebung einzelner Länder nicht wirksam geregelt werden kann oder

2. die Regelung einer Angelegenheit durch ein Landesgesetz die Interessen anderer Länder oder der Gesamtheit beeinträchtigen könnte oder

3. die Wahrung der Rechts- und Wirtschaftseinheit, insbesondere die Wahrung der Einheitlichkeit der Lebensverhältnisse über das Gebiet eines Landes hinaus sie erfordert.“

Rechtsquellen auf dem Gebiet der Besteuerung sind **Gesetze**, **Rechtsverordnungen**, **Rechtsprechung** und **Verwaltungsanweisungen**.

3.1 Gesetze

Gesetze sind die bedeutendsten Rechtsquellen (Rechtsnormen, § 4 AO). Gesetze beinhalten Rechtssätze mit Allgemeinverbindlichkeit und binden Regierung, Verwaltung und Staatsbürger.

Die Steuergesetze haben den Grundsätzen des GG als vorrangigem Verfassungsrecht zu entsprechen.

In Deutschland gibt es kein einheitliches Steuergesetz. Die Einzelsteuergesetze bieten daher die Ansatzpunkte für die Tatbestandsmäßigkeit der Besteuerung (keine Steuer ohne Gesetz).

Werden Steuergesetze neu erlassen oder geändert, so bleiben die Rechtsfolgen abgeschlossener Sachverhalte bestehen, wenn sie sich rückwirkend für den steuerpflichtigen verschlechtern sollten.

Als Mantelgesetz für die Steuergesetze kann man die **Abgabenordnung** betrachten. Sie enthält materielles und formelles Recht (allgemeines Steuerschuldrecht, Steuerverfahrensrecht und Steuerstrafrecht).

Die AO gilt jedoch nach § 1 Abs. 1 AO nur für Bundessteuergesetze bzw. für Steuern, die durch Recht der Europäischen Gemeinschaft geregelt sind, soweit sie durch Bundesfinanzbehörden oder Landesfinanzbehörden verwaltet werden.

Die Realsteuern werden von den Gemeinden verwaltet und unterliegen grundsätzlich nicht der Abgabenordnung; nach § 1 Abs. 2 AO gelten jedoch auch einzelne Vorschriften der AO für Gewerbe- und Grundsteuer.

Für die Kommunensteuer (Verfügungssteuer) gilt die AO selektiv insoweit, als sie in den Landesgesetzen über die kommunalen Steuern für anwendbar erklärt worden ist. Ferner gehen gemäß § 2 AO völkerrechtliche Vereinbarungen, die nach Art. 59 Abs. 2 Satz 1 GG beschlossen sind, den Steuergesetzen vor und erlangen innerstaatliche Wirksamkeit (Doppelbesteuerungsabkommen).

Es gilt folgende Rangordnung:

- **Grundgesetz**
  Im Abschnitt X (Finanzwesen) des GG sind geregelt:
  - Gesetzgebungskompetenz (Art. 105 GG)
  - Steuerverteilung - Ertragshoheit - (Art. 106, 107 GG)
  - Steuerverwaltung (Art. 108 GG)
  - Haushalt (Art. 109 - 115 GG)

- **Abgabenordnung**
  Sie regelt u.a. Rechte und Pflichten der Steuerzahler, allgemeine Verfahrensvorschriften, Durchführung der Besteuerung, Erhebungsverfahren.
- **Bewertungsgesetz**
  Es enthält u.a. Vorschriften zur Einheitsbewertung.
- **Einzelsteuergesetze**
  Sie haben jeweils die Regelung für eine bestimmte Steuerart zum Gegenstand.

3.2 Rechtsverordnungen

Auch die Rechtsverordnungen zählen zu den Quellen des geschriebenen Rechts und haben somit Gesetzeskraft; sie werden nicht von der Legislative, sondern von der Exekutive auf Grund einer gesetzlichen Ermächtigung erlassen (Art. 80 Abs. 1 GG).

Es werden

- gesetzesausfüllende Verordnungen
- Ergänzungsverordnungen
- Durchführungsverordnungen

unterschieden.

3.3 Rechtsprechung

Der Rechtsprechung kommt die Aufgabe zu, die Lücken im Gesetz zu schließen und die vielfach allgemeinen Begriffsinhalte näher zu interpretieren. Sie ist für die Steuerpraxis deshalb besonders wichtig, weil sich die Verwaltung bei der Gesetzesauslegung in der Regel nach ihren Entscheidungen (Grundsatzfragen) richtet.

Die Finanzgerichtsbarkeit gliedert sich in

- Finanzgerichte als obere Landesgerichte
- Bundesfinanzhof (München) als oberste Instanz.

3.4 Verwaltungsanweisungen

Verwaltungsanweisungen sind Vorschriften, welche die Steuergesetze und Rechtsverordnungen ergänzen. Sie werden von übergeordneten Instanzen an untergeordnete Behörden gerichtet und haben den Zweck, Zweifelsfragen zu regeln und Auslegungsgrundsätze einheitlich anzuwenden. So wird in der Einführung zu den EStR darauf hingewiesen, daß die Richtlinien „*...Zweifelsfragen und Auslegungsfragen von allgemeiner Bedeutung (behandeln), um eine einheitliche Anwendung des Einkommensteuerrechts durch die Behörden der Finanzverwaltung sicherzustellen. Sie geben außerdem* *zur Vermeidung unbilliger Härten und aus Gründen der Verwaltungsvereinfachung Anweisungen an die Finanzämter, wie in bestimmten Fällen verfahren werden soll.“*

Sie binden die Finanzbehörden, nicht aber die Gerichte und Steuerpflichtigen.

Verwaltungsanweisungen sind im einzelnen:

- **Richtlinien:** Sie beziehen sich jeweils auf die Anwendung eines Gesetzes. Beispiele: EStR, LStR, KStR, GewStR, UStR, VStR u.a.
- **Erlasse** („Schreiben“) des BdF bzw. der Länderfinanzministerien: Sie beinhalten Richtlinien für bestimmte steuerliche Sachverhalte.
- **Verfügungen:** Verfügungen werden zur Klärung bestimmter Einzelfragen erlassen.

	Kontrollfragen	bearbeitet	Lösungshinweis	Lösung +	Lösung -
01	Definieren Sie den Begriff der Steuern!		21 f.		
02	Sind Straßenanliegerbeiträge, die eine Gemeinde erhebt, eine etwaige Ergänzungsabgabe zur Einkommensteuer und Körperschaftsteuer und Säumniszuschläge wegen verspäteter Zahlung Steuern?		21 f.		
03	In welcher Weise können Steuern wirtschaftspolitisch als Lenkungsmechanismen eingesetzt werden?		24 f.		
04	Nach welchen betriebswirtschaftlichen Gesichtspunkten lassen sich Steuern einteilen?		30 f.		
05	Grenzen Sie die folgenden Begriffe gegeneinander ab: • Steuerdestinatar • Steuergläubiger • Steuerschuldner • Steuersubjekt • Steuerträger.		22 f.		
06	Was versteht man unter Steuerobjekt allgemein und in den einzelnen Steuergesetzen?		23		
07	Erläutern Sie die verschiedenen Formen des Steuertarifs!		23 f.		
08	Was versteht man unter dem Grenzsteuersatz?		24		
09	Welchen Zielsetzungen dient die Besteuerung?		25		
10	Welche Besteuerungsgrundsätze (Prinzipien) lassen sich nachweisen?		25		
11	Differenzieren Sie die Steuern nach verschiedenen Kriterien!		25		
12	Welche Rechtsquellen unterscheiden wir auf dem Gebiet der Besteuerung?		32		
13	Was versteht man unter dem Begriff Gemeinschaftssteuern?		29 f.		
14	Welche Bedeutung kommt den Richtlinien auf steuerrechtlichem Gebiet zu?		34 f.		

B. Einkommensteuer

Die Einkommensteuer ist die wichtigste Personensteuer; sie besteuert das Einkommen natürlicher Personen und ist darauf angelegt, die wirtschaftliche Leistungsfähigkeit dieser Personen für das Steueraufkommen heranzuziehen.

Dabei werden die in den persönlichen Verhältnissen des Steuerpflichtigen liegenden besonderen Umstände, die seine Leistungsfähigkeit beeinträchtigen, berücksichtigt, nämlich:

- Höhe des Einkommens
- Familienstand
- Alter
- unvermeidbare private Ausgaben.

1. Rechtsgrundlagen

- Einkommensteuergesetz (EStG 1990) vom 7.9.1990 (BGBl I S. 1898), geändert durch Artikel 1 des Gesetzes vom 24.6.1991 (BGBl I S. 1322) nach Steueränderungsgesetz 1992 (BGBl I S. 297 vom 28.2.1992). Änderungen durch das Gesetz zur Umsetzung des Föderalen Konsolidierungsprogramms (FKPG) vom 23.6.1993 (BGBl I S. 944), das Standortsicherungsgesetz (StandOG) vom 13.9.1993 (BGBl I S. 1569), das Mißbrauchsbekämpfungs- und Steuerbereinigungsgesetz (StMBG) vom 21.12.1993 (BGBl I S. 2310) und Grenzpendlergesetz vom 24.6.1994 (BGBl I S. 1395)
- Gesetz zur Neuregelung der Zinsbesteuerung (Zinsabschlaggesetz) vom 9.11.1992 (BGBl I vom 12.11.1992 S. 1853)
- Einkommensteuer-Durchführungsverordnung (EStDV 1990) vom 28.7.1992 (BGBl I S. 1418)
- Einkommensteuer-Richtlinien (EStR 1993) v. 18.5.1994 (BStBl I Sondernummer 1)
- Lohnsteuer-Durchführungsverordnung (LStDV) i.d.F. der Bekanntmachung vom 10.10.1989 (BGBl I S. 1848, geändert durch Art. 2 StÄndG 1992)
- Lohnsteuer-Richtlinien (LStR 1993) vom 7.10.1992 (BStBl I Sondernummer 3)

2. Steuerpflicht

Die Steuerpflicht begründet sich aus einem Rechtsverhältnis zwischen Personen und dem Staat, das auf der Steuerhoheit der Gebietskörperschaften beruht.

Das Einkommensteuergesetz unterscheidet zwischen

- persönlicher und
- sachlicher Steuerpflicht.

Da das Einkommensteuergesetz das Wort „steuerpflichtig“ nicht im Sinne persönlicher oder sachlicher Steuerpflicht differenziert, muß aus dem Inhalt der gesetzlichen Vorschriften abgeleitet werden, welche Art der Steuerpflicht gemeint ist.

2.1 Persönliche Steuerpflicht

Die persönliche Steuerpflicht wird in § 33 Abs. 1 AO definiert und erfaßt den Personenkreis, der steuerpflichtig ist. Danach ist Steuerpflichtiger jeder, dem durch ein Steuergesetz steuerliche Pflichten auferlegt werden.

Die Einkommensteuer ist subjektbezogen; es liegt in ihrem Wesen, daß sie jedes Einkommen einer natürlichen Person, ohne Rücksicht auf ihre Staatsangehörigkeit erfaßt. Dabei ist auch gleichgültig, ob der Einkommensbezieher im Inland wohnt oder nicht.

Das Einkommensteuergesetz unterscheidet eine **unbeschränkte** und **beschränkte** Steuerpflicht.

- **Unbeschränkt** steuerpflichtig sind alle natürlichen Personen, die im Inland einen Wohnsitz haben oder ihren gewöhnlichen Aufenthalt haben (§ 1 Abs. 1 EStG). Die Steuerpflicht erstreckt sich grundsätzlich auch auf die im Ausland bezogenen Einkünfte, wenn auch diese im Ausland zur Einkommensteuer herangezogen worden sind (= **Welteinkommen**; Universalprinzip). Weitergehende unbeschränkte Einkommensteuerpflicht siehe § 1 Abs. 2 u. 3 EStG.
- **Beschränkt** steuerpflichtig (§ 1 Abs. 4 EStG) sind Personen, die im Inland weder ihren Wohnsitz noch ihren gewöhnlichen Aufenthalt haben, sind vorbehaltlich der Abs. 2 u. 3 beschränkt einkommensteuerpflichtig, wenn sie inländische Einkünfte im Sinne des § 49 EStG erzielt haben.

Der Umfang der Steuerpflicht richtet sich also im Regelfall nach dem **Wohnsitz** oder **gewöhnlichen Aufenthalt**.

Einen **Wohnsitz** (§ 8 AO) hat jemand dort, wo er eine Wohnung unter Umständen innehat, die darauf schließen lassen, daß er die Wohnung beibehalten oder benutzen wird.

Den **gewöhnlichen Aufenthalt** (§ 9 AO) hat jemand dort, wo er sich unter Umständen aufhält, die darauf schließen lassen, daß er an diesem Ort oder in diesem Gebiet nicht nur vorübergehend verweilt. Bei der Beurteilung, ob ein gewöhnlicher Aufenthalt vorliegt, ist ein zeitlich zusammenhängender Aufenthalt von mehr als sechs Monaten Dauer anzusehen; kurzfristige Unterbrechungen bleiben unberücksichtigt.

Dies ist eine hilfsweise Regelung für die Frage der unbeschränkten Steuerpflicht, wenn es an einem Wohnsitz im Inland fehlt. Ein nur vorübergehender Aufenthalt im Inland wie auch ein Aufenthalt im Inland ausschließlich zu Besuchs-, Erholungs-, Kur- oder ähnlichen privaten Zwecken, der nicht länger als ein Jahr dauert, begründen die unbeschränkte Steuerpflicht nicht.

Die Steuerpflicht **beginnt** mit der **Geburt** und **endet** mit dem **Tode**. Bei Verlassen des Inlandes endet die Steuerpflicht mit dem Tage, an dem die maßgeblichen persönlichen

Beziehungen zum Inland abgebrochen werden (vgl. BFH-Urteil vom 28.8.1968, BStBl. II S. 818).

1

2.2 Sachliche Steuerpflicht

Gegenstand der sachlichen Steuerpflicht ist das Einkommen; es ist eine Vermehrung des Reinvermögens aus bestimmten Quellen, bezogen auf einen bestimmten Zeitraum.

Dem für die Einkommensteuer relevanten Einkommensbegriff liegen in ihrer Grundtendenz zwei theoretische Auffassungen zugrunde:

- **Quellentheorie:** Zum Einkommen zählen nur Einkünfte, die aus einer bestimmten Quelle stetig fließen.
- **Vermögenszugangstheorie:** Als Einkommen sind Reinvermögensmehrungen in bestimmten begrenzten Zeiträumen anzusehen.

Unser heutiges Einkommensteuerrecht folgt keiner dieser beiden Theorien konsequent, es sind aber Bestandteile von beiden eingeflossen.

Die Einkommen entstehen durch den wirtschaftlichen Einsatz von Vermögen (fundiertes Einkommen = Besitzeinkommen) und persönlichen Arbeitsleistungen (nichtfundiertes Einkommen = Arbeitseinkommen). Eine solche Erzielung von Einkommen muß einer der **sieben Einkunftsarten** des Einkommensteuergesetzes zugerechnet werden können (§ 2 Abs. 1 EStG).

Einmalige Vermögensvermehrungen unterliegen nicht der Steuerpflicht:

- Gewinn und Verluste aus Betätigungen, die zwar nach ihren äußeren Merkmalen unter eine der im Gesetz beschriebenen sieben Einkunftsarten fallen, sofern es sich um eine Liebhaberei handelt;
- Lotterie-, Toto- und Rennwettgewinne;
- Erbschaften, Schenkungen, Aussteuern, Ausstattungen;
- Kapitalabfindungen als Entschädigung für Körperverletzung;
- Gewinne aus der Veräußerung privater Vermögensgegenstände, soweit sie nicht unter die §§ 17 und 23 EStG fallen.

Es ist zu beachten, daß es für die Steuerpflicht unerheblich ist, daß die Einkünfte aus einer unerlaubten oder unsittlichen Tätigkeit stammen; ebenso ist es steuerlich unschädlich, wenn das den Einkünften zugrundeliegende Rechtsgeschäft nichtig ist (z.B. Formmangel, Verstoß gegen ein Gesetz) und die Beteiligten das wirtschaftliche Ergebnis des Rechtsgeschäftes eintreten und bestehen lassen.

3. Einkommen

3.1 Begriff

Bemessungsgrundlage für die Einkommensteuer ist das zu **versteuernde** Einkommen, das der Steuerpflichtige innerhalb eines Kalenderjahres bezogen hat.

Einkommen (§ 2 Abs. 4 EStG) wird definiert als der Gesamtbetrag der Einkünfte, vermindert um die Sonderausgaben (§§ 10, 10 b und 10 c) und die außergewöhnlichen Belastungen (§§ 33 bis 33 c).

3.2 Zu versteuerndes Einkommen

Das zu **versteuernde Einkommen** (§ 2 Abs. 5 EStG) wird wie folgt ermittelt (R 3 EStR):

1		Summe der Einkünfte aus den Einkunftsarten
2	+	nachzuversteuernder Betrag (§ 10a EStG)
3	+	aufgelöste Akkumulationsrücklage (§ 58 Abs. 2 EStG)
4	+	Hinzurechnungsbetrag (§ 2 a Abs. 3 Satz 3, Abs. 4 EStG, § 2 Abs. 1 Satz 3, Abs. 2 Auslandsinvestitionsgesetz)
5	–	ausländische Verluste bei DBA (§ 2 a Abs. 3 Satz 1 EStG)
6	=	**Summe der Einkünfte**
7	–	Altersentlastungsbetrag (§ 24 a EStG)
8	–	Abzug für Land- und Forstwirte (§ 13 Abs. 3 EStG)
9	=	**Gesamtbetrag der Einkünfte** (§ 2 Abs. 3 EStG)
10	–	Sonderausgaben (§§ 10, 10b, 10c EStG)
11	–	außergewöhnliche Belastungen (§§ 33 bis 33 c EStG)
12	–	Steuerbegünstigung der zu Wohnzwecken genutzten Wohnungen, Gebäude und Baudenkmale sowie der schutzwürdigen Kulturgüter (§§ 10 e bis 10 h, 52 Abs. 21 Sätze 4 bis 7 EStG und § 7 FördG)
13	–	Verlustabzug (§§ 10 d, 2 a Abs. 3 Satz 2 EStG)
14	=	**Einkommen** (§ 2 Abs. 4 EStG)
15	–	Kinderfreibetrag (§ 32 Abs. 6 EStG)
16	–	Haushaltsfreibetrag (§ 32 Abs. 7 EStG)
17	–	Tariffreibetrag (§ 32 Abs. 8 EStG)
18	–	Härteausgleich nach § 46 Abs. 3 EStG, § 70 EStDV
19	=	**zu versteuerndes Einkommen** (§ 2 Abs. 5 EStG)

Bei der Veranlagung von **Ehegatten** gilt, daß bei der Zusammenveranlagung (§§ 26, 26b EStG) nur **ein** Gesamtbetrag der Einkünfte, **ein** Einkommen und **ein** zu versteuerndes Einkommen zu ermitteln ist. Bei **getrennter** Veranlagung (§§ 26, 26a

EStG) sind der Gesamtbetrag der Einkünfte, das Einkommen und das zu versteuernde Einkommen für jeden Ehegatten **getrennt** zu ermitteln. Für den Veranlagungszeitraum der Eheschließung gibt es eine **besondere Veranlagung** (§ 26c EStG), bei der Ehegatten so behandelt werden, als ob sie unverheiratet wären.

Die Einkommensteuer ist eine **Jahressteuer** (§ 2 Abs. 7 EStG); entsprechend sind die Grundlagen für ihre Festsetzung regelmäßig für ein Jahr zu ermitteln. Sind nur während eines Teils des Kalenderjahres Einkünfte bezogen worden, so sind diese Einkünfte als Bemessungsgrundlage für das Kalenderjahr anzusetzen.

4. Einkunftsarten

Das Kernstück der sachlichen Steuerpflicht bilden die sieben Einkunftsarten (§ 2 Abs.1 EStG):

(1) Einkünfte aus Land- und Forstwirtschaft
(2) Einkünfte aus Gewerbebetrieb
(3) Einkünfte aus selbständiger Arbeit
(4) Einkünfte aus nichtselbständiger Arbeit
(5) Einkünfte aus Kapitalvermögen
(6) Einkünfte aus Vermietung und Verpachtung
(7) Sonstige Einkünfte im Sinne des § 22 EStG.

Einkünfte sind jeweils der Reinertrag aus einer Einkunftsart. Jede Einkunftsart kann mehrere Einkunftsquellen haben. Es ist also eine sachliche Zurechnung der Einkunftsquellen zu einer bestimmten Einkunftsart notwendig. Die Ergebnisse werden zusammengerechnet bzw. positive und negative Ergebnisse miteinander verrechnet (= interner Verlustausgleich).

Beispiel:

Einkunftsquellen

Grundstücke	A	B	C
Einnahmen:	8.000 DM	15.000 DM	30.000 DM
Werbungskosten:	11.000 DM	7.800 DM	12.600 DM
Überschuß:		7.200 DM	17.400 DM
Verlust:	3.000 DM		
Einkünfte aus Vermietung und Verpachtung:	21.600 DM		

Das Gesetz unterscheidet **zwei Arten der Einkunftsermittlung** und zwar

- **Gewinnermittlung** bei den Einkunftsarten 1 bis 3 (§ 2 Abs. 2 Nr. 1 EStG)
- Ermittlung des **Überschusses der Einnahmen über die Werbungskosten** bei den Einkunftsarten 4 bis 7 (§ 2 Abs. 2 Nr. 2 EStG)

4.1 Einkünfte aus Land- und Forstwirtschaft

Land- und Forstwirtschaft kann entweder in einem selbständigen land- und forstwirtschaftlichen Betrieb oder auch im Rahmen eines Gewerbebetriebes betrieben werden; letzteres ist allerdings die Ausnahme.

Es ist demnach zu prüfen, ob Einkünfte aus Land- und Forstwirtschaft oder solche aus Gewerbebetrieb vorliegen. Ein land- und forstwirtschaftlicher Betrieb ist also Voraussetzung für die Erzielung von Einkünften aus Land- und Forstwirtschaft gem. § 13 EStG.

Es besteht keine Legaldefinition; das Gesetz gibt vielmehr nur eine Aufzählung dessen, was als Land- und Forstwirtschaft anzusehen ist. Das Charakteristikum für diese Einkunftsart ist die planmäßige Nutzung der natürlichen Kräfte des Bodens und die Verwertung der dadurch gewonnenen Erzeugnisse (R 135 Abs. 1 Satz 1 EStR).

Schließlich gehören auch Gewinne, die bei der Veräußerung oder Aufgabe eines land- oder forstwirtschaftlichen Betriebs oder Teilbetriebs oder der Veräußerung eines Anteils an einem land- und forstwirtschaftlichen Betriebsvermögen erzielt werden, zu den Einkünften aus Land- und Forstwirtschaft (§§ 14, 14a EStG).

4.2 Einkünfte aus Gewerbebetrieb

4.2.1 Begriff

Auch hier wählt das Gesetz anstelle einer Definition die Form der Aufzählung, was zu den Einkünften aus Gewerbebetrieb zu rechnen ist (§ 15 Abs. 1 EStG). Die Definition des Gewerbebetriebes ergibt sich aus § 15 Abs. 2 Satz 1 EStG: *„Eine selbständige nachhaltige Betätigung, die mit der Absicht, Gewinn zu erzielen, unternommen wird und sich als Beteiligung am allgemeinen wirtschaftlichen Verkehr darstellt, ist Gewerbebetrieb, wenn die Betätigung weder als Ausübung von Land- und Forstwirtschaft noch als Ausübung eines freien Berufes noch als eine andere selbständige Arbeit anzusehen ist.“*

Die **Gewinnabsicht** (Streben nach Gewinn) braucht nicht der Hauptzweck der Betätigung zu sein. Nach § 15 Abs. 2 Satz 3 EStG liegt ein Gewerbebetrieb auch dann vor, wenn seine Voraussetzungen im übrigen gegeben sind, wenn die Gewinnerzielungsabsicht nur ein Nebenzweck ist.

Folgende **Kriterien** zu einem Gewerbebetrieb lassen sich also herausstellen:

- Selbständigkeit (R 134 EStR)
- Nachhaltigkeit der Betätigung (R 134a EStR)
- Gewinnerzielungsabsicht (kann auch Nebenzweck sein), R 134b EStR
- Beteiligung am allgemeinen wirtschaftlichen Verkehr (R 134c EStR)
- Negativbedingungen: keine Land- und Forstwirtschaft, keine Ausübung eines freien Berufs, keine andere selbständige Arbeit.

Einkünfte aus Gewerbebetrieb

Gewerbebetrieb im engeren Sinne

- **Kriterien** (§ 15 Abs. 2 Satz 1 EStG)
  Selbständigkeit
  Nachhaltigkeit
  Gewinnerzielungsabsicht
  Teilnahme am allgemeinen wirtschaftlichen Verkehr

- **Persönliche Steuerpflicht**
  Einzelunternehmer
  Mitunternehmer
  - Gesellschafter von OHG, KG
  - atypischer stiller Gesellschafter
  Komplementär einer KGaG

- **Abgrenzung gegen Einkünfte aus Land- und Fortwirtschaft**
  (R 135 EStR)
  - Zukauf-Grenze von 30 %
  - Substanzgewinnung
  - Be- und Verarbeitung eigener Erzeugnisse in land- und forstwirtschaftlichen Nebenbetrieben

Tierzucht und Tierhaltung
(R 124 a EStR)

Selbständige Arbeit
Beachtung der Vervielfältigungstheorie (R 136 EStR)

Nichtselbständige Arbeit und Vermögensverwaltung
(R 137 EStR)

Sonderfälle

Veräußerungsgewinne
(§§ 16, 17 EStG)
aus

- Veräußerung des ganzen Gewerbebetriebes oder eines Teilbetriebes
- Anteil eines Gesellschafters (Unternehmer und Mitunternehmer)
- Anteil eines persönlich haftenden Gesellschafters einer KGaA
- Anteilen an Kapitalgesellschaften bei wesentlicher Beteiligung

Einkünfte (§ 15 EStG) im einzelnen bei

gewerblichem Einzelunternehmer § 15 Abs. 1	**gewerblicher Personengesellschaft** § 15 Abs. 2 und 3 Nr. 1	**gewerblich geprägter Personengesellschaft** § 15 Abs. 3 Nr. 2

gewerblichem Einzelunternehmer → Steuerlicher Gewinn
§ 2 Abs. 2 Nr. 1 EStG

gewerblicher Personengesellschaft / gewerblich geprägter Personengesellschaft → Steuerlicher **Gewinnanteil** des Gesellschafters
zuzüglich
Vergütungen der Gesellschaft an die Gesellschafter
(§ 15 Abs. 1 Nr. 2 EStG) für die
- Tätigkeit im Dienst der Gesellschaft
- Hingabe von Darlehen
- Überlassung von Wirtschaftsgütern

4.2.2 Einkünfte im einzelnen

Die Einkünfte aus Gewerbebetrieb (§ 15 Abs. 1 EStG) werden in fünf Gruppen gegliedert:

- Einkünfte aus gewerblichen Unternehmen. Dazu zählen die Einkünfte der Handwerker, Händler, Fabrikanten, Hotels, Frachtführer, Handelsvertreter u.a. als Einzelgewerbetreibende (§ 15 Abs. 1 Nr. 1 EStG);
- Gewinnanteile der Gesellschafter einer offenen Handelsgesellschaft, einer Kommanditgesellschaft und einer anderen Gesellschaft (BGB-Gesellschaft, atypische stille Gesellschaft, Partenreederei), bei der der Gesellschafter als Unternehmer (Mitunternehmer) anzusehen ist und
- Vergütungen, die der Gesellschafter von der Gesellschaft für seine Tätigkeit im Dienst der Gesellschaft oder für die Hingabe von Darlehen oder für die Überlassung von Wirtschaftsgütern bezogen hat (§ 15 Abs. 1 Nr. 2 EStG);
- Gewinnanteile der persönlich haftenden Gesellschafter einer Kommanditgesellschaft auf Aktien, soweit sie nicht auf Anteile am Grundkapital entfallen, und die Vergütungen, die der persönlich haftende Gesellschafter von der Gesellschaft für die in Nr. 2 genannten Leistungen bezogen hat (§ 15 Abs. 1 Nr. 3 EStG).
- Veräußerungsgewinne (§ 16 EStG).

Unter Vergütungen werden Gehälter, Ruhegelder, Tantiemen, Zinsen für die Darlehensgewährung an die Gesellschafter und Miete für die der Gesellschaft gewährten Nutzungsrechte an Wirtschaftsgütern verstanden. Es kommt auch nicht darauf an, ob sich der Gesellschafter aktiv an der Geschäftsführung beteiligt oder nur eine Kapitaleinlage leistet; entscheidend ist die Übernahme des Unternehmerrisikos und die Beteiligung an den vorhandenen stillen Reserven.

Zur Klärung von Zweifelsfragen ist ein BdF-Schreiben (vom 20.12.1977 S 2241; BStBl. 1978 I S. 8) zur Besteuerung der Mitunternehmer von Personengesellschaften (sog. **Mitunternehmererlaß**) ergangen.

Abgrenzungen der gewerblichen Einkünfte zu den

- Einkünften aus Land- und Forstwirtschaft und den
- Einkünften aus selbständiger Arbeit

sind notwendig, da zahlreiche Grenzfälle einer Zuordnung bedürfen.

(1) Abgrenzungen zur **Land- und Forstwirtschaft**

Beispiele:

- Liegen die Merkmale des § 15 Abs. 2 EStG vor, erstreckt sich aber die Tätigkeit auf Land- und Forstwirtschaft, sind die erzielten Erträge unter Beachtung der Negativbedingung (s.o.) den Einkünften aus Land- und Forstwirtschaft zuzuordnen.

- Größere Tierzucht- und Tierhaltungsbetriebe, welche die Grenzen des § 13 Abs. 1 Nr. 1 EStG überschreiten, haben Einkünfte aus Gewerbebetrieb zur Folge (vgl. R 124a und 135 EStR).
- Beschränkt sich der Absatz nicht auf eigene Erzeugnisse, sondern werden dauernd und nachhaltig fremde Erzeugnisse hinzugekauft, so ist zu prüfen, ob Einkünfte aus Gewerbebetrieb vorliegen; als Regelfälle gelten folgende Anteile am Umsatz:

  Bei einem Zukauf fremder Erzeugnisse bis zu 30 % wird grundsätzlich ein Betrieb der Land- und Forstwirtschaft anerkannt.

  Beträgt der Zukauf mehr als 30 % des Umsatzes (steuerschädlich), so ist in der Regel ein Gewerbebetrieb anzunehmen (R 135 Abs. 2 EStR).

(2) Abgrenzung zur **selbständigen Arbeit** wird auf Seite 50 angesprochen.

4.2.3 Veräußerung des Gewerbebetriebs

Veräußerungsgewinne (§ 16 Abs. 1 EStG) zählen auch zu den Einkünften aus Gewerbebetrieb; es sind dies Gewinne, die erzielt werden bei der Veräußerung

- des ganzen Gewerbebetriebs oder eines Teilbetriebs; als Teilbetrieb gilt auch die Beteiligung an einer Kapitalgesellschaft, wenn die Beteiligung das gesamte Nennkapital der Gesellschaft oder alle Kuxe der bergrechtlichen Gesellschaft umfaßt (§ 16 Abs. 1 Nr. 1 EStG);
- des Anteils eines Gesellschafters, der als Unternehmer (Mitunternehmer) des Betriebs anzusehen ist (§ 16 Abs. 1 Nr. 2 EStG);
- des Anteils eines persönlich haftenden Gesellschafters einer KGaA (§ 16 Abs. 1 Nr. 3 EStG).

Die Veräußerung eines Gewerbebetriebes als Ganzes oder eines abgrenzbaren selbständigen Teils eines Gewerbebetriebs in einem Zuge stellt noch einen Teil der gewerblichen Tätigkeit dar. Durch die Veräußerung werden die stillen Reserven, die im Laufe der Jahre im Betriebsvermögen gebildet wurden, durch einen Vorgang realisiert. Der durch die **Gewinnkumulation entstehende höhere Gewinn** würde zu einem erheblichen Teil durch die Besteuerung abgeschöpft werden; der Gesetzgeber hat diesen Umstand berücksichtigt, indem er für den Veräußerungsgewinn einen Freibetrag (§ 16 Abs. 4 EStG) und eine Tarifvergünstigung (§ 34 Abs. 1 u. 2 Nr. 1 EStG) gewährt.

4.2.3.1 Veräußerung des ganzen Gewerbebetriebs

Eine solche Veräußerung liegt vor, wenn der Betrieb mit seinen **wesentlichen Grundlagen gegen Entgelt** in der Weise auf einen Erwerber übertragen wird, daß der Betrieb als geschäftlicher Organismus fortgeführt werden kann (R 139 Abs. 1 EStR). Nicht erforderlich ist, daß der Erwerber den Betrieb tatsächlich fortführt.

Veräußerung ist danach die **entgeltliche** Übertragung des Eigentums auf eine Person (natürliche oder juristische) oder Gesamthand.

Der **Veräußerungsgewinn** (§ 16 Abs. 2 EStG) stellt die Differenz dar zwischen dem Veräußerungsgewinn nach Abzug der Veräußerungskosten und dem Wert des Betriebsvermögens nach § 4 Abs. 1 oder nach § 5 EStG im Zeitpunkt der Veräußerung.

Zum Veräußerungsgewinn gehören auch Gewinne, die sich bei der Veräußerung eines Betriebes aus der Auflösung von steuerfreien Rücklagen (z.B. Rücklage für Ersatzbeschaffung) ergeben (R 139 Abs. 9 Satz 2 EStR).

Berücksichtigungsfähige **Veräußerungskosten** sind nur solche Aufwendungen, die in unmittelbarer sachlicher Beziehung zu dem Veräußerungsgeschäft stehen, z.B. Notariatskosten, Maklerprovisionen, Verkehrsteuern (R 139 Abs. 12 Satz 1 EStR).

Der Veräußerungserlös kann bestehen aus

- festem Kaufpreis
- Kaufpreisraten
- Rentenzahlungen (betriebliche Veräußerungs- oder Versorgungsrenten)
- einer Kombination von festem Kaufpreis und Raten- oder Rentenzahlungen.

Bei **Stundung des Kaufpreises** oder **Zahlung auf Raten** ist eine Abzinsung auf den Zeitpunkt der Veräußerung erforderlich, um den Veräußerungsgewinn berechnen zu können.

Besteht ein Veräußerungspreis in **laufenden Bezügen** (Leib- oder Zeitrente), wurde eine sofortige Erfassung des Veräußerungsgewinns im Zeitpunkt der Veräußerung nach § 16 EStG früher verneint. Der Veräußerungsgewinn ist in diesen Fällen erst zu versteuern, wenn die Bezüge dem Veräußerer tatsächlich zufließen und das Kapitalkonto des veräußerten Betriebs, Teilbetriebs oder Anteils übersteigen. Diese Beträge wurden als nachträgliche Betriebseinnahmen nach § 15 i.V. mit § 24 Nr. 2 EStG erfaßt; daher konnten die Freibeträge des § 16 Abs. 4 EStG nicht gewährt werden und auch § 34 EStG war nicht anwendbar.

Die Finanzverwaltung gestattet aber dem Veräußerer eines Betriebes gegen **Leibrente**, die sofortige Besteuerung zu wählen (**Wahlrecht** nach R 139 Abs. 11 EStR).

Übt er dieses Wahlrecht aus, so ist zur Ermittlung des Veräußerungsgewinns von dem **nach den Vorschriften des Berufs ermittelten Barwert** der Rente im Zeitpunkt der Veräußerung auszugehen (Unterschied zum Buchwert des steuerlichen Kapitalkontos). Die laufenden Rentenbezüge sind in diesem Fall von Anfang an mit ihrem Ertragsanteil nach § 22 Nr. 1 Satz 3 Buchst.a EStG als sonstige Einkünfte zu versteuern. In diesem Falle ist § 16 EStG anzuwenden.

Für die Veräußerungsgewinne gelten also verschiedene **Besonderheiten**:

- Der Veräußerungsgewinn ist gesondert zu berechnen.
- Er unterliegt einer ermäßigten Steuer (§ 34 Abs. 1 EStG).
- Bei Veräußerungsgewinnen, die einen bestimmten Betrag nicht überschreiten, wird ein Freibetrag von 30.000 DM bzw. 120.000 DM bei Vollendung des 55. Lebensjahres gewährt. Der Freibetrag vermindert sich bei Veräußerungsgewinnen von über 100.000 DM bzw. 300.000 DM, § 16 Abs. 4 EStG.

Beispiel zur Berechnung des Veräußerungsgewinns:

Betriebsvermögen am 31.12.01		500.000 DM
Betriebsvermögen am 01.07.02		620.000 DM
(= Zeitpunkt der Veräußerung)		
Unterschiedsbetrag		120.000 DM
+ Entnahmen		30.000 DM
= steuerpflichtiger Gewinn des Rumpfwirtschaftsjahres vom 01.01. bis 01.07.02		150.000 DM
Veräußerungserlös		730.000 DM
Veräußerungskosten		./. 5.000 DM
Nettoerlös (fester Kaufpreis)		725.000 DM
Betriebsvermögen am 01.07.02		620.000 DM
Veräußerungsgewinn gem. § 16 Abs. 2 EStG		105.000 DM
Freibetrag gem § 16 Abs. 4 EStG	30.000 DM	
Ermäßigung um 105.000 DM		
./. 100.000 DM	- 5.000 DM	25.000 DM
Steuerpflichtiger Veräußerungsgewinn 02		80.000 DM

4.2.3.2 Veräußerung eines gewerblichen Teilbetriebs

Die steuerliche Behandlung der Veräußerung eines Teilbetriebs erfolgt nach den gleichen Grundsätzen wie die Veräußerung des ganzen Betriebs.

Ein Teilbetrieb (R 139 Abs. 3 EStR) ist ein mit einer gewissen Selbständigkeit ausgestatteter, organisch geschlossener Teil des Gesamtbetriebs, der für sich betrachtet alle Merkmale eines Betriebs im Sinne des EStG aufweist und für sich lebensfähig ist (BFH-Urteil vom 1.2.1989, BStBl. II S. 458).

Der Teilbetrieb ist demnach nicht als technische, sondern als wirtschaftliche Einheit zu verstehen (Zweigniederlassungen und Filialbetriebe).

Der Veräußerungsgewinn ist nach § 16 Abs. 4 EStG wie folgt zu berechnen:

Beispiel:

Aufstellung einer Teilbetriebs-Bilanz (Filiale A)		
zum Veräußerungszeitpunkt 01.07.02		225.000 DM
Gesamtbetriebsbilanz		900.000 DM
Der Anteil des Betriebsvermögens der Filiale A beträgt 25 %.		
Veräußerungserlös für Filiale A		255.000 DM
Veräußerungskosten		2.000 DM
Nettoerlös		253.000 DM
Betriebsvermögen		225.000 DM
Veräußerungsgewinn		28.000 DM
Freibetrag gem. § 16 Abs. 4 EStG		
25 % von 30.000 DM	= 7.500 DM	
Ermäßigung: 25 % von 100.000 DM		
= 25.000 DM		
Veräußerungsgewinn 28.000 DM		
Übersteigungsbetrag (Kürzung)	3.000 DM	4.500 DM
Steuerpflichtiger Veräußerungsgewinn 02		23.500 DM

4.2.3.3 Veräußerung eines Mitunternehmeranteils

Zur Ermittlung des Veräußerungsgewinns eines Anteils an einer Mitunternehmerschaft (Mitunternehmeranteil) wird dem Veräußerungserlös der Wert des Mitunternehmeranteils im Zeitpunkt der Veräußerung gegenübergestellt; dieser Anteil am Betriebsreinvermögen der Mitunternehmergemeinschaft wird aus der Gesamtbilanz abgeleitet.

Im einzelnen entspricht die Ermittlung des steuerpflichtigen Veräußerungsgewinns dem zuvor dargestellten Verfahren.

4.2.3.4 Betriebsaufgabe

Die Betriebsaufgabe (§ 16 Abs. 3 EStG) wird der Veräußerung gleichgesetzt. Sie ist anzunehmen, wenn der Betrieb als wirtschaftlicher Organismus zu bestehen aufgehört hat. Der Unternehmer, der den Betrieb aufgeben will, muß in diesem Fall die wesentlichen Grundlagen des Betriebs in einem einheitlichen Vorgang - nicht nach und nach - innerhalb eines kurzen Zeitraums an einen oder mehrere Abnehmer veräußern oder endgültig in sein Privatvermögen überführen (R 139 Abs. 2 EStR).

Für die Berechnung des Aufgabengewinnes gilt der gleiche Modus wie für die Ermittlung des Veräußerungsgewinns.

4.2.4 Veräußerung von Anteilen an Kapitalgesellschaften bei wesentlicher Beteiligung

Gehören die Anteilsrechte an einer Kapitalgesellschaft zu einem **Betriebsvermögen**, sind Gewinne aus der Veräußerung in jedem Falle als Gewinn aus Gewerbebetrieb zu erfassen (R 140 Abs. 1 EStR). Werden die Anteilsrechte aber dem Privatvermögen zugerechnet, sind bei der Veräußerung entstehende Gewinne einkommensteuerlich nur relevant, wenn die Tatbestände der §§ 17 und 23 EStG erfüllt sind.

Bei der Veräußerung von Anteilen an einer Kapitalgesellschaft, die nicht zu einem Betriebsvermögen gehören, ist § 17 EStG nicht anzuwenden, wenn es sich um ein Spekulationsgeschäft i.S. des § 23 EStG handelt (§ 23 Abs. 3 Satz 2 EStG).

Verluste dagegen, die aus der Veräußerung von Kapitalanteilen bei Anwendung des § 17 EStG entstehen, können mit anderen positiven Einkünften, die der Steuerpflichtige im gleichen Veranlagungszeitraum bezogen hat, ausgeglichen werden.

Durch § 17 EStG wird nur der Veräußerungsgewinn erfaßt; die laufenden Erträge aus der Beteiligung werden nach § 20 EStG (Einkünfte aus Kapitalvermögen) besteuert.

Als **Voraussetzungen** der Steuerpflicht nach § 17 EStG müssen erfüllt sein

- Anteilsrechte an einer Kapitalgesellschaft (Aktien, GmbH-Anteile, Kuxe, Genußscheine oder ähnliche Beteiligungen und Anwartschaften auf solche Beteiligungen).
- Der Veräußerer der Anteile muß (innerhalb der letzten fünf Jahre) wesentlich (also zu mehr als einem Viertel) unmittelbar oder mittelbar beteiligt gewesen sein - es genügt, wenn der Veräußerer nur kurze Zeit wesentlich beteiligt war (BFH-Urteil vom 5.10.1976, BStBl 1977 II S. 198).
- Die veräußerten Anteile innerhalb eines Veranlagungszeitraums müssen eins vom Hundert des Kapitals der Gesellschaft (vermindert um die eigenen Anteile) übersteigen.

Bei der Entscheidung, ob ein Steuerpflichtiger **zu mehr als einem Viertel** unmittelbar oder mittelbar und damit wesentlich beteiligt war, ist von einem um die eigenen Anteile der Kapitalgesellschaft verminderten Nennkapital auszugehen (BFH-Urteil vom 24.9.1970, BStBl. 1971 II S. 89).

Bei **unentgeltlichem Erwerb** innerhalb der letzten fünf Jahre vor der Veräußerung ergibt sich eine Steuerpflicht auch, wenn der Rechtsvorgänger innerhalb der letzten fünf Jahre wesentlich beteiligt war. Die wesentliche Beteiligung braucht demnach jedoch zum Zeitpunkt der Veräußerung nicht mehr zu bestehen.

Beispiel:

Beteiligung 01 zu 34 % am Kapital der Gesellschaft
Veräußerte Anteile

in 03	15 %	-	steuerbar, da mehr als 1 % des Kapitals
in 04	5 %	-	steuerbar, da mehr als 1 % des Kapitals
in 05	0,8 %	-	nicht steuerbar, da weniger als 1 % des Kapitals
in 08	6 %	-	nicht steuerbar, da Fünfjahresfrist abgelaufen

Veräußerungsgewinn ist der Betrag, um den der Veräußerungspreis nach Abzug der Veräußerungskosten die Anschaffungskosten übersteigt (§ 17 Abs. 2 EStG). Hat der Veräußerer den veräußerten Anteil unentgeltlich erworben, so sind als Anschaffungskosten des Anteils die Anschaffungskosten des Rechtsvorgängers maßgebend, der den Anteil zuletzt entgeltlich erworben hat.

Der Veräußerungsgewinn ist steuerfrei, soweit er den Teil von 20.000 DM nicht übersteigt, der dem veräußerten Anteil an der Kapitalgesellschaft entspricht (§ 17 Abs. 3 EStG). Dieser Freibetrag ermäßigt sich um den Betrag, um den der Veräußerungsgewinn den Teil von 80.000 DM übersteigt, der dem veräußerten Anteil an der Kapitalgesellschaft entspricht.

Beispiel:

Beteiligung an einer Kapitalgesellschaft 30 %;

veräußerter Anteil 5 %:	Erlös	24.000 DM
	Veräußerungskosten	1.000 DM
	Nettoerlös	23.000 DM
	Anschaffungskosten	20.000 DM
	Veräußerungsgewinn	3.000 DM
Freibetrag:	5 % von 20.000 DM = 1.000 DM	
Ermäßigung:	5 % von 80.000 DM = 4.000 DM	1.000 DM
eine Ermäßigung des Freibetrags entfällt, da der Veräußerungsgewinn 4.000 DM nicht übersteigt; also wird der Freibetrag ungekürzt gewährt.		
Steuerpflichtiger Veräußerungsgewinn		2.000 DM

4.3 Einkünfte aus selbständiger Arbeit

Das Gesetz nennt keine allgemeinen Kriterien der selbständigen Arbeit (§ 18 EStG), vielmehr wird eine Gruppierung von Tätigkeiten gewählt, deren wirtschaftliche Ergebnisse unter diese Einkunftskategorie fallen.

Das Gesetz unterscheidet folgende drei Gruppen von Einkünften aus selbständiger Arbeit (§ 18 Abs. 1 EStG):

- Einkünfte aus **freiberuflicher Tätigkeit** mit Aufzählung (§ 18 Abs. 1 Nr. 1 EStG),
- Einkünfte der **Einnehmer einer staatlichen Lotterie**, wenn sie nicht Einkünfte aus Gewerbebetrieb sind (§ 18 Abs. 1 Nr. 2 EStG) und
- Einkünfte aus **sonstiger selbständiger Arbeit** (§ 18 Abs. 1 Nr. 3 EStG).

Diese **Gruppierung** ist erschöpfend.

Einkünfte zählen nur dann zu den Einkünften aus selbständiger Arbeit, wenn sie einer dieser Gruppen zugerechnet werden können.

Dagegen sind die in § 18 EStG enthaltenen **Aufzählungen** freiberuflicher Tätigkeiten und sonstiger selbständiger Arbeit nicht erschöpfend. Hier wird nur beispielhaft umschrieben, welche Tätigkeiten Einkünfte aus freiberuflicher Tätigkeit bewirken, d.h. hierunter fallen auch Tätigkeiten, die den aufgezählten Beispielen ähnlich sind.

4.4 Einkünfte aus nichtselbständiger Arbeit

4.4.1 Begriff

Das Gesetz bietet keine Definition mit spezifischen Begriffsmerkmalen, vielmehr erfolgt der Hinweis auf ein Dienstverhältnis, das einen Arbeitgeber voraussetzt, dem der Arbeitnehmer untergeordnet ist und dessen Weisungen er befolgen muß (§ 19 EStG).

In § 19 finden wir lediglich eine Aufzählung dessen, was zu den Einkünften aus nichtselbständiger Arbeit gehört. Über den Begriff des Arbeitsnehmers gibt § 1 Abs. 1 und 2 LStDV folgende Definition:

„Arbeitnehmer sind Personen, die in öffentlichem oder privatem Dienst angestellt oder beschäftigt sind oder waren und die aus einem Dienstverhältnis oder einem früheren Dienstverhältnis Arbeitslohn beziehen. Arbeitnehmer sind auch die Rechtsnachfolger dieser Personen, soweit sie Arbeitslohn aus dem früheren Dienstverhältnis ihres Rechtsvorgängers beziehen. Ein Dienstverhältnis liegt vor, wenn der Angestellte (Beschäftigte) dem Arbeitgeber (öffentliche Körperschaft, Unternehmer, Haushaltsvorstand) seine Arbeitskraft schuldet. Dies ist der Fall, wenn die tätige Person in der Betätigung ihres geschäftlichen Willens unter der Leitung des Arbeitgebers steht oder im geschäftlichen Organismus des Arbeitsgebers dessen Weisungen zu folgen verpflichtet ist.“

4.4.2 Arbeitslohn

Arbeitslohn sind alle Einnahmen, die dem Arbeitnehmer aus Anlaß oder Ausfluß des Dienstverhältnisses (Arbeitsergebnis) zufließen, soweit es sich nicht um steuerfrei gestellte Einnahmen handelt (§ 2 Abs. 1 LStDV).

Arbeitslohn kann in Geld oder in Geldeswert (Sachleistungen) gewährt werden. Es ist gleichgültig, ob es sich um einmalige oder laufende Einnahmen handelt.

Zum **Arbeitslohn** gehören auch (s. Abschn. 70 Abs. 1 LStR)

- Entschädigungen, die dem Arbeitnehmer oder seinem Rechtsnachfolger als Ersatz für entgangenen oder entgehenden Arbeitslohn oder für die Aufgabe oder Nichtausübung einer Tätigkeit gewährt werden.
- Studienbeihilfen, die mit Rücksicht auf ein künftiges Dienstverhältnis und nicht aus öffentlichen Kassen gezahlt werden,
- Unterhaltszuschüsse der Beamten (Beamtenanwärter) im Vorbereitungsdienst,
- Lohnzuschläge, die wegen der Besonderheit der Arbeit gewährt werden (Erschwerniszuschläge),
- Besondere Entlohnungen für Dienste, die über die regelmäßige Arbeitszeit hinaus geleistet werden,
- Entschädigungen für Nebenämter und Nebenbeschäftigungen im Rahmen des Dienstverhältnisses,
- Verzicht des Arbeitgebers auf Rückzahlung von Darlehensschulden des Arbeitnehmers gegenüber dem Arbeitgeber,
- Abfindung für die vorzeitige Räumung einer Dienstwohnung.

Eine Reihe von Einkünften aus nichtselbständiger Arbeit sind aus wirtschaftlichen, sozialen oder anderen Gründen **steuerfrei**.

Beispiele:

- Ausgaben des Arbeitgebers für die Zukunftssicherung des Arbeitnehmers, soweit sie auf Grund gesetzlicher Verpflichtung geleistet werden,
- Arbeitgeberanteile zur Sozialversicherung (Krankenversicherung, Rentenversicherung, Arbeitslosenversicherung),
- Heirats- oder Geburtszuwendungen (bis 700 DM, § 3 Nr. 15 EStG),
- Jubiläumsgeschenke (unter bestimmten Voraussetzungen siehe § 3 LStDV),
- pauschale Fehlgeldentschädigungen (Zählgelder und Mankogelder) der Arbeitnehmer, soweit sie 30 DM im Monat übersteigen,
- Werkzeuggeld in angemessener Höhe für die Benutzung von Werkzeugen des Arbeitnehmers im Betrieb des Arbeitgebers,
- Aufmerksamkeiten (z.B. Sachzuwendungen bis zu einem Wert von 60,- DM).

4.4.3 Versorgungs-Freibetrag

Von den Versorgungsbezügen bleibt ein Betrag in Höhe von 40 v.H. der Bezüge, höchstens jedoch insgesamt ein Betrag in Höhe von 6.000 DM im Kalenderjahr steuerfrei (§ 19 Abs. 2 EStG), sog. Versorgungs-Freibetrag.

Die Regelung gilt für alle im privaten und öffentlichen Dienst gezahlten Versorgungsbezüge (§ 19 Abs. 2 Nr. 2 EStG). Im **privaten** Dienst wegen Erreichens einer Altersgrenze gewährten Versorgungsbezüge sind nur begünstigt, wenn der Steuerpflichtige das 62. Lebensjahr (oder wenn er schwerbehindert ist, das 60. Lebensjahr) vollendet hat.

4.4.4 Abgrenzung gegenüber anderen Einkünften

Die Abgrenzung der Einkünfte aus nichtselbständiger Arbeit zu den Einkünften aus Gewerbebetrieb bzw. selbständiger Arbeit läßt sich aus den der nichtselbständigen Arbeit immanenten **Begriffsmerkmalen**

- persönliche Dienstleistung (Schulden der Arbeitskraft)
- Weisungsgebundenheit des Arbeitsnehmers
- festes Dienstleistungsverhältnis
- in der Regel festes Arbeitsentgelt

erkennen.

Es kommt dabei im wesentlichen auf die Gestaltung des Innenverhältnisses zwischen Arbeitnehmer und Arbeitgeber an. Die formale Bezeichnung ist ohne Bedeutung.

Beispiele:

- Ein angestellter oder beamteter Arzt in einem Krankenhaus,
- ein Rechtsanwalt als Justitiar in einem Unternehmen oder Verband,
- ein Steuerberater oder Wirtschaftsprüfer in einer Wirtschaftsprüfungsgesellschaft

sind trotz ihrer durch Standesrecht bindend vorgeschriebenen Eigenverantwortlichkeit wegen der Eingliederung in einem Unternehmen unter Beachtung der vorgenannten Merkmalen nicht selbständig tätig.

4.5 Einkünfte aus Kapitalvermögen

Unter Einkünfte aus Kapitalvermögen (§ 20 EStG) fallen die Erträgnisse aus einem Kapitalvermögen, soweit sie nicht bei einer anderen Einkunftsart zu erfassen sind.

Das Gesetz zählt nur die wichtigsten Einnahmen auf, wobei diese nur beispielhaft zu verstehen sind.

Unter Beachtung des Gesetzestextes lassen sich u.a. die folgenden **Hauptgruppen der Kapitalerträge** erkennen:

- Gewinnanteile (Dividenden), Ausbeuten und sonstige Bezüge aus Beteiligungen an juristischen Personen, dazu gehören auch verdeckte Gewinnausschüttungen (§ 20 Abs. 1 Nr. 1, 2 EStG),
- die nach § 36 Abs. 2 Nr. 3 EStG anzurechnende oder nach den §§ 36b-36e EStG oder nach § 52 KStG zu vergütende Körperschaftsteuer (§ 20 Abs. 1 Nr. 3 EStG),
- Einnahmen aus der Beteiligung an einem Handelsgewerbe als stiller Gesellschafter (§ 20 Abs. 1 Nr. 4 EStG),
- Zinsen aus Kapitalanlagen ohne Beteiligungscharakter (Hypotheken, Grundschulden, Renten aus Rentenschulden) (§ 20 Abs. 1 Nr. 5 EStG),
- außerrechnungsmäßige und rechnungsmäßige Zinsen aus den Sparanteilen, die in den Beiträgen zu bestimmten Versicherungen auf den Erlebens- oder Todesfall enthalten sind (§ 20 Abs. 1 Nr. 6 EStG),
- Zinsen aus sonstigen Kapitalforderungen (§ 20 Abs. 1 Nr. 7 EStG) jeder Art (z.B. Zinsen aus Guthaben oder Darlehen),
- Einnahmen aufgrund besonderer Entgelte oder Vorteile (z.B. Damnum, Agio, Disagio), (§ 20 Abs. 2 Nr. 1 EStG).

Da nur Erträge aus der Anlage von Kapitalvermögen hier relevante Einkünfte sind, zählen Veräußerungsgewinne nicht zu dieser Einkunftsart.

Es ist zu beachten, daß Einkünfte aus Kapitalvermögen nur entstehen, wenn sie nicht anderen Einkunftsarten zuzurechnen sind (§ 20 Abs. 3 EStG, Subsidiaritätsprinzip).

Nach Abzug der Werbungskosten ist ein Betrag von 6.000 DM abzuziehen (Sparer-Freibetrag, § 20 Abs. 4 EStG, R 156a EStR). Ehegatten, die zusammen veranlagt werden, wird ein gemeinsamer Sparer-Freibetrag von 12.000 DM gewährt. Der gemeinsame Sparer-Freibetrag ist bei der Einkunftsermittlung bei jedem Ehegatten je zur Hälfte abzuziehen.

Wichtig ist die Regelung, daß der von einem Ehegatten nicht voll ausgenutzte Sparer-Freibetrag bei dem anderen Ehegatten in Abzug gebracht werden kann.

Der Sparer-Freibetrag und der gemeinsame Sparer-Freibetrag dürfen nicht höher sein als die um die Werbungskosten geminderten Kapitalerträge (§ 20 Abs. 4 Satz 4).

4.6 Einkünfte aus Vermietung und Verpachtung

Einkünfte aus Vermietung und Verpachtung entstehen als Erträge aus der entgeltlichen Überlassung bestimmter Vermögensteile an andere Personen zur Nutzung im Wege der Miete, Pacht oder einer ähnlichen Abrede (§ 21 EStG). Das Gesetz bietet eine erschöpfende Aufzählung der Vermögensteile, aus denen Einkünfte aus Vermietung und Verpachtung erzielt werden können. Es handelt sich im einzelnen um

- unbewegliches Vermögen (Grundstücke, Gebäude, Gebäudeteile, Wohnungen, Geschäftsräume, einzelne Zimmer, Schiffe sowie grundstücksgleiche Rechte wie Erbbaurechte u.a., § 21 Abs. 1 Nr. 1 EStG),
- Sachinbegriffe (Vielheiten von beweglichen Gegenständen, die einem einheitlichen Zweck dienen, z.B. das bewegliche Betriebsvermögen eines Betriebes), (§ 21 Abs. 1 Nr. 2 EStG),
- Rechte (schriftstellerische, künstlerische, gewerbliche Urheberrechte, Patente, gewerbliche Erfahrungen u.a.), die zeitlich begrenzt überlassen werden (§ 21 Abs. 1 Nr. 3 EStG),
- Veräußerung von Miet- und Pachtzinsforderungen (§ 21 Abs. 1 Nr. 4 EStG).

Entgelte aus der Veräußerung einzelner beweglicher Gegenstände gehören nicht zu dieser Einkunftsart; auch erzielte Wertsteigerungen des zur Nutzung überlassenen Vermögens, auch wenn sie durch Veräußerung realisiert werden, sind hier nicht zu erfassen. Es ist lediglich zu prüfen, ob der Tatbestand des **Spekulationsgeschäfts** erfüllt ist.

Auch hierbei gilt das **Subsidiaritätsprinzip**, wonach die in § 21 EStG genannten Einkünfte anderen Einkunftsarten zuzurechnen sind, soweit sie zu diesen gehören (§ 21 Abs. 3 EStG).

Die für diese Einkunftsart relevanten **Werbungskosten** sind u.a.

- Erhaltungsaufwand (zu unterscheiden vom Herstellungsaufwand, R 157 EStR).
- Zinsen, Geldbeschaffungskosten
- Grundsteuer, Müllabfuhrgebühr, Straßenreinigungsgebühr
- Aufwendungen für Treppen- und Kellerbeleuchtung
- Beiträge zur Gebäudeversicherung und an Hausbesitzerverein
- Absetzungen für Abnutzung (AfA) nach § 7 Abs. 4 u. 5 EStG
- erhöhte Absetzungen nach § 7c ff. EStG.

Für die **zu eigenen Wohnzwecken genutzte Wohnung im eigenen Haus** gilt § 10e EStG, der eine Steuerbegünstigung im Rahmen des **Sonderausgabenabzugs** vorsieht.

Danach ergibt sich folgende steuerliche Regelung:

- Der Eigentümer einer selbstgenutzten Wohnung kann von den Herstellungskosten zuzüglich der Hälfte der Anschaffungskosten für den dazu gehörenden Grund und Boden (Bemessungsgrundlage) im Jahr der Fertigstellung und in den drei folgenden Jahren jeweils bis zu 6 %, höchstens jeweils 19.800 DM (Altbauten ab 1.1.1994 9.000 DM)und in den vier darauffolgenden Jahren jeweils bis zu 5 %, höchstens jeweils 16.500 DM (Altbauten ab 1.1.1994 7.500 DM) **wie Sonderausgaben** abziehen.

- Die Abzugsbeträge nach § 10 e Abs. 1, 2 und 3 EStG, die der Steuerpflichtige in einem Jahr des Abzugszeitraums nicht ausgenutzt hat, kann er bis zum Ende des Abzugszeitraums abziehen.
- Objektbeschränkung auf ein, bei Ehegatten auf zwei Objekte (§ 10 e Abs. 4 EStG)
- Der Eigentümer einer selbstgenutzten Wohnung, gleichgültig, wann sie hergestellt oder angeschafft worden ist, kann nach § 10e Abs. 6 EStG die Aufwendungen, die bis zum Beginn der erstmaligen Nutzung der Wohnung zu eigenen Wohnzwecken entstehen (= sog. Vorkosten), **wie Sonderausgaben** abziehen.
- Der Eigentümer einer selbstgenutzten Wohnung, der für 1986 erhöhte Absetzungen (z.B. nach § 7b EStG) für diese Wohnung in Anspruch genommen hat, für die aber der Begünstigungszeitraum am 31.12.1986 noch nicht abgelaufen war, kann nach § 52 Abs. 21 Satz 4 EStG ab 1987 Beträge, die den noch nicht ausgenutzten erhöhten Absetzungen entsprechen, **wie Sonderausgaben** abziehen (Übergangsregelung).
- Wurde der Nutzungswert einer selbstgenutzten Wohnung in 1986 durch Pauschalierung nach § 21a EStG ermittelt und haben im Veranlagungszeitraum 1986 die Voraussetzungen für den erweiterten Schuldzinsenabzug nach § 21a Abs. 4 EStG vorgelegen, kann der Steuerpflichtige ab 1987 für den **restlichen Begünstigungszeitraum** die Schuldzinsen in dem nach § 21a Abs. 4 EStG zulässigen Umfang wie Sonderausgaben vom Gesamtbetrag der Einkünfte abziehen (§ 52 Abs. 21 Satz 4 EStG).
- Wurden an einer zu eigenen Wohnzwecken genutzten Wohnung im eigenen Haus nach dem 31.12.1986 und vor dem 1.1.1992 Herstellungskosten aufgewendet für **Maßnahmen im Sinne des § 82a EStDV**, so konnten die Herstellungskosten im Jahr der Herstellung und in den folgenden neun Jahren jeweils bis zu 10 % wie Sonderausgaben vom Gesamtbetrag der Einkünfte abgezogen werden.

2 3

4.7 Sonstige Einkünfte

Sonstige Einkünfte (§ 22 EStG) sind ein Sammelbegriff, der heterogene steuerliche Tatbestände einschließt. Dazu gehören

- Einkünfte aus wiederkehrenden Bezügen (§ 22 Nr. 1 EStG),
- Einkünfte aus Unterhaltsleistungen (§ 22 Nr. 1a EStG),

- Einkünfte aus Spekulationsgeschäften (§ 22 Nr. 2 EStG) i.S. des § 23 EStG
- Einkünfte aus Leistungen, soweit sie weder zu anderen Einkunftsarten (§ 2 Abs. 1 Nr. 1 bis 6) noch zu den Einkünften i.S. der Nrn. 1, 1a, 2 oder 4 gehören (also sonstige gelegentliche Leistungen, § 22 Nr. 3 EStG).
- Abgeordnetenbezüge (§ 22 Nr. 4 EStG).

Diese Aufzählung ist erschöpfend. Der von dem Gesetzgeber gewählte Begriff „Sonstige Einkünfte“ ist nicht so zu verstehen, als wären alle sonst denkbaren Einkünfte hier einzuordnen.

4.7.1 Wiederkehrende Bezüge

Es handelt sich um Bezüge, die in gewissen Zeitabständen wiederkehren. Sie dürfen nicht zu den Einkunftsarten i.S. des § 2 Abs. 1 Nr. 1 bis 6 EStG gehören und sich bei wirtschaftlicher Betrachtung nicht als Kapitalrückzahlungen (Kaufpreisraten) darstellen (R 165 Abs. 1 EStR). Wiederkehrende Bezüge setzen danach ferner voraus, daß sie auf einem einheitlichen Entschluß oder einem einheitlichen Rechtsgrund beruhen und mit einer gewissen Regelmäßigkeit gewährt werden. Sie brauchen jedoch nicht stets in derselben Höhe geleistet zu werden.

Eine Zuordnung entfällt, wenn die Bezüge freiwillig oder auf Grund einer freiwillig begründeten Rechtspflicht (z.B. rechtsverbindliche Versorgungszusage an eine nicht unterhaltsberechtigte Ehefrau im Rahmen einer Scheidung oder im Anschluß daran) oder einer gesetzlich unterhaltsberechtigten Person gewährt werden und der Leistende unbeschränkt steuerpflichtig ist (§ 22 Nr. 1 Satz 2 EStG). Wiederkehrende Bezüge sind nach Abzug von Werbungskosten in voller Höhe steuerpflichtig.

Zu den wiederkehrenden Bezügen gehören auch **Leibrenten** insoweit, als in den einzelnen Bezügen Einkünfte aus Erträgen des Rentenrechts enthalten sind (§ 22 Nr. 1a EStG). Als Ertrag des Rentenrechts gilt für die gesamte Dauer des Rentenbezugs der Ertragsanteil, welcher der unter dieser Ziffer aufgeführten Tabelle zu entnehmen ist. Ferner sind hier einzuordnen Einkünfte aus Zuschüssen und sonstigen Leistungen, soweit sie als wiederkehrende Bezüge gezahlt werden (§ 22 Nr. 1b EStG).

4.7.2 Einkünfte aus Unterhaltsleistungen

Nach § 22 Nr. 1a EStG gehören auch die Einkünfte aus Unterhaltsleistungen, die unbeschränkt einkommensteuerpflichtige geschiedene oder dauernd getrennt lebende Ehegatten erhalten, soweit diese Unterhaltsleistungen vom Zahlenden als Sonderausgaben nach § 10 Abs. 1 Nr. 1 EStG abgezogen werden können. Voraussetzung ist, daß der Zahlende beim Finanzamt einen entsprechenden Antrag stellt und der Empfänger der Unterhaltsleistungen diesem Antrag zustimmt. Diese Regelung ist auf den Höchstbetrag von DM 27.000 im Jahr begrenzt.

4.7.3 Spekulationsgeschäfte

Im Falle von Spekulationsgeschäften (§ 23 EStG) handelt es sich um ein Veräußerungsgeschäft über Wirtschaftsgüter, bei dem der Zeitraum zwischen Anschaffung und Veräußerung eine bestimmte Dauer nicht überschreitet (§ 23 Abs. 1 Nr. 1 EStG); auch kann die Veräußerung vor dem Erwerb liegen (§ 23 Abs. 1 Nr. 2 EStG).

Auf die Spekulationsabsicht kommt es hierbei nicht an; **Kriterium** ist der im Gesetz genannte Zeitraum:

- bei Grundstücken und grundstücksgleichen Rechten nicht mehr als zwei Jahre
- bei anderen Wirtschaftsgütern, insbesondere bei Wertpapieren, nicht mehr als sechs Monate.

Handelt es sich um die Veräußerung von Wirtschaftsgütern, deren Wert bei Einkünften i.S. des § 2 Abs. 1 Nr. 1 bis 6 EStG anzusetzen ist, so liegen Spekulationsgeschäfte nicht vor (§ 23 Abs. 3 EStG).

Gewinn oder Verlust aus solchen Geschäften ist der Unterschied zwischen dem Veräußerungspreis einerseits und den Anschaffungs- oder Herstellungskosten und den Werbungskosten andererseits (§ 23 Abs. 4 EStG). Das Gesetz sieht eine Freigrenze von 1.000 DM vor; wenn der Spekulationsgesamtgewinn im Kalenderjahr weniger als 1.000 DM beträgt, besteht Steuerfreiheit.

Der Spekulationsgesamtgewinn ergibt sich als Summe der Spekulationsgewinne abzüglich der Spekulationsverluste während eines Kalenderjahres. Wesentlich ist, daß Spekulationsverluste nur bis zur Höhe der Spekulationsgewinne ausgeglichen werden dürfen; sie dürfen nicht nach § 10d EStG (Verlustabzug) berücksichtigt werden.

4.7.4 Sonstige gelegentliche Leistungen

Sonstige gelegentliche Leistungen (§ 22 Nr. 3 EStG) können in einem Tun, Dulden oder Unterlassen bestehen. **Beispiele** sind gelegentliche Vermittlungen, Vermietung beweglicher Gegenstände, Einräumung eines Vorkaufsrechts (BFH-Urteil vom 9.4.1965, BStBl. III S. 361), Aufgabe einer Wohnung (BFH-Urteil vom 16.12.1966, BStBl. 1967 III S. 251).

Auch hier gilt eine Freigrenze; betragen die Einkünfte aus derartigen Leistungen weniger als 500 DM im Kalenderjahr, so sind sie nicht steuerpflichtig. Bei Zusammenveranlagten steht diese Freigrenze jedem zu, dem solche Einkünfte zugeflossen sind. Übersteigen die Werbungskosten die Einnahme, so darf der übersteigende Betrag bei Ermittlung des Einkommens nicht ausgeglichen werden; er darf ebenfalls nicht nach § 10d EStG (Verlustabzug) abgezogen werden.

4.8 Zuordnung der Einkünfte

Die Zuordnung der Einkünfte zu den einzelnen Einkunftsarten entspricht nicht nur einem formalen Prinzip, sondern besitzt auch materielle Bedeutung:

Die sachliche (materielle) Steuerpflicht knüpft an die Erzielung von Einkünften an, die einer bestimmten Einkunftsart zugerechnet werden können. Kann ein bestimmter Ertrag nicht einer dieser Einkunftsarten zugerechnet werden, entsteht keine Einkommensteuerpflicht.

Die bei den einzelnen Einkunftsarten geltenden Besonderheiten ermöglichen die Ausnutzung steuerlicher Vorteile, könnte aber auch andererseits die Hinnahme von Nachteilen bedeuten.

Im einzelnen lassen sich folgende **Unterschiede** erkennen:

- Unterschiedliche Methode der Einkunftsermittlung
  - **Gewinn** bei den Einkunftsarten: § 2 Abs. 1 Nrn. 1 bis 3 EStG
  - **Überschuß** der Einnahmen über die Werbungskosten bei den Einkunftsarten: § 2 Abs. 1 Nrn. 4 bis 7 EStG.
- Bei der Ermittlung der Gewinne aus Land- und Forstwirtschaft und bei Gewerbetreibenden, deren Firma im Handelsregister eingetragen ist, kann statt des Kalenderjahrs als Gewinnermittlungszeitraum das Wirtschaftsjahr (§ 4a EStG) zugrunde gelegt werden.
- Freibeträge oder Freigrenzen sind an bestimmte Einkunftsarten gebunden.
- In bestimmten Fällen knüpfen andere Steuern an die einkommensteuerliche Feststellung der Einkunftsart an. So erfaßt die Gewerbeertragsteuer nur die Einkünfte aus Gewerbebetrieb und für die Umsatzsteuer scheiden die Einkünfte aus nichtselbständiger Arbeit aus, da sie nicht umsatzsteuerpflichtig sein können.
- Die Einkommensteuer wird in verschiedenen Formen erhoben, und zwar im Veranlagungs- und Steuerabzugsverfahren; bei diesen Erhebungsformen sind Besonderheiten zu berücksichtigen.

5. Ordnung der Einkünfte

Die der Besteuerung nach dem Einkommensteuergesetz zu unterwerfenden Einkünfte sind Reineinkünfte (Nettoprinzip).

Die Einkünfte sind eine Differenzgröße zwischen den Erträgen (in Geld oder Geldwert) im Rahmen einer Einkunftsart und den Aufwendungen, die zur Erzielung und Erhaltung der Einkünfte notwendig sind.

Das Einkommensteuergesetz (§ 2 Abs. 2) differenziert die Einkünfte in:

- Gewinneinkünfte und
- Überschußeinkünfte.

Außerdem lassen sich unter Beachtung des Subsidiaritätsprinzips **Haupt-** und **Neben**einkunftsarten unterscheiden. Diese Begriffe sind im Gesetz nicht genannt, doch kann von Einkünften mit **Vorrang** - Haupteinkunftsart - (§ 2 Abs. 1 Nr. 1 bis 4 EStG) gesprochen werden, so daß andere Einkünfte **nachrangig** (Nebeneinkunftsart) einzuordnen sind (§§ 2 Abs. 1 Nr. 5 bis 7, 20 Abs. 3, 21 Abs. 3, 22 Nr. 1 und 3, 23 Abs. 3 EStG).

5.1 Gewinn- und Überschußeinkünfte

Das EStG unterscheidet zwei Methoden der Einkunftsermittlung:

- Einkünfte können als Gewinn oder als
- Überschuß der Einnahmen über die Werbungskosten dargestellt werden (dualistischer Einkünftebegriff).

5.1.1 Gewinneinkünfte

Bei Land- und Forstwirtschaft, Gewerbebetrieb und selbständiger Arbeit sind die Einkünfte der Gewinn (§ 2 Abs. 2 Nr. 1 EStG). Der allgemeine steuerliche Gewinnbegriff ist in § 4 EStG folgendermaßen beschrieben:

„Gewinn ist der Unterschiedsbetrag zwischen dem Betriebsvermögen am Schluß des Wirtschaftsjahres und dem Betriebsvermögen am Schluß des vorangegangenen Wirtschaftsjahrs, vermehrt um den Wert der Entnahmen und vermindert um den Wert der Einlagen.“

Danach wird der Gewinn als Vermögensdifferenz definiert, dessen Grundlage die Aufstellung von Bilanzen ist. Zu beachten sind hierbei die Vorschriften der §§ 4-7 EStG, welche die gesetzlichen Bestimmungen des „Bilanzsteuerrechts“ bilden.

5.1.2 Methoden der Gewinnermittlung

Für die Gewinnermittlung sieht das EStG verschiedene Berechnungsmethoden vor:

- Allgemeiner Betriebsvermögensvergleich nach § 4 Abs. 1 EStG
- Modifizierter Betriebsvermögensvergleich nach § 5 EStG
- Überschuß der Betriebseinnahmen über die Betriebsausgaben (§ 4 Abs. 3 EStG)

- Gewinnermittlung bei Durchschnittssätzen (§ 13a EStG)
- Schätzung nach § 162 AO.

5.1.2.1 Allgemeiner Betriebsvermögensvergleich

Ausgangsgröße ist dem Wortlaut des Gesetzes entsprechend die Vermögensdifferenz von zwei aufeinanderfolgenden Wirtschaftsjahren.

Dieses Ergebnis bedarf der Korrektur durch

- Einlagen (Vermögenszugänge aus dem Privatbereich) und
- Entnahmen (Vermögensabgänge in den Privatbereich),

da nur Vermögensveränderungen aus der betrieblichen Existenz und Aktivität Gewinne begründen können.

Die Betriebsreinvermögen werden aus Bilanzen ermittelt, die ausschließlich nach steuerlichen Vorschriften aufzustellen sind (originäre Steuerbilanz; § 4 Abs. 1 EStG).

Diese Gewinnermittlungsart ist von allen Land- und Forstwirten und selbständig Tätigen, die zur ordnungsmäßigen Buchführung verpflichtet sind (§§ 140, 141 AO) oder freiwillig Bücher führen und aufgrund jährlicher Bestandsaufnahmen Abschlüsse machen (§ 13a Abs. 1 Satz 2 Nr. 1 EStG) anzuwenden.

Bei der Ermittlung des Betriebsvermögens sind die in den R 29 ff. EStR formulierten Grundsätze zu beachten.

5.1.2.2 Besonderer Betriebsvermögensvergleich

Auch bei dieser Gewinnermittlungsmethode errechnet sich der Gewinn durch Vergleich der Betriebsvermögen am Ende zweier Wirtschaftsjahre, wobei ebenfalls Einlagen und Entnahmen zu berücksichtigen sind; die Betriebsvermögen sind allerdings aus Handelsbilanzen abzuleiten, die unter Beachtung handelsrechtlicher Grundsätze ordnungsmäßiger Buchführung erstellt werden (§ 5 EStG).

Grundlage ist also der handelsrechtliche Jahresabschluß (= Handelsbilanz), der bei abweichenden steuerlichen Bewertungsvorschriften entsprechende Korrekturen erfährt (= Steuerbilanz). Grundsätzlich sind die handelsrechtlichen Bewertungsvorschriften beizubehalten, soweit das Steuerrecht keine andere Bewertung vorschreibt **(= Maßgeblichkeit der Handelsbilanz für die Steuerbilanz)**. In diesem Falle ist die Steuerbilanz eine derivative (abgeleitete) Bilanz.

Dieser besondere Betriebsvermögensvergleich ist für Gewerbetreibende, die zur ordnungsmäßigen Buchführung verpflichtet sind, dieser Pflicht nachkommen oder freiwillig Bücher führen und Abschlüsse machen, vorgeschrieben (R 12 Abs. 2 Satz 1 und R 28 EStR).

5.1.2.3 Gewinnermittlung durch Überschußrechnung

Der Gewinn ergibt sich bei dieser Methode als Überschuß der Betriebseinnahmen über die Betriebsausgaben (§ 4 Abs. 3 EStG, R 16 EStR).

Steuerpflichtige, die nicht auf Grund gesetzlicher Vorschriften verpflichtet sind, Bücher zu führen und regelmäßig Abschlüsse zu machen und dies auch nicht freiwillig tun, welche also die vorgenannte Methode anwenden können, sind

- Land- und Forstwirte, die freiwillig Betriebseinnahmen und -ausgaben aufzeichnen (die Anerkennung setzt einen Antrag gem. § 13a Abs. 2 Nr. 2 EStG, R 127 Abs. 3 EStR voraus);
- Gewerbetreibende, die nicht zur ordnungsgemäßen Buchführung verpflichtet sind und dies auch freiwillig nicht tun;
- freiberuflich Tätige.

Betriebseinnahmen sind alle Einnahmen, die durch den Betrieb veranlaßt sind. Es sind dies alle Wertzugänge, die das Betriebsvermögen erhöhen und nicht Einlagen i.S. des § 4 Abs. 1 EStG sind, gleichgültig, ob sie in Geld oder Geldeswert bestehen. Sie sind in dem Wirtschaftsjahr anzusetzen, in dem sie dem Steuerpflichtigen zugeflossen sind, und die Betriebsausgaben sind in dem Wirtschaftsjahr abzusetzen, in dem sie geleistet worden sind.

Da eine Legaldefinition des Begriffs Betriebseinnahmen fehlt, erfolgt die Auslegung in Anlehnung an den Einnahmenbegriff des § 8 EStG s. auch R 18 Abs. 2 EStR.

Betriebseinnahmen sind u.a.:

- Einnahmen aus der Veräußerung von Gütern des Umlauf- und Anlagevermögens
- Vereinnahmte Umsatzsteuer
- Entnahmen des Unternehmers von Sachwerten und Leistungen zu privaten Zwecken (z.B. private Pkw-Nutzung)
- Leistungen aus einer betrieblich veranlaßten Versicherung (auch Prämienrückgewährung)
- Vereinnahmte Zinsen aus betrieblich bedingten Kapitalforderungen (§ 20 Abs. 3 EStG).

Betriebsausgaben sind u.a.:

- Ausgaben für die Anschaffung von Wirtschaftsgütern des Umlaufvermögens und geringwertige Wirtschaftsgüter i.S. des § 6 Abs. 2 EStG
- Absetzungen für Abnutzung (AfA) auf Anlagegüter
- Anschaffungs- oder Herstellungskosten für nicht abnutzbare Wirtschaftsgüter des Anlagevermögens im Zeitpunkt der Veräußerung oder Entnahme (§ 4 Abs. 3 Satz 4 EStG)

- Verlust einer Darlehensforderung im Zeitpunkt des Verlusteintritts
- Geldverluste infolge Diebstahl oder Unterschlagung
- Sacheinlagen (Teilwert gem. § 6 Abs. 1 Nr. 5 EStG)
- Verrechenbare bzw. abziehbare Vorsteuerbeträge, die nicht zu den Anschaffungs- oder Herstellkosten des Wirtschaftsgutes gehören (§ 9b Abs. 1 EStG), sofort bei Zahlung an den Lieferer.

Bei der Gewinnermittlung nach § 4 Abs. 3 EStG kommt gewillkürtes Betriebsvermögen (R 16 Abs. 6 EStR) grundsätzlich nicht in Betracht (BFH-Urteil vom 13.3.1964, BStBl. III S. 455). Aufwendungen für die Anschaffung oder Herstellung von Wirtschaftsgütern, die bei einer Gewinnermittlung durch Betriebsvermögensvergleich zum gewillkürten Betriebsvermögen gehören würden, sind nicht betrieblich veranlaßt und dürfen dementsprechend nicht als Betriebsausgaben abgesetzt werden. Einnahmen aus der Veräußerung solcher Wirtschaftsgüter sind keine Betriebseinnahmen.

Tritt der Fall ein, daß nicht zum Betriebsvermögen gehörende Wirtschaftsgüter auch betrieblich genutzt werden, so können Aufwendungen einschließlich der AfA, die durch die betriebliche Nutzung entstehen, nach R 16 Abs. 6 Satz 2 EStR als Betriebsausgaben abgesetzt werden, wenn die betriebliche Nutzung nicht nur von untergeordneter Bedeutung ist und der betriebliche Nutzungsanteil sich leicht und einwandfrei an Hand von Unterlagen nach objektiven, nachprüfbaren Merkmalen - ggf. im Wege der Schätzung - von den nicht abzugsfähigen Kosten der Lebenshaltung trennen läßt.

5.1.2.4 Gewinnermittlung durch Schätzung

Weist die Buchführung formelle Mängel auf, das sind Mängel, die das Wesen der kaufmännischen Buchführung berühren, so kann die **Ordnungsmäßigkeit** verneint und eine Schätzung (§ 162 AO) durchgeführt werden. Die Rechtsprechung bezeichnet die formellen Fehler als „Systemfehler“, da sie in der Regel Verstöße gegen die Systematik des angewandten Buchführungssystems darstellen.

Die **Ordnungsmäßigkeit der Buchführung** (R 29 Abs. 6 EStR) ist jedoch nicht zu beanstanden, wenn die Voraussetzungen des R 29 Abs. 2 EStR erfüllt sind und durch formelle Mängel das sachliche Ergebnis der Buchführung nicht beeinflußt wird und die Mängel keinen erheblichen Verstoß gegen die in R 29 EStR genannten formellen Anforderungen bedeuten.

Wenn die nicht ordnungsgemäß verbuchten Vorgänge nach dem Gesamtbild des Falles nur einen geringen Umfang haben und nur einen belanglosen Teil der Betätigung und des Gewinns berühren, kann eine unschädlich ergänzende Schätzung erfolgen. Das ausgewiesene Ergebnis wird dann durch eine ergänzende Schätzung berichtigt.

Ist die Buchführung im ganzen zur Ermittlung der Besteuerungsgrundlagen ungeeignet, so wird unter Verwendung der Unterlagen des Steuerpflichtigen eine Schätzung vorgenommen (schädliche Schätzung).

Dabei ist das Finanzamt nicht nur berechtigt, sondern auch verpflichtet, bei groben Verstößen gegen steuerliche Pflichten an die oberste Grenze des gegebenen Schätzungsrahmens zu gehen (BFH-Urteil vom 9.3.1967, BStBl. III S. 349).

Die Schätzung kann durch folgende Methoden erfolgen:

- Schätzung des Rohgewinns oder Reingewinns
- Schätzung nach Richtsätzen
- Schätzung auf Grund einer Vermögenszuwachsberechnung.

Nach dem **Umfang der Schätzung** lassen sich unterscheiden

- die **Voll**schätzung, die dann vorgenommen wird, wenn keinerlei brauchbare Aufzeichnungen für die Ermittlung der Besteuerungsgrundlagen vorhanden sind;
- die **Teil**schätzung, die erfolgen kann, wenn die Buchführungsunterlagen nur einen Teil der Besteuerungsgrundlagen belegen können, so daß dann der übrige Teil geschätzt werden muß.

5.1.3 Gewinnermittlung durch Sonderbilanzen

Die mit einer Personengesellschaft erzielten Gewinnanteile, die den Mitunternehmern zuzurechnen sind, ergeben sich aus der Handelsbilanz der Personengesellschaft.

Zur Ermittlung des steuerpflichtigen Gewinns ihrer Gesellschafter dient die aus der Handelsbilanz abgeleitete Steuerbilanz; aus dieser müssen der Gesamtgewinn wie auch die Anteile der Gesellschafter ersichtlich sein.

In allen den Fällen, in denen die dem Beteiligungsverhältnis entsprechende Aufteilung des Gesamtgewinns auf die Mitunternehmer den tatsächlichen Verhältnissen nicht entspricht, ergibt sich die Notwendigkeit der Aufstellung von Sonderbilanzen, die Differenzen zwischen der Steuerbilanz der Gesellschaft und den einzelnen Steuerbilanzen ihrer Gesellschafter darstellen sollen.

Eine solche Notwendigkeit ist nur dann gegeben, wenn gesellschaftliche Vorgänge auf Voraussetzungen beruhen, die nur einzelne Gesellschafter erfüllen und damit diesen ausschließlich zugerechnet werden dürfen (z.B. Steuervergünstigungen, steuerliche Sonderabschreibungen, Vergütung für stille Rücklagen bei Gesellschafterwechsel unter Beibehaltung des bisherigen Kapitalbetrages).

Beispiel:

M und N sind je zur Hälfte an der M & N OHG beteiligt. M hat der Gesellschaft eine Maschine gegen Zahlung einer Miete von 36.000 DM p.a. zur Verfügung gestellt. Diese Maschine hatte er vor einem Jahr zu 100.000 DM angeschafft und zur Finanzierung einen Kredit von 20.000 DM aufgenommen. In diesem Jahr wurden von M an Zinsen 2.000 DM und an Wartungskosten 3.000 DM gezahlt.

Aus Steuerbilanz und Gewinn- und Verlust-Rechnung der OHG per 31.12.01 sind die auf die Gesellschafter entfallenden gewerblichen Einkünfte gem. § 15 Abs. 1 Nr. 2 EStG zu ermitteln.

Steuerbilanz per 31.12.01

Verschiedene Aktiva	800.000	Kapital M	200.000
		Kapital N	200.000
		Verbindlichkeiten	256.000
		Gewinn	144.000
	800.000		800.000

Gewinn- und Verlust-Rechnung 31.12.01

Verschiedene Betriebsausgaben	1.800.000	Betriebseinnahmen	1.980.000
Maschinenmiete	36.000		
Gewinn	144.000		
	1.980.000		1.980.000

Die gewerblichen Einkünfte von M ergeben sich aus der zusätzlich aufzustellenden Sonderbilanz und der Sonder-Gewinn- und Verlust-Rechnung per 31.12.01:

Sonderbilanz M

Maschine 1.1.01	100.000		Kapital		
- AfA	10.000	90.000	1.1.01	80.000	
			./.Einlage	36.000	
			+ Entnahmen	5.000	49.000
			Verbindlichkeiten		20.000
			Gewinn		21.000
		90.000			90.000

Sonder-Gewinn- und Verlust-Rechnung M

Wartungskosten	3.000	Mieterträge	36.000
Zinsen	2.000		
AfA	10.000		
Gewinn	21.000		
	36.000		36.000

Einkünfte aus Gewerbebetrieb des Gesellschafters M setzen sich zusammen:

Gewinnanteil lt. OHG-Bilanz (§ 15 Abs. 1 Nr. 2 EStG) 1/2 von 144.000 DM =	72.000 DM
Sondervergütung lt. Sonderbilanz M	21.000 DM
	93.000 DM

5.1.4 Überschußeinkünfte

Neben den Gewinneinkünften unterscheidet das EStG Überschußeinkünfte (§ 2 Abs. 2 Nr. 2 EStG).

Als Einkunftsermittlungsmethode wird die Feststellung des **Überschusses der Einnahmen über die Werbungskosten** für die

- Einkünfte aus nichtselbständiger Arbeit
- Einkünfte aus Kapitalvermögen
- Einkünfte aus Vermietung und Verpachtung und
- sonstige Einkünfte i.S. des § 22 EStG

vorgeschrieben.

Ermittlungszeitraum ist stets das Kalenderjahr; Ausnahmen sind für diese Einkünfte nicht zugelassen (§ 2 Abs. 7 EStG).

Es könnten auch **negative Überschüsse** entstehen (Einnahmen < Werbungskosten = Verlust).

Wie die Gewinnermittlung nach § 4 Abs. 3 EStG stellt auch die Ermittlung des Überschusses der Einnahmen über die Werbungskosten eine reine Ist-Rechnung dar, bei der den tatsächlichen Einnahmen die tatsächlichen Ausgaben gegenübergestellt werden; Forderungen und Schulden bleiben dabei grundsätzlich ebenso außer Betracht wie die übrigen Vermögenswerte. Es wird also deutlich, daß es sich um eine reine **Geldrechnung** handelt; eine Vermögensrechnung ist nicht beabsichtigt, da die reinen Vermögensschwankungen bei diesen Steuerpflichtigen als unbedeutend angesehen werden und außer Betracht bleiben.

5.1.4.1 Einnahmen

Einnahmen (§ 8 Abs. 1 EStG) sind alle Güter, die in Geld oder Geldeswert bestehen und dem Steuerpflichtigen im Rahmen einer Einkunftsart (§ 2 Abs. 1 Nrn. 4 bis 7 EStG) zufließen; sie müssen dabei regelmäßiger Ertrag der Einkommensquelle sein.

Einnahmen, die nicht in Geld bestehen (geldwerte Vorteile), müssen in Geldeinheiten umgerechnet werden (§ 8 Abs. 2 EStG). Solche Sachbezüge sind mit den üblichen Endpreisen am Abgabeort anzusetzen.

Im Rahmen der Einkünfte aus nichtselbständiger Arbeit werden Sachbezüge besonders häufig gewährt, die als Teil des Arbeitslohns ebenfalls der Besteuerung unterliegen (§ 8 Abs. 2 Satz 2 und Abs. 3 EStG).

Für die Bewertung kommt es nicht auf die subjektive Beurteilung durch den Steuerpflichtigen an, sondern es ist ein objektiver Maßstab zugrunde zu legen, der eine gleichmäßige Besteuerung gewährleistet.

Gegenüber den Sachbezügen sind die sog. "Aufmerksamkeiten" (Abschn. 73 Abs. 1 LStR) zu unterscheiden. Sachleistungen des Arbeitgebers, die auch im gesellschaftlichen Verkehr üblicherweise ausgetauscht werden und zu keiner ins Gewicht fallenden Bereicherung der Arbeitnehmer führen, gehören als bloße Aufmerksamkeiten nicht zum Arbeitslohn. Einzelheiten siehe Abschn. 73 LStR.

Einnahmen sind innerhalb des Kalenderjahrs bezogen, in dem sie dem Steuerpflichtigen zugeflossen sind (§ 11 Abs. 1 EStG). Sie gelten dann als zugeflossen, wenn der Steuerpflichtige über sie wirtschaftlich verfügen kann. **Zufluß** (R 116 Abs. 1 EStR) liegt auch dann vor, wenn die Einnahmen auf ein Bankkonto eingezahlt wurden oder eine Gutschrift auf dem Konto des Empfängers erfolgt ist. Bei Entgegennahme eines Schecks gilt die Einnahme bereits als zugeflossen, während bei Übernahme eines Wechsels zahlungshalber die Einnahme erst mit der Einlösung oder Diskontierung als zugeflossen angesehen wird. Regelmäßig wiederkehrende Einnahmen, die dem Steuerpflichtigen kurze Zeit vor Beginn oder kurze Zeit nach Beendigung des Kalenderjahrs, zu dem sie wirtschaftlich gehören, zugeflossen sind, gelten als in diesem Kalenderjahr bezogen (§ 11 Abs. 1 Satz 2 EStG).

5.1.4.2 Werbungskosten

Aufwendungen zur Erwerbung, Sicherung und Erhaltung der Einnahmen werden als Werbungskosten (§ 9 Abs. 1 EStG) bezeichnet. Sie sind bei der Einkunftsart abzusetzen, bei der sie erwachsen sind; es muß also ein unmittelbarer Zusammenhang mit den Einnahmen bestehen. Das Gesetz nennt eine Reihe von **Beispielen** (§ 9 Abs. 1 Nr. 1-7 EStG), die das Wesen der Werbungskosten kennzeichnen. Da eine erschöpfende Aufzählung aller möglichen Werbungskosten fehlt, ist davon auszugehen, daß alle Aufwendungen (Ausgaben), die dem Zweck der Erwerbung, Sicherung und Erhaltung der Einnahmen dienen, als Werbungskosten gelten.

Aufwendungen können auch dann schon als Werbungskosten anerkannt werden, **bevor** entsprechende Einnahmen erzielt werden. Voraussetzung ist aber, daß zwischen den Aufwendungen und den erwarteten späteren Einnahmen ein ausreichend bestimmter und klar erkennbarer **Zusammenhang** besteht. Für die Abzugsfähigkeit solcher sog. **vorweggenommener** Werbungskosten kommt es nicht darauf an, ob die Vorbereitungsmaßnahmen, die diesen Aufwendungen zugrunde liegen, zu den erwarteten Einnahmen geführt haben.

Repräsentationsaufwendungen und Aufwendungen für Ernährung, Kleidung und Wohnung sind in der Regel Kosten der Lebensführung i.S. des § 12 EStG (R 117 EStR). Bei solchen Aufwendungen besteht oft ein Zusammenhang mit der gewerblichen oder beruflichen Tätigkeit des Steuerpflichtigen. In solchen Fällen ist zu prüfen, ob und in welchem Umfang die Aufwendungen ausschließlich betrieblichen oder beruflichen Zwecken dienen und nichts mit dem Privatleben zu tun haben. Dienen die Aufwendungen ausschließlich Zwecken der Einkunftserzielung, so sind sie als Werbungskosten zu berücksichtigen.

5.1.4.3 Abgrenzung zwischen Werbungskosten und Lebenshaltungskosten

Bei der Einkunftsermittlung gilt das Prinzip, daß Lebensführungskosten, die Ausdruck persönlicher Verhältnisse sind, nicht berücksichtigt werden dürfen; sie sind Einkommensverwendung. Zwischen Ausgaben, die geeignet sind der Lebenshaltung zu dienen und solchen, die bei der Einkunftserzielung entstehen, kann nicht immer eine klare Trennungslinie gezogen werden, so daß Abgrenzungsprobleme auftreten, wenn auch § 12 Nr. 1 EStG bestimmt, daß Aufwendungen für die Lebensführung, die die wirtschaftliche oder gesellschaftliche Stellung des Steuerpflichtigen mit sich bringt, auch wenn sie zur Förderung des Berufs oder Tätigkeit des Steuerpflichtigen erfolgen, nicht abzugsfähig sind (vgl. R 117 EStR).

Unter Beachtung der Rechtsprechung lassen sich durch Typisierung folgende **drei Kategorien** differenzieren:

- Ausschließlich betrieblich oder beruflich bedingte Aufwendungen sind in vollem Umfang Werbungskosten, auch wenn sie persönlichen Charakter tragen, z.B. Reisekosten aus dienstlichen oder geschäftlichen Gründen, Bewirtung von Personen, die nicht Arbeitnehmer des Steuerpflichtigen sind in Gaststätten, Dienstkleidung;
- Aufwendungen, die teils betrieblich/beruflich, teils privat veranlaßt worden sind und nach objektiven Merkmalen und Unterlagen leicht und einwandfrei aufgeteilt werden können, sind anteilig Werbungskosten bzw. Kosten der Lebensführung (R 117 EStR); sind die anteiligen Werbungskosten von untergeordneter Bedeutung, unterbleibt eine Aufteilung. Der als Werbungskosten zu berücksichtigende Teil kann gegebenenfalls geschätzt werden.
- Aufwendungen, bei denen eine Trennung nicht leicht und einwandfrei durchführbar ist oder es ist nur schwer erkennbar, ob sie mehr dem Beruf oder mehr der privaten Lebensführung gedient haben, gehören in voller Höhe zu den nicht abzugsfähigen Ausgaben nach § 12 Nr. 1 EStG.

5.1.4.4 Werbungskostenpauschbeträge

Werden keine Werbungskosten nachgewiesen, können bei den Überschußeinkünften Werbungskosten-Pauschbeträge (§ 9a EStG) angesetzt werden. Übersteigen also die tatsächlichen Aufwendungen den entsprechenden Pauschbetrag, so kann der höhere Betrag nur abgezogen werden, wenn ein Einzelnachweis über die geleisteten Ausgaben geführt wird.

Die **Höhe der Pauschbeträge** ist bei den einzelnen Überschußeinkünften unterschiedlich:

- Einnahmen aus **nichtselbständiger** Arbeit: 2.000 DM - sog. Arbeitnehmer-Pauschbetrag - (§ 9a Nr. 1 EStG);
- Einnahmen aus **Kapitalvermögen**: 100 DM (§ 9a Nr. 2 EStG); bei Ehegatten, die nach §§ 26, 26b EStG zusammen veranlagt werden, erhöht sich dieser Pauschbetrag auf insgesamt 200 DM;

- **Wiederkehrende Bezüge** i.S. des § 22 Nr. 1 und Nr. 1a EStG: 200 DM (§ 9a Nr. 3 EStG).

Der Arbeitnehmer-Pauschbetrag darf nur bis zur Höhe der um den Versorgungs-Freibetrag geminderten Einnahmen, die übrigen Pauschbeträge dürfen nur bis zur Höhe der jeweiligen Einnahmen abgezogen werden.

Die Pauschbeträge für Werbungskosten können von den Einnahmen des Steuerpflichtigen aus derselben Einkunftsart nur einmal abgezogen werden (vgl. BFH-Urteil vom 3.4.1959, BStBl. III S. 220; R 85 Abs. 1 EStR). Hat der Steuerpflichtige Einnahmen aus mehreren der in § 9a EStG bezeichneten Einkunftsarten, so ist der Pauschbetrag bei jeder Einkunftsart bis zur Höhe der jeweiligen Einnahmen, im Fall des § 9a Nr. 1 EStG bis zur Höhe der um den Versorgungs-Freibetrag (§ 19 Abs. 2 EStG) geminderten Einnahmen, abzuziehen.

Die Pauschbeträge sind nicht zu ermäßigen, wenn die unbeschränkte Steuerpflicht lediglich während eines Teils des Kalenderjahrs bestanden hat.

Bei Zusammenveranlagung von Ehegatten kann jeder Ehegatte ebenso wie bei seiner getrennten Veranlagung die Pauschbeträge nach § 9a EStG absetzen.

5.2 Haupt- und Nebeneinkunftsarten

Von Bedeutung ist auch die Zuordnung der Einkünfte zu den einzelnen Einkunftsarten. Es bedarf der Feststellung, wo bestimmte Einkünfte entstehen, besonders wenn sich die Zurechnung nicht eindeutig ergibt.

Das Gesetz geht im Grundsatz von der Gleichwertigkeit der Einkunftsarten aus, so daß sich die Aufstellung einer Rangordnung erübrigt. Doch impliziert der Gesetzestext einen unterschiedlichen Rang der einzelnen Einkunftsarten.

Grundsätzlich gilt, daß nur dann Einkünfte einer Nebeneinkunftsart zuzurechnen sind, wenn sie inhaltlich nicht zu einer vorrangigen Einkunftsart gehören. Vorrangig können sowohl Haupt- als auch andere Nebeneinkunftsarten sein.

Vorrangig sind grundsätzlich die Haupteinkunftsarten nach § 2 Abs. 1 Nr. 1 bis 4 EStG.

Aus dem Gesetzestext ergibt sich, daß **Einkünfte aus Kapitalvermögen** gegenüber der Einkunftsart Vermietung und Verpachtung nachrangig sind (§ 20 Abs. 3 EStG).

Die **sonstigen Einkünfte** i.S. des § 22 Nrn. 1 und 3 EStG sind **allen übrigen Einkunftsarten** nachrangig. Einkünfte aus Spekulationsgeschäften (§ 22 Nr. 2 EStG) können nur entstehen, wenn Wirtschaftsgüter veräußert werden, deren Wert nicht bei Einkünften i.S. des § 2 Abs. 1 Nrn. 1 bis 6 (= alle übrigen Einkünfte) anzusetzen ist (§ 23 Abs. 3 EStG).

6. Grundzüge des Bilanzsteuerrechts

Gegenstand des Bilanzsteuerrechts ist die stichtagsbezogene Feststellung des Betriebsvermögens mit dem Ziel der steuerlichen Gewinnermittlung.

Das Ergebnis des handelsrechtlichen Jahresabschlusses, die Handelsbilanz und die Gewinn- und Verlust-Rechnung, bilden die Ausgangsgröße für die Aufstellung der Steuerbilanz (§ 5 Abs. 1 EStG).

Alle Vorschriften, welche steuerliche Modifikationen zum Gegenstand haben, um den Steuerbilanzgewinn als Bemessungsgrundlage für die Ertragssteuern zu ermitteln, machen das Bilanzsteuerrecht aus.

6.1 Maßgeblichkeitsgrundsätze

Die Maßgeblichkeit der Handelsbilanz für die steuerrechtliche Bilanzierung umschließt

- die Bindung an handelsrechtliche Bilanzierungsgebote und -verbote
- keine Bindung an handelsrechtliche Bilanzierungswahlrechte
- die Bindung an handelsrechtliche Wertansätze, wenn §§ 6, 7 EStG keinen anderen Wertansatz vorschreiben.

6.1.1 Umkehrung des Maßgeblichkeitsgrundsatzes

Die sog. Umkehrung des Maßgeblichkeitsgrundsatzes bedeutet, daß niedrigere Steuerbilanzwerte auch in der Handelsbilanz angesetzt werden können, um steuerliche Bewertungsfreiheiten ausschöpfen zu können.

So bestimmt § 6 EStG, daß

- bei **Wirtschaftsgütern des Anlagevermögens** für die Inanspruchnahme erhöhter Absetzungen, Sonderabschreibungen, Abschreibungen nach § 6 Abs. 2 EStG (geringwertige Wirtschaftsgüter) und des Abzugs nach § 6b Abs. 1 oder Abs. 3 Satz 2 EStG und
- bei **Wirtschaftsgütern des Umlaufvermögens** für die Inanspruchnahme des Ansatzes der nach § 51 Abs 1 Nr. 2 Buchstabe m oder Buchstabe z zulässigen Werte (z.B. Importwarenabschlag) Voraussetzung ist, daß diese **auch in der Handelsbilanz** mit den niedrigeren Werten angesetzt werden.

Nach § 253 HGB kennt das Handelsrecht nur **planmäßige und außerplanmäßige Abschreibungen**, jedoch u.a. keine Sonderabschreibungen, so daß nach der Sonderregelung des § 254 HGB Abschreibungen, die nur steuerrechtlich zulässig sind, auch in der Handelsbilanz vorgenommen werden können. Ohne eine solche Sonderregelung könnten Gewerbetreibende, die den Gewinn nach § 5 EStG ermitteln, nur steuerrechtlich zulässige Abschreibungen nicht in Anspruch nehmen.

6.1.2 Durchbrechung des Maßgeblichkeitsgrundsatzes

Bei handelsrechtlichen Bilanzierungswahlrechten gilt der Maßgeblichkeitsgrundsatz nicht, um nicht Manipulationsmöglichkeiten Raum zu geben und damit die Gleichmäßigkeit der Besteuerung zu beeinträchtigen.

Solche **Bilanzierungswahlrechte** sind u.a. der Ausweis von

- derivativem Firmenwert, § 255 Abs. 4 HGB
- Aufwendungen für die Ingangsetzung des Geschäftsbetriebs und dessen Erweiterung (§ 269 HGB) - handelsrechtliches Aktivierungswahlrecht = steuerliches Aktivierungsverbot
- Rückstellung für unterlassene Aufwendungen für Instandhaltung bei Nachholung im folgenden Geschäftsjahr (§ 249 HGB) - steuerlich zulässig nur bei Nachholung innerhalb von 3 Monaten im folgenden Geschäftsjahr (R 31c EStR)
- Herstellungskosten: nach § 255 Abs. 2 HGB fakultativer Ansatz von Material- und Fertigungsgemeinkosten dagegen nach R 33 EStR obligatorisch.

6.2 Betriebsvermögen

Das Betriebsvermögen umfaßt alle Wirtschaftsgüter (Sachen, Rechte, Verpflichtungen, sonstige wirtschaftliche Vorteile), die dem Gewerbebetrieb zur Erfüllung seines Betriebszweckes unmittelbar oder mittelbar dienen.

6.2.1 Abgrenzung zwischen Betriebsvermögen und Privatvermögen

Da der Gewinn als Differenz der Betriebsvermögen zwischen zwei aufeinanderfolgenden Wirtschaftsjahren ermittelt wird, ist die Abgrenzung zwischen Betriebs- und Privatvermögen von Bedeutung.

Es muß verhindert werden, daß betriebliche Gewinne oder Verluste spekulativ der Privatsphäre zugerechnet werden, um sie der Besteuerung zu entziehen.

Im allgemeinen gilt die Regel, daß Vermögensgegenstände, die zu 50 % oder mehr Betriebszwecken dienen, Betriebsvermögen sind.

Darüber hinaus können (neutrale) Vermögensgegenstände, die sowohl Betriebs- als auch Privatvermögen sein können, nach dem Willen des Steuerpflichtigen zugeordnet werden.

Nach diesen vorgegebenen Kriterien sind zu unterscheiden

- notwendiges Betriebsvermögen
- notwendiges Privatvermögen
- gewillkürtes Betriebsvermögen.

Notwendiges Betriebsvermögen sind Wirtschaftsgüter, die dem Betrieb unmittelbar dienen und ihrem Wesen nach zu ihm eine enge Beziehung haben.

Eigenbetrieblich genutzte Grundstücke oder Grundstücksteile sind auch dann notwendiges Betriebsvermögen, wenn sie nicht in der Buchführung und in den Bilanzen ausgewiesen worden sind.

Notwendiges Privatvermögen sind Vermögensgegenstände, die weder unmittelbar noch mittelbar geeignet sind, dem Betrieb zu dienen, und ihrer Natur nach eine enge Beziehung zur Privatsphäre des Steuerpflichtigen haben. Solche Gegenstände können nicht durch Einlage zu Betriebsvermögen gemacht werden (Schmuck, Garderobe).

Gewillkürtes Betriebsvermögen sind Vermögensgegenstände, die weder notwendiges Betriebsvermögen noch notwendiges Privatvermögen sind. Sie haben keine unmittelbare Beziehung zum Betrieb, stehen aber in einem gewissen objektiven Zusammenhang mit dem Betrieb und können ihn zu fördern bestimmt und geeignet sein, z.B. Wertpapiere, Grundstücke (R 13 EStR).

Dem Gewerbetreibenden steht hierdurch ein Gestaltungsrecht (Wahlrecht) zu. Solche Gegenstände werden durch Einlage zum (gewillkürten) Betriebsvermögen. Das Wahlrecht wird durch die buchmäßige Behandlung ausgeübt. Kapitalgesellschaften besitzen ausschließlich (notwendiges) Betriebsvermögen, da ihnen eine Privatsphäre fehlt.

Ob ein Gegenstand in einem gewisen objektiven Zusammenhang mit dem Betrieb steht oder nicht, ist eine Tatfrage. Die Entscheidung des Steuerpflichtigen muß durch Zuordnungskriterien belegt sein. So ist z.B. eine Aufteilung gemischt genutzter beweglicher Wirtschaftsgüter in einen privaten und einen betrieblichen Teil grundsätzlich nicht zulässig. R 13 EStR gibt eine Abgrenzungsregel, nach der bestimmte Grenzen zu beachten sind:

- private Nutzung zu mehr als 90 % = notwendiges Privatvermögen
- betriebliche Nutzung zu mehr als 50 % = notwendiges Betriebsvermögen
- betriebliche Nutzung bei mindestens 10 % und höchstens 50 % = gewillkürtes Betriebsvermögen.

Bei Zugehörigkeit zum Betriebsvermögen dürfen Aufwendungen für die private Nutzung der Wirtschaftsgüter den Gewinn nicht mindern.

6.2.2 Wirtschaftsgüter

Das Betriebsvermögen umfaßt alle Wirtschaftsgüter, die dem Betrieb zugerechnet werden können. Eine Legaldefinition des Begriffs „Wirtschaftsgüter“ besteht nicht, so daß Kriterien der Rechtsprechung zur Begriffsbestimmung heranzuziehen sind. Danach sind für den Begriff **Wirtschaftsgut** essentiell

- Sachen und Rechte im bürgerlich-rechtlichen Sinn sowie sonstige wirtschaftliche Vorteile, die dem Betrieb einen Nutzen bringen
- nach der Verkehrsauffassung selbständige Bewertungsfähigkeit.

Wirtschaftsgüter lassen sich in materielle und immaterielle gliedern:

- Materielle Wirtschaftsgüter sind körperliche Gegenstände, die in bewegliche und unbewegliche, abnutzbare und nicht abnutzbare Wirtschaftsgüter (Anlagevermögen) und Umlaufvermögen eingeteilt werden.
- Immaterielle Wirtschaftsgüter sind Rechte und andere verkehrsfähige wirtschaftliche Vorteile, die allerdings nur aktiviert werden dürfen, wenn sie entgeltlich erworben sind (Patente, Lizenzen, Firmenwert), vgl. R 31a EStR.

6.2.3 Posten der Rechnungsabgrenzung

Rechnungsabgrenzungsposten ergeben sich aus der Forderung nach einer periodengerechten Gewinnabgrenzung. Aufwendungen und Erträge sind zeitraumbezogen und können sich über einen Bilanzstichtag hinaus erstrecken, so daß eine Abgrenzung erforderlich ist.

Wenn Aufwendungen oder Erträge zwei Abrechnungszeiträume berühren, können die Ausgaben bzw. Einnahmen vor oder nach dem Stichtag liegen; man unterscheidet demnach zwischen transitorischen und antizipativen Posten.

Nach § 5 Abs. 5 EStG, vergl. auch R 31b EStR, sind als Rechnungsabgrenzungsposten nur **transitorische** Posten anzusetzen, also Ausgaben bzw. Einnahmen vor dem Abschlußstichtag, soweit sie Aufwand bzw. Ertrag für eine bestimmte Zeit nach dem Stichtag darstellen.

Beispiele:

- Ein Gewerbetreibender zahlt am 20.9.01 die Kfz-Steuer für die Zeit vom 1.10.01 - 30.0.02 im voraus 800 DM; Bilanzstichtag 31.12.01

  600 DM (= 75 % von 800 DM) sind als aktiver Rechnungsabgrenzungsposten in der Bilanz per 31.12.01 anzusetzen; die Steuer ist in dieser Höhe Aufwand des nächsten Jahres.
- Für vermietete Räume werden am 1.10.01 3.000 DM an Mieten für 6 Monate im voraus vereinnahmt; es ist ein passiver Rechnungsabgrenzungsposten von 1.500 DM in die Bilanz per 31.12.01 einzustellen.

Das sog. Disagio oder Damnum ist ein Sonderfall der Rechnungsabgrenzungsposten. Ist der Rückzahlungsbetrag von Darlehen oder Anleihen höher als der Ausgabebetrag, so darf der Unterschied unter die Rechnungsabgrenzungsposten der Aktivseite aufgenommen werden (§ 250 Abs. 3 Satz 2 HGB) und ist durch planmäßige Abschreibungen auf die Laufzeit des Darlehens zu verteilen.

6.2.4 Schulden

Als Schulden, vielfach als negative Wirtschaftsgüter bezeichnet, sind grundsätzlich nur bestehende und ungewisse Verbindlichkeiten gegenüber Dritten bilanzierungsfähig; die Verbindlichkeiten müssen rechtlich und wirtschaftlich begründet sein.

6.2.5 Rückstellungen

Rückstellungen sind passive Bilanzposten, die das Betriebsvermögen und damit den Gewinn der Periode entsprechend mindern. Durch die Bildung von Rückstellungen werden zukünftige ungewisse Ausgaben im Wirtschaftsjahr der Bildung erfolgswirksam erfaßt.

Die Rückstellungen dienen ebenso wie die Posten der Rechnungsabgrenzung der periodengerechten Gewinnabgrenzung.

Nach § 249 Abs. 1 HGB dürfen Rückstellungen u.a. gebildet werden für

- ungewisse Verbindlichkeiten
- drohende Verluste aus schwebenden Geschäften
- im Geschäftsjahr unterlassene Aufwendungen für Instandhaltung oder Abraumbeseitigung, die im folgenden Geschäftsjahr nachgeholt werden
- Gewährleistungen, die ohne rechtliche Verpflichtung erbracht werden.

Bei den **Rückstellungen für unterlassene Reparaturen** ist ein Ansatz nur steuerlich zugelassen, wenn die Nachholung innerhalb von 3 Monaten nach dem Bilanzstichtag vorgenommen wird (R 31c Abs. 1 Nr. 2 EStR).

6.3 Bewertung

Die Bilanzierung von Wirtschaftsgütern setzt eine Bewertung voraus. Die handelsrechtlichen Bewertungsvorschriften der §§ 252-256, 279-283 HGB bilden nach dem Maßgeblichkeitsprinzip des § 5 Abs. 1 EStG die Grundlage für die steuerliche Bewertung.

Nach Handels- und Steuerrecht gelten gleiche Bewertungsprinzipien:

- Grundsatz der Einzelbewertung (§ 252 Nr. 3 HGB, § 6 Abs. 1 Satz 1 EStG)
- Anschaffungswertprinzip (§ 6 Abs. 1 Nr. 1 und 2 EStG)
- Realisationsprinzip
- Grundsatz der Methodenfreiheit (Bewertungs- und Abschreibungsmethoden werden nicht vorgeschrieben)
- Grundsatz der Wirtschaftlichkeit (Zeit- und Kostenaufwand müssen dem Bewertungsergebnis angemessen sein)
- Stichtagsprinzip (§ 252 Nr. 3 HGB, § 4 Abs. 1 Satz 1 EStG).

6.3.1 Bewertungsmaßstäbe

Im Bilanzsteuerrecht werden drei originäre Bewertungsmaßstäbe unterschieden:

- Anschaffungskosten
- Herstellungskosten
- Teilwert.

Sonstige Wertbegriffe, z.B. Durchschnittswerte, Werte nach bestimmten Verbrauchsfolgeverfahren, dienen lediglich als Bewertungshilfe, um einen der obengenannten Werte zu ermitteln.

6.3.1.1 Anschaffungskosten

Fremdbezogene Wirtschaftsgüter sind mit ihren Anschaffungskosten (§ 255 Abs. 1 HGB) zu bewerten. Anschaffungskosten sind die Aufwendungen, die geleistet werden, um einen Vermögensgegenstand zu erwerben und ihn in einen betriebsbereiten Zustand zu versetzen, soweit sie dem Vermögensgegenstand einzeln zugeordnet werden können (§ 255 Abs. 1 Satz 1 HGB).

Basiswert (Ausgangswert) ist der Kaufpreis des Gegenstandes, der um eingeräumte Rabatte und Skonti oder sonstige nachträgliche Abzüge gekürzt wird (= Anschaffungspreisminderungen).

Außer dem obengenannten Basiswert sind alle mit der Anschaffung zusammenhängenden **Nebenkosten** zu aktivieren; insbesondere können dies sein: Provisionen, Transportkosten, Notariats- und Gerichtsgebühren, Versicherungsprämien.

Ferner sind **nachträgliche Anschaffungskosten** zu aktivieren.

Finanzierungskosten werden nicht zu den Anschaffungskosten gerechnet, da sie als Geldbeschaffungskosten nur in mittelbarem Zusammenhang mit der Anschaffung stehen (§ 255 Abs. 3 HGB).

Sonderfälle:

Werden sogenannte verlorene Zuschüsse von dritter Seite geleistet, hat der Bilanzierende ein **Wahlrecht** (R 34 Abs. 2 EStR):

(1) Kürzung der Anschaffungskosten in Höhe des Zuschusses, damit erfolgsneutrale Vereinnahmung: die AfA wird dann nur vom Restwert berechnet. Entsprechend ist in der Handelsbilanz zu verfahren.

(2) Ausweis des Zuschusses als Ertrag: die Anschaffungskosten werden dann nicht berührt.

Nach § **6b EStG** ("Gewinne aus der Veräußerung bestimmter Anlagegüter") können aufgelöste stille Reserven bei der Veräußerung bestimmter Anlagegüter auf neu angeschaffte oder hergestellte Wirtschaftsgüter übertragen werden, so daß eine Kürzung der Anschaffungskosten eintritt.

Ebenso kann eine Gewinnrealisierung durch aufgelöste stille Rücklagen verhindert werden, wenn ein Wirtschaftsgut infolge **höherer Gewalt** (Explosion, Brand) oder infolge eines **behördlichen Eingriffs** (Enteignung) gegen Entschädigung ausscheidet. Die stille Rücklage darf in diesem Falle bei Ersatzbeschaffung auf das Ersatzwirtschaftsgut unter bestimmten Voraussetzungen in bestimmter Höhe übertragen werden, so daß sich dessen Anschaffungskosten entsprechend mindern (Rücklage für Ersatzbeschaffung; R 35 EStR).

6.3.1.2 Herstellungskosten

Im Betrieb ganz oder teilweise selbst hergestellte Wirtschaftsgüter des Anlage- oder Umlaufvermögens sind mit den Herstellungskosten zu bewerten (§ 255 Abs. 2 HGB; § 6 Abs. 1 und 2 EStG).

Eine Legaldefinition der Herstellungskosten findet sich in § 255 Abs. 2 Satz 1 HGB. Danach sind Herstellungskosten die Aufwendungen, die durch den Verbrauch von Gütern und die Inanspruchnahme von Diensten für die Herstellung eines Vermögensgegenstandes, seine Erweiterung oder für eine über seinen ursprünglichen Zustand hinausgehende wesentliche Verbesserung entstehen.

Nach R 33 EStR umfassen die **steuerlichen Herstellungskosten:**

- **Einzelkosten:** Fertigungsmaterial
  Fertigungslöhne
  Sonderkosten der Fertigung
- **Gemeinkosten:** Materialgemeinkosten
  Fertigungsgemeinkosten
  Betriebs- und Verwaltungsgemeinkosten - Hier besteht nach R 33 EStR ein Aktivierungswahlrecht außer der AfA auf Anlagevermögen, soweit durch die Herstellung veranlaßt.

Die Frage, ob Finanzierungskosten oder Fremdkapitalzinsen in den Herstellungskosten einbezogen werden können, wird grundsätzlich verneint. So auch § 255 Abs. 3 Satz 1 HGB: *„Zinsen für Fremdkapital gehören nicht zu den Herstellungskosten."* Erstreckt sich allerdings die Herstellung des Wirtschaftsgutes über einen längeren Zeitraum, so können die Zinsen, soweit sie auf den Herstellungszeitraum entfallen, den Herstellungskosten zugerechnet werden.

6.3.1.3 Teilwert

Der Teilwert ist ein rein steuerrechtlicher Wertbegriff. Dieser Wertmaßstab gilt im Bilanzsteuerrecht dann, wenn er am Bilanzstichtag niedriger ist als die Anschaffungs- oder Herstellungskosten des zu bewertenden Wirtschaftsgutes (§ 6 Abs. 2 Nr. 1 Satz 2, Nr. 2 Satz 2 EStG).

Außerdem wird er für die Bewertung der Entnahmen und Einlagen (§ 6 Abs. 1 Nr. 4 und 5 EStG) angesetzt.

Der **Teilwertbegriff wird in § 6 Abs. 1 Nr. 1 EStG**definiert:

> *"Teilwert ist der Betrag, den ein Erwerber des ganzen Betriebs im Rahmen des Gesamtkaufpreises für das einzelne Wirtschaftsgut ansetzen würde; dabei ist davon auszugehen, daß der Erwerber den Betrieb fortführt."*

Die Bestimmung des Teilwerts unterstellt drei Fiktionen, die in der betrieblichen Realität schwer nachvollziehbar sind, nämlich

- Ermittlung des Gesamtwertes durch einen **fiktiven Erwerber**
- **Fortführung** des Unternehmens durch den Erwerber
- mögliche Maßstäbe für die **Aufteilung des Gesamtwertes** auf die einzelnen Wirtschaftsgüter.

Die Ermittlung des Teilwertes ist nur im Wege der Schätzung möglich, für die die Rechtsprechung Grenzwerte festgelegt hat und von folgenden **Teilwertvermutungen** ausgeht:

- Im Zeitpunkt der Anschaffung oder Herstellung eines Wirtschaftsgutes: Der Teilwert entspricht den Anschaffungs- oder Herstellungskosten.
- Im Zeitpunkt nach der Anschaffung oder Herstellung: Der Teilwert entspricht dem jeweiligen Wiederbeschaffungswert; ist dieser nicht feststellbar, dann bei nicht abnutzbaren Wirtschaftsgütern des Anlagevermögens sowie des Umlaufvermögens die historischen Anschaffungs- oder Herstellungskosten, bei abnutzbaren Wirtschaftsgütern des Anlagevermögens die durch AfA fortgeführten Anschaffungs- oder Herstellungskosten.

Diese aufgestellten Vermutungen sind **widerlegbar**.

Als Grenzwerte für die Bestimmung des Teilwertes lassen sich fixieren:

Die **obere** Grenze bilden in der Regel die Wiederbeschaffungskosten des Wirtschaftsgutes, und die **untere** Grenze liegt beim erzielbaren Einzelveräußerungspreis, der mindestens dem Material- oder Schrottwert entspricht.

6.4 Bewertungsmethoden

Die in § 252 Nr. 3 HGB vorgeschriebene Einzelbewertung ist in der Praxis mit einem unverhältnismäßig hohen Aufwand verbunden; daher sind aus Wirtschaftlichkeitserwägungen verschiedene einfachere Bewertungsmethoden anwendbar.

Besonders wertvolle Gegenstände sind jedoch ausschließlich einzeln zu bewerten.

Bewertungsmethoden, mit deren Hilfe Anschaffungs- oder Herstellungskosten einfacher als bei der Einzelbewertung errechnet werden können, sind

• Sammel- oder Gruppenbewertung	(§ 240 Abs. 4 HGB, R 36 Abs. 4 Satz 2, 31 Abs. 2 Satz 1 EStR)
• Festbewertung	(§ 240 Abs. 3 Satz 1 HGB, R 31 Abs. 4 EStR)
• Durchschnittsbewertung	(§ 240 Abs. 4 HGB, R 36 Abs. 3 Satz 3 EStR)
• Verbrauchsfolgefiktionen	(§ 256 HGB, R 36 Abs. 4 Satz 6 R 36a EStR).

Mit Ausnahme der Festbewertung kommen die vorgenannten Methoden ausschließlich bei den Wirtschaftsgütern des **Vorratsvermögens** in Betracht.

Bei den Wirtschaftsgütern des **Anlagevermögens**, die der Abnutzung unterliegen, wird der Bilanzansatz durch die Anschaffungs- oder Herstellungskosten, vermindert um die Absetzung für Abnutzung nach § 7 EStG bestimmt (§ 6 Abs. 1 Nr. 1 Satz 1 EStG).

Die Wirtschaftsgüter des nicht abnutzbaren Anlagevermögens sind grundsätzlich mit den Anschaffungs- oder Herstellungskosten zu bewerten.

6.5 Sonderabschreibungen und Ansparabschreibungen für Klein- und Mittelbetriebe

Nach § 7g EStG besteht für Klein- und Mittelbetriebe eine bis zu insgesamt 20prozentige eigenkapitalschonende Sonderabschreibung für neue bewegliche Wirtschaftsgüter des Anlagevermögens.

Der Kreis der begünstigten Betriebe muß **folgende Voraussetzungen** erfüllen:

- der Einheitswert des Betriebs zum Zeitpunkt der Anschaffung oder Herstellung des Wirtschaftsgutes darf nicht mehr als 240.000 DM betragen und
- das Gewerbekapital darf 500.000 DM nicht übersteigen.

Voraussetzungen für die Inanspruchnahme sind:

- die Nutzung muß ausschließlich (oder fast ausschließlich) im Betrieb des Steuerpflichtigen erfolgen (fast ausschließlich bedeutet Nutzung zu mindestens 90 %),
- die Nutzungsvoraussetzung wird nur für das Jahr der Anschaffung oder Herstellung verlangt,
- die begünstigten Wirtschaftsgüter müssen mindestens ein Jahr nach der Anschaffung oder Herstellung in einer inländischen Betriebsstätte verbleiben.

Ist ein Einheitswert des Betriebs für steuerliche Zwecke nicht festzustellen, tritt nach § 7 g Abs. 2 EStG an seine Stelle der Wert des Betriebs nach §§ 95 - 109 a BewG zum Ende des dem Zeitpunkt der Anschaffung oder Herstellung des Wirtschaftsguts vorangehenden Wirtschaftsjahrs ergeben würde.

Die Inanspruchnahme kann im Jahr der Anschaffung oder Herstellung und in den vier folgenden Jahren erfolgen; eine zeitanteilige Absetzung dieser Sonderabschreibung erfolgt nicht, wenn das Wirtschaftsgut während des Jahres angeschafft wird.

Nach Ablauf des maßgebenden Begünstigungszeitraums ist die AfA nach dem Restwert und der Restnutzungsdauer vorzunehmen (§ 7a Abs. 9 EStG).

Im Gegensatz zu anderen Sonderabschreibungen wird diese Abschreibung **neben** der linearen bzw. degressiven Abschreibung (§ 7 Abs. 1 und 2 EStG) gewährt. Eine Kumulierung mit anderen Sonderabschreibungen (§ 7a Abs. 5 EStG) ist allerdings nicht möglich.

Eine Änderung des § 7g EStG erfolgte **mit Wirkung für den Veranlagungszeitraum 1995** im Rahmen des Standortsicherungsgesetzes (StandOG; Änderung durch StMBG). Nach § 7g Abs. 3 EStG können Steuerpflichtige mit **Gewinnermittlung nach § 4 Abs. 1 EStG oder § 5 EStG** für die künftige Anschaffung oder Herstellung eines Wirtschaftsguts eine den Gewinn mindernde **Rücklage** bilden (**Ansparabschreibung**). Die Rücklage darf 50 v.H. der Anschaffungs- oder Herstellungskosten des begünstigten Wirtschaftsguts nicht überschreiten, das der Steuerpflichtige voraussichtlich bis zum Ende des zweiten auf die Bildung der Rücklage folgenden Wirtschaftsjahrs anschaffen oder herstellen wird. Aber auch Steuerpflichtige, die ihren Gewinn durch **Einnahmen-Überschuß-Rechnung** (§ 4 Abs. 3 EStG) ermitteln, können diese Vergünstigung in Anspruch nehmen (§ 7 g Abs. 6 EStG). Einzelheiten s. § 7 g Abs. 3 - 6 EStG).

5 6 7

7. Verlustausgleich und Verlustabzug

Die Aktivitäten des Steuerpflichtigen sind darauf gerichtet, positive Einkünfte zu erzielen, doch tritt auch mitunter eine Vermögensminderung (= Verlust) ein. Verluste sind negative Einkünfte, da das Gesetz nur von Einkünften spricht und den Ausdruck Verlust vermeidet.

Die der Einkommensteuer unterliegenden Einkünfte gehen als positive oder negative Größen in den Gesamtbetrag der Einkünfte (§ 2 Abs. 3 EStG) ein.

Die innerperiodische Verrechnung des Verlustes wird als **Verlustausgleich** und die überperiodische Berücksichtigung als **Verlustabzug** bezeichnet.

7.1 Verlustausgleich

Dieser besteht darin, daß Verluste bei den einzelnen Einkunftsarten innerhalb eines Kalenderjahres mit positiven Einkünften verrechnet werden; es erfolgt also ein innerperiodischer Ausgleich im Entstehungsjahr.

Dabei werden unterschieden der interne (horizontale) und der externe (vertikale) Verlustausgleich.

- **Interner Verlustausgleich**

  Verluste und Gewinne aus verschiedenen Einkunftsquellen (Teileinkünfte) der gleichen Einkunftsart werden miteinander ausgeglichen.

Beispiele:	Fall 1 DM	Fall 2 DM
Überschuß zwischen Einnahmen und Werbungskosten aus Gebäude I	+ 5.000	+ 5.000
aus Gebäude II	./. 3.000	./. 8.000
Einkünfte aus Vermietung und Verpachtung	+ 2.000	- 3.000

- **Externer Verlustausgleich**

  Positive und negative Einkünfte aus den einzelnen Einkunftsarten werden summiert und ergeben die Summe der Einkünfte. Da positive und negative Einkünfte zusammengerechnet werden, kann ein vollständiger Ausgleich der entstandenen Verluste erfolgen.

Beispiele:	Fall 1 DM	Fall 2 DM
Einkünfte aus Gewerbebetrieb	- 20.000	- 60.000
Einkünfte aus Kapitalvermögen	+ 18.000	+ 15.000
Einkünfte aus Vermietung und Verpachtung	+ 2.000	- 3.000
Sonstige Einkünfte	+ 5.000	+ 4.000
Summe der Einkünfte	+ 5.000	- 44.000

Das Gesetz enthält einige **Beschränkungen**, die beim Verlustausgleich zu beachten sind:

- Verluste aus gewerblicher Tierzucht oder gewerblicher Tierhaltung dürfen weder mit anderen Einkünften aus Gewerbebetrieb noch mit Einkünften aus anderen Einkunftsarten ausgeglichen werden (§ 15 Abs. 4 EStG).
- Übersteigen die Werbungskosten die Einnahmen bei sonstigen gelegentlichen Leistungen, so darf der übersteigende Betrag bei Ermittlung des Einkommens nicht ausgeglichen werden (§ 22 Nr. 3 Satz 3 EStG).
- Ein Verlustausgleich bei Spekulationsgeschäften wird durch die Bestimmung eingeschränkt, daß Verluste aus Spekulationsgeschäften nur bis zur Höhe des Spekulationsgewinns ausgeglichen werden dürfen (§ 23 Abs. 4 Satz 3 EStG).

7.2 Verlustabzug

Der Verlustabzug (§ 10 d EStG) besteht aus zwei Komponenten:

- dem Verlustrücktrag und
- dem Verlustvortrag.

Verlustrücktrag: Verluste, die bei der Ermittlung des Gesamtbetrages der Einkünfte nicht ausgeglichen werden, sind bis zu einem Betrag von insgesamt **10 Millionen DM** wie Sonderausgaben vom Gesamtbetrag der Einkünfte des zweiten dem Veranlagungszeitraum vorangegangenen Veranlagungszeitraums abzuziehen; soweit ein Abzug danach nicht möglich ist, sind sie wie Sonderausgaben vom Gesamtbetrag der Einkünfte des ersten dem Veranlagungszeitraum vorangegangenen Veranlagungszeitraums abzuziehen (§ 10 d Abs. 1 EStG).

Verlustvortrag: Soweit die nicht ausgeglichenen Verluste in den vorausgegangenen Veranlagungszeiträumen durch Verlustrücktrag nicht abgezogen werden konnten (verbleibender Verlustabzug), sind sie in den folgenden Veranlagungszeiträumen wie Sonderausgaben vom Gesamtbetrag der Einkünfte abzuziehen.

Für beschränkt Steuerpflichtige ist § 10 d nur anzuwenden, wenn Verluste in wirtschaftlichem Zusammenhang mit inländischen Einkünften stehen und sich aus Unterlagen ergeben, die im Inland aufbewahrt werden (§ 50 Abs. 1 Satz 3 EStG).

7.2.1 Verlustrücktrag

Der Verlustrücktrag findet seine Begründung letztlich in dem Schmalenbachschen Grundsatz der Bilanzkongruenz, wonach der Totalgewinn der Unternehmung die Summe der in den einzelnen Wirtschaftsjahren erzielten Periodengewinne sein muß. Die Nichtberücksichtigung von Verlusten einer Abrechnungsperiode hätte zur Folge, daß bis zum Jahr der Verlustentstehung mehr als der erzielte Totalgewinn versteuert würde.

Der Verlustrücktrag besteht darin, daß Verluste, die bei der Ermittlung des Gesamtbetrags der Einkünfte nicht ausgeglichen werden, wie Sonderausgaben vom Gesamtbetrag der Einkünfte des zweiten dem Veranlagungszeitraum vorangegangenen Veranlagungszeitraums abzuziehen sind.

Beispiel:

Gesamtbetrag der Einkünfte 01	800.000 DM
./. Verlust 03	500.000 DM
Einkommen 01 (nach Verlustrücktrag)	300.000 DM
Einkommensteuer 01 ohne Verlustrücktrag (Satz 50 %)	400.000 DM
Einkommensteuer 01 nach Verlustrücktrag	150.000 DM
Erstattung in 03	250.000 DM

Für die Anwendung des Verlustrücktrags zieht das Gesetz verschiedene Grenzen:

- Zeitbegrenzung auf 2 Jahre,
- Verlustbegrenzung auf 10 Mio DM
- Wirkung nur bei der Einkommen- und Körperschaftsteuer, nicht aber bei der Gewerbesteuer.
- Bei der Ermittlung des Einkommens einer Organgesellschaft ist ein Verlustabzug nicht zulässig; nur beim Organträger kann ein Verlustabzug vorgenommen werden (§ 15 Nr. 1 KStG).

Beispiel: Ein Steuerpflichtiger hat für den Veranlagungszeitraum 03 negative Einkünfte (nicht ausgeglichener Verlust) in Höhe von 30.000 DM errechnet.

Für den Veranlagungszeitraum 01 ermittelt er

Einkünfte aus Gewerbebetrieb	- 5.000 DM
Einkünfte aus Kapitalvermögen	+20.000 DM
Einkünfte aus Vermietung und Verpachtung	+18.000 DM

Als Sonderausgaben i.S. des § 10 EStG macht er 16.000 DM und als außergewöhnliche Belastung 5.000 DM geltend.

Nach § 10 d EStG ist von Amts wegen der Verlust aus 03 zu berücksichtigen; es ergibt sich folgende Berechnung:

Gesamtbetrag der Einkünfte 01		33.000 DM
Sonderausgaben nach § 10 EStG	16.000 DM	
außergewöhnliche Belastung	5.000 DM	
Verlustrücktrag 01	12.000 DM	
Einkommen 01		0 DM

Durch den Verlustrücktrag auf 01 konnten nur 12.000 DM (33.000 DM ./. 21.000 DM) verrechnet werden; somit ist ein Verlustrücktrag auf 02 in Höhe von 30.000 DM ./. 12.000 DM = 18.000 DM vorzunehmen.

7.2.2 Verlustvortrag

Soweit ein Verlustausgleich durch Verlustrücktrag nicht möglich ist, werden die restlichen Verlustanteile in den folgenden Veranlagungszeiträumen wie Sonderausgaben vom Gesamtbetrag der Einkünfte abgezogen (§ 10d EStG).

Die Position des Verlustvortrags ist aus der im R 3 EStR gegebenen Reihenfolge zu entnehmen; danach sind zunächst u.a. die Sonderausgaben, dann die außergewöhnlichen Belastungen und danach erst der Verlustvortrag zu berücksichtigen. Durch diese nachrangige Einordnung des Verlustabzugs ergibt sich eine für den Steuerpflichtigen günstige Regelung, da die tariflichen Freibeträge dann nicht bewirken, daß der Verlust nur zu einem entsprechend geringeren Betrag abgezogen werden könnte.

Steuerfrei bleibende Veräußerungsgewinne werden weder beim Verlustausgleich noch beim Verlustabzug mit Verlusten verrechnet.

Der Verlustvortrag ist nur insoweit zulässig, als die Verluste in den vorangegangenen Veranlagungszeiträumen nicht abgezogen werden konnten; damit entfällt die Möglichkeit des Steuerpflichtigen, über die Verrechnung in bestimmten Veranlagungszeiträumen selbst zu entscheiden.

Ab Veranlagungszeitraum 1994 wurde ein **Wahlrecht** zwischen **Verlustrücktrag und Verlustvortrag** eingeführt.

Das Wahlrecht ermöglicht den Steuerpflichtigen, bei der Einkommen- und Körperschaftsteuer ganz oder teilweise auf den Verlustrücktrag zu verzichten und statt dessen den nicht verbrauchten Verlust auf künftige Veranlagungszeiträume vorzutragen.

8. Nicht abzugsfähige Ausgaben

Aufgewendete Beträge des Steuerpflichtigen für den Haushalt und den Unterhalt seiner Familienangehörigen dürfen weder bei den einzelnen Einkunftsarten noch vom Gesamtbetrag der Einkünfte abgezogen werden (§ 12 EStG).

Das Gesetz zählt **bestimmte** Ausgaben auf:

- Aufgewendete Beträge für den **Haushalt** des Steuerpflichtigen und für den **Unterhalt** seiner Familienangehörigen, z.B. für Nahrung, Bekleidung, Wohnung, Bildung, Unterhaltung (§ 12 Nr. 1 EStG);
- freiwillige **Zuwendungen** (§ 12 Nr. 2 EStG)

- auf Grund einer freiwillig begründeten Rechtspflicht, z.B. Zuschuß zu den Studienkosten oder dem Unterhalt eines Verwandten;
- an eine gegenüber dem Steuerpflichtigen oder seinem Ehegatten gesetzlich unterhaltsberechtigte Person oder deren Ehegatten, auch wenn diese Zuwendungen auf einer besonderen Vereinbarung beruhen, z.B. Gewähr eines laufenden monatlichen Unterhaltszuschusses des Sohnes an seinen Vater.

- **Steuern** vom Einkommen und sonstige Personensteuern sowie die Umsatzsteuer für den Eigenverbrauch und für Lieferungen oder sonstige Leistungen, die Entnahmen sind (§ 12 Nr. 3 EStG).
- in einem Strafverfahren festgesetzte **Geldstrafen**, sonstige Rechtsfolgen vermögensrechtlicher Art, bei denen der **Straf**charakter überwiegt (§ 12 Nr. 4 EStG).

Einzelheiten zur steuerlichen Behandlung der freiwilligen Zuwendungen enthalten R 123 EStR.

9. Sonderausgaben

Sonderausgaben (§ 10 EStG) sind ihrem Wesen nach nicht abzugsfähige Aufwendungen für die Lebensführung (§ 12 EStG) und stellen somit Einkommensverwendung dar, dürfen aber ausnahmsweise bei der Einkommensermittlung abgezogen werden, da sie die Leistungsfähigkeit des Steuerpflichtigen mindern. Sie zählen also weder zu den Betriebsausgaben noch zu den Werbungskosten.

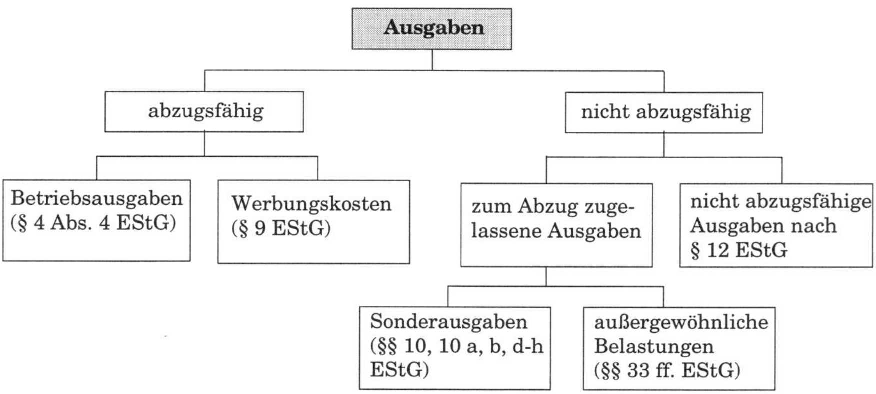

Die in § 10 Abs. 1 Nr. 1 bis 9 EStG gegebene Aufzählung ist erschöpfend; das bedeutet, daß andere zwangsläufig entstehende Privataufwendungen allenfalls noch als außergewöhnliche Belastung nach §§ 33, 33a, 33b, 33c EStG berücksichtigt werden können.

Neben diesen Sonderausgaben im eigentlichen Sinne kennt das Gesetz noch andere Beträge, die zwar keine Aufwendungen im Sinne des § 10 EStG sind, die aber **wie Sonderausgaben** abgezogen werden können.

Es sind dies

- Steuerbegünstigung der zu eigenen Wohnzwecken genutzten Wohnung im eigenen Haus nach § 10e EStG
- Verlustabzug nach § 10d EStG
- Sonderfälle nach §§ 10f, h EStG.

Der Abzug der Sonderausgaben vom Gesamtbetrag der Einkünfte ist zwingend und nicht in das Ermessen der Steuerbehörde gestellt. Es können nur gezahlte, d.h. tatsächlich geleistete Sonderausgaben abgezogen werden. Es gilt auch hier die Vorschrift des § 11 Abs. 2 Satz 1 EStG; das bedeutet, daß für regelmäßig wiederkehrende Ausgaben bei den Sonderausgaben § 11 Abs. 2 Satz 2 EStG nicht anzuwenden ist.

Es kann der Fall eintreten, daß berücksichtigte Sonderausgaben später zurückfließen. Dann wird eine Verrechnung mit Sonderausgaben der gleichen Art vorgenommen; jedoch nur bis zur Höhe der entsprechenden Sonderausgaben des Rückflußjahres. Ein eventueller Überschuß der Erstattung über die geleistete Ausgabe bleibt unberücksichtigt.

Nach der Höhe der Abzugsfähigkeit lassen sich unterscheiden:

- unbeschränkt abzugsfähige Sonderausgaben
- beschränkt abzugsfähige Sonderausgaben.

Zu den **unbeschränkt abzugsfähigen** Sonderausgaben gehören

- auf besonderen Verpflichtungsgründen beruhende Renten und dauernde Lasten, die nicht Betriebsausgaben oder Werbungskosten sind (§ 10 Abs. 1 Nr. 1 Buchst. a EStG),
- gezahlte Kirchensteuer (§ 10 Abs. 1 Nr. 4 EStG),
- Steuerberatungskosten (§ 10 Abs. 1 Nr. 6 EStG),
- Zinsen nach §§ 233a, 234 u. 237 AO.

Beschränkt abzugsfähig sind

- Unterhaltsleistungen an den geschiedenen oder dauernd getrennt lebenden unbeschränkt einkommensteuerpflichtigen Ehegatten auf Antrag, begrenzt auf 27.000 DM im Kalenderjahr - sog. Realsplitting - (§ 10 Abs. 1 Nr. 1 EStG),
- Versicherungsbeiträge zu Kranken-, Unfall- und Haftpflichtversicherungen, den gesetzlichen Renten- und der Arbeitslosenversicherung (§ 10 Abs. 1 Nr. 2a EStG) und
- Beiträge zu bestimmten Versicherungen auf den Erlebens- oder Todesfall (§ 10 Abs. 1 Nr. 2b EStG; R 88 EStR) - Einschränkungen durch StÄndG 1992 sind zu beachten (§ 10 Abs. 2 Satz 2 EStG),
- 50 % der Beiträge zu Bausparkassen, wenn nicht Wohnungsbauprämie beantragt wird (§ 10 Abs. 1 Nr. 3 EStG; R 92 EStR),

- Aufwendungen des Steuerpflichtigen für seine Berufsausbildung (oder Weiterbildung in einem nicht ausgeübten Beruf); die Höhe ist beschränkt bis auf 900 DM bzw. bis auf 1.200 DM bei auswärtiger Unterbringung (§ 10 Abs. 1 Nr. 7 EStG).

Beschränkt abzugsfähig sind auch Spenden i.S. des § 10b EStG.

Die Abzugsfähigkeit der Versicherungsbeiträge (mit Sparanteil) und Beiträge zu Bausparkassen ist an weitere **Voraussetzungen** gebunden (§ 10 Abs. 2 EStG)

- kein unmittelbarer wirtschaftlicher Zusammenhang mit steuerfreien Einnahmen (§ 10 Abs. 2 Nr. 1 EStG),
- Leistungen an Versicherungsunternehmen oder Bausparkassen, die ihren Sitz oder ihre Geschäftsleitung im Inland haben, oder an einen Sozialversicherungsträger.

9.1 Sonderausgaben-Höchstbeträge

Die berücksichtigungsfähigen Höchstbeträge (§ 10 Abs. 3 Nr. 1 bis 3 EStG) erfahren eine Differenzierung in

- Grundhöchstbeträge (Festhöchstbeträge)
  allgemeiner Grundhöchstbetrag bei
  - Einzelveranlagung 2.610 DM
  - Zusammenveranlagung 5.220 DM
- Zusatzhöchstbeträge
  für Versicherungsbeiträge (§ 10 Abs. 3 Nr. 2 EStG)
  - Einzelveranlagung 6.000 DM
  - Zusammenveranlagung 12.000 DM

Diese Zusatzhöchstbeträge sind **zu kürzen** um 16 v. H. der Summe der Einnahmen

- aus nichtselbständiger Arbeit i. S. des § 19 EStG ohne Versorgungsbezüge i. S. des § 19 Abs. 2 EStG, wenn für die Zukunftssicherung des Steuerpflichtigen Leistungen im Sinne des § 3 Nr. 62 EStG erbracht werden oder der Steuerpflichtige zum Personenkreis des § 10c Abs. 3 Nr. 1 oder 2 EStG gehört, und
- aus der Ausübung eines Mandats im Sinne des § 22 Nr. 4 EStG.

Diese gegenüber der früheren Rechtslage **vereinfachte Kürzungsregelung** wurde durch das Gesetz vom 9.11.1992 (BGBl I S. 1853) mit Wirkung vom Veranlagungszeitraum 1993 geschaffen.

9.2 Höchstbeträge für Spenden

Auch bei Spenden für steuerbegünstigte Zwecke gelten Höchstbeträge (§ 10b EStG; R 111 EStR).

Es wird unterschieden zwischen

- Ausgaben (Spenden, Mitgliedsbeiträge) zur Förderung **mildtätiger, kirchlicher, religiöser, wissenschaftlicher und gemeinnütziger** Zwecke (§ 10b Abs. 1 EStG) und
- Mitgliedsbeiträge und Spenden an politische **Parteien** (§ 10b Abs. 2 EStG; R 112 EStR).

Die in § 10b Abs. 1 EStG genannten **Spenden** sind bis zur Höhe von insgesamt 5 % des Gesamtbetrages der Einkünfte oder 2 v. T. der Summe der gesamten Umsätze und der im Kalenderjahr aufgewendeten Löhne und Gehälter abzugsfähig. Für wissenschaftliche, mildtätige und als besonders förderungswürdig anerkannte kulturelle Zwecke erhöht sich der Vomhundertsatz von 5 auf weitere 5 %.

Mitgliedsbeiträge und Spenden an politische Parteien können nur als Sonderausgaben abgezogen werden, falls keine Steuerermäßigung nach § 34g EStG gewährt worden ist. Nach dieser Vorschrift ermäßigt sich die tarifliche Steuer um 50 % dieser Ausgaben, höchstens um 600 DM (ab VZ 1994 1.500 DM), bei zusammenveranlagten Ehegatten höchstens um 1.200 DM (ab VZ 1994 3.000 DM). Der übersteigende Betrag ist bis zu 60.000 DM (ab VZ 1994 3.000 DM), bei Zusammenveranlagung bis zu 120.000 DM (ab VZ 1994 6.000 DM), als Sonderausgaben abzugsfähig. Die Änderungen erfolgten im Rahmen des sechsten Gesetzes zur Änderung des Parteiengesetzes und anderer Gesetze v. 28.1.1994 (BGBl I S. 142) mit Wirkung ab Veranlagungszeitraum (VZ) 1994.

Beispiel: Ein verheirateter Gewerbetreibender ermittelt 1993 einen Gesamtbetrag der Einkünfte von 800.000 DM. Er hat für staatspolitische Zwecke 130.000 DM aufgewendet.

a)	Tarifliche Ermäßigung der ESt nach § 34g EStG (= 50 % aus 2.400 DM)	1.200 DM
b)	Als Sonderausgaben abziehbar der übersteigende Betrag = 127.600 DM (= 130.000 DM ./. 2.400 DM) Höchstbetrag	120.000 DM

Beispiel: Ein Steuerpflichtiger mit einem Gesamtbetrag der Einkünfte von 80.000 DM macht folgende Spenden als Sonderausgaben geltend:

• für religiöse Zwecke	3.000 DM
• für wissenschaftliche Zwecke	5.000 DM
• für kirchliche Zwecke	1.500 DM
	9.500 DM

Abzugsfähig sind

Spenden für wissenschaftliche Zwecke	5.000 DM	
Höchstbetrag 5 % von 80.000 DM (Erhöhungsbetrag)	4.000 DM	4.000 DM
Spenden für religiöse und	1.000 DM	
kirchliche Zwecke	4.500 DM	
	5.500 DM	
Höchstbetrag 5 % von 80.000 DM		4.000 DM
abzugsfähige Spenden		8.000 DM

9.3 Sonderausgaben-Pauschbetrag, Vorsorge-Pauschbetrag, Vorsorgepauschale

Ein Steuerpflichtiger kann im Bereich der Sonderausgaben bestimmte Pauschbeträge (§ 10c EStG) ansetzen, wenn seine tatsächlichen Aufwendungen niedriger sind.

9.3.1 Sonderausgaben-Pauschbetrag

Für Sonderausgaben, die nicht Vorsorgeaufwendungen sind (§ 10 Abs. 1 Nrn. 1, 1a, 4 bis 9 und § 10b EStG) wird ein Pauschbetrag von 108 DM - bei Zusammenveranlagung 216 DM - abgezogen, wenn der Steuerpflichtige nicht höhere Aufwendungen nachweist (§ 10 c Abs. 1 EStG).

9.3.2 Vorsorgepauschale

Bei Steuerpflichtigen, die Arbeitslohn bezogen haben, wird eine Vorsorgepauschale abgezogen (§ 10c Abs. 2 Nr. 1-3 EStG); sie beträgt

- 18 % des Arbeitslohns
- höchstens 6.000 DM abzüglich 16 % des Arbeitslohns zuzüglich 2.610 DM, soweit der vorgenannte Teilbetrag überschritten wird, zuzüglich 50 % der vorgenannten Teilbeträge, höchstens 1.305 DM.

Die Vorsorgepauschale ist auf den nächsten durch 54 ohne Rest teilbaren vollen DM-Betrag abzurunden, wenn sie nicht bereits durch 54 ohne Rest teilbar ist (§ 10c Abs. 2 Satz 3 EStG).

Arbeitslohn im Sinne dieser Vorschrift ist der um den Versorgungs-Freibetrag (§ 19 Abs. 2 EStG) und den Altersentlastungsbetrag (§ 24a EStG) verminderte Arbeitslohn (§ 10c Abs. 2 Satz 4 EStG).

Im Fall der Zusammenveranlagung von Ehegatten zur Einkommensteuer sind die DM-Beträge zu verdoppeln.

Beispiel: Ein verheirateter Steuerpflichtiger, 40 Jahre alt, bezieht Einkünfte aus nichtselbständiger Arbeit; die Ehefrau erzielt keine Einkünfte.

Die Ehegatten werden zusammen veranlagt. Der Steuerpflichtige hat einen Jahresarbeitslohn von 60.000 DM.

Berechnung der allgemeinen (ungekürzten) Vorsorgepauschale:

Jahresarbeitslohn		60.000 DM
./. Versorgungs-Freibetrag		-
./. Altersentlastungsbetrag		-
Bemessungsgrundlage		60.000 DM
Vorsorgepauschale 18 % von 60.000 DM =		10.800 DM
1. Teilbetrag	12.000 DM	
./. 16 % von 60.000 DM =	9.600 DM	2.400 DM
2. Teilbetrag	10.800 DM	
./. 2.400 DM =	8.400 DM	
höchstens	5.220 DM	5.220 DM
übriger Betrag	3.180 DM	
davon die Hälfte =	1.590 DM	1.590 DM
höchstens	2.610 DM	
Summe der Teilbeträge (niedriger als 10.800 DM)		9.210 DM

Abrundung auf den nächsten durch 54 ohne Rest teilbaren Betrag = Vorsorgepauschale = 9.180 DM

Einzelheiten zur **Berechnung der Vorsorgepauschale** enthält R 114 EStR.

10. Außergewöhnliche Belastungen

Bei den außergewöhnlichen Belastungen handelt es sich um Aufwendungen, die weder als Betriebsausgaben oder Werbungskosten noch als Sonderausgaben abzugsfähig sind, aber die Leistungspflicht des einzelnen Steuerpflichtigen wesentlich beeinflussen. Der Gesetzgeber gestattet daher den Abzug solcher Aufwendungen vom Einkommen.

Die gesetzliche Regelung solcher außergewöhnlichen Belastungen erfolgt nach den Grundsätzen der §§ 33 und 33a EStG durch Gewährung von steuerfreien Beträgen. Für die Geltendmachung gilt allgemein:

- Die Berücksichtigung erfolgt nur auf Antrag.
- Für den Steuerpflichtigen besteht ein Rechtsanspruch.

Wir unterscheiden

- die Generalklausel (§ 33 EStG) und
- die Typisierungsvorschrift (§ 33a EStG).

10.1 Außergewöhnliche Belastungen nach § 33 EStG

Nach dieser Vorschrift werden nicht normierte Sachverhalte erfaßt. Danach liegen außergewöhnliche Belastungen vor, wenn bestimmte Voraussetzungen erfüllt werden. Grundsätzlich gilt, daß die entstandenen Aufwendungen dem Steuerpflichtigen **zwangsläufig** (§ 33 Abs. 1 EStG) erwachsen und ihn stärker belasten als die überwiegende Mehrzahl der Steuerpflichtigen gleicher Einkommensverhältnisse, gleicher Vermögensverhältnisse und gleichen Familienstandes (Prinzip der Steuergerechtigkeit; Art. 3 Abs. 1 GG - siehe auch BVerfG, BStBl 1984 II S. 57).

§ 33 EStG setzt dem Grund voraus:

- Der Steuerpflichtige muß **belastet** sein (R 186 Abs. 1 EStR), d.h. in seiner persönlichen Lebenssphäre muß ein Ereignis eintreten, das ihn zu Ausgaben zwingt, die er endgültig selbst zu tragen hat. Letzteres bedeutet, daß er insoweit nicht belastet ist, als er Unterstützungen von dritter Seite erhält, z.B. Beihilfen des Arbeitgebers in Krankheitsfällen (BFH-Urteil vom 19.7.1957, BStBl. III S. 329 und vom 26.6.1964, BStBl. III S. 547). Diese Beträge sind von den zu berücksichtigenden Aufwendungen abzuziehen. Das gleiche gilt für Versicherungsleistungen, soweit diese nach Inhalt und Zweck der Versicherung die betreffenden Ausgaben decken sollen, z.B. Ersatzleistungen aus einer Krankenversicherung für Arztkosten und Arzneimittel, Bezüge aus einer Krankenhaustagegeldversicherung bis zur Höhe der durch einen Krankenhausaufenthalt verursachten Kosten, nicht aber Leistungen aus einer Krankentagegeldversicherung (BFH-Urteil vom 22.10.1971, BStBl. 1972 II S. 177).

  Der Steuerpflichtige ist im allgemeinen nicht belastet, wenn er für seine Aufwendungen einen Gegenwert oder nicht nur vorübergehende Vorteile erlangt, z.B. Aufwendungen für eine Babyausstattung, Zuschüsse zur Erlangung einer Wohnung.

- Das Ereignis muß für den Steuerpflichtigen **außergewöhnlich** sein (R 186 Abs. 1 EStR). Es muß sich um Aufwendungen handeln, die einmal in den besonderen Verhältnissen des einzelnen Steuerpflichtigen liegen und zum anderen nur einer kleinen Minderheit von Steuerpflichtigen erwachsen.
- Das Ereignis und die Berücksichtigung seiner Folgen müssen für den Steuerpflichtigen dem Grunde nach **zwangsläufig** sein, d.h. er muß sich ihnen aus rechtlichen, tatsächlichen oder sittlichen Gründen nicht entziehen können (R 186 Abs. 1 EStR).
- Es müssen **Aufwendungen**, d.h. **Ausgaben getätigt sein** (R 186 Abs. 1). Beträge, die zur Bestreitung künftiger Ausgaben angesammelt werden, oder entstandene Verbindlichkeiten sind keine Aufwendungen in diesem Sinne. Eine außergewöhnliche

Belastung kann erst im Zeitpunkt der späteren Verausgabung der angesammelten Beträge eintreten.

Die **Höhe** der Aufwendungen bestimmt sich nach folgenden Kriterien:

- Die Aufwendungen müssen zwangsläufig sein, d.h. sie können nur insoweit berücksichtigt werden, als sie den Umständen nach notwendig sind und einen **angemessenen Betrag** nicht übersteigen (§ 33 Abs. 2 EStG). Die zwangsläufig erwachsenen Beträge sind notfalls zu schätzen. Dabei sind die Verhältnisse des Einzelfalls zu berücksichtigen.

  Wesentlich ist, daß für die Zwangsläufigkeit der Aufwendungen die Höhe des Vermögens des Steuerpflichtigen ohne Bedeutung ist. Unerheblich ist auch, ob der Steuerpflichtige die Aufwendungen aus seinem Einkommen oder seinem Vermögen bestritten hat.

- Die berücksichtigungsfähigen Aufwendungen müssen die dem Steuerpflichtigen **zumutbare Belastung** übersteigen (§ 33 Abs. 3 EStG). Die Eigenbelastungsgrenze wird in einem Vomhundertsatz vom Gesamtbetrag der Einkünfte ermittelt. Die Staffelung der Vomhundertsätze wird dabei nach Höhe des Einkommens und Familienstands vorgenommen und ist aus § 33 Abs. 3 EStG zu ersehen.

Beispiel: Ein verheirateter Steuerpflichtiger mit zwei Kindern unter 18 Jahren macht folgende Aufwendungen als außergewöhnliche Belastung geltend:

Operation und stationäre Behandlung	8.000 DM
Kuraufenthalt	5.000 DM

Von diesen Kosten erstattet die Krankenkasse 3.600 DM.
Der Gesamtbetrag der Einkünfte macht 38.600 DM aus.

Die Ehegatten wählen Zusammenveranlagung nach §§ 26, 26b EStG.

Berechnung:

	Operationskosten und stationäre Behandlung		8.000 DM
	Kuraufenthalt		5.000 DM
			13.000 DM
./.	Erstattung der Krankenkasse		3.600 DM
=	Aufwendungen i.S. des § 33 EStG		9.400 DM
	Ermittlung der zumutbaren Belastung nach §§ 33 Abs. 3 EStG:		
	Gesamtbetrag der Einkünfte	38.600 DM	
	Zumutbare Belastung nach §§ 33 Abs. 3 EStG: 3 % von 38.600 DM =		1.158 DM
	außergewöhnliche Belastung		8.242 DM

10.2 Außergewöhnliche Belastungen nach § 33a EStG

Die Typisierungsvorschrift des § 33a EStG normiert besondere Fälle und limitiert sie betragsmäßig. Diese besonderen Fälle treten bei einer größeren Zahl von Steuerpflichtigen auf und werden deshalb typisiert, um eine Gleichmäßigkeit der Besteuerung zu erreichen.

Die Typisierung bezieht sich auf die Tatbestände und auf die Höhe der berücksichtigungsfähigen Aufwendungen. Mit der Gewährung der Höchstbeträge sind sämtliche Aufwendungen abgegolten; eine zumutbare Eigenbelastung wird nicht gekürzt.

Die **besonderen Fälle** (R 190 bis 192a EStR) sind in § 33a EStG erschöpfend aufgezählt:

- Aufwendungen für den Unterhalt und eine etwaige Berufsausbildung von Personen, für die im Veranlagungszeitraum weder der Steuerpflichtige noch eine andere Person Anspruch auf einen Kinderfreibetrag hat;
- Aufwendungen für die Berufsausbildung eines Kindes, für das der Steuerpflichtige einen Kinderfreibetrag erhält;
- Aufwendungen für die auswärtige Unterbringung zur Berufsausbildung;
- Aufwendungen für die Beschäftigung einer Hausgehilfin oder Haushaltshilfe.

Es ist zu beachten, daß die Höchstbeträge sich um je ein Zwölftel für den vollen Kalendermonat ermäßigen, in dem keine Aufwendungen angefallen sind (§ 33a Abs. 4 EStG; R 192a EStR).

11. Altersentlastungsbetrag

§ 24a EStG ergänzt die bisherigen Regelungen zur Begünstigung von Alterseinkünften, indem nach dieser Vorschrift alle Personen begünstigt werden, deren Alterseinkünfte nicht in Altersruhegeldern oder Pensionen, sondern z.B. in Gewinneinkünften oder laufendem Arbeitslohn, Einkünften aus Vermietung und Verpachtung oder aus Kapitalvermögen bestehen.

Für die Gewährung sind folgende **Voraussetzungen** zu erfüllen:

- Vollendung des 64. Lebensjahres des Steuerpflichtigen vor Beginn des Veranlagungszeitraums (Abschn. 171a EStR); im Fall der Zusammenveranlagung ist der Altersentlastungsbetrag für jeden Ehegatten gesondert nach Maßgabe seiner Einkünfte zu ermitteln.
- Die Bemessungsgrundlage besteht aus dem Arbeitslohn und der positiven Summe der Einkünfte, die nicht solche aus nichtselbständiger Arbeit sind; Versorgungsbezüge i.S. des § 19 Abs. 2 EStG und Einkünfte aus Leibrenten i.S. des § 22 Nr. 1 Satz

3 Buchst. a EStG und Einkünfte i.S. des § 22 Nr. 4 Satz 4 Buchst. b EStG bleiben bei der Bemessung des Betrags außer Betracht (zur Vermeidung einer doppelten Begünstigung).

Es ist zu beachten, daß der Altersentlastungsbetrag vom Arbeitslohn, nicht aber von den Einkünften aus nichtselbständiger Arbeit zu berechnen ist; dadurch wird es möglich, den Altersentlastungsbetrag bereits beim Lohnsteuerabzug durch den Arbeitgeber zu berücksichtigen (§ 39b Abs. 2 EStG).

Der Altersentlastungsbetrag wird mit 40 % der Bemessungsgrundlage, **höchstens 3.720 DM**, angesetzt. Bei der Berechnung ist vom Brutto-Arbeitslohn ohne Kürzung um die Werbungskosten auszugehen.

Beispiel: Ein 65 Jahre alter Steuerpflichtiger erzielt folgende Einkünfte:

• Betriebliche Altersrente	3.600 DM
• Rente aus der gesetzlichen Rentenversicherung	9.600 DM
• Einkünfte aus Vermietung und Verpachtung	6.000 DM
• Arbeitslohn (für eine Halbtagsbeschäftigung)	4.800 DM

An Werbungkosten sind die Pauschbeträge zu berücksichtigen.

Berechnung des **Gesamtbetrags der Einkünfte** (§ 2 Abs. 3 EStG)			
	Einkünfte aus nichtselbständiger Arbeit		
	Arbeitslohn (§ 19 Abs. 1 Nr. 1 EStG)		4.800 DM
	Betriebsrente (§ 19 Abs. 1 Nr. 2 EStG)		3.600 DM
./.	Werbungskosten-Pauschbetrag (§ 9a EStG)		2.000 DM
			6.400 DM
Einkünfte aus Vermietung und Verpachtung			
Überschuß der Einnahmen über die Werbungskosten			6.000 DM
Sonstige Einkünfte i.S. des § 22 Nr. 1 EStG			
	Rente aus der gesetzlichen Rentenversicherung		
	Jahresbetrag der Rente 9.600 DM		
	Ertragsanteil 24 % (ab 1994 27 v.H.)	2.304 DM	
	Werbungskosten-Pauschbetrag (§ 9a EStG)	200 DM	2.104 DM
Summe der Einkünfte			14.504 DM

Altersentlastungsbetrag (§ 24a EStG)			
	Arbeitslohn	4.800 DM	
	Einkünfte aus Vermietung und Verpachtung	6.000 DM	
		10.800 DM	
	40 % von 10.800 DM	= 4.320 DM	
		./. Höchstbetrag	3.720 DM
Gesamtbetrag der Einkünfte			10.784 DM

12. Ausbildungsplatz-Abzugsbetrag

Steuerpflichtigen, die aufgrund einer Rechtsverordnung nach § 2 Abs. 1 des Ausbildungsplatzförderungsgesetzes finanzielle Hilfen zur Schaffung oder Erhaltung von Ausbildungsplätzen erhalten und diese zu den Betriebseinnahmen aus Land- und Forstwirtschaft, Gewerbebetrieb oder selbständiger Arbeit gehören, würde ein Ausbildungsplatz-Abzugsbetrag in Höhe dieser finanziellen Hilfen gewährt (§ 24b Abs. 1 EStG). Die Gewährung ist ab 1.1.1991 ausgelaufen.

Wurde die finanzielle Hilfe einer Gesellschaft i.S. des § 15 Abs. 1 Nr. 2 EStG gewährt, erhielt jeder Mitunternehmer einen Ausbildungsplatz-Abzugsbetrag, der dem Verhältnis seines Gewinnanteils (einschließlich der Vergütungen zum Gewinn) zum Gewinn der Gesellschaft entsprach (§ 24b Abs. 2 EStG).

13. Ermittlung des zu versteuernden Einkommens

Das zu versteuernde Einkommen (§ 2 Abs. 5 EStG) bildet die Bemessungsgrundlage für die tarifliche Einkommensteuer (§ 32a EStG). Das Einkommen nach § 2 Abs. 4 EStG vermindert um den Kinderfreibetrag (§ 32 Abs. 6 EStG), den Haushaltsfreibetrag (§ 32 Abs. 7 EStG) und die sonstigen vom Einkommen abzuziehenden Beträge ergibt das zu versteuernde Einkommen; es errechnet sich nach der in R 3 EStR enthaltenen Aufstellung (Seite 40).

14. Festsetzung und Entrichtung der Einkommensteuer

14.1 Allgemeines

Die Feststellung der Besteuerungsgrundlage erfolgt durch die Veranlagung und die Festsetzung der Steuerschuld durch den Steuerbescheid.

Es handelt sich um ein förmliches Verfahren, das durch die Abgabe der Steuererklärung des Steuerpflichtigen in Gang gesetzt und durch den Steuerbescheid des Finanzamts abgeschlossen wird.

14.2 Veranlagung

Folgende Veranlagungsformen sind zu unterscheiden:

- Einzelveranlagung (§ 25 Abs. 1 EStG)

- Veranlagung von Ehegatten (§ 26 EStG)
  - getrennte Veranlagung (§ 26a EStG),
  - Zusammenveranlagung (§ 26b EStG),
  - besondere Veranlagung (§ 26c EStG).

Grundsätzlich besteht für alle Personen, für die nicht die Ehegattenveranlagung in Betracht kommt, Einzelveranlagung. Ehegatten, die beide unbeschränkt steuerpflichtig sind, können zwischen getrennter und Zusammenveranlagung wählen, wenn sie nicht dauernd getrennt leben (§ 26 Abs. 1 EStG).

Die Steuererklärungen (§ 60 EStDV) sind formgebunden (amtliche Vordrucke) und müssen vom Steuerpflichtigen oder in den Fällen einer gemeinsamen Erklärung von den Ehegatten eigenhändig unterschrieben werden.

Wird der Gewinn durch Betriebsvermögensvergleich nach §§ 4 Abs. 1 oder 5 EStG ermittelt, so ist der Erklärung eine Abschrift der Vermögensübersicht (Bilanz) und bei Vorliegen einer doppelten Buchführung eine Gewinn- und Verlust-Rechnung und außerdem auf Verlangen des Finanzamts eine Hauptabschlußübersicht beizufügen.

Die Abgabe ist bis zum 31. Mai des auf den Veranlagungszeitraum folgenden Jahres vorzunehmen; eine Verlängerung bis Ende September wird in der Regel, darüber hinaus in Einzelfällen, gewährt.

14.2.1 Einzelveranlagung

Grundsätzlich werden alle Steuerpflichtigen einzeln veranlagt. Das bedeutet, daß die Einkommensteuer für eine einzelne steuerpflichtige Person festgesetzt wird, unter Zugrundelegung ihrer Verhältnisse aufgrund ihres zu versteuernden Einkommens.

Die Einzelveranlagung ist im Einkommensteuerrecht nicht besonders geregelt. Grundsätzlich gilt § 25 EStG, nach dem die Einkommensteuer nach Ablauf des Kalenderjahres (Veranlagungszeitraum) nach dem Einkommen veranlagt wird, das der Steuerpflichtige in diesem Veranlagungszeitraum bezogen hat (Individualprinzip).

Für die Einzelveranlagung kommen in Betracht

- ledige Steuerpflichtige,
- verwitwete Steuerpflichtige, bei denen die Voraussetzungen des § 26 Abs. 1 Satz 1 EStG nicht vorliegen,
- geschiedene Steuerpflichtige und
- Ehegatten, bei denen die vorgenannten Voraussetzungen nicht vorliegen, z.B. bei dauerndem Getrenntleben.

14.2.2 Veranlagung von Ehegatten

Die Veranlagung von Ehegatten setzt voraus, daß die Ehegatten im Veranlagungszeitraum verheiratet gewesen sind, nicht dauernd getrennt gelebt haben und unbeschränkt steuerpflichtig sind. Daraus wird deutlich, daß die beiden letztgenannten Bedingungen gemeinsam vorgelegen haben müssen. Es kann also auch bei bestehender Ehe Einzelveranlagung jedes einzelnen Ehegatten zwingend sein, also bei dauerndem Getrenntleben oder wenn ein Ehegatte im Inland weder Wohnsitz oder gewöhnlichen Aufenthalt hat und dadurch nicht unbeschränkt steuerpflichtig ist. Liegen die Voraussetzungen für eine Ehegattenbesteuerung vor, so darf keine Einzelveranlagung erfolgen, sondern die Ehegatten haben nur die **Wahl zwischen getrennter Veranlagung** gem. § 26a EStG oder einer **Zusammenveranlagung** gem. § 26b EStG.

Die **Voraussetzungen**, die zu einer Ehegattenbesteuerung vorliegen müssen, werden in § 26 Abs. 1 EStG genannt:

- Es muß sich um Ehegatten handeln, d.h. Bestehen einer **rechtsgültigen Ehe** (R 174 EStR). Die Beurteilung erfolgt nach bürgerlichem Recht (BFH-Urteil vom 21.6.1957, BStBl. III S. 300). War der Steuerpflichtige im Laufe des Veranlagungszeitraums mehr als einmal verheiratet und ist die vorangegangene Ehe, für die die Voraussetzungen des § 26 Abs. 1 Satz 1 EStG vorlagen, durch Tod des anderen Ehegatten, Scheidung oder Aufhebung aufgelöst worden, so gilt nach § 26 Abs. 1 Satz 2 EStG das Wahlrecht zwischen getrennter Veranlagung (§ 26a EStG) und Zusammenveranlagung (§ 26b EStG) nur für die **letzte** Ehe, wenn für diese die Voraussetzungen des § 26 Abs. 1 Satz 1 EStG erfüllt sind (§ 26 Abs. 1 Satz 3 EStG). Ist das nicht der Fall, so besteht das Wahlrecht für die aufgelöste vorangegange Ehe.

  Dieses Wahlrecht hat der Steuerpflichtige jedoch nicht, wenn der andere Ehegatte der aufgelösten Ehe im Veranlagungszeitraum ebenfalls wieder geheiratet hat und bei ihm und seinem Ehegatten die Voraussetzungen des § 26 Abs. 1 Satz 1 EStG vorliegen.

- Beide Ehegatten müssen **unbeschränkt steuerpflichtig** sein.

- Die Ehegatten dürfen **nicht dauernd getrennt leben**; ob dies der Fall ist, muß nach dem Gesamtbild der ehelichen Beziehungen beurteilt werden.

  Ein dauerndes Getrenntleben (R 174 EStR) ist anzunehmen, wenn die zum Wesen der Ehe gehörende Lebens- und Wirtschaftsgemeinschaft nach dem Gesamtbild der Verhältnisse auf die Dauer nicht mehr besteht. Sie ist jedoch im allgemeinen nicht aufgehoben, wenn sich die Ehegatten nur vorübergehend räumlich trennen (z.B. beruflich bedingter Auslandsaufenthalt eines Ehegatten).

  Auch zwingende äußere Umstände können eine räumliche Trennung für eine nicht absehbare Zeit bewirken (z.B. infolge Krankheit oder Verbüßung einer Freiheitsstrafe); auch dann kann die eheliche Lebens- und Wirtschaftsgemeinschaft noch weiterbestehen, wenn die Ehegatten die erkennbare Absicht haben, die eheliche

Verbindung in dem noch möglichen Rahmen aufrechtzuerhalten und nach dem Wegfall der Hindernisse die volle eheliche Gemeinschaft wiederherzustellen.

- Die vorgenannten Voraussetzungen müssen zu **Beginn des Veranlagungszeitraums** vorgelegen haben oder **im Laufe des Veranlagungszeitraums** eingetreten sein (§ 26 Abs. 1 EStG).

14.2.3 Getrennte Veranlagung von Ehegatten

Ehegatten werden getrennt veranlagt (§ 26a EStG), wenn einer der Ehegatten die getrennte Veranlagung wählt (§ 26 Abs. 2 EStG). Die hierzu erforderliche Erklärung ist beim Finanzamt schriftlich oder zu Protokoll abzugeben.

Bei Fehlen einer solchen Erklärung wird angenommen, daß die Ehegatten Zusammenveranlagung wünschen (§ 26 Abs. 3 EStG). Im Falle der getrennten Veranlagung hat jeder Ehegatte eine Steuererklärung über die von ihm bezogenen Einkünfte abzugeben (R 172 EStR).

Über die Sonderausgaben mit Ausnahme des Abzugs für den steuerbegünstigten nicht entnommenen Gewinn und des Verlustabzugs sowie über die außergewöhnlichen Belastungen sollen die Ehegatten dagegen eine gemeinsame Erklärung abgeben (§ 26a Abs. 2 EStG).

Jedem Ehegatten sind also die von ihm bezogenen Einkünfte zuzurechnen (R 174a EStR). Die Frage, ob Einkünfte solche des Ehemanns oder der Ehefrau sind, ist nach den jeweils gegebenen Verhältnissen zu beurteilen. Es können dabei auch Verträge zwischen den Ehegatten bedeutungsvoll sein. Die steuerliche Anerkennung von solchen Verträgen erfolgt nur, wenn sie ernsthaft vereinbart und durchgeführt werden. Maßstab für die Ernsthaftigkeit ist, daß die gegenseitigen Beziehungen der Ehegatten im Rahmen des Vertragsverhältnisses im wesentlichen die gleichen sind, wie sie zwischen Fremden bestehen würden (BFH-Urteil vom 26.8.1958, BStBl. III S. 445). Einzelheiten sind im R 174a EStR eingehend erörtert.

Im Fall der getrennten Veranlagung werden die als **Sonderausgaben** (§§ 10 und 10 b EStG) abzuziehenden Beträge bei dem Ehegatten berücksichtigt, der sie geleistet hat. Die als **außergewöhnliche Belastungen** (§§ 33 bis 33 c EStG) abzuziehenden Beträge werden zunächst für die Ehegatten einheitlich nach den für die Zusammenveranlagung geltenden Grundsätzen ermittelt. Die einheitlich ermittelten Beträge werden grundsätzlich je zur Hälfte **oder** in einem gemeinsam beantragten anderen Aufteilungsverhältnis bei der Veranlagung jedes Ehegatten abgezogen. Abweichend hiervon ist jedoch der nach § 33 b Abs. 5 EStG auf die Ehegatten zu übertragende Behinderten- oder Hinterbliebenen-Pauschbetrag stets bei jedem Ehegatten zur Hälfte anzusetzen (§ 26 a Abs. 2 EStG).

14.2.4 Zusammenveranlagung von Ehegatten

Ehegatten werden nach § 26 Abs. 2 Satz 2 EStG zusammen veranlagt, wenn beide Ehegatten die Zusammenveranlagung wählen. Die Ausübung der Wahl ist dem Finanzamt gegenüber schriftlich oder zu Protokoll zu erklären.

Treffen die Ehegatten keine Wahl, so wird unterstellt, daß die Ehegatten die Zusammenveranlagung wünschen (§ 26 Abs. 3 EStG).

In diesem Fall werden die einzelnen Einkünfte der Ehegatten getrennt ermittelt, zusammengerechnet und den Ehegatten gemeinsam zugerechnet; die Ehegatten werden sodann gemeinsam als Steuerpflichtiger behandelt (§ 26b EStG).

14.2.5 Besondere Veranlagung von Ehegatten

Bei besonderer Veranlagung für den Veranlagungszeitraum der Eheschließung werden Ehegatten so behandelt, als ob sie unverheiratet wären (§ 26c Abs. 1 EStG). Einzelheiten Hinweis auf § 26 c Abs. 1 - 3 EStG.

14.3 Begünstigung außerordentlicher Einkünfte

Einmalige Zuflüsse werden als außerordentliche Einkünfte (§ 34 EStG) verstanden, wenn sie den Tatbestand von Einkünften erfüllen, unterliegen sie der Einkommensteuer.

Solche Einkünfte sind das wirtschaftliche Ergebnis mehrerer Jahre, fallen aber kumuliert in einem bestimmten Jahr an. Durch die Progression des Einkommensteuer-Tarifs entstehen unbillige Härten, die durch eine Begünstigung vermieden werden sollen. Diese Begünstigung i.S. einer Milderung der Progression des Tarifs wird erreicht durch

- Ermäßigung des sich nach der ESt-Tabelle ergebenden Steuersatzes (§ 34 Abs. 1 EStG oder
- Verteilung auf mehrere Jahre (§ 34 Abs. 3 EStG).

Begünstigt sind nach § 34 Abs. 2 EStG:

- Veräußerungsgewinne, die bei Veräußerung und Aufgabe von Betriebsvermögen entstehen i.S. der §§ 14, 14a Abs. 1, 16, 17 und 18 Abs. 3 EStG (vgl. 4.2.3 und 4).

- Entschädigungen als Ersatz für entgangene oder entgehende Einnahmen oder für die Aufgabe oder Nichtausübung einer Tätigkeit i.S. des § 24 Nr. 1 EStG; es ist dabei gleichgültig im Rahmen welcher Einkunftsart sie angefallen sind.
- Nutzungsvergütungen und Zinsen i.S. des § 24 Nr. 3 EStG, soweit sie für einen Zeitraum von mehr als drei Jahren nachgezahlt werden.

Diese Aufzählung ist erschöpfend.

14.3.1 Veräußerungsgewinne als außerordentliche Einkünfte

Veräußerungsgewinne werden grundsätzlich nur dann begünstigt, wenn durch die Veräußerung (oder Aufgabe des Betriebes) die gesamten stillen Reserven einheitlich aufgelöst werden (R 197 EStR).

Veräußert ein Steuerpflichtiger seinen Betrieb gegen eine Leibrente, so hat er ein Wahlrecht (R 139 EStR). Er kann den bei der Veräußerung entstandenen Gewinn sofort versteuern; in diesem Fall ist § 16 EStG anzuwenden und der ermäßigte Steuersatz nach § 34 Abs. 1 EStG kann berücksichtigt werden.

Werden die Rentenzahlungen als nachträgliche Betriebseinnahmen i.S. des § 15 EStG in Verbindung mit § 24 Nr. 2 EStG behandelt, stellt ein eventueller Veräußerungsgewinn keine außerordentlichen Einkünfte dar (vgl. 4.2.3.1, Seiten 45 ff.).

14.3.2 Entschädigungen als Ersatz für Einnahmen (§ 34 Abs. 2 Nr. 2 EStG)

Als außerordentliche Einkünfte sind in der Regel nur Entschädigungen anzusehen (R 199 EStR), die durch einen einmaligen größeren Betrag entgangene oder entgehende Einnahmen mehrerer Jahre abgelten (BFH-Urteil vom 11.12.1970, BStBl. 1971 II S. 137). Aber auch Entschädigungen, die an die Stelle von Einnahmen lediglich eines Jahres treten, können unter besonderen Umständen außerordentliche Einkünfte sein, z.B. wenn infolge des nachträglichen Zufließens eine Zusammenballung mit anderen Einkünften eintritt.

14.3.3 Nutzungsvergütungen und Zinsen (§ 34 Abs. 2 Nr. 3 EStG)

Werden Nutzungsvergütungen und/oder Zinsen i.S. des § 24 Nr. 3 EStG für einen Zeitraum von mehr als drei Jahren nachgezahlt, so ist der gesamte Nachzahlungsbetrag begünstigt (BFH-Urteil vom 14.3.1985, BStBl II S. 463).

Es ist Bedingung, daß die Nachzahlung einen Zeitraum von mehr als 36 Monaten umfassen muß; es genügt nicht, daß sie auf drei Kalenderjahre entfällt.

14.3.4 Einkünfte, die die Entlohnung für eine mehrjährige Tätigkeit darstellen (§ 34 Abs. 3 EStG)

Einkünfte dieser Art können Vorauszahlungen oder eine nachträgliche Entlohnung für eine Tätigkeit darstellen, die sich über mehrere Kalenderjahre erstreckt (R 200 EStR).

Die Vorschrift ist auch auf Nachzahlungen von Versorgungsbezügen anwendbar (BFH-Urteil vom 28.2.1958, BStBl. III S. 169).

Die Einkünfte unterliegen der Einkommensteuer des Veranlagungszeitraums, in dem der Steuerpflichtige sie bezogen hat. Sie werden lediglich zum Zwecke der Steuerberechnung auf die Kalenderjahre verteilt, in denen der Steuerpflichtige die Einkünfte erzielt hat.

Durch diese Verteilung wird eine Reduzierung des Progressionssteuersatzes bewirkt, so daß insoweit eine Steuerersparnis entsteht.

Es ist wie folgt vorzugehen:

Zunächst ist für den Veranlagungszeitraum, in dem die bezeichneten Einkünfte zugeflossen sind, die Einkommensteuerschuld zu ermitteln, die sich ergibt, wenn in das zu versteuernde Einkommen die Einkünfte i.S. des § 34 Abs. 3 EStG nicht einbezogen werden. Sodann ist in einer Vergleichsberechnung die Einkommensteuer zu errechnen, die sich unter Einbeziehung eines Drittels der Einkünfte im Sinne dieser Vorschrift ergibt. Der Unterschiedsbetrag zwischen beiden Steuerbeträgen ist zu verdreifachen und der sich so ergebende Steuerbetrag der ohne die außerordentlichen Einkünfte ermittelten Einkommensteuer zuzurechnen. Es ist dabei zu beachten, daß durch die Anwendung des § 34 Abs. 3 EStG die sich bei einer Normalbesteuerung ergebende Einkommensteuerschuld nicht überschritten werden darf.

14.3.5 Berechnung der Einkommensteuer nach der Tarifbegünstigung des § 34 Abs. 1 EStG

Die Berechnung der Einkommensteuer für die außerordentlichen Einkünfte i.S. des § 34 Abs. 2 EStG ist folgendermaßen geregelt (R 198 EStR):

Für das gesamte zu versteuernde Einkommen i.S. des § 32 Abs. 1 EStG - also einschließlich der außerordentlichen Einkünfte, soweit sie zur Einkommensteuer heranzuziehen sind - ist der Steuerbetrag nach der zugrunde zu legenden Einkommensteuertabelle zu ermitteln. Maßgebend ist dabei das auf den Eingangsbetrag der betreffenden Tabellenstufe abgerundete gesamte zu versteuernde Einkommen.

Aus dem Verhältnis der Tabellensteuer zu dem abgerundeten gesamten zu versteuernden Einkommen ergibt sich der durchschnittliche Steuersatz, der auf vier Dezimalstellen abzurunden ist. Die Hälfte dieses durchschnittlichen Steuersatzes ist der anzuwendende ermäßigte Steuersatz.

Auf das restliche zu versteuernde Einkommen ist die Einkommensteuertabelle anzuwenden. Damit die Berechnung der Einkommensteuer insgesamt zu dem für den Steuerpflichtigen günstigsten Ergebnis führt, ist dieser restliche Teil auf den Endbetrag der betreffenden Tabellenstufe zu erhöhen.

Beispiel: Ein Steuerpflichtiger wird mit seiner Ehefrau zusammen veranlagt; in dem zu versteuernden Einkommen beider Ehegatten von 150.500 DM sind außerordentliche Einkünfte im Sinne des § 34 Abs. 2 Nr. 1 EStG von 35.000 DM enthalten.

Berechnung der Einkommensteuer:

Das zu versteuernde Einkommen fällt nach der Einkommensteuertabelle (Splittingtabelle) in die Stufe von 150.444 DM bis 150.551 DM. Für das auf den Stufeneingangsbetrag von 150.444 DM abgerundete gesamte zu versteuernde Einkommen würde sich eine Einkommensteuer von 40.140 DM ergeben; sie entspricht einem durchschnittlichen Steuersatz von

$$\frac{40.140 \text{ x } 100}{150.444} = 26{,}6810~\%$$

Der ermäßigte Steuersatz beträgt somit

$$\frac{26{,}6810}{2} = 13{,}3405~\%$$

Nunmehr kann die Einkommensteuer berechnet werden:

(1)	Zu versteuerndes Einkommen	150.500 DM
	./. außerordentliche Einkünfte (Freibetrag berücksichtigt)	35.000 DM
	restliches Einkommen	115.500 DM
	wird nach der Tabelle versteuert und ergibt	27.284 DM
(2)	Mit dem ermäßigten Satz werden versteuert	150.500 DM
	./. nach der Tabelle zu versteuernder Betrag	115.500 DM
	verbleiben zu versteuernder Veräußerungsgewinn	35.000 DM
	darauf wird die Einkommensteuer mit dem ermäßigten Satz von 13,3405 % berechnet	4.669 DM
	Die Einkommensteuer beträgt insgesamt	31.953 DM

Ohne Anwendung des ermäßigten Steuersatzes nach § 34 Abs. 1 EStG würde sich eine Einkommensteuer von 40.140 DM ergeben; es entsteht also eine Steuerersparnis von 8.187 DM.

9 10

14.4 Erhebung der Einkommensteuer

14.4.1 Ermittlung der tariflichen Einkommensteuer

Der Einkommensteuertarif ist ein Formeltarif und stellt die funktionelle Beziehung zwischen dem zu versteuernden Einkommen und der Einkommensteuer dar.

Er weist nach Überschreiten eines steuerfreien Einkommensbereichs zunächst eine untere Proportionalzone auf, an die sich dann eine mittlere Progressions- und eine obere Proportionalzone anschließen.
Der höchste Steuersatz beträgt 53 v.H. des zu versteuernden Einkommens. Das Standortsicherungsgesetz (StandOG) brachte eine Absenkung dieses Höchstsatzes von 53 v.H. auf 47 v.H. für gewerbliche Einkünfte ab Veranlagungszeitraums 1994. Einzelheiten zum Einkommensteuertarif siehe § 32 a Abs. 1 - 6 EStG.

Dem Einkommensteuergesetz ist eine Einkommensteuer-Grundtabelle als Anlage 2 angefügt (§ 32a Abs. 4 EStG).

Aus der Grundtabelle ist die Splittingtabelle (Anlage 3 zum EStG) abgeleitet worden, die nur bei der Besteuerung von Ehegatten, die zusammen zur Einkommensteuer veranlagt werden, angewendet wird.

14.4.2 Festsetzung und Zahlung der Einkommensteuer

Die Einkommensteuer wird nach Ablauf des Kalenderjahres nach dem Einkommen veranlagt (§ 25 EStG, § 36 Abs. 1 EStG).

Die Veranlagung besteht in einem formalen Verfahren, durch das die Besteuerungsgrundlagen ermittelt und die Steuer festgesetzt wird. Das Veranlagungsverfahren besteht aus

- der Abgabe einer Steuererklärung, in der der Steuerpflichtige die Höhe seines Einkommens selbst berechnet,
- Prüfung der Angaben in der Steuererklärung durch das Finanzamt und Festsetzung der Einkommensteuer,
- Erteilung eines Steuerbescheids, in dem die Steuerbeträge gegenüber dem Steuerschuldner festgesetzt werden (Steueranspruch kraft Gesetz).

Steuerbescheide sind schriftlich zu erteilen; sie müssen enthalten (§ 157 Abs. 1 AO):

- Art und Betrag der festgesetzten Steuer
- Steuerschuldner
- Belehrung, welcher Rechtsbehelf zulässig ist und binnen welcher Frist und bei welcher Behörde er einzulegen ist.

Die Steuerschuld wird durch Vorauszahlungen und die Abschlußzahlung entrichtet.

Die Vorauszahlungen (§ 36 Abs. 2 Nr. 1 EStG) stellen auf die endgültige Steuerschuld des Veranlagungszeitraums anzurechnende Leistungen des Steuerpflichtigen dar; sie sind am 10. März, 10. Juni, 10. September und 10. Dezember zu entrichten und bemessen sich grundsätzlich nach der Steuerschuld, die sich bei der letzten Veranlagung ergeben hat (§ 37 EStG). Das Finanzamt kann die Vorauszahlungen der Steuer anpassen (sog. „fünfte Vorauszahlung“), die sich voraussichtlich für den laufenden Veranlagungszeitraum ergeben wird (§ 37 Abs. 3 EStG). Auf diese Weise wird die Einkommensteuer weitgehend im Entstehungszeitraum des Einkommens entrichtet.

14.4.3 Steuerabzug vom Arbeitslohn

Bei den Einkünften aus nichtselbständiger Arbeit wird die Einkommensteuer durch Abzug vom Arbeitslohn erhoben (Lohnsteuer, § 38 Abs. 1 EStG). Die Lohnsteuer ist keine selbständige Steuer, sondern lediglich eine besondere Erhebungsform der Einkommensteuer (§§ 38-42f EStG, LStDV). Der Steuertarif ist gleich.

Die Besonderheiten der Lohnsteuer ergeben sich aus der Einkommenserzielung der Steuerpflichtigen aus einem Dienstverhältnis. Aus Gründen der Vereinfachung hat der Arbeitgeber die Steuer zu berechnen, einzubehalten und an das Finanzamt abzuführen. Damit fällt dem Arbeitgeber bei der Besteuerung seiner Arbeitnehmer eine Hilfsfunktion zu.

Steuerrechtlich ist der Arbeitnehmer Steuerschuldner; der Arbeitsgeber haftet für das Einbehalten und Abführen der Lohnsteuer an das Finanzamt.

Der Arbeitnehmer hat dem Arbeitgeber eine Lohnsteuerkarte einzureichen, die der Arbeitgeber aufzubewahren hat; dieser muß am Ort der Betriebsstätte für jeden Arbeitnehmer ein Lohnkonto führen, auf dem alle für die Lohnsteuer wichtigen Daten einzutragen sind, und zwar u.a. Freibeträge, Daten der Lohnzahlung und Beträge, Vergütungen jeglicher Art (z.B. Prämien für Verbesserungsvorschläge).

Das **Lohnkonto** ist **sechs Jahre** aufzubewahren.

Im Überblick ergeben sich folgende **lohnsteuerliche Besonderheiten:**

- Die Steuer wird vom Arbeitslohn abgezogen (Quellenabzugsverfahren, § 38 Abs. 3 EStG),
- der Arbeitgeber hat die Steuer bei jeder Lohnzahlung einzubehalten und ist im Lohnsteuerverfahren Haftungsschuldner,
- die Lohnsteuer entsteht in dem Zeitpunkt, in dem der Arbeitslohn dem Arbeitnehmer zufließt (§ 38 Abs. 2 EStG),
- bei der Ermittlung der Lohnsteuer werden die Besteuerungsgrundlagen des Einzelfalls (§ 38a Abs. 4 EStG) durch
  - die Einreihung der Arbeitnehmer in Steuerklassen (§ 38b EStG)
  - Aufstellung von entsprechenden Lohnsteuertabellen (§ 38c EStG) und

- Ausstellung von entsprechenden Lohnsteuerkarten (§ 39 EStG) sowie
- Feststellung von Freibeträgen (§ 39a EStG) berücksichtigt,

- Grundlage für den Lohnsteuerabzug ist die Lohnsteuerkarte (§ 39 EStG); sie ist eine öffentliche Urkunde, die die Gemeindebehörde ausschreibt.

Die Lohnsteuerkarte enthält Angaben über

- die Person, den Familienstand, die Steuerklasse und die Zahl der beim Steuerabzug zu berücksichtigenden Kinder,
- Steuerfreibeträge, die über die in den Lohnsteuertabellen eingearbeiteten Pauschbeträge hinausgehen (erhöhte Werbungskosten und Sonderausgaben), Pauschbeträge für Körperbehinderte und Hinterbliebene, Betrag wegen außergewöhnlicher Belastung, negative Einkünfte aus Vermietung und Verpachtung. Diese Freibeträge u.a. sind unter bestimmten Voraussetzungen **auf Antrag** vom Finanzamt einzutragen.

Die Lohnsteuer ist also wie die Einkommensteuer eine Jahressteuer und bezieht sich auf den Jahresarbeitslohn, den der Arbeitnehmer im Kalenderjahr bezogen hat. Die letztlich maßgebende Jahreslohnsteuer ergibt sich aus der Jahreslohnsteuertabelle. Übersteigen die im Laufe des Kalenderjahres einbehaltenen Lohnsteuerbeträge die Jahreslohnsteuer, so wird die Differenz im Lohnsteuerjahresausgleich erstattet.

14.4.4 Steuerabzug vom Kapitalertrag (Kapitalertragsteuer)

Die Kapitalertragsteuer ist keine selbständige Ertragsteuer, sondern wie die Lohnsteuer eine besondere Form der Erhebung der Einkommensteuer.

Die gesetzliche Regelung erfolgt in §§ 43 bis 45c EStG.

Die verschiedenen **Gruppen von Kapitalerträgen** (§ 43 Abs. 1 EStG), von denen die Einkommensteuer durch Abzug vom Kapitalertrag erhoben wird, sind

- Gewinnanteile (Dividenden), Ausbeuten und sonstige Bezüge aus Aktien, Kuxen, Genußscheinen, mit denen das Recht am Gewinn und Liquidationserlös einer Kapitalgesellschaft verbunden ist, aus Anteilen an Gesellschaften mit beschränkter Haftung, an Erwerbs- und Wirtschaftsgenossenschaften, Kolonialgesellschaften und an bergbautreibenden Vereinigungen, die die Rechte einer juristischen Person haben (§ 43 Abs. 1 Nr. 1 EStG),
- Zinsen aus Wandelanleihen und Gewinnobligationen sowie aus Genußscheinen, mit denen nicht das Recht am Gewinn und am Liquidationserlös einer Kapitalgesellschaft verbunden ist (§ 43 Abs. 1 Nr. 2 EStG),
- Einnahmen aus der Beteiligung an einem Handelsgewerbe als stiller Gesellschafter und Zinsen aus partiarischen Darlehen (§ 43 Abs. 1 Nr. 3 EStG),

- rechnungsmäßige und außerrechnungsmäßige Zinsen aus Sparanteilen zu bestimmten Versicherungen sowie Erträge aus bestimmten fondsgebundenen Lebensversicherungen (§ 20 Abs. 1 Nr. 6 EStG), wenn sie aus nach dem 1.1.1973 abgeschlossenen Versicherungsverträgen stammen und nach dem 31.12.1974 zugeflossen sind (§ 43 Abs. 1 Nr. 4 EStG),
- Zinsen aus bestimmten Gläubigerpapieren (§ 43 Abs. 1 EStG),
- Kapitalerträge i. S. des § 20 Abs. 1 Nr. 7 EStG (§ 43 Abs. 1 Nr. 5 EStG),
- Einnahmen aus der Vergütung von Körperschaftsteuer nach § 36e EStG oder nach § 52 KStG ((§ 43 Abs. 1 Nr. 6 EStG).

Vom Steuerabzug sind u.a. Kapitalerträge befreit, bei denen Schuldner und Gläubiger im Zeitpunkt des Zufließens identisch sind (§ 43 Abs. 2 EStG).

Der Steuerabzug ist auch dann vorzunehmen, wenn die Kapitalerträge beim Gläubiger zu den Einkünften aus Land- und Forstwirtschaft, aus Gewerbebetrieb, aus selbständiger Arbeit oder aus Vermietung und Verpachtung gehören (§ 43 Abs. 4 EStG).

Der Steuerabzug ist bei Kapitalerträgen i.S. des § 43 Abs. 1 Nrn. 3, 4 und 7 EStG nicht vorzunehmen, wenn die Gläubiger im Zeitpunkt des Zufließens unbeschränkt einkommensteuerpflichtig sind und anzunehmen ist, daß für sie eine Veranlagung zur Einkommensteuer nicht in Betracht kommt (§ 44a Abs. 1 EStG).

Bei Kapitalerträgen im Sinne des § 43 Abs. 1 Satz 1 Nr. 3, 4 und 7 sowie Satz 2, die einem unbeschränkt einkommensteuerpflichtigen Gläubiger zufließen, ist der Steuerabzug nicht vorzunehmen, soweit die Kapitalerträge zusammen mit den Kapitalerträgen im Sinne des § 20 Abs. 1 Nr. 1 und 2, für die die Kapitalertragsteuer nach § 44 b zu erstatten ist, einschließlich der Kapitalerträge im Sinne des § 20 Abs. 1 Nr. 3 den Sparer-Freibetrag nach § 20 Abs. 4 und den Werbungskosten-Pauschbetrag nach § 9a Nr. 2 nicht übersteigen (§ 44 a Abs. 1 EStG).

Voraussetzung für die Abstandnahme vom Steuerabzug nach Absatz 1 ist, daß dem nach § 44 Abs. 1 zum Steuerabzug Verpflichteten

1. in den Fällen des Absatzes 1 Nr. 1 ein Freistellungsauftrag des Gläubigers der Kapitalerträge nach amtlich vorgeschriebenem Vordruck oder
2. in den Fällen des Absatzes 1 Nr. 2 eine Nichtveranlagungsbescheinigung des für den Gläubiger zuständigen Wohnsitzfinanzamts

vorliegt.

Die Kapitalertragsteuer (§ 43 a Abs. 1 EStG) beträgt

- für Gewinnanteile und Zinsen (§ 43 Abs. 1 Nr. 7 und Satz 2 EStG) 30 % des Kapitalertrags (Zinsabschlag), wenn der Gläubiger die Kapitalertragsteuer trägt,

  42,85 % des tatsächlich ausgezahlten Betrags, wenn der Schuldner die Kapitalertragsteuer trägt;
- in den Fällen des § 44 Abs. 1 Satz 1 Nr. 1 Buchstabe a Doppelbuchstabe bb erhöhen sich der Vomhundertsatz von 30 auf 35 % und von 42,85 auf 53,84 %.

Bemessungsgrundlage der Kapitalertragsteuer bleibt der Kapitalertrag ohne jeden Abzug (§ 43 a Abs. 2 EStG). Bei der Veranlagung des Gläubigers der Kapitalerträge sind diese ohne Steuerabzug (Bruttobeträge) als Einkünfte aus Kapitalvermögen (§ 20 EStG) auszuweisen; die Kapitalertragsteuer mindert die Einkommensteuerschuld und hat die Wirkung einer Einkommensteuervorauszahlung.

	Kontrollfragen	bear-beitet	Lösungs-hinweis	Lösung +	-
01	Werden bei der Einkommensteuer die persönlichen Verhältnisse der Steuerpflichtigen berücksichtigt? Wenn ja - in welcher Weise?		37		
02	Was bedeuten „persönliche“ und „sachliche“ Steuerpflicht?		37 ff.		
03	Wie sind die Begriffe „Wohnsitz“ und „gewöhnlicher Aufenthalt“ definiert?		38		
04	A wohnt in Bern (Schweiz) und bezieht Einkünfte aus der Vermietung eines Mietwohngrundstücks in Freiburg i.Br. Wie ist die einkommensteuerliche Behandlung dieser Einkünfte?		38 ff.		
05	B besitzt seit Jahren in seinem Wohnort in Mainz ein Mietwohngrundstück und bezieht daraus Einkünfte; am 15.7.1992 verlegte er seinen Wohnsitz nach Innsbruck/Österreich und bleibt weiterhin Besitzer des Grundstücks in Mainz. Welche einkommensteuerliche Tatbestände werden durch diesen Sachverhalt erfüllt?		38 ff.		
06	Wie definiert das EStG die Begriffe • Einkünfte • Summe der Einkünfte • Gesamtbetrag der Einkünfte • Einkommen • zu versteuerndes Einkommen?		40 ff.		
07	Welche Steuerpflichtige können ein vom Kalenderjahr abweichendes Wirtschaftsjahr haben und welche Voraussetzungen müssen erfüllt sein?		60		
08	Was versteht man unter Veranlagungszeitraum und welche Zeitspanne umfaßt er?		40		
09	Ein Gewerbetreibender erfüllt die in Frage (7) von Ihnen genannten Voraussetzungen und hat sich für das Wirtschaftsjahr vom 1.4. bis 31.3. entschieden; er weist folgende Gewinne aus: in 01/02 96.000 DM in 02/03 112.000 DM Wie hoch sind die Einkünfte aus Gewerbebetrieb in 1993?		60		
10	Differenzieren Sie die Begriffe Ausgaben, Betriebsausgaben, Werbungskosten, Sonderausgaben!		48 ff.		
11	Welche Einkunftsarten unterscheidet das EStG?		41 ff.		
12	Für welche Einkunftsarten gibt es Werbungskosten-Pauschbeträge und in welcher Höhe sind sie festgesetzt?		67 ff.		
13	Nach welchen Gesichtspunkten ist zu entscheiden, ob ein landwirtschaftlicher Betrieb eine Liebhaberei darstellt?		42		
14	Was zählt zu den Einkünften aus Gewerbebetrieb?		42 ff.		

	Kontrollfragen	bearbeitet	Lösungshinweis	Lösung +	Lösung -
15	Wie werden Veräußerungsgewinne einkommensteuerlich behandelt?		45 ff.		
16	Welche Regelung für die Veräußerung des ganzen Betriebs, eines Teilbetriebs oder des Anteils eines Gesellschafters enthält das EStG?		45 ff.		
17	Wie wird der Veräußerungsgewinn versteuert, wenn der Veräußerungspreis in laufenden Bezügen besteht?		46		
18	Inwiefern beinhaltet § 17 EStG einen Sondertatbestand und worin liegt der sachliche Geltungsbereich?		49 f.		
19	Welche Einkünfte werden im einzelnen zu den Einkünften aus selbständiger Arbeit gerechnet? Enthält § 18 EStG eine erschöpfende Aufzählung?		50 f.		
20	Wer gilt als Arbeitnehmer und bezieht damit Einkünfte aus nichtselbständiger Arbeit?		51 f.		
21	Was wird zum Arbeitslohn gerechnet und was ist nicht als Arbeitslohn anzusehen?		51 f.		
22	Wie errechnen sich die Einkünfte aus nichtselbständiger Arbeit?		53		
23	Welche Einnahmen im einzelnen werden den Einkünften aus Kapitalvermögen zugerechnet?		54		
24	Wie werden die Einkünfte aus einer Beteiligung als stiller Gesellschafter behandelt?		43, 54		
25	Wie wird der Nutzungswert der Wohnung im eigenen Haus und der selbstgenutzten Wohnung im eigenen Einfamilienhaus berechnet?		55		
26	Wie ist zu verfahren, wenn ein selbst bewohntes Einfamilienhaus teilweise zu eigenen gewerblichen oder beruflichen Zwekken genutzt wird?		55		
27	Wann liegt ein Spekulationsgeschäft vor und wie werden entsprechende Gewinne oder Verluste behandelt?		58 f.		
28	Was versteht man unter Gewinn- und Überschußeinkünften?		60 ff.		
29	Welche Arten der Gewinnermittlung unterscheidet das EStG und worin liegen die Modalitäten der einzelnen Verfahren?		60 ff.		
30	Unter welchen Voraussetzungen erfolgt eine Gewinnermittlung durch Schätzung?		63 f.		
31	Welche Probleme bestehen bei der Abgrenzung der Werbungskosten von den Lebenshaltungskosten?		68		
32	In welcher Weise werden Werbungskosten und Sparer-Freibetrag bei den Einkünften aus Kapitalvermögen behandelt (auch im Falle der Zusammenveranlagung von Ehegatten)?		54		

	Kontrollfragen	bear-beitet	Lösungs-hinweis	Lösung +	Lösung -
33	Was besagt die Differenzierung in Haupt- und Nebeneinkunftsarten?		69		
34	Erläutern Sie die Begriffe „Verlustausgleich" und „Verlustabzug".		80 f.		
35	Erläutern Sie den Modus des Verlustrücktrags. Nennen Sie die Beschränkungen, die das Gesetz enthält und deuten Sie die betriebswirtschaftlichen Aspekte des Verlustrücktrags.		81 f.		
36	Definieren Sie den Begriff Sonderausgaben. Ist die Aufzählung im Gesetz erschöpfend?		84		
37	Wie lassen sich die Sonderausgaben i.S. des § 10 EStG gruppieren?		85		
38	Welche Höchstbeträge sind zu unterscheiden?		86		
39	Beschreiben Sie eingehend die Tatbestände des § 10c EStG.		88		
40	Welche Sonderfreibeträge enthält § 32 EStG?		94		
41	Wie umschreibt das Gesetz den Tatbestand der „außergewöhnlichen Belastung"?		89 ff.		
42	Was besagen die Begriffe „Typisierungsvorschrift" und „Generalklausel"?		90		
43	Welche Voraussetzungen begründen nach § 33 EStG außergewöhnliche Belastungen?		90 ff.		
44	Wie ist die Aufteilung der Sonderausgaben und außergewöhnlichen Belastungen bei getrennter Veranlagung geregelt?		84		
45	In welchen Fällen ist die Einzelveranlagung vorgeschrieben?		95 f.		
46	Wann sind Ehegatten getrennt zu veranlagen?		97		
47	Unter welchen Voraussetzungen werden Arbeitnehmer zur Einkommensteuer veranlagt?		103 f.		
48	Welche Sonderregelung besteht bei der Veranlagung beschränkt Steuerpflichtiger?		89 f.		
49	Welche Einkünfte bezeichnet das EStG als außerordentliche Einkünfte?		99		
50	In welcher Weise werden diese unter (49) genannten Einkünfte begünstigt?		99		
51	Beurteilen Sie die Bedeutung des Maßgeblichkeitsgrundsatzes im Rahmen der steuerlichen Gewinnermittlung!		70 f.		
52	Welche Wirkung hat die Bindung an handelsrechtliche Bilanzierungsgebote und -verbote für das steuerliche Bilanzergebnis?		70 f.		
53	Für welche handelsrechtlichen Bilanzierungswahlrechte gilt das Maßgeblichkeitsprinzip nicht?		70 f.		

	Kontrollfragen	bearbeitet	Lösungshinweis	Lösung +	Lösung -
54	Erläutern Sie den Unterschied zwischen den handelsrechtlichen und steuerrechtlichen Herstellungskosten!		76 f.		
55	Unterscheiden Sie die Begriffsinhalte von a) notwendigem Betriebsvermögen, notwendigem Privatvermögen und gewillkürtem Betriebsvermögen. b) Zeigen Sie die Notwendigkeit der Abgrenzung. c) Finden Sie Beispiele von gewillkürtem Betriebsvermögen.		71 f.		
56	Welche Kriterien für die Begriffsbestimmung des Wirtschaftsgutes hat die Rechtsprechung entwickelt?		73		
57	Welche Grundsätze gelten für die Bewertung von Wirtschaftsgütern?		73 f.		
58	Was besagt der Grundsatz der Einzelbewertung? a) Sind Ausnahmen von diesem Grundsatz nach Handels- und Steuerrecht möglich? b) Wenn ja, welche?		74 ff.		
59	Welcher Unterschied besteht zwischen den handels- und steuerrechtlichen Herstellungskosten?		76 f.		
60	Beurteilen Sie die Bedeutung des „Teilwerts“ für die Bewertung!		77 f.		
61	Von welchen Teilwertvermutungen kann bei der Bewertung zum Teilwert ausgegangen werden?		77		
62	In welchen Fällen darf in der Steuerbilanz der „höhere Teilwert“ angesetzt werden?		77		
63	Welche handels- und steuerrechtlichen Vorschriften sind zu beachten, wenn Auszahlungsbetrag (Verfügungsbetrag) und Rückzahlungsbetrag nicht übereinstimmen? Gilt in diesem Fall das Maßgeblichkeitsprinzip der Handelsbilanz für die Steuerbilanz?		70 f.		
64	Erläutern Sie den Ansatz von Rückstellungen nach Handels- und Steuerrecht!		74		

C. Körperschaftsteuer

Der Gewinn als das Einkommen der juristischen Personen unterliegt der Körperschaftsteuer (KSt); daher wird diese Steuer allgemein als die Einkommensteuer der juristischen Personen bezeichnet. Mit der Einkommensteuer natürlicher Personen besitzt die KSt große Ähnlichkeit, was sich nicht zuletzt darin ausdrückt, daß viele Bestimmungen des Einkommensteuergesetzes auch für die Körperschaftsteuer relevant sind.

Steuersystematisch wird die KSt zu den Personensteuern gezählt und ist wie alle Personensteuern nicht als Betriebsausgaben abzugsfähig; wirtschaftlich läßt sie sich aber als Objektsteuer verstehen, da sie den Reinertrag des Objektes „Betrieb“ besteuert.

1. Rechtsgrundlagen

- Körperschaftsteuergesetz 1991 (KStG 1991) i. d. F. vom 11.03.1991 (BGBl I S. 638), geändert durch Artikel 18 des Gesetzes vom 24.6.1991 (BGBl I S. 1322), zuletzt geändert durch Steueränderungsgesetz 1992 vom 28.2.1992 (BGBl I S. 297), Standortsicherungsgsetz (StandOG) vom 13.9.1993 (BGBl I S. 1569) und Mißbrauchsbekämpfungs- und Steuerbereinigungsgesetz (StMBG) vom 21.12.1993 (BGBl I S. 2310)
- Körperschaftsteuer-Durchführungsverordnung (KStDV 1984) vom 31.07.1984 (BGBl I S. 1055), geändert durch VO v. 3.6.1993 (BGBl I S. 815) und vom 14.12.1993 (BGBl I S. 2041)
- Körperschaftsteuer-Richtlinien (KStR) 1990 vom 14.03.1991 (BStBl I Sondernummer 1).

2. Steuerpflicht

Der Körperschaftsteuer unterliegen nach § 1 Abs. 1 Nr. 1 KStG

- Kapitalgesellschaften (Aktiengesellschaften, Kommanditgesellschaften auf Aktien, Gesellschaften mit beschränkter Haftung, Kolonialgesellschaften, bergrechtliche Gewerkschaften),
- Erwerbs- und Wirtschaftsgenossenschaften,
- Versicherungsvereine auf Gegenseitigkeit,
- sonstige juristische Personen des privaten Rechts,
- nichtrechtsfähige Vereine, Anstalten, Stiftungen und andere Zweckvermögen des privaten Rechts,
- Betriebe gewerblicher Art von juristischen Personen des öffentlichen Rechts.

Diese Körperschaften sind unbeschränkt steuerpflichtig, wenn sie ihre Geschäftsleitung oder ihren Sitz im Inland haben. Die unbeschränkte Steuerpflicht ist eine sachliche und erstreckt sich auf sämtliche inländische und ausländische Einkünfte (§ 1 Abs. 2 KStG), soweit nicht für bestimmte Einkünfte abweichende Regelungen bestehen (Abschn. 2 KStR). Sie entspricht der unbeschränkten Steuerpflicht für natürliche Personen nach dem EStG. Sie wird jedoch durch DBA eingeschränkt, indem je nach Ausgestaltung der Abkommen bestimmte Einkünfte von der unbeschränkten Steuerpflicht ausgenommen werden, um eine Doppelbesteuerung weitgehend oder vollständig zu vermeiden.

Körperschaften, Personenvereinigungen und Vermögensmassen, die weder ihre Geschäftsleitung noch ihren Sitz im Inland haben, sind beschränkt steuerpflichtig (§ 2 KStG) und wie im Einkommensteuerrecht nur mit ihren inländischen Einkünften; ebenso sonstige Körperschaften, Personenvereinigungen und Vermögensmassen, die nicht unbeschränkt steuerpflichtig sind, mit den inländischen Einkünften, von denen ein Steuerabzug vorzunehmen ist.

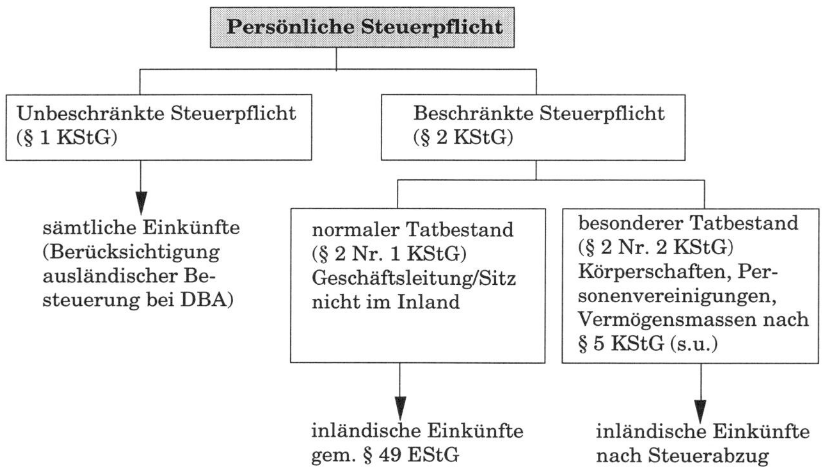

3. Befreiungen

Während das Einkommensteuerrecht nur die sachlichen Steuerbefreiungen (§§ 3, 3b EStG) kennt, gewährt das KStG einer Reihe von Körperschaften persönliche Befreiungen (§ 5 KStG); es handelt sich hierbei um staatspolitisch, gesamtwirtschaftlich oder sozial bedeutsame Körperschaften. Dazu gehören u.a. nach § 5 Abs. 1 KStG:

- Die Deutsche Bundespost, die Deutsche Bundesbahn (ab VZ 1994: das Bundeseisenbahnvermögen), die Monopolverwaltungen des Bundes und die staatlichen Lotterieunternehmen.
- Gesamtwirtschaftlich wichtige Banken mit öffentlichen Aufgaben, wie die Deutsche Bundesbank, die Kreditanstalt für Wiederaufbau, die Deutsche Ausgleichsbank, die Landwirtschaftliche Rentenbank u.a.

- Körperschaften, Personenvereinigungen und Vermögensmassen, die ausschließlich und unmittelbar gemeinnützigen, mildtätigen oder kirchlichen Zwecken dienen,
- sozialen Belangen und der Wohlfahrt dienende Einrichtungen, Selbsthilfeorganisationen wie Berufsverbände ohne öffentlich-rechtlichen Charakter, deren Zweck nicht auf einen wirtschaftlichen Geschäftsbetrieb gerichtet ist, und solche, die deren Vermögensverwaltung zum Gegenstand haben,
- öffentlich-rechtliche Versicherungs- und Versorgungseinrichtungen von Berufsgruppen mit Zwangsmitgliedschaft.

Diese Befreiungen gelten nach § 5 Abs. 2 KStG nicht

- für inländische Einkünfte, die dem Steuerabzug unterliegen;
- soweit nach den Vorschriften des Vierten Teils die Ausschüttungsbelastung i.S. des § 27 KStG herzustellen ist;
- für beschränkt Steuerpflichtige i.S. des § 2 Nr. 1 KStG.

4. Einkommen

Der Einkommensbegriff entspricht weitgehend dem des Einkommensteuergesetzes, der den Besonderheiten von Körperschaften entsprechend durch Sondervorschriften des KStG modifiziert wird. Wesentliche Unterschiede liegen u.a. in einem anders gestalteten Tarif und in der Nichtberücksichtigung der persönlichen Leistungsfähigkeit; wegen der fehlenden Privatsphäre einer Körperschaft kennt das Körperschaftsteuerrecht auch keine Sonderausgaben und außergewöhnliche Belastungen.

Bemessungsgrundlage für die Körperschaftsteuer ist nach § 7 KStG das zu versteuernde Einkommen i.S. d. § 8 Abs. 1 KStG, vermindert um die Freibeträge der §§ 24 und 25 KStG, das der Steuerpflichtige innerhalb eines Kalenderjahres bezogen hat. Die Körperschaftsteuer ist eine Jahressteuer; besteht die unbeschränkte oder beschränkte Steuerpflicht nicht während des ganzen Jahres, so tritt an die Stelle des Kalenderjahres der Zeitraum der jeweiligen Steuerpflicht.

Bei Steuerpflichtigen, die verpflichtet sind, Bücher nach den Vorschriften des HGB zu führen, ist der Gewinn, analog der Regelung im Einkommensteuerrecht, nach dem Wirtschaftsjahr zu ermitteln, für das sie regelmäßig Abschlüsse machen (§ 7 Abs. 4 KStG). Weicht bei diesen Steuerpflichtigen das Wirtschaftsjahr, für das sie regelmäßig Abschlüsse machen, vom Kalenderjahr ab, so gilt auch hier der Gewinn aus dem Gewerbebetrieb als in dem Kalenderjahr bezogen, in dem das Wirtschaftsjahr endet.

4.1 Ermittlung des Einkommens

Was als Einkommen (§ 8 Abs. 1 KStG) gilt und wie es zu ermitteln ist, bestimmt sich weitgehend nach den Vorschriften des EStG (Abschn. 26 KStR). Es gelten daher primär die §§ 4 bis 7k EStG sowie die im Einkommensteuergesetz gewährten Bewertungsfreiheiten und Sonderabschreibungsmöglichkeiten und ergänzend finden dann die Vorschriften des KStG Anwendung.

Das Einkommen i.S. des Körperschaftsteuerrechts umfaßt bei Steuerpflichtigen, die nach den Vorschriften des HGB zur Führung von Büchern verpflichtet sind, alle Einkünfte als Einkünfte aus Gewerbebetrieb (§ 8 Abs. 3 KStG). Das körperschaftsteuerliche Einkommen ist keine begrifflich definierte Größe, sondern rein additiv bestimmt:

Ausgangsgröße ist das Handelsbilanzergebnis (Einkünfte aus Gewerbebetrieb), aus dem das Steuerbilanzergebnis unter Beachtung der bilanzsteuerrechtlichen Vorschriften abgeleitet wird (§ 5 EStG). Unter Berücksichtigung von Zurechnungen und Kürzungen ergibt sich das steuerpflichtige Einkommen (vgl. u.a. *Rose, G.*, Betrieb und Steuer: Die Ertragsteuern, S. 136 ff.).

Für die Ermittlung des Einkommens ist es auch ohne Bedeutung, ob das Einkommen verteilt wird (§ 8 Abs. 3 KStG). Auch darf das Einkommen nicht durch verdeckte Gewinnausschüttungen sowie Ausschüttungen jeder Art auf Genußscheine, mit denen das Recht auf Beteiligung am Gewinn und am Liquidationserlös der Kapitalgesellschaft verbunden ist, gemindert werden.

Bei der Ermittlung des körperschaftsteuerlichen Einkommens ist auch der Verlustabzug nach § 10d EStG zu berücksichtigen. Voraussetzung ist Identität nicht nur rechtlich, sondern auch wirtschaftlich mit der Körperschaft, die den Verlust erlitten hat (§ 8 Abs. 4 KStG); jedoch mit der Einschränkung, daß der Verlustrücktrag bei Kapitalgesellschaften und bei sonstigen Körperschaften i.S. des § 43 KStG nur anzuwenden ist, soweit im Abzugsjahr das Einkommen den ausgeschütteten Gewinn übersteigt, der sich vor Abzug der Körperschaftsteuer ergibt und für den die Ausschüttungsbelastung nach § 27 KStG herzustellen ist.

Schaubild zur Ermittlung des Einkommens (vgl. auch Abschn. 26 a KStR)

Bemessungsgrundlage:		Steuerbilanzergebnis/Wirtschaftsjahr (§§ 7, 8 und 9 KStG)
	+	verdeckte Gewinnausschüttungen (§ 8 Abs. 3 Satz 2 KStG)
	./.	verdeckte Einlagen (vgl. Abschnitt 4.4)
	+	nichtabziehbare Aufwendungen (§ 10 KStG) Nr. 1: Zweck- und Satzungsaufwendungen Nr. 2: Steuern von Einkommen und Vermögen
	+	nichtabziehbare Spenden (§ 9 Nr. 3 KStG)
	+	nichtabziehbare Hälfte der Aufsichtsratsvergütungen (§ 10 Nr. 4 KStG)

./.	abziehbare Erträge:
	steuerfreie Erträge (§ 3 Nr. 66 EStG)
	ausländische Einkünfte bei DBA
	Gewinne gem. § 8 Abs. 6 EStG
	Erträge aus nichtabziehbaren Aufwendungen (Umkehrschluß aus § 10 Nr. 2 KStG)
./.	Gewinnanteile der Komplementäre einer KGaA (§ 9 Nr. 2 KStG)
=	Einkommen vor Verlustabzug
./.	Verlustabzug (§ 8 Abs. 4 u. 5 KStG)
=	Einkommen
./.	Einkommen, das Organträgern zugerechnet wird (§§ 14, 17, 18 KStG)
./.	Freibeträge (§§ 24, 25 KStG)
=	**zu versteuerndes Einkommen**

zunächst Tarifbelastung (§ 23 KStG) → bei Ausschüttung → Herstellung der
= ungemilderte KSt Ausschüttungsbelastung (§ 27 KStG)
+/./. KSt

= **festzusetzende KSt**

4.2 Korrekturen

Die Abweichung des körperschaftsteuerpflichtigen vom einkommensteuerpflichtigen Gewinn führt zu Korrekturen, die für Kapitalgesellschaften, Versicherungsunternehmen, Betriebe öffentlich-rechtlicher Körperschaften und für Personenvereinigungen gesondert geregelt sind.

4.2.1 Korrekturen bei Kapitalgesellschaften

Für diese sind zunächst folgende Korrekturen relevant:

- verdeckte Gewinnausschüttungen sind dem Gewinn hinzuzurechnen, mindern also das Einkommen nicht,
- Schachtelerträge werden dem Organträger zugerechnet.

Weitere Korrekturen des einkommensteuerlichen Gewinns ergeben sich durch die für die Rechtsnatur der Körperschaften spezifischen Betriebsausgaben, die mit anderen Ausgaben nach den Vorschriften der §§ 9 und 10 KStG als abziehbar bzw. nicht abziehbar zu berücksichtigen sind.

4.2.1.1 Abziehbare Aufwendungen

Zu den abziehbaren Aufwendungen zählen nach § 9 KStG

- Gewinnanteile der persönlich haftenden Gesellschafter bei Kommanditgesellschaften auf Aktien oder Vergütungen für die Geschäftsführung, da Komplementäre Einkünfte aus Gewerbebetrieb nach § 15 Abs. 1 Nr. 3 EStG erzielen;
- Ausgaben zur Förderung mildtätiger, kirchlicher, religiöser und wissenschaftlicher Zwecke und der als besonders förderungswürdig anerkannten gemeinnützigen Zwecke analog der Regelung im Einkommensteuerrecht (§ 10b EStG) bis zur Höhe von insgesamt 5 % des Einkommens oder 2 v.T. der Summe der gesamten Umsätze und der im Kalenderjahr aufgewendeten Löhne und Gehälter; für wissenschaftliche, mildtätige und als besonders förderungswürdig anerkannte kulturelle Zwecke erhöht sich der Vomhundertsatz von 5 um weitere 5 vom Hundert.

  Höchstsatzregelung: bei Einzelzuwendungen von mehr als 50.000 DM zur Förderung wissenschaftlicher oder als besonders förderungswürdig anerkannter kultureller Zwecke, ist sie im Rahmen der Höchstsätze im Jahr der Zuwendung und in den folgenden sieben Veranlagungszeiträumen abzuziehen (§ 9 Nr. 3a KStG).
- Spenden an politische Parteien in bestimmter Höhe (§ 9 Nr. 3 b KStG)
- Beiträge und Spenden an Vereine ohne Parteicharakter nach Maßgabe des § 9 Nr. 3c KStG.

Da die Rechtsnatur der juristischen Personen die Berücksichtigung solcher Ausgaben im Rahmen der Sonderausgaben natürlicher Personen i.S. des Einkommensteuerrechts ausschließt, werden sie als abzugsfähige Aufwendungen behandelt, um die gleiche steuerliche Relevanz bei körperschaftsteuerpflichtigen und einkommensteuerpflichtigen Personen zu erreichen.

4.2.1.2 Nichtabziehbare Aufwendungen

Nichtabziehbare Aufwendungen (§ 10 KStG) müssen dem Einkommen zugerechnet werden, wenn sie gewinnmindernd in Ansatz gebracht wurden; das trifft zu für

- Aufwendungen für die Erfüllung von Zwecken des Steuerpflichtigen, die durch Stiftungsgeschäft, Satzung oder sonstige Verfassung vorgeschrieben sind;
- die Steuern vom Einkommen und sonstige Personensteuern (z.B. Vermögensteuer) sowie die Umsatzsteuer für den Eigenverbrauch;
- in einem Strafverfahren festgesetzte Geldstrafen;
- die Hälfte der Vergütungen jeder Art, die an Mitglieder des Aufsichtsrats, Grubenvorstands oder andere mit der Überwachung der Geschäftsführung beauftragte Personen gewährt werden (Abschn. 45 KStR);
- Spenden, soweit sie den in § 9 Nr. 3 KStG beschriebenen Zwecken nicht entsprechen und/oder die dort genannten Betragsgrenzen überschreiten;

4.2.2 Korrekturen bei anderen Körperschaften

Sonderregelungen für abziehbare bzw. nichtabziehbare Betriebsausgaben, die Korrekturen des Einkommens bedingen, ergeben sich

- für Versicherungsunternehmen aus §§ 20, 21und 21 a KStG,
- für Genossenschaften aus § 22 KStG (Abschn. 66 KStR),
- für Versorgungsbetriebe bei der Konzessionsabgabe an Gemeinden und Gemeindeverbände aus Abschn. 32 KStR,
- für Personenvereinigungen, bei denen für die Ermittlung des Einkommens Beiträge, die auf Grund der Satzung von den Mitgliedern lediglich in ihrer Eigenschaft als Mitglieder erhoben werden, nach § 8 Abs. 7 KStG und Abschn. 34 KStR außer Ansatz bleiben.

4.3 Verdeckte Gewinnausschüttungen

Bei den Gesellschaftern (Mitunternehmern) der Personengesellschaften sind auch Vergütungen, die die Gesellschafter von der Gesellschaft für ihre Tätigkeit im Dienst der Gesellschaft oder für die Hingabe von Darlehen oder für die Überlassung von Wirtschaftsgütern neben dem Gewinn bezogen haben (§ 15 Abs. 1 Nr. 2 EStG), Einkünfte aus Gewerbebetrieb (vgl. B. 4.2.2). Bei den Kapitalgesellschaften dagegen sind die Geschäftsführergehälter der Gesellschafter, die Zinsen für die Darlehenshingabe an die Gesellschaft oder Vergütungen für die Überlassung von Wirtschaftsgütern an die Gesellschaft als Betriebsausgaben abzugsfähig.

Diese steuerlich unterschiedliche Behandlung gleicher wirtschaftlicher Vorgänge beruht auf der eigenen Rechtspersönlichkeit der juristischen Personen, die mit ihren Gesellschaftern kontrahieren können.

Die dispositive Vertragsgestaltung bietet die Möglichkeit, durch bewußte Überhöhung der obengenannten Betriebsausgaben den körperschaftsteuerlichen Gewinn entsprechend niedriger auszuweisen sowie Gewinnausschüttungen verdeckt vorzunehmen und auf diese Weise der Belastung mit Körperschaftsteuer zu entziehen.

Das Gesetz enthält keine Definition dieses Begriffes; es handelt sich um Gewinnverwendungen, die das Steuerbilanzergebnis der Kapitalgesellschaft gemindert haben.

Nach Abschn. 31 Abs. 3 KStR wird der Begriff verdeckte Gewinnausschüttung definiert: *„Eine verdeckte Gewinnausschüttung im Sinne des § 8 Abs. 3 Satz 2 KStG ist eine Vermögensminderung oder verhinderte Vermögensmehrung, die durch das Gesellschaftsverhältnis veranlaßt ist, sich auf die Höhe des Einkommens auswirkt und nicht auf einem den gesellschaftsrechlichen Vorschriften entsprechenden Gewinnverteilungsbeschluß beruht.“ „Eine Veranlassung durch das Gesellschaftsverhältnis liegt dann vor, wenn ein ordentlicher und gewissenhafter Geschäftsleiter (§ 93 Abs. 1*

Satz 1 AktG, § 43 Abs. 1 GmbHG, § 34 Abs. 1 Satz 1 GenG) die Vermögensminderung oder verhinderte Vermögensmehrung gegenüber einer Person, die nicht Gesellschafter ist, unter sonst gleichen Umständen nicht hingenommen hätte.“

Das Wesen der verdeckten Gewinnausschüttung besteht in jedem Vorteil, den eine Kapitalgesellschaft ihrem Gesellschafter oder auch einer diesem nahestehenden Person mit Rücksicht auf das Gesellschaftsverhältnis außerhalb der gesellschaftsrechtlichen Gewinnverteilung zuwendet, den sie bei Beachtung der Sorgfalt eines ordentlichen und gewissenhaften Geschäftsleiters einem Nichtgesellschafter nicht gewährt hätte.

Solche verdeckten Gewinnausschüttungen mindern das Einkommen nicht (§ 8 Abs. 3 Satz 2 KStG), sie sind also dem Gewinn hinzuzurechnen.

In Abschn. 31 Abs. 3 KStR Satz 5 sind typische Beispiele von verdeckten Gewinnausschüttungen genannt, die in der Praxis in der Regel vorkommen und hauptsächlich durch unangemessene schuldrechtliche Vereinbarungen zwischen Kapitalgesellschaft und Gesellschafter begründet werden.

Eine Systematisierung solcher Fälle ergibt sich aus folgender Übersicht:

- **Bei Dienstverhältnissen:**
  - Ein Gesellschafter ist Geschäftsführer und erhält dafür ein unangemessen hohes Gehalt.
  - Eine Gesellschaft zahlt an einen Gesellschafter besondere Umsatzvergütungen neben einem angemessenen Gehalt.
  - Ein Arbeitnehmer, der nicht nur für die Gesellschaft, sondern auch für einen Gesellschafter persönlich tätig ist, erhält dafür eine Gesamtvergütung, die bei der Gesellschaft als Aufwand verbucht wird (Gärtner, Heizer, Fahrer, Facharbeiter usw.).
- **Bei Kreditverhältnissen:**
  - Ein Gesellschafter gibt der Gesellschaft ein Darlehen zu einem unangemessenen hohen Zinsfuß.
  - Eine Gesellschaft gibt einem Gesellschafter ein Darlehen zinslos oder zu einem außerordentlich niedrigen Zins.
  - Eine Gesellschaft gibt einem Gesellschafter ein Darlehen, ohne daß die Absicht auf Rückzahlung besteht.
- **Bei Lieferverhältnissen:**
  - Ein Gesellschafter liefert Waren an die Gesellschaft zu einem unangemessen hohen Preis.
  - Eine Gesellschaft liefert Waren an einen Gesellschafter mit ungewöhnlichen Preisnachlässen oder Rabatten.
- **Bei Miet- und Pachtverhältnissen:**
  - Die Gesellschaft vermietet Wohnungen an Gesellschafter zu ungewöhnlich niedrigem Preis.
  - Die Gesellschaft überläßt einem Gesellschafter Vermögensgegenstände zu einem unangemessen niedrigen Preis oder kostenlos.

- **Bei Beratungsverhältnissen:**
  - Ein Gesellschafter schließt mit seiner Gesellschaft einen Beratungsvertrag und erhält dafür ein unangemessen hohes Honorar.
  - Die Gesellschaft berät einen ihrer Gesellschafter und erhält dafür kein oder ein zu niedriges Honorar.
- **Bei Rechtsverzichten:**
  - Die Gesellschaft verzichtet auf Schadensersatzansprüche gegenüber einem Gesellschafter.

Für die Annahme einer verdeckten Gewinnausschüttung kommt es nicht darauf an, daß eine solche beabsichtigt war. Es liegt auch kein Mißbrauch von Formen und Gestaltungsmöglichkeiten des bürgerlichen Rechts vor, der den Tatbestand der Steuerumgehung erfüllt; es handelt sich vielmehr um eine besondere Form der Gewinnausschüttung, die neben der offenen Gewinnausschüttung besteht.

Eine gewisse Problematik liegt in der Bestimmung der Höhe des nicht als Betriebsausgabe anzuerkennenden Teils der Aufwendungen, dies gilt insbesondere für die Beurteilung der Höhe der Gesellschafter-Geschäftsführergehälter.

Entscheidend für die Annahme einer verdeckten Gewinnausschüttung ist ein Mißverhältnis zwischen Leistung und Gegenleistung zugunsten des Gesellschafters. Als Maßgröße gilt der Betrag, den ein ordentlicher und gewissenhafter Kaufmann (Geschäftsführer) einem Nichtgesellschafter für die gleiche Leistung gewährt hätte.

4.4 Verdeckte Einlagen

Bei der Ermittlung des steuerpflichtigen Gewinns einer Körperschaft bleiben Vermögensmehrungen auf gesellschaftsrechtlicher oder genossenschaftsrechtlicher Grundlage außer Ansatz.

Soweit Einlagen auf das Nennkapital oder Rücklagen vorgenommen werden, berühren sie die Ausgangsgröße 'Steuerbilanzgewinn' nicht, da sie als Kapitaleinzahlungen der Kapitalausstattung dienen. Werden Einlagen als erfolgswirksame Zuwendungen („Zuschüsse") zugunsten des Steuerbilanzergebnisses durch die Gesellschafter bewirkt, ist zu entscheiden, ob dieser Ertrag aus dem Steuerbilanzergebnis zu eliminieren ist oder nicht.

Hierzu ist zwischen offenen und verdeckten Einlagen zu unterscheiden.

Offene Einlagen (Zuschüsse) werden als Einlagen i.S. des § 4 Abs. 1 Satz 5 EStG angesehen und auch für die körperschaftsteuerliche Einkommensermittlung angewandt.

Verdeckte den Gewinn der Kapitalgesellschaft erhöhende Einlagen entstehen aus einlagefähigen Vermögensvorteilen, die ein Gesellschafter seiner Gesellschaft zuwendet, die ein Nichtgesellschafter der Gesellschaft nicht einräumen würde (vgl. auch Abschn. 36a KStR).

Solche Vorteile können auf verschiedene Weise gewährt werden, u.a. durch

- Übertrag von Wirtschaftsgütern auf die Gesellschaft ohne oder gegen ein zu niedriges Entgelt
- Erwerb von Wirtschaftsgütern von der Gesellschaft gegen ein zu hohes Entgelt
- Überlassung von Wirtschaftsgütern an die Gesellschaft zur Nutzung ohne oder gegen ein zu niedriges Entgelt
- Nutzung von Wirtschaftsgütern durch Gesellschafter gegen ein zu hohes Entgelt.

Bei den verdeckten Einlagen unterscheidet der BFH zwischen Sacheinlagen und Nutzungseinlagen. Für die steuerliche Behandlung gelten nach der Rechtsprechung des BFH folgende **Grundsätze:**

- Verdeckte Sachzuwendungen durch Übertragung von Vermögensgegenständen (Sachen und Rechten) sind erfolgsneutrale Kapitaleinlagen in die Kapitalgesellschaft.

  Beispiel: Ein Gesellschafter verkauft an die Gesellschaft einen LKW, dessen Tageswert 30.000 DM beträgt, für 10.000 DM. Der LKW ist bei der Gesellschaft mit 30.000 DM zu aktivieren und der Mehrbetrag von 20.000 DM ist einer Rücklage (steuerlicher Ausgleichsposten) zuzuführen.

  In einem solchen Falle wird das Vermögen der Gesellschaft erhöht, so daß eine Berichtigung des Bilanzansatzes vorzunehmen ist. Die AfA hat nunmehr von diesem erhöhten Bilanzsansatz zu erfolgen, so daß dann eine entsprechende Gewinnminderung eintritt.

- Bei Nutzungsüberlassung von Wirtschaftsgütern an die Gesellschaft entsteht ein den Gewinn beeinflussender Vorteil (= ersparte Aufwendungen), vgl. BFH-Urteil vom 3.2.1971, BStBl. II S. 407.

  Beispiel: Das einem Gesellschafter gehörende Grundstück wird der Gesellschaft unentgeltlich zur Nutzung überlassen; angemessene Jahresmiete 60.000 DM. Hier liegt keine erfolgsneutrale Einlage vor, sondern durch den zu niedrig bemessenen Aufwand tritt eine Erhöhung des Steuerbilanzgewinns von 60.000 DM ein.

  Ausnahmen:
  - Bei einer Nutzungsüberlassung nach den obengenannten Kriterien, die bei dem Gesellschafter zu einem nachhaltigen Verlust führt, wird das fehlende oder zu niedrige Entgelt wie eine erfolgsneutrale Einlage behandelt.
  - Bei Überlassung von Wirtschaftsgütern an eine ausländische Tochtergesellschaft mit der Wirkung der Gewinnverlagerung in das Ausland (§ 1 AStG) ist der Unterschiedsbetrag gewinnerhöhend aufzulösen.

5. Organschaft

Für die Besteuerung von verbundenen Unternehmen, die den Steuertatbestand der Organschaft erfüllen (§ 14 KStG), bestehen Sondervorschriften. Tritt der Fall ein, daß eine Gesellschaft von einer anderen Unternehmung so stark abhängig ist, daß sie keinen eigenen Willen mehr hat, sondern wirtschaftlich nur noch als eine Abteilung der übergeordneten Unternehmung existent ist, so verliert die abhängige Gesellschaft auch steuerrechtlich ihre Selbständigkeit und wird als „Organ“ der Obergesellschaft aufgefaßt.

Voraussetzungen für die steuerliche Anerkennung einer Organschaft sind der Abschluß eines Gewinnabführungsvertrages i.S. des § 291 Abs. 1 AktG und die Erfüllung folgender Bedingungen:

- Die Organgesellschaft muß eine Aktiengesellschaft oder eine Kommanditgesellschaft auf Aktien mit Geschäftsleitung und Sitz im Inland sein (§ 14 Satz 1 KStG i.V. mit § 17 Satz 1 KStG).
- Der Organträger (übergeordnete Gesellschaft) muß ein inländisches gewerbliches Unternehmen (§ 14 Satz 1 KStG) sein und nach § 14 Nr. 1 KStG an der Organgesellschaft seit Beginn des Wirtschaftsjahres ununterbrochen und unmittelbar in einem solchen Maße beteiligt sein, daß ihm die Mehrheit der Stimmrechte zusteht (**finanzielle Eingliederung**, Abschn. 49 KStR); der Organträger muß also mehr als 50 % des Nennkapitals der Organgesellschaft besitzen. Eine nur mittelbare Beteiligung genügt zur Anerkennung einer Organschaft dann, wenn jede der Beteiligungen, auf denen die mittelbare Beteiligung beruht, die Mehrheit der Stimmrechte gewährt.

  Beispiel: Ist die Gesellschaft A zu 70 % an Gesellschaft B beteiligt und diese wiederum zu 60 % an Gesellschaft C, so gehört auch C zur Organschaft, da ja A über B die Mehrheit der Stimmrechte bei C besitzt.

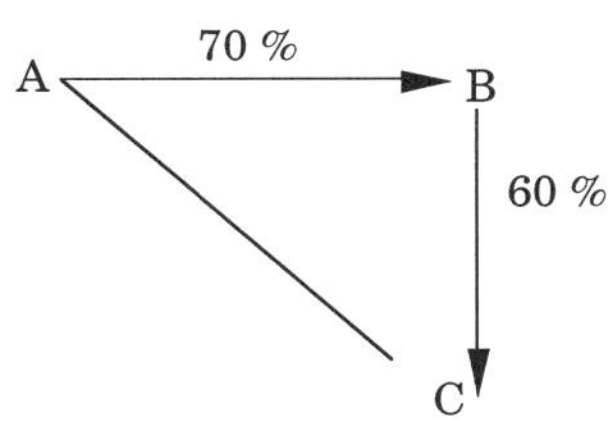

Finanzielle Eingliederung:
- unmittelbar zwischen A und B, B und C
- mittelbar zwischen A und C.

  Die finanzielle Eingliederung ist für das Bestehen einer Organschaft unabdingbar, d.h. ohne finanzielle Eingliederung besteht kein Organverhältnis.

- die Organgesellschaft muß nach § 14 Nr. 2 KStG seit Beginn des Wirtschaftsjahres ununterbrochen nach dem Gesamtbild der tatsächlichen Verhältnisse wirtschaftlich und organisatorisch in das Unternehmen des Organträgers eingegliedert sein (vgl. Abschn. 50 und 51 KStR).

Nach dem Gesetz ist die organisatorische Eingliederung stets gegeben, wenn

- die Organgesellschaft durch einen Beherrschungsvertrag i.S. des § 291 AktG die Leitung ihres Unternehmens dem Unternehmen des Organträgers unterstellt oder wenn
- es sich bei der Organgesellschaft um eine nach den Vorschriften der §§ 319 bis 327 AktG eingegliederte Gesellschaft handelt.

  Dieser Tatbestand ist dann erfüllt, wenn eine Gesellschaft derart in ein anderes Unternehmen eingegliedert ist, daß es keine wesentlichen betrieblichen Entscheidungen (Leistungsprogramme, Beschaffung, Finanzierung, Investition) selbständig treffen kann.

- Der Organträger muß nach § 14 Nr. 3 KStG
  - eine nicht steuerbefreite Körperschaft, Personenvereinigung oder Vermögensmasse (§ 1 KStG) mit Geschäftsleitung und Sitz im Inland oder
  - eine Personengesellschaft i.S. des § 15 Abs. 1 Nr. 2 EStG mit Geschäftsleitung und Sitz im Inland sein (vgl. Abschn. 52 KStR).

- Der Gewinnabführungsvertrag muß auf mindestens fünf Jahre abgeschlossen und während dieser Zeit durchgeführt werden (§ 14 Nr. 4 KStG); diese Voraussetzung würde nicht bestehen, wenn in einem bestimmten Jahr eine Gewinnabführung unterbleibt, dagegen ist aber eine vorzeitige Beendigung des Vertrags durch Kündigung unschädlich, wenn ein wichtiger Grund die Kündigung rechtfertigt.

- Die Organgesellschaft darf Beträge aus dem Jahresüberschuß nur insoweit in freie Rücklagen einstellen, als dies bei vernünftiger kaufmännischer Beurteilung wirtschaftlich begründet ist (§ 14 Nr. 5 KStG).

Im Falle der Organschaft ist bei den Organgesellschaften die Anwendung des § 10d EStG nicht zulässig. Ein Verlustrücktrag kann nur beim Organträger bis zum Höchstbetrag des Rücktrags vorgenommen werden (§ 15 Nr. 1 KStG).

Diese vorgenannten Grundsätze gelten sinngemäß auch für andere als die in § 14 KStG genannten Kapitalgesellschaften mit Geschäftsleitung und Sitz im Inland, wenn sie sich verpflichten, ihren ganzen Gewinn an ein anderes inländisches gewerbliches Unternehmen i.S. des § 14 KStG abzuführen. Weitere Voraussetzungen nach § 17 KStG (Abschn. 64 KStR) sind, daß

- daß die Gesellschafterversammlungen der beherrschten und der herrschenden Gesellschaft dem Vertrag zustimmen und seine Eintragung in das Handelsregister der herrschenden Gesellschaft erfolgt,

- der Zustimmungsbeschluß der Gesellschafterversammlung der beherrschten Gesellschaft notariell beurkundet wird,

- eine Verlustübernahme entsprechend den Vorschriften des § 302 AktG vereinbart wird und

- die Abführung von Erträgen aus der Auflösung von freien vorvertraglichen Rücklagen ausgeschlossen wird.

6. Körperschaftsteuer-Tarif

Die Körperschaftsteuer beträgt 50 % - ab 1994: 45 % - (Normalsteuersatz) des zu versteuernden Einkommens (Tarifbelastung, § 23 Abs. 1 KStG); für ausgeschüttete Gewinne mindert sich die Körperschaftsteuer auf 36 % - ab 1994: 30 % (Ausschüttungsbelastung, § 27 Abs. 1 KStG).

Das Standortsicherungsgesetz (StandOG) brachte eine **Absenkung der Körperschaftsteuersätze** von 50 v.H. für thesaurierte Gewinne auf 45 v.H. und von 36 v.H. auf 30 v.H. für ausgeschüttete Gewinne. Die neuen Körperschaftsteuersätze gelten in der Regel ab Veranlagungszeitraum 1994.

Es wird demnach zwischen

- der Tarifbelastung und
- der Ausschüttungsbelastung

unterschieden.

Die Tarifbelastung des zu versteuernden Einkommens der Gesellschaft entsteht durch Anwendung der Tarifvorschriften ohne Rücksicht darauf, ob das nach der Steuerzahlung verbleibende Einkommen thesauriert oder ausgeschüttet werden soll. Der ausgeschüttete Gewinn wird aber seit dem VZ 1994 stets mit 30 % belastet. Es ist daher die Ausschüttungsbelastung rechnerisch aus der Tarifbelastung des ausgeschütteten Gewinns abzuleiten. (Siehe auch Abschnitt 7.)

Zur exakten Anrechnung der Körperschaftsteuer ist die Änderung der Körperschaftsteuer durch vorgenommene Ausschüttungen festzustellen (§ 27 KStG).

Wird also verwendbares Eigenkapital ausgeschüttet, so tritt bei der steuerpflichtigen Körperschaft eine Minderung der Körperschaftsteuer dadurch ein, daß das zur Ausschüttung verwendete Eigenkapital auf die Ausschüttungsbelastung von 30 % reduziert wird; es wird also die Körperschaftsteuer um die Differenz von Tarifbelastung und Auschüttungsbelastung vermindert (vgl. Abschn. 77 KStR).

Die Belastungsänderung wird als Bruchteil des ausgeschütteten Gewinns ausgedrückt:

a) Tarifbelastung 50 %
Ausschüttungsbelastung 36 %
Körperschaftsteuerminderung bezogen auf die Ausschüttung:

$$\frac{(50-36)}{64} = \frac{14}{64} = \frac{7}{32}$$ des ausgeschütteten Gewinns im Jahr der Ausschüttung (§ 23 Abs. 8 KStG).

b) Tarifbelastung 45 %
Ausschüttungsbelastung 30 %
Körperschaftsteuerminderung bezogen auf die Ausschüttung:

$$\frac{45-30}{70} = \frac{15}{70} = \frac{3}{14}$$ = des ausgeschütteten Gewinns im Jahr der Ausschüttung

Beispiel a): - Tarifbelastung a)

Gewinn vor Körperschaftsteuer		100 DM
./.	Körperschaftsteuer-Normalsatz 50 %	50 DM
=	verwendbares Eigenkapital	50 DM
+	Körperschaftsteuer-Minderung bei Ausschüttung 7/25 von 50 DM oder 7/32 von 64 DM	14 DM
=	Bardividende (höchstmögliche Ausschüttung)	64 DM
+	Anspruch auf Steuerguthaben 9/16 von 64 DM	36 DM
=	Bruttodividende	100 DM

Beispiel b): - Tarifbelastung b)

Gewinn vor Körperschaftsteuer		100 DM
./.	Körperschaftsteuer-Normalsatz 45 %	45 DM
=	verwendbares Eigenkapital	55 DM
+	Körperschaftsteuer-Minderung bei Ausschüttung 3/11 von 55 DM oder 3/14 von 70 DM	15 DM
=	Bardividende (höchstmögliche Ausschüttung)	70 DM
+	Anspruch auf Steuerguthaben 3/7 von 70 DM	30 DM
=	Bruttodividende	100 DM

Die Körperschaftsteuer ändert sich für den Veranlagungszeitraum, in dem das Wirtschaftsjahr endet, für das die Ausschüttung erfolgt, wenn die Ausschüttung auf einem den gesellschaftsrechtlichen Vorschriften entsprechenden Beschluß beruht.

In den übrigen Fällen ändert sich die Körperschaftsteuer für den Veranlagungszeitraum, in dem das Wirtschaftsjahr endet, in das die Ausschüttung fällt (§ 27 Abs. 3 KStG).

Beispiel: Das zu versteuernde Einkommen einer AG im Veranlagungszeitraum 1994 beträgt 800.000 DM; die Gewinnausschüttung wird auf 400.000 DM beschlossen.

Der maßgebende Steuersatz beträgt 45 v.H. (§ 23 Abs. 1 KStG).

Berechnung der Körperschaftsteuer-Schuld:

Körperschaftsteuer nach § 23 Abs. 1 KStG 45 % von 800.000 DM (Tarifbelastung)	360.000 DM
Minderung der Körperschaftsteuer nach § 27 KStG (45 % - 30 %) = 15 % 3/14 von 400.000 DM	85.715 DM
Festzusetzende Körperschaftsteuer	274.285 DM

6.1 Freibetrag für bestimmte Körperschaften

Für bestimmte Körperschaften, die nicht regelmäßig Gewinn ausschütten, wurde ein Freibetrag eingeführt (§ 24 KStG). Vom Einkommen der unbeschränkt steuerpflichtigen Körperschaften ist ein Freibetrag von 7.500 DM, höchstens jedoch in Höhe des Einkommens, abzuziehen.

6.2 Freibetrag für Erwerbs- und Wirtschaftsgenossenschaften

Für unbeschränkt steuerpflichtige Erwerbs- und Wirtschaftsgenossenschaften sowie unbeschränkt steuerpflichtige Vereine, deren Tätigkeit sich auf den Betrieb der Land- und Forstwirtschaft beschränkt, gilt, daß bei Vorliegen bestimmter Voraussetzungen ein Freibetrag von 30.000 DM, höchstens jedoch ein Betrag bis zur Höhe des Einkommens, im Veranlagungszeitraum der Gründung und in den folgenden neun Veranlagungszeiträumen vom Einkommen abzuziehen ist (§ 25 KStG).

7. Anrechnungsverfahren

7.1 Grundkonzeption

Die Doppelbelastung der Ausschüttungen von Körperschaften mit Körperschaft- und Einkommensteuer wird dadurch vollständig vermieden, daß bei den Beziehern der Ausschüttungen eine Anrechnung der von der Körperschaft gezahlten Körperschaftsteuer bei der Einkommensteuer erfolgt (§ 36 Abs. 2 Nr. 3 EStG).

Die Anrechnung wird auch bei solchen Anteilseignern effektiv, bei denen der Anrechnungsbetrag die Einkommensteuerschuld für das gesamte Einkommen übersteigt (bei Beziehern kleiner Einkommen).

Der Anrechnungsbetrag ist Teil der Gesamtausschüttung; daraus folgt die Gleichung

Bardividende	+	Anrechnungsbetrag =	Bruttodividende
70 %		(Steuergutschrift) 30 %	100 %

Beispiel:

Ausgezahlte Dividende		75,00 DM
+	einbehaltene Kapitalertragsteuer	25,00 DM
=	Bardividende (70 %)	100,00 DM
+	Anrechnungsbetrag (Steuerguthaben) 30/70 = 3/7 der Bardividende	42,85 DM
=	Bruttodividende	142,85 DM

Für den Anteilseigner zählen 142,85 DM zu den Einkünften aus der Beteiligung (Einkünfte aus Kapitalvermögen).

Auf die Einkommensteuer werden gemäß § 36 Abs. 2 Nr. 3 EStG 3/7 der Einnahmen i.S. des § 20 Abs. 1 Nr. 1 EStG - in unserem Beispiel 42,85 DM - angerechnet.

Die Anwendung des Anrechnungsverfahrens setzt voraus, daß die auf ausgeschütteten Gewinnen lastende Körperschaftsteuer gleich hoch ist (Ausschüttungsbelastung von 30 %). Dagegen bleiben die nicht ausgeschütteten Gewinne für die Zeit ihrer Thesaurierung mit der tariflichen Körperschaftsteuer nach § 23 KStG belastet.

Das Anrechnungsverfahren vollzieht sich auf der Stufe der Gesellschaft nach den §§ 27 bis 47 KStG. Die Beseitigung der Körperschaftsteuer-Belastung der ausgeschütteten Gewinne bei der Einkommensbesteuerung der Anteilseigner erfolgt durch eine Anrechnung auf die Einkommensteuerschuld in der Art einer Vorauszahlung (§ 36 Abs. 2 Nr. 3 EStG); außerdem wird die von der Körperschaft auf Gewinnausschüttung einbehaltene Kapitalertragsteuer (§§ 43, 43a, 36 Abs. 2 Nr. 2 EStG) angerechnet.

Das Anrechnungsverfahren ist auf die Gewinnausschüttung der unbeschränkt steuerpflichtigen Kapitalgesellschaften beschränkt (§§ 27, 43 KStG); es ist bei allen Formen der Gewinnausschüttung, also auch bei einer verdeckten Gewinnausschüttung, anzuwenden (§ 27 Abs. 3 KStG).

Anrechnungsberechtigte Gesellschafter sind
- alle unbeschränkt Einkommensteuerpflichtigen (§ 36 Abs. 2 Nr. 3, § 50 Abs. 5 EStG) und
- alle unbeschränkt steuerpflichtigen Körperschaften (§ 49 KStG).

Nicht anrechnungsberechtigt sind
- ausländische Anteilseigner,
- die beschränkt steuerpflichtigen Körperschaften des öffentlichen Rechts und
- die von der KSt befreiten Körperschaften (§ 50 Abs. 2 § 51 KStG).

Beispiel:

Steuerpflichtiges Einkommen einer GmbH im VZ 1994:	150.000 DM
Steuersatz:	45 %
Ausschüttung an den Alleingesellschafter:	höchstmöglicher Ausschüttungsbetrag
Werbungskosten und Sonderausgaben des Gesellschafters:	5.000 DM

(1) Besteuerung auf der Stufe der Gesellschaft

Steuerpflichtiges Einkommen	150.000 DM		
Tarifbelastung § 23 KStG = 45 %	= 67.500 DM		
		vEK 45 =	82.500 DM
Herstellung der Ausschüttungsbelastung von 30 %:			
15 % KSt-Minderung 3/11 von vEK 45			22.500 DM
Barausschüttung			105.000 DM
25 % KapErtrSt		./.	26.250 DM
auszuzahlender Betrag			78.750 DM

(2) Besteuerung auf der Stufe des Gesellschafters

Einnahmen i.S. § 20 Abs. 1 Nr. 1 EStG (Barausschüttung)		105.000 DM
Einnahmen i.S. § 20 Abs. 1 Nr. 3 EStG (Steuergutschrift) = 3/7 v. 105.000 =	+	45.000 DM
Einnahmen aus Kapitalvermögen		150.000 DM
Sparer-Freibetrag/Werbungskosten/Sonderausgaben	./.	5.000 DM
zu versteuerndes Einkommen		145.000 DM
./. Einkommensteuer		?
Anrechnung der KSt	+	45.000 DM
Anrechnung der KapErtrSt	+	26.250 DM
Steuererstattung		?

Stammen die Ausschüttungen aus steuerfreien Einnahmen, so muß die Körperschaftsteuer auf das Niveau der Ausschüttungsbelastung von 30 % angehoben werden.

Beispiel: Eine GmbH will ihre steuerfreien Einnahmen in Höhe von 50.000 DM im VZ 1994 an ihre Anteilseigner ausschütten.

Die Tarifbelastung von 0 % muß auf die Ausschüttungsbelastung angehoben werden:
30 % KSt-Erhöhung von 50.000 DM =15.000 DM,
Barausschüttung also 35.000 DM

7.2 Verwendbares Eigenkapital

Die zweite Größe zur Ermittlung der Entlastung der ausgeschütteten Gewinne von der Körperschaftsteuer ist neben den vorgenommenen Gewinnausschüttungen die Herkunft der Gewinnausschüttungen und ihre Belastung mit Körperschaftsteuer vor der Ausschüttung (= verwendbares Eigenkapital).

7.2.1 Für die Ausschüttung verwendbares Eigenkapital

Eigenkapital i.S. des § 29 Abs. 1 KStG ist der Unterschiedsbetrag zwischen dem auf der Aktivseite und dem auf der Passivseite der Steuerbilanz ausgewiesenen Betriebsvermögen, das sich ohne Änderung der Körperschaftsteuer nach § 27 KStG ergeben würde.

Das Eigenkapital ist zum Schluß jedes Wirtschaftsjahres

- in das für Ausschüttungen verwendbare (verwendbares Eigenkapital) und
- in das übrige Eigenkapital

aufzuteilen (§ 29 Abs. 2 KStG, vgl. Abschn. 79, 80 KStR).

Das verwendbare Eigenkapital ist der das Nennkapital übersteigende Teil des Eigenkapitals, der sich zum Schluß des letzten vor dem Gewinnverteilungsbeschluß (Gewinnausschüttung) abgelaufenen Wirtschaftsjahres ergibt.

Beispiel:

Betriebsvermögen laut Aktivseite	2.000.000 DM
Betriebsvermögen laut Passivseite	700.000 DM
= Eigenkapital	1.300.000 DM
Nennkapital	1.000.000 DM
= verwendbares Eigenkapital	300.000 DM

Enthält das Nennkapital Beträge, die ihm durch Umwandlung von Rücklagen zugeführt worden sind, so gehört dieser Teil des Nennkapitals zu dem verwendbaren Eigenkapital, sofern die Rücklagen aus dem Gewinn eines nach dem 31.12.1976 abgelaufenen Wirtschaftsjahres gebildet worden sind (§ 29 Abs. 3 KStG).

Verwendbares Eigenkapital ist demnach der Betrag, der der Kapitalgesellschaft für Ausschüttungen zur Verfügung steht.

In einer besonderen Rechnung - der Eigenkapitalrechnung - wird festgestellt, welche Beträge der Kapitalgesellschaft am Ende des letzten Wirtschaftsjahres für Ausschüttungen zur Verfügung stehen und welche Körperschaftsteuer gezahlt worden ist.

Beispiel nach Abschn. 79 KStR:

Das Einkommen einer Kapitalgesellschaft beträgt im Veranlagungszeitraum 1994 300.000 DM. Im folgenden Jahr wird eine Gewinnausschüttung für das im Veranlagungszeitraum endende Wirtschaftsjahr in Höhe von 80.000 DM beschlossen und durchgeführt.

Die Körperschaftsteuerschuld beläuft sich auf 45 v.H. von 300.000 DM	135.000 DM
Körperschaftsteuer-Minderung (15/70 = 3/14) von 80.000 DM	- 17.143 DM
In der Steuerbilanz zum Schluß des Wirtschaftsjahrs zu berücksichtigende Steuerschuld (Vorauszahlungen waren nicht festgesetzt)	117.857 DM
Eigenkapitalzugang in der Steuerbilanz (300.000 DM - 117.857 DM)	182.143 DM
Ermittlung des Zugangs zum verwendbaren Eigenkapital am Schluß des Wirtschaftsjahrs:	
Einkommen	300.000 DM
45 v.H. Körperschaftsteuer (Tarifbelastung)	- 135.000 DM
Zugang zu dem ungemildert mit Körperschaftsteuer belasteten Teilbetrag	165.000 DM

Der Unterschied zwischen dem Eigenkapital in der Steuerbilanz (182.143) und in der Gliederungsrechnung (165.000 DM) entspricht der Minderung der Körperschaftsteuer von 17.143 DM. Diese Abweichung ergibt sich aus § 29 Abs. 1 Satz 1 KStG.

Der Kapitalgesellschaft stehen am Ende des letzten Wirtschaftsjahres für Ausschüttungen zur Verfügung

- die in den Vorjahren in Rücklagen eingestellten Gewinne und
- der laufende Gewinn des letzten Jahres nach Abzug der KSt nach den allgemeinen Tarifvorschriften.

7.2.2 Gliederung des verwendbaren Eigenkapitals

Das verwendbare Eigenkapital ist nach § 30 KStG zum Schluß jedes Wirtschaftsjahrs entsprechend seiner Tarifbelastung zu gliedern (Abschn. 82, 82 a und 83 KStR). In dieser Gliederung sind getrennt auszuweisen

- Einkommensteile, die nach dem 31.12.1993 der Körperschaftsteuer ungemildert unterliegen (45 %),
- Einkommensteile, die nach dem 31.12.1993 ermäßigter Körperschaftsteuer unterliegen (30 %),
- Vermögensmehrungen, die der Körperschaftsteuer nicht unterliegen oder die das Eigenkapital in vor dem 1.1.1977 abgelaufenen Wirtschaftsjahren erhöht haben; dieser Teilbetrag ist zu unterteilen in
  - Eigenkapitalanteile, die in nach dem 31.12.1976 abgelaufenen Wirtschaftsjahren aus ausländischen Einkünften entstanden sind,
  - sonstige Vermögensmehrungen, die der Körperschaftsteuer nicht unterliegen und nicht unter Nummern 3 oder 4 einzuordnen sind,
  - verwendbares Eigenkapital, das bis zum Ende des letzten vor dem 1.1.1977 abgelaufenen Wirtschaftsjahrs entstanden ist,
  - Einlagen der Anteilseigner, die das Eigenkapital in nach dem 31.12.1976 abgelaufenen Wirtschaftsjahren erhöht haben.

Beispiel:

Verwendbares Eigenkapital (§ 30 KStG) 300.000 DM

- Einkommensteile mit dem Normalsatz (45 %) 135.000 DM
- Einkommensteile mit dem ermäßigten Satz (30 %) 90.000 DM
- nicht der Körperschaftsteuer unterliegende Vermögensmehrungen 45.000 DM

Der zuletzt genannte Posten soll sich zusammensetzen aus

- ausländischen Einkünften 20.000 DM
- verwendbarem Eigenkapital aus vor dem 1.1.1977 abgelaufenen Wirtschaftsjahren 25.000 DM

Diese Eigenkapitalrechnung ist also notwendig, um detailliert festzuhalten, mit wieviel Körperschaftsteuer das für Ausschüttungen zur Verfügung stehende verwendbare Eigenkapital im Laufe der Zeit, in der es angesammelt wurde, nach den allgemeinen Tarifvorschriften, die für nicht ausgeschüttete Gewinne gelten, belastet wurde.

Übersicht der **Gliederung des verwendbaren Eigenkapitals** siehe nächste Seite.

Gliederung des verwendbaren Eigenkapitals

Eigenkapital (EK)
(§ 29 Abs. 1 KStG)

- verwendbares EK (§ 29 Abs. 2 und 3 KStG)
- übriges EK (§ 29 Abs. 2 Satz 1 KStG)

Gliederung nach seiner Tarifbelastung (§ 30 KStG)

in

→ Einkommensteile, die nach dem 31.12.1993 der KSt ungemildert unterliegen, (EK_{45}) (§ 30 Abs. 1 Nr. 1 KStG)

→ Einkommensteile, die nach dem 31.12.1993 ermäßigter KSt unterliegen (EK_{30}) (§ 30 Abs. 1 Nr. 2 KStG)

Vermögensmehrungen, die der KSt nicht unterliegen oder die das Eigenkapital der Kapitalgesellschaft in vor dem 1.1.1977 abgelaufenen Wirtschaftsjahren erhöht haben (EK_{0})

(§ 30 Abs. 1 Nr. 3 KStG)

das sind

§ 30 Abs. 2 KStG

Nr. 1

→ Eigenkapitalteile, die in nach dem 31.12.1976 abgelaufenen Wirtschaftsjahr aus ausländischen Einkünften entstanden sind (EK_{01})

Nr. 2

→ Sonstige Vermögensmehrungen, die der KSt nicht unterliegen und nicht unter Nr. 3 oder 4 einzuordnen sind (EK_{02})

Nr. 3

→ Verwendbares Eigenkapital, das bis zum Ende des letzten vor dem 1.1.1977 abgelaufenen Wirtschaftsjahres entstanden ist (EK_{03})

Nr. 4

→ Einlagen der Anteilseigner, die das Eigenkapital in nach dem 31.12.1976 abgelaufenen Wirtschaftsjahr erhöht haben (EK_{04})

7.2.3 Zu- und Abgänge zum Eigenkapital (= Fortschreibung)

In § 30 Abs. 1 Satz 2 KStG wird ein Gliederungszusammenhang postuliert, der besagt, daß die einzelnen Teilbeträge jeweils aus der Gliederung für das vorangegangene Wirtschaftsjahr abzuleiten sind.

Von dem Anfangsbestand eines Teilbetrages sind daher die Beträge abzuziehen, die für eine Gewinnausschüttung oder für eine sonstige Leistung i.S. des § 41 KStG als verwendet gelten; andererseits sind die Zugänge hinzuzurechnen, die sich im Laufe des Wirtschaftsjahres ergeben haben (Abschn. 82 Abs. 2 KStR).

Aus der Steuerbilanz läßt sich das verwendbare Eigenkapital nur insgesamt ermitteln. Die Gliederung stellt eine von der Gewinnermittlung zu unterscheidende Sonderrechnung dar als Grundlage für das Herstellen der Ausschüttungsbelastung (Abschn. 82 Abs. 1 KStR).

Die Zugänge und Abgänge zum verwendbaren Eigenkapital sind nach § 30 Abs. 1 KStG aus dem Einkommen der Körperschaft abzuleiten (Abschn. 82, 82a, 83 KStR).

Die Zugänge aus dem Einkommen zu den Teilbeträgen des verwendbaren Eigenkapitals sind Nettobeträge:
Einkommen
- Körperschaftsteuer
- sonstige nichtabzugsfähige Ausgaben.

Nicht mit Körperschaftsteuer belastete Zugänge entstehen

- aus der Einkommensermittlung ursächlich (sachliche Steuerbefreiungen) oder sind
- nicht dem Einkommen zuzurechnen (Einlagen).

Abgänge treten ein bei offenen und verdeckten Gewinnausschüttungen, die eine Gleichbehandlung erfahren.

Für die zeitliche Verrechnung der Ausschüttungen mit verwendbarem Eigenkapital regelt § 28 Abs. 2 KStG:

- Bei offener Gewinnausschüttung erfolgt die Verringerung des verwendbaren Eigenkapitals am letzten Bilanzstichtag vor dem Gewinnverteilungsbeschluß.

- Andere Ausschüttungen (Vorabausschüttungen, verdeckte Gewinnausschüttungen) sind mit dem verwendbaren Eigenkapital zum Schluß des Wirtschaftsjahres, in dem die Ausschüttung erfolgt, zu verrechnen.

Gewinnausschüttungen sind auch dann mit dem verwendbaren Eigenkapital zum Schluß des letzten vor dem Gewinnverteilungsbeschluß abgelaufenen Wirtschaftsjahres zu verrechnen, wenn der Beschluß ein früheres als das vorangegangene Wirtschaftsjahr betrifft (Abschn. 78 Abs. 1 KStR).

Das bedeutet, daß die (offene) Gewinnausschüttung in 1995 aufgrund eines gesellschaftsrechtlichen Gewinnverteilungsbeschlusses für 1994 in der Gliederung zum 31.12.1994 zu berücksichtigen ist.

Andere Ausschüttungen in 1995 werden in der Gliederung zum 31.12.1995 verrechnet.

Die Minderung oder Erhöhung der Körperschaftsteuer tritt bei offener Gewinnausschüttung für den Veranlagungszeitraum ein, für den die Ausschüttung gilt, bei verdeckter Gewinnausschüttung in dem Veranlagungszeitraum, in den die Ausschüttung fällt (§ 27 Abs. 3 KStG).

Nach Abschn. 78 Abs. 2 KStR sind Gewinnausschüttungen, die auf einem den gesellschaftsrechtlichen Vorschriften entsprechenden Gewinnverteilungsbeschlusses für abgelaufene Wirtschaftsjahre, die im laufenden Wirtschaftsjahr und sonstige Leistungen im zuletzt abgelaufenen Wirtschaftsjahr sind in einer Summe mit dem verwendbaren Eigenkapital zum Schluß des zuletzt abgelaufenen Wirtschaftsjahrs zu verrechnen.

Die sich daraus ergebende Änderung der Körperschaftsteuer ist entsprechend dem Verhältnis der Ausschüttungen auf die nach § 27 Abs. 3 KStG in Betracht kommenden Veranlagungszeiträume aufzuteilen.

Beispiel: Eine Kapitalgesellschaft mit einem dem Kalenderjahr entsprechenden Wirtschaftsjahr nimmt im Jahr 03 sowohl eine Gewinnausschüttung für das Jahr 01 als auch eine Gewinnausschüttung 02 vor. Beide Ausschüttungen beruhen auf Gewinnverteilungsbeschlüssen, die den gesellschaftsrechtlichen Vorschriften entsprechen. Außerdem hat die Kapitalgesellschaft im Jahr 02 eine verdeckte Gewinnausschüttung vorgenommen. Alle drei Ausschüttungen sind in einer Summe mit dem verwendbaren Eigenkapital zum 31.12.02 zu verrechnen.

Zur Frage, aus welchem Eigenkapitalteil die Gewinnausschüttung zu entnehmen ist, gilt die Verwendungsfiktion, die besagt, daß die Teilbeträge in der Reihenfolge als für die Ausschüttung Verwendung gelten, in der die KSt-Belastung abnimmt.

Da der KSt-Minderungsbetrag als mitausgeschüttet gilt, mindert sich das verwendbare Eigenkapital nur um die Bardividende abzüglich KSt-Minderungsbetrag.

7.3 Herstellung der Ausschüttungsbelastung

Das Anrechnungsverfahren bedingt eine gleichmäßige Belastung der Gewinnausschüttung mit der Ausschüttungsbelastung von 30 %; diese muß aus der Tarifbelastung des für die Gewinnausschüttung verwendbaren Eigenkapitals hergestellt werden.

Der zeitliche Zusammenhang zwischen Gewinnerzielung und Ausschüttung ist ohne Bedeutung.

Bei der Herstellung der Ausschüttungsbelastung lassen sich aus dem Gesetz folgende Kriterien ableiten:

- Die Ausschüttungsbelastung ist aus der Tarifbelastung (inländische KSt) abzuleiten (§ 27 Abs. 1 und 2 KStG).
- Änderung der KSt (§ 27 Abs. 3 KStG)
  - bei offener Gewinnausschüttung für den Veranlagungszeitraum, in dem das Wirtschaftsjahr endet, für das die Ausschüttung erfolgt
  - bei anderen Ausschüttungen für den Veranlagungszeitraum, in dem das Wirtschaftsjahr endet, in das die Ausschüttung fällt.
- Für die Ausschüttung ist das verwendbare Eigenkapital zum Schluß des letzten vor dem Gewinnverwendungsbeschluß abgelaufenen Wirtschaftsjahres maßgeblich (§ 28 Abs 2 KStG).
- Als für eine Ausschüttung verwendet gelten die mit KSt belasteten Teilbeträge in der Reihenfolge, in der die Belastung abnimmt (§ 28 Abs. 3 KStG).
- Der Betrag der KSt-Minderung gilt auch als für die Ausschüttung verwendet (§ 28 Abs. 4 KStG).

7.3.1 Herstellung der Ausschüttungsbelastung bei ungemildert zu besteuerndem Einkommen

Ungemildert zu besteuerndes Einkommen ist um 45 % KSt zu mindern, so daß 45 % des Einkommens für Ausschüttungen verwendbares Eigenkapital darstellen (= EK 45).

Bei Gewinnausschüttung ermäßigt sich der Steuersatz auf 30 %, so daß eine KSt-Minderung von 15 % eintritt.

Die KSt-Minderung beträgt somit

- auf die Barausschüttung $\frac{15}{70} = \frac{3}{14}$ der Barausschüttung
- auf das verwendbare Eigenkapital $\frac{15}{55} = \frac{3}{11}$ des verwendbaren Eigenkapitals.

Beispiel:

EK 55	200.000 DM
Ausschüttung	160.000 DM
KSt-Minderung auf die Barausschüttung = 3/14 x 160.000 DM	34.285 DM
Verwendung EK 55 (11/14 x 160.000 DM)	125.715 DM
KSt-Minderung bezogen auf EK 55 (3/11 x 125.715 DM)	34.285 DM

7.3.2 Herstellung der Ausschüttungsbelastung bei steuerfreien Vermögensmehrungen

Ausschüttungen von verwendbarem Eigenkapital mit einer Tarifbelastung von 0 % erfordern eine KSt-Erhöhung von 30 % zur Anhebung auf die Ausschüttungsbelastung von 30 %.

Die KSt-Erhöhung auf die Barausschüttung beträgt $\frac{30}{70} = \frac{3}{7}$ der Barausschüttung; auf das verwendbare Eigenkapital bezogen $\frac{30}{100} = \frac{3}{10}$ des EK 0.

Beispiel:

EK 0	300.000 DM
Ausschüttung	160.000 DM
KSt-Erhöhung auf die Barausschüttung	= 68.571 DM
$= \frac{3}{7} \cdot 160.000$ DM	
Verwendung EK 0	
(= 160.000 DM + 68.571 DM)	= 228.571 DM
KSt-Erhöhung bezogen auf EK 0	= 68.571 DM
$= \frac{3}{10} \cdot 228.571$ DM	

7.3.3 Multiplikatoren für die Berechnung von Körperschaftsteueränderungen

Bei der Erläuterung der Herstellung der Ausschüttungsbelastung hat sich gezeigt, daß aus der Barausschüttung oder dem verwendbaren Eigenkapital die Körperschaftsteueränderungen zu ermitteln sind.

In der betrieblichen Realität sind zahlreiche Fälle denkbar, daß aus gegebenen Größen andere abhängige Größen zu ermitteln sind, u.a.

- aus der Ausschüttung von EK die KSt-Änderung,
- aus einem bestimmten Gewinn die höchstmögliche Ausschüttung,
- aus vorhandenem EK 45 die höchstmögliche Ausschüttung,
- für die Ausschüttung verwendetes Eigenkapital.

Alle Größen, die im Anrechnungsverfahren vorkommen, stehen in einem bestimmten Verhältnis zueinander, so daß sich Multiplikatoren für alle denkbaren Fragestellungen in diesem Zusammenhang ermitteln lassen.

7.3.3.1 Grundrechenschema zur Darstellung des Anrechnungsverfahrens

(1) Bei der Kapitalgesellschaft

Gewinn vor Steuern		100	
45 % KSt (Tarifbelastung)	./.	45	§ 23 Abs. 1 KStG
verwendbares EK 50 (verbleibt für Ausschüttungen)		55	§ 29 KStG
KSt-Minderung 15 % (45 % ./. 30 %)	+	15	§§ 27 Abs. 1, 28 Abs. 3 KStG
Bardividende (Barausschüttung)		70	

(2) Beim Anteilseigner

Bardividende		70	§ 20 Abs. 1 Nr. 1 EStG
KapErtrSt 25 %	./.	17,50	§§ 43, 43a Abs. 1 Nr. 1 EStG
vorläufige Nettodividende		52,50	
anrechenbare KSt (3/7)	+	30	§ 20 Abs. 1 Nr. 3 EStG
einbehaltene KapErtrSt		17,50	
Bruttodividende		100	
Einkommensteuer (z.B. 40 %)	./.	40	
Nettodividende		60	

Aus diesem Grundschema lassen sich die verschiedenen Beziehungen ableiten, die für die Gewinnausschüttung, Ermittlung der Körperschaftsteuerschuld, Gliederung des Eigenkapitals und Veranlagung zur Körperschaftsteuer wichtig sind:

Multiplikatoren bei Tarifbelastung von 50 % und Ausschüttungsbelastung von 36 %

Bekannte Größen	Gesuchte Größen	Multiplikatoren
• Bardividende = 64	Steuerminderung	$\frac{14}{64} = \frac{7}{32}$
• Bardividende = 64	Verwendung von EK 50	$\frac{50}{64} = \frac{25}{32}$
• Verwendbares EK 50 = 50	Steuerminderung	$\frac{14}{50} = \frac{7}{25}$
• Verwendbares EK 50 = 50	Höchstmögliche Bardividende	$\frac{64}{50} = \frac{32}{25}$

Multiplikatoren bei Tarifbelastung von 0 % und Ausschüttungsbelastung von 36 %

• Bardividende	= 64	Steuererhöhung	$\frac{36}{64} = \frac{9}{16}$
• Bardividende	= 64	Verwendung von EK 0	$\frac{100}{64} = \frac{25}{16}$
• Verwendbares EK 0	= 100	Steuererhöhung	$\frac{36}{100} = \frac{9}{25}$
• Verwendbares EK 0	= 100	Höchstmögliche Bardividende	$\frac{64}{100} = \frac{16}{25}$

Multiplikatoren bei Tarifbelastung von 45 % und Ausschüttungsbelastung von 30 %

Bekannte Größen		Gesuchte Größen	Multiplikatoren
• Bardividende	= 70	Steuerminderung	$\frac{15}{70} = \frac{3}{14}$
• Bardividende	= 70	Verwendung von EK 55	$\frac{55}{70} = \frac{11}{14}$
• Verwendbares EK 55	= 55	Steuerminderung	$\frac{15}{55} = \frac{3}{11}$
• Verwendbares EK 55	= 55	Höchstmögliche Bardividende	$\frac{70}{55} = \frac{14}{11}$

Multiplikatoren bei Tarifbelastung von 0 % und Ausschüttungsbelastung von 30 %

• Bardividende	= 70	Steuererhöhung	$\frac{30}{70} = \frac{3}{7}$
• Bardividende	= 70	Verwendung von EK 0	$\frac{100}{70} = \frac{10}{7}$
• Verwendbares EK 0	= 100	Steuererhöhung	$\frac{30}{100} = \frac{3}{10}$
• Verwendbares EK 0	= 100	Höchstmögliche Bardividende	$\frac{70}{100} = \frac{7}{10}$

7.3.3.2 Anwendungsbeispiele

(1) Steuerpflichtiges Einkommen einer Kapitalgesellschaft für 1994 600.000 DM; Ausschüttung lt. Gesellschafterbeschluß mit Durchführung in 1995 für 1994 240.000 DM (= Bardividende).

Tarifbelastung = 45 % von 600.000 DM	270.000 DM
KSt-Minderung $= \frac{3}{14}$ von 240.000 DM	51.429 DM
KSt-Schuld	218.571 DM
Für die Ausschüttung verwendetes EK 45 $= \frac{11}{14}$ von 240.000 DM	188.571 DM
Bardividende (Barausschüttung) $= \frac{14}{11}$ von 188.571 DM	240.000 DM

Höchstmögliche Dividende, wenn außer dem Gewinn kein vEK zur Verfügung steht:

Steuerpflichtiger Gewinn	600.000 DM
Tarifbelastung 45 %	270.000 DM
Zugang EK 45	330.000 DM
Höchstmögliche Bardividende $= \frac{14}{11}$ von 330.000 DM	420.000 DM

Probe:	Steuerpflichtiger Gewinn	600.000 DM
	30 % Ausschüttungsbelastung	180.000 DM
	Bardividende	420.000 DM

(2) Eine Kapitalgesellschaft erzielt einen Gewinn von 120.000 DM aus steuerfreien Einkünften.

a) Der gesamte Gewinn soll ausgeschüttet werden:

Steuerfreie Vermögensmehrung	120.000 DM
Tarifbelastung	0 DM
Verwendbares EK 02	120.000 DM
KSt-Erhöhung $= \frac{3}{10}$ von 120.000 DM	36.000 DM
Bardividende $= \frac{7}{10}$ von 120.000 DM	84.000 DM

b) Die Ausschüttung soll nur 50.000 DM betragen:

Verwendbares EK 02		120.000 DM
KSt-Erhöhung	$= \frac{3}{10}$ von 50.000 DM	15.000 DM
Bardividende		50.000 DM
Verbleibendes verwendbares EK 02		55.000 DM

c) Höchstmögliche Bardividende:

$= \frac{7}{10}$ von 120.000 DM (= vEK 02)	84.000 DM

Probe:

Verwendbares EK 02		120.000 DM
KSt-Erhöhung	$= \frac{3}{7}$ von 84.000 DM	36.000 DM
Bardividende	$= \frac{7}{10}$ von 120.000 DM	84.000 DM
Verbleibendes verwendbares EK 02		0 DM

7.4 Aufteilung ermäßigt belasteter Eigenkapitalteile

Ermäßigt belastete Eigenkapitalteile sind, soweit sie nicht durch einen besonderen Steuersatz ermäßigt sind, in folgender Weise aufzuteilen (§ 32 KStG, Abschn. 87 KStR):

- Ein Eigenkapitalteil, dessen Tarifbelastung niedriger ist als die Ausschüttungsbelastung, in einen in der Höhe der Ausschüttungsbelastung belasteten Teilbetrag und in einen nicht mit Körperschaftsteuer belasteten Teilbetrag.
- Den Eigenkapitalteil, dessen Tarifbelastung höher ist als die Ausschüttungsbelastung, in einen in Höhe der Ausschüttungsbelastung belasteten Teilbetrag und einen ungemildert mit Körperschaftsteuer belasteten Teilbetrag.

Die belasteten Teilbeträge sind aus der Tarifbelastung der aufzuteilenden Eigenkapitalteile abzuleiten; sie gelten wie folgt entstanden:

- Der in Höhe der Ausschüttungsbelastung belastete Teilbetrag als aus Einkommensteilen, die nach dem 31. Dezember 1993 einer Körperschaftsteuer von 30 % unterliegen.
- Der ungemildert mit Körperschaftsteuer belastete Teilbetrag als aus Einkommensteilen, die nach dem 31. Dezember 1993 ungemildert der Körperschaftsteuer unterliegen.
- Der nicht mit Körperschaftsteuer belastete Teilbetrag als aus Vermögensmehrungen, die der Körperschaftsteuer nicht unterliegen.

Soweit sie nicht durch einen besonderen Steuersatz ermäßigt sind, werden sie also nach § 32 KStG nur in drei Teilbeträge des verwendbaren Eigenkapitals gegliedert, und zwar

- ungemildert mit 45 % KSt,
- in Höhe der Ausschüttungsbelastung mit 30 % und
- nicht belastet.

Die ermäßigt belasteten Teilbeträge des verwendbaren Eigenkapitals sind auf diese drei Teilbeträge aufzuteilen:

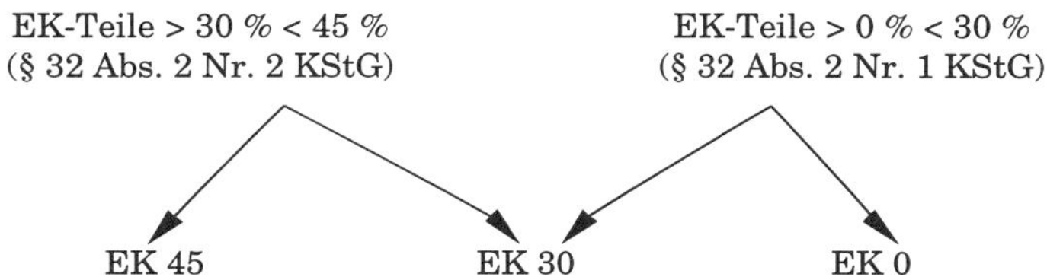

7.4.1 Ermittlung des Vomhundertsatzes der Tarifbelastung ermäßigt belasteter Eigenkapitalteile

Wie dargestellt, hat die Einordnung immer in zwei Belastungskategorien zu erfolgen. Die Aufteilung eines ermäßigt belasteten Eigenkapitals setzt allerdings die Kenntnis des Vomhundertsatzes der Tarifbelastung dieses Eigenkapitalteils voraus (Abschn. 86 KStR).

Beispiel: Zu versteuerndes Einkommen einer Körperschaft von 200.000 DM unterliegt dem Steuersatz von 45 %. Im Veranlagungszeitraum wurden Leistungen nach § 14 des 3. VermBG sowie nach §§ 16, 17 BerlinFG erbracht, die zu einer Ermäßigung der KSt von insgesamt 40.000 DM geführt haben.

• Belastung mit KSt (§ 23 Abs. 1 KStG)		
45 % von 200.000 DM	=	90.000 DM
KSt-Ermäßigung (s.o.)	./.	40.000 DM
= Tarifbelastung (St)	=	50.000 DM
• Einkommen		200.000 DM
zu zahlende KSt	./.	50.000 DM
= aufzuteilendes verwendbares Eigenkapital ($vEK_{(A)}$)	=	150.000 DM

- Ermittlung der Tarifbelastung des $vEK_{(A)}$:

$$\% = \frac{50.000 \cdot 100}{200.000} = 25\ \%$$

$$\text{Tarifbelastung des } vEK_{(A)} \text{ in } \% = \frac{St \times 100}{vEK_{(A)} + St}$$

Die Tarifbelastung liegt mit 25 % unter der Ausschüttungsbelastung von 30 %, so daß das ermäßigt belastete verwendbare Eigenkapital aufzuteilen ist in

- einen mit 30 % belasteten Teilbetrag (EK 36) und
- einen nicht belasteten Teilbetrag (EK 0) (§ 32 Abs. 2 Nr. 1 KStG, Abschn. 87 KStR).

7.4.2 Aufteilung ermäßigt belasteter Eigenkapitalteile

- Für die Aufteilung bei einer Tarifbelastung unter 30 kann eine Formel verwendet werden, die sich folgendermaßen ableiten läßt:
  Der mit 30 % belastete Teilbetrag kann unmittelbar aus der Tarifbelastung des aufzuteilenden Eigenkapitalteils errechnet werden; er beträgt $\frac{70}{30} = \frac{7}{3}$ bezogen auf die KSt, also

  $$\text{EK } 30 = \frac{7}{3} \cdot \text{St; daraus folgt}$$

  $$\text{EK } 0 = \text{EK ./. EK } 30.$$

  Anwendung auf das obengenannte Beispiel:

  $$\text{EK } 30 = \frac{7}{3} \cdot 60.000$$
  $$= 140.000$$
  $$\text{EK } 0 = 150.000 \text{ ./. } 140.000$$
  $$= 10.000 \text{ (= EK 02)}$$

- Übersteigt die Tarifbelastung 30 %, wird der ermäßigt besteuerte Einkommensteil (E) zerlegt in
  - einen Teil, der mit 45 % (E 45) und
  - einen Teil, der mit 30 % (E 30) der KSt

  unterliegt.

Für die Aufteilung werden folgende Formeln eingesetzt (Abschn. 87 Abs. 3 KStR):

Tarifbelastung des aufzuteilenden Eigenkapitals
St = E 45 x 0,5 + E 30 x 0,30
Der Einkommensteil E 45 läßt sich durch E ./. E 30 ausdrücken.

Von den errechneten beiden Teilen (E 30 und E 45) sind die entsprechenden Körperschaftsteuerbeträge abzuziehen. Die verbleibenden Beträge stellen den Zugang zu den Teilbeträgen des verwendbaren Eigenkapitals dar (Abschn. 87 Abs. 3 Nr. 2 KStR).

Beispiel: Der obengenannte Sachverhalt wird in der Weise abgewandelt, daß die Steuerermäßigung nur 15.000 DM ausmacht. Damit ändert sich die absolute Tarifbelastung (St) auf 75.000 DM; das aufzuteilende verwendbare Eigenkapital beträgt 125.000 DM.

Die Zugänge zu dem ungemildert belasteten Teilbetrag und zu dem mit 30 % belasteten Teilbetrag können nach folgenden vereinfachten Formeln ermittelt werden:

Zugang EK 30	= Summe der Steuerermäßigungen x 14/3
	= 15.000 DM x 14/3
	= 70.000 DM
Zugang EK 45	= Aufzuteilender Eigenkapitalteil ./. Zugang EK 30
	= 125.000 ./. 70.000 DM
	= 55.000 DM

7.5 Einordnung nichtabziehbarer Ausgaben bei der Gliederung des verwendbaren Eigenkapitals

Zur Berechnung der Teile des verwendbaren Eigenkapitals (§ 30 KStG) sind die bei der Ermittlung des Einkommens nicht abziehbaren Ausgaben für nach dem 31. Dezember 1976 abgelaufenen Wirtschaftsjahre abzuziehen (§ 31 KStG, Abschn. 84 KStR), und zwar

- die Körperschaftsteuererhöhung von dem Teilbetrag, auf den sie entfällt,
- ermäßigte Körperschaftsteuer von dem Einkommensteil, der ihr unterliegt,
- ausländische Steuer von den ihr unterliegenden ausländischen Einkünften,
- sonstige nichtabziehbare Ausgaben von den Einkommensteilen, die nach dem 31. Dezember 1993 ungemildert der Körperschaftsteuer unterliegen.

Beispiel:

Vermögensteuer	20.000 DM
1/2 Aufsichtsrats-Vergütung	60.000 DM
Nichtabziehbare Ausgaben	80.000 DM

Besteht kein ausreichendes EK 45 für den Abzug der nichtabziehbaren Ausgaben, so ist der Abzug von den übrigen mit KSt ermäßigt belasteten Eigenkapitalteilen vorzunehmen, und zwar in der Reihenfolge, in der die Belastung abnimmt (§ 31 Abs. 2 KStG Abschn. 84 KStR).

• Sachverhalt (Beispiel nach Abschn. 84 KStR)

Die Gliederung des verwendbaren Eigenkapitals weist zum Schluß des am 31.12.01 endenden Wirtschaftsjahrs die folgenden Teilbeträge aus:

Ungemildert belasteter Teilbetrag (EK45)	2.000 DM
Mit 30 v.H. belasteter Teilbetrag (EK 30)	10.000 DM
Aus ausländischen Einkünften entstandener, nicht mit Körperschaftsteuer belasteter Teilbetrag (EK 01)	5.000 DM

Zugänge aus dem Einkommen nach Abzug der tariflichen Körperschaftsteuer, aber vor Abzug der sonstigen nichtabziehbaren Ausgaben im Veranlagungszeitraum 02:

Zugang zum EK 45	50.000 DM
Zugang zum EK 30	200.000 DM
Zugang zum EK 01	80.000 DM
Vermögensteuer des Jahres 02	180.000 DM

• Zuordnung der nichtabziehbaren Ausgaben

	DM	EK 45 DM	EK 30 DM	EK 01 DM
a) Bestand 31.12.01		2.000	10.000	5.000
b) Zugänge aus dem Einkommen (vor Abzug der Vermögensteuer)		+ 50.000	+ 200.000	+ 80.000
c) Sonstige nichtabziehbare Ausgaben i.S. des § 31 Abs. 1 Nr. 4 KStG	180.000			
aa) Abzug vom EK 45 gem. § 31 Abs. 1 Nr. 4 KStG	- 52.000	52.000		
bb) Abzug des Restbetrags vom EK 30 gem. § 31 Abs. 2 Satz 1 KStG	128.000		- 128.000	
d) Bestand 31.12.02 (nach der Zuordnung der nichtabziehbaren Ausgaben)		0	82.000	85.000

Soweit die nichtabziehbaren Ausgaben im Sinne des § 31 Abs. 1 Nr. 4 KStG die mit Körperschaftsteuer belasteten Teilbeträge des verwendbaren Eigenkapitals übersteigen, ist ein entsprechender Negativbetrag auf das folgende Wirtschaftsjahr vorzutragen. In diesem Wirtschaftsjahr ist der Negativbetrag vorrangig mit den Zugängen zu dem Teilbetrag im Sinne des § 30 Abs.1 Nr. 1 KStG und nach dessen Verbrauch mit dem Teilbetrag im Sinne des § 30 Abs. 1 Nr. 2 KStG zu verrechnen (Abschn. 84 Abs. 2 KStR).

Nach Absatz 2 werden nichtabziehbare Ausgaben im Sinne des § 31 Abs. 1 Nr. 4 KStG soweit sie die mit KSt belasteten Teilbeträge des verwendbaren Eigenkapitals übersteigen mit einem entsprechenden Negativbetrag auf das folgende Wirtschaftsjahr vorgetragen.

Bei Erstattung sonstiger nichtabziehbarer Ausgaben im Sinne des § 31 Abs. 1 Nr. 4 KStG ist der Erstattungsbetrag in der Eigenkapitalgliederung zum Schluß des Jahres der wirtschaftlichen Zugehörigkeit entsprechend der Behandlung in der Steuerbilanz nach dem Grundgedanken des § 31 KStG dem Teilbetrag des verwendbaren Eigenkapitals hinzuzurechnen, der durch diese Ausgaben verringert worden war (Abschn. 34 Abs. 4 KStR)

Werden die nicht abziehbaren Ausgaben nur zu einem Teil erstattet, ist der Erstattungsbetrag den durch die Ausgaben verringerten Teilbeträgen in der Reihenfolge zuzurechnen, in der ihre Belastung mit KSt zunimmt (Abschn. 84 Abs. 4 KStR).

- **Sachverhalt**

Das verwendbare Eigenkapital einer Kapitalgesellschaft zum 31.12.02 hat sich wie folgt entwickelt:

	DM	EK 45 DM	EK 30 DM
a) Bestand 31.12.01		15.000	40.000
b) Zugang aus dem Einkommen 02		+ 8.000	+ 11.000
		23.000	51.000
c) Vermögensteuer 02	26.000		
aa) Abzug vom EK 45 gemäß § 31 Abs. 1 Nr. 4 KStG	- 23.000	- 23.000	
bb) Abzug des Restbetrags vom EK 30 gemäß § 31 Abs. 2 Satz 1 KStG	- 3.000		- 3.000
d) Bestand 31.12.02		0	48.000

Im Jahr 03 erzielt die Kapitalgesellschaft ein ungemildert der Körperschaftsteuer unterliegendes Einkommen in Höhe von 50.000 DM. Die sonstigen nichtabziehbaren Ausgaben im Sinne des § 31 Abs. 1 Nr. 4 KStG setzen sich wie folgt zusammen:

Vermögensteuer 03	20.000 DM
Vermögensteuer-Erstattung 02	- 7.000 DM
	13.000 DM

Gewinnausschüttungen wurden für beide Jahre nicht vorgenommen.

- **Gliederung des verwendbaren Eigenkapitals zum 31.12.03**

	EK 45 DM	EK 30 DM
a) Bestand 31.12.02	0	48.000
b) Zugang aus dem Einkommen 03 (50.000 DM abzüglich 45 v.H. Körperschaftsteuer)	+ 27.500	
c) Erstattung der sonstigen nichtabziehbaren Ausgaben des Vorjahres	+ 4.000	+ 3.000
d) Abzug der Vermögensteuer 03	- 20.000	
e) Bestand 31.12.03	11.500	51.000

Nach Abs. 2 werden nichtabziehbare Ausgaben im Sinne des § 31 Abs. 1 Nr. 4 KStG soweit sie die mit KSt belasteten Teilbeträge des verwendbaren Eigenkapitals übersteigen mit einem entsprechenden Negativbetrag auf das folgende Wirtschaftsjahr vorgetragen.

Bei Erstattungen sonstiger nichtabziehbarer Ausgaben im Sinne des § 31 Abs. 1 Nr. 4 KStG (z.B. Vermögensteuer), ist der Erstattungsbetrag in der Eigenkapitalgliederung zum Schluß des Jahres der wirtschaftlichen Zugehörigkeit entsprechend der Behandlung in der Steuerbilanz nach dem Grundgedanken des § 31 KStG dem Teilbetrag des verwendbaren Eigenkapitals hinzuzurechnen, der durch diese Ausgaben verringert worden war. Werden die nichtabziehbaren Ausgaben nur zu einem Teil erstattet, ist der Erstattungsbetrag den durch die Ausgaben verringerten Teilbeträgen in der Reihenfolge zuzurechnen, in der ihre Belastung mit Körperschaftsteuer zunimmt. Entsprechendes gilt, wenn eine Rückstellung für die nichtabziehbaren Ausgaben gewinnerhöhend aufgelöst wird.

7.5.1 Berücksichtigung der sonstigen nichtabziehbaren Ausgaben bei der Aufteilung

Nach Abschn. 88 KStR gilt für die Zuordnung der sonstigen nichtabziehbaren Ausgaben im Sinne des § 31 Abs. 1 Nr. 4 KStG folgende Regelung: Welchem Eigenkapital diese Ausgaben zuzuordnen sind, kann von dem Ergebnis der Aufteilung nach § 32 Abs. 4 KStG abhängen.

Deshalb sind diese Ausgaben stets erst nach der Aufteilung nach Maßgabe des § 31KStG abzuziehen. Dies bedeutet, daß die nichtabziehbaren Ausgaben im Sinne des § 31 Abs. 1 Nr. 4 KStG in dem aufzuteilenden Betrag enthalten sind.

Beispiel 1: Tarifbelastung über 30 v.H.

Zu versteuerndes Einkommen	370.000 DM
Darin enthaltene Vermögensteuer	33.000 DM

Körperschaftsteuer (45 v.H.)	166.500 DM
Ermäßigung nach § 16 BerlinFG+)	- 30.000 DM
Tarifbelastung	136.500 DM

Die Tarifbelastung beträgt $\frac{136.500 \times 100}{370.000}$ = 36,9 v.H. des zu versteuernden Einkommens.

Der ermäßigt belastete Eigenkapitalanteil ist nach einer der in Abschnitt 87 Abs. 3 dargestellten Formel in einen mit 45 v.H. Körperschaftsteuer belasteten und in einen mit 30 v.H. belasteten Teilbetrag aufzuteilen. Die Vermögensteuer ist nach § 31 Abs. 1 Nr. 4 KStG von der Summe der Einkommensteile abzuziehen, die mit 45 v.H. der Körperschaftsteuer unterlegen haben. Als aus diesen Einkommensteilen entstanden gilt nach § 32 Abs. 4 KStG auch der durch die Aufteilung ermittelte mit 45 v.H. belastete Teilbetrag.

Für die Fälle, in denen die Einkommensteile, die mit 45 v.H. der Körperschaftsteuer unterlegen haben, nicht ausreichen, vgl. § 31 Abs. 2 KStG.

Beispiel 2: Tarifbelastung unter 30 v.H.

Bestand des verwendbaren Eigenkapitals zum Schluß des vorangegangenen Wirtschaftsjahres = 0 DM.

Zu versteuerndes Einkommen im laufenden Jahr	150.000 DM
Darin enthaltene Vermögensteuer	90.000 DM

Körperschaftsteuer (45 v.H.)	67.500 DM
Ermäßigung nach § 17 Berlin FG+)	- 30.000 DM
Tarifbelastung	37.500 DM

Die Tarifbelastung beträgt $\frac{37.500 \times 100}{150.000}$ = 25,0 v.H. des zu versteuernden Einkommens.

Der ermäßigt belastete Eigenkapitalanteil ist nach der in Abschnitt 87 Abs. 2 dargestellten Formel in einen mit 30 v.H. Körperschaftsteuer belasteten und in einen nicht mit Körperschaftsteuer belasteten Betrag aufzuteilen. Der durch die Aufteilung ermittelte, mit 30 v.H. belastete Betrag stellt den ermäßigt besteuerten Einkommensteil dar, der nach Abzug der ermäßigten Körperschaftsteuer, aber vor Abzug der nichtabziehbaren Ausgaben im Sinne des § 31 Abs. 1 Nr. 4 KStG verbleibt. Ist kein in früheren Wirtschaftsjahren entstandener ungemilderter belasteter Eigenkapitalanteil vorhanden (vgl. Abschnitt 84 Abs. 1), ist die Vermögensteuer von den mit 30 v.H. besteuerten Einkommensteilen abzuziehen.

+) mittlerweile ausgelaufen

Zugänge zu den Teilbeträgen des verwendbaren Eigenkapitals

		EK 45	EK 30	EK 02
	DM	DM	DM	DM
a) Anfangsbestand		0	0	0
b) Ermäßigt belastetes Einkommen	150.000			
Tarifbelastung	- 37.500			
Aufzuteilender Eigenkapitalanteil	112.500			
Davon Zugang zum EK 30; 70/30 = 7/3 x 37.500 DM	87.500		+ 87.500	
Restbetrag = Zugang zum EK 02	25.000			25.000
c) Abzug der Vermögensteuer			- 87.500	
aa) Abzug zunächst vom EK 30				
bb) Der den Bestand beim EK 30 übersteigende Betrag ist als Negativbetrag beim EK 45 vorzutragen (vgl. Abschn. 84 Abs. 2 KStR)		- 2.500		
d) Bestand nach Zuordnung der sonstigen nichtabziehbaren Ausgaben		- 2.500	0	25.000

11 12 13 14

7.6 Verluste und verwendbares Eigenkapital

Verluste mindern das verwendbare Eigenkapital in dem Wirtschaftsjahr, in dem sie entstanden sind. Die Ermäßigung der KSt tritt in dem Veranlagungszeitraum ein, in dem der Verlust das Einkommen mindert.

§ 33 KStG regelt die Zuordnung des Verlusts im Entstehungsjahr zum EK 02. Weist dieser Kapitalteil keinen Bestand aus, führt der Verlust zu einem negativen Wert. Der Ausgleich ist durch eine Hinzurechnung vorzunehmen, soweit Verluste im Vorjahr als Verlustrücktrag oder in späteren Jahren als Verlustvortrag bei der Ermittlung des Einkommens abgezogen werden (§ 33 Abs. 2 und 3 KStG). Wichtig ist, daß die Regelung des § 31 KStG über die Behandlung der nichtabziehbaren Ausgaben im Rahmen der

Gliederung des verwendbaren Eigenkapitals weiter zu beachten ist, d.h. die den Verlust erhöhenden nichtabziehbaren Aufwendungen sind vom Verlust abzusetzen und dem ungemildert belasteten Eigenkapital zuzuordnen.

In Abschn. 89 KStR wird die **Gliederung des verwendbaren Eigenkapitals bei Verlusten** detailliert erläutert:

(1) Die Vorschrift des § 33 Abs. 1 KStG, wonach die sich nach den steuerrechtlichen Vorschriften über die Gewinnermittlung ergeben haben, in der Gliederung zum Schluß des Verlustjahres bei dem nichtbelasteten Teilbetrag im Sinne des § 30 Abs. 2 Nr. 2 KStG abzuziehen sind, ist auch anzuwenden, wenn durch den Abzug ein negativer Teilbetrag entsteht.

(2) Da sich durch einen Verlustrücktrag nach § 10d EStG das Einkommen des Abzugsjahrs mindert, ändert sich auch die Gliederung des verwendbaren Eigenkapitals zum Schluß des betreffenden Wirtschaftsjahres. Die Zugänge zu den mit Körperschaftsteuer belasteten Teilbeträgen sind entsprechend den Auswirkungen des Verlustrücktrags auf die Einkommensteile neu zu berechnen. Der nichtbelastete Teilbetrag im Sinne des § 30 Abs. 2 Nr. 2 KStG ist nach § 33 Abs. 2 Satz 1 KStG zu erhöhen.

(3) Durch den Verlustrücktrag verringert sich die Körperschaftsteuer für das Abzugsjahr. Entsprechend der Behandlung in der Handels- und Steuerbilanz erhöht aber die zu erstattende Körperschaftsteuer das verwendbare Eigenkapital erst in der Gliederung zum Schluß des Wirtschaftjahres, in dem der Verlust entstanden ist. In der Gliederung des verwendbaren Eigenkapitals zum Schluß des in dem Abzugsjahr endenden Wirtschaftsjahres ist die Körperschaftsteuer in der Höhe abzusetzen, wie sie sich ohne den Verlustrücktrag ergibt. Die nach dem Verlustrücktrag verbleibende Tarifbelastung verringert hierbei die Zugänge zu dem belasteten Eigenkapital. Die auf Grund des Verlustrücktrags zu erstattende Körperschaftsteuer ist von dem Teilbetrag im Sinne des § 30 Abs. 2 Nr. 2 KStG abzusetzen. Durch den Verlustrücktrag ändert sich somit die Höhe des verwendbaren Eigenkapitals nicht. Im Verlustjahr erhöht die zu erstattende Körperschaftsteuer den Teilbetrag im Sinne des § 30 Abs. 2 Nr. 2 KStG.

(4) Die Auswirkungen eines Verlustes auf die Gliederung des verwendbaren Eigenkapitals zeigt das folgende Beispiel (Abschn. 89 KStR):

1. Sachverhalt

Einkommen des Jahres 01		100.000 DM
Für das Jahr 01 erfolgt eine Gewinnausschüttung.		
Einkommen des Jahres 02		40.000 DM
Im Jahr 03 beschlossene und durchgeführte Gewinnausschüttung für das Jahr 02		16.000 DM
Steuerlicher Verlust im Jahr 03		- 148.000 DM
Vermögensteuer in den Jahren 02 und 03	je	1.000 DM

2. Verlustrücktrag

a) in das Jahr 01 Der Verlustrücktrag ist möglich bis zur Höhe des Einkommens			100.000 DM
b) in das Jahr 02 (Begrenzung nach § 8 Abs. 5 KStG; vgl. dazu Abschnitt 89a) Nach dem Verlustrücktrag in das Jahr 01 noch nicht verrechneter Verlust (148.000 DM - 100.000 DM)			48.000 DM
Einkommen des Jahres 02		40.000 DM	
Ausschüttung für das Jahr 02	16.000 DM		
Ausschüttungsbelastung (3/7 von 16.000 DM)	+ 6.857 DM	- 22.857 DM	
Höchstzulässiger Verlustrücktrag für das Jahr 02 (§ 8 Abs. 5 KStG)		17.143 DM	- 17.143 DM
Verbleibender vortragsfähiger Verlust			30.857 DM

3. Verringerung der Körperschaftsteuer aufgrund des Verlustrücktrags

Die Körperschaftsteuer des Jahres 01 verringert sich um 45 v.H. von 100.000 DM und die des Jahres	45.000 DM
02 um 45 v.H. von 17.143 DM	7.715 DM

4. Gliederung des verwendbaren Eigenkapitals vor Verlustrücktrag

	DM	EK 45 DM	EK 02 DM
a) Einkommen des Jahres 01	100.000		
Körperschaftsteuer 45 v.H.	- 45.000		
	55.000	55.000	
b) Bestand 31.12.01		55.000	0
c) Einkommen des Jahres 02	40.000		
Körperschaftsteuer 45 v.H.	- 18.000	+ 22.000	
	22.000		
d) Sonstige nichtabziehbare Ausgaben des Jahres 02		- 1.000	
e) Bestand 31.12.02		76.000	0
Nachrichtlich:			
Gewinnausschüttung im Jahr 03 für das Jahr 02	16.000		
Dafür Verwendung von EK 45 (55/70 = 11/14 von 16.000 DM)	- 12.571	- 12.571	
Körperschaftsteuer-Minderung	3.429	-	

5. Geänderte Gliederung des verwendbaren Eigenkapitals nach Verlustrücktrag

	DM	EK 45 DM	EK 45 DM
a) Einkommen des Jahres 01	100.000		
Durch den Verlustrücktrag steuerfrei gestelltes Einkommen	- 100.000		+ 100.000
Zu versteuern	0		
b) Wegen des Verlustrücktrags vom EK 02 abzuziehende Körperschaftsteuer (45. v.H. von 100.000 DM; vgl. Abs. 3)			- 45.000
c) Bestand 31.12.01		0	55.000
d) Einkommen des Jahres 02	40.000		
Durch den Verlustrücktrag steuerfrei gestelltes Einkommen	- 17.143		+ 17.143
Zu versteuern	22.857		
Körperschaftsteuer 45 v.H.	- 10.285	+ 12.572	
	12.572		
e) Wegen des Verlustrücktrags vom EK 02 abzuziehende Körperschaftsteuer (vgl. Abs. 3):			
Körperschaftsteuer vor Verlustrücktrag	18.000		
Körperschaftsteuer nach Verlustrücktrag	- 10.285		
Erstattungsanspruch	7.715		- 7.715
f) Sonstige nichtabziehbare Ausgaben des Jahres 02		- 1.000	
g) Bestand 31.12.02		11.572	64.428

6. Gliederung des verwendbaren Eigenkapitals zum 31.12.03 unter Berücksichtigung der Gewinnausschüttung für das Jahr 02 und des im Jahr 03 entstandenen Verlustes

		EK 45	EK 45
	DM	DM	DM
a) Bestand 31.12.02		11.572	64.428
b) Abgang durch Gewinnausschüttung für das Jahr 02: Gewinnausschüttung	16.000		
Dafür Verwendung von EK 45 (55/70 = 11/14 von 16.000 DM); § 28 Abs. 3, § 33 Abs. 2 KStG)	- 12.572	- 12.572	
Körperschaftsteuer-Minderung (15/70 = 3/14 von 16.000 DM)	3.428	-	
c) Steuerlicher Verlust des Jahres 03			- 148.000
d) Anspruch auf Körperschaftsteuer-Erstattung wegen des Verlustrücktrags in die Jahre 01 und 02			+ 64.428
e) Sonstige nichtabziehbare Ausgaben		- 1.000	
f) Bestand 31.12.03		- 2.000	- 19.144
g) Übersteigende nichtabziehbare Ausgaben im Sinne des § 31 Abs. 2 Satz 2 KStG (vgl. Abschnitt 84 Abs. 2 KStR)	2.000		

Verluste, die lediglich im Rahmen des § 2 a Abs. 1, § 15 Abs. 4 oder des § 15a EStG verrechnet werden dürfen, sind ebenfalls als Verluste im Sinne des § 33 KStG zu behandeln. Wegen der Zuordnung der ausländischen Steuer vom Einkommen in den Fällen des § 2a Abs. 1 EStG vgl. Abschnitt 88a Abs 1 Nr. 5 KStR.

Wie leicht erkennbar bereitet der Verlustabzug große Schwierigkeiten, da neben den Veranlagungen für die Vergangenheit auch die Eigenkapitalgliederung für zurückliegende Zeiträume berichtigt werden.

Deshalb sieht das StandOG zur Vereinfachung ein Wahlrecht vor: Es kann ganz oder teilweise auf den Verlustrücktrag verzichtet und stattdessen nicht verbrauchte Verlust auf künftige Veranlagungszeiträume vorgetragen werden.

7.7 Fehlendes verwendbares Eigenkapital

Im Falle, daß für eine Gewinnausschüttung das verwendbare Eigenkapital nicht ausreicht, erhöht sich nach § 35 KStG die Körperschaftsteuer um 3/7 des Unterschiedsbetrags. Dieser zuzüglich des darauf entfallenen Betrages der Körperschaftsteuererhöhung sind in den folgenden Wirtschaftsjahren bei der Ermittlung des Teilbetrags vEK 02 jeweils von den neu entstandenen sonstigen Vermögensmehrungen abzuziehen (§ 35 Abs. 2 KStG).

Bei der Berechnung ist nach Abschn. 90a KStR auf die einzelnen Teilbeträge des verwendbaren Eigenkapitals und nicht auf deren Summe abzustellen.

Daraus folgt, daß die KSt nicht zu erhöhen ist, soweit die positiven Teilbeträge des verwendbaren Eigenkapitals für die Gewinnausschüttung ausreichen.

Das in Abschn. 90a KStR dargestellte Beispiel gibt dazu die notwendige Instruktion:

Beispiel:

		Summe des				
vEK	EK 45	EK 02	EK 03	EK 04		
	DM	DM	DM	DM	DM	DM
1. Bestand **vor** Abzug der vGA		- 15.000	25.000	-	- 50.000	1.000
2. vGA	50.000					
Dafür gelten als verwendet: a) das gesamte EK 45	- 25.000	- 25.000	- 25.000			
Körperschaftsteuer-Minderung daraus (15/55 = 3/11 von 25.000 DM)	- 6.819	-	-			
b) das gesamte EK 04	- 10.000	- 10.000			- 10.000	
	8.000					
c) EK 02 gemäß § 35 KStG	- 8.181	- 8.181	- 8.181			
	0					
Körperschaftsteuer-Erhöhung daraus (30/70 = 3/7 von 8.181 DM		- 3.506	- 3.506			
3. Bestand nach Abzug der vGA		- 61.687	- 11.687	0	- 50.000	0

7.8 Anrechnungsverfahren auf der Stufe der Anteilseigner

Das Anrechnungsverfahren bei der Körperschaft hat ein Korrelat im Anrechnungsverfahren beim Anteilseigner, da die von der Körperschaft gezahlte KSt in voller Höhe auf die ESt bzw. KSt angerechnet wird. Damit wird die Zweifachbelastung ausgeschütteter Gewinne beseitigt.

Aus dieser Zwecksetzung ergibt sich, daß die Anrechnung oder Vergütung von KSt ausgeschlossen ist, wenn Gewinnanteile beim Anteilseigner nicht der inländischen ESt bzw. KSt unterliegen.

7.8.1 Kreis der anrechnungsberechtigten Anteilseigner

Alle unbeschränkt steuerpflichtigen Personen, die zur ESt veranlagt werden (§ 36 Abs. 2 Nr. 3 EStG) und alle unbeschränkt steuerpflichtigen Körperschaften (§ 49 KStG) sind anrechnungsberechtigt.

Nicht anrechnungsberechtigt sind

- ausländische Anteilseigner, die im Inland nur beschränkt steuerpflichtig sind (§ 51, § 50 Abs. 1, § 49 Abs. 1 KStG),
- von der KSt befreite Körperschaften (§ 51 KStG)
- inländische Körperschaften des öffentlichen Rechts, die beschränkt steuerpflichtig sind (§ 2 Nr. 2 KStG).

7.8.2 Anrechnungsverfahren

Die inländische KSt einer unbeschränkt steuerpflichtigen Körperschaft wird dem Anteilseigner in Höhe von $\frac{3}{7}$ der Einnahmen i.S. des § 20 Abs. 1 Nr. 1 oder 2 EStG als Einnahme aus Kapitalvermögen zugerechnet und in dieser Höhe als Vorauszahlung auf die ESt angerechnet (§ 20 Abs. 1 Nr. 3, § 36 Abs. 2 Nr. 3 EStG).

Beispiel: Ein Anteilseigner erhält von einer inländischen Kapitalgesellschaft eine Bardividende von 70.000 DM; weitere Einkünfte werden nicht unterstellt. Seine persönlichen Steuerabzugsbeträge werden mit 10.000 DM (Werbungskosten, Sonderausgaben) angenommen.

Einkommensteuerliche Erfassung:	
Einnahmen i.S. des § 20 Abs. 1 Nr. 1 EStG	70.000 DM
Einnahmen i.S. des § 20 Abs. 1 Nr. 3 EStG	
$= \frac{3}{7}$ von 70.000 DM	30.000 DM
Einnahmen aus Kapitalvermögen	100.000 DM
persönliche Steuerabzugsbeträge	10.000 DM
zu versteuerndes Einkommen	90.000 DM
Daraus ergibt sich eine ESt von	36.978 DM
anrechenbare KapErtrSt (§ 36 Abs. 2 Nr. 2 EStG)	17.500 DM
anzurechnende KSt (§ 36 Abs. 2 Nr. 3 EStG)	30.000 DM
ESt-Erstattung	10.522 DM

8. Steuerbescheinigungen für anzurechnende Körperschaftsteuer

Für die Anrechnung der Körperschaftsteuer auf die Einkommensteuer bzw. Körperschaftsteuer des Anteilseigners ist materiell-rechtliche Voraussetzung die Vorlage einer Bescheinigung nach §§ 44, 45 und 46 KStG. Der Anteilseigner hat Anspruch auf Anrechnung der Körperschaftsteuer in Höhe von 3/7 der Einnahmen i.S. des § 20 Abs. 1 Nrn. 1 und 2 EStG. Der Inhalt der nach den §§ 44 und 45 KStG zu erteilenden Bescheinigung entspricht im wesentlichen dem Inhalt der Bescheinigung über die Kapitalertragsteuer (vgl. § 45a Abs. 2 und 3 EStG). Die Bescheinigungen über die anrechenbare Körperschaftsteuer und die anrechenbare Kapitalertragsteuer sind daher auf einem Formular zusammenzufassen (Steuerbescheinigung).

8.1 Bescheinigung der ausschüttenden Körperschaft

Die ausschüttende unbeschränkt steuerpflichtige Körperschaft ist verpflichtet, ihren Anteilseignern auf Verlangen die folgenden Angaben nach amtlich vorgeschriebenem Muster zu bescheinigen (§ 44 KStG)

- Name und Anschrift des Anteilseigners
- Höhe der Leistungen
- Den Zahlungstag
- Den Betrag der nach § 36 Abs. 2 Nr. 3 Satz 1 EStG anrechenbaren Körperschaftsteuer (= 3/7 der Einnahmen s.o.)
- Den Betrag der zu vergütenden Körperschaftsteuer i.S. des § 52 KStG
- Die Höhe des für die Leistungen als verwendet geltenden Eigenkapitals i.S. des § 30 Abs. 2 Nr. 4 KStG, soweit es auf die Anteilseigner entfällt.

8.2 Bescheinigung eines Kreditinstituts

Bei Aktiengesellschaften ist es üblich, die Leistung der Gesellschaft von der Vorlage eines Dividendenscheins abhängig zu machen, und wird sie für Rechnung der Körperschaft durch ein inländisches Kreditinstitut erbracht, so hat dieses eine Bescheinigung mit den in § 44 Abs. 1 Nr. 1 bis 5 KStG bezeichneten Angaben nach amtlich vorgeschriebenem Muster zu erteilen. Um zu gewährleisten, daß eine Bescheinigung nicht doppelt erteilt wird, hat der Anteilseigner der Körperschaft, von der er eine Bescheinigung verlangt, den Nachweis zu führen, daß das Kreditinstitut keine Bescheinigung erteilt hat.

8.3 Bescheinigung eines Notars

Im Falle der Veräußerung eines Dividendenscheins besteht die Gefahr, daß eine doppelte Bescheinigung ausgestellt werden könnte. Um dies auszuschalten, besteht die Sonderregelung, daß die erstmalige Veräußerung eines Dividendenscheins von dem Anteilseigner nur durch eine Bescheinigung eines inländischen Notars nachgewiesen werden kann.

Eine solche Bescheinigung muß enthalten

- Namen und Anschrift des Veräußerers des Dividendenscheins
- Bezeichnung des Wertpapiers und des Emittenten sowie die Nummer des Dividendenscheins
- Tag der Veräußerung
- Veräußerungspreis
- Bestätigung, daß der Dividendenschein in Gegenwart des Notars von dem Bogen, der die Dividendenscheine und den Erneuerungsschein zusammenfaßt, getrennt und als veräußert gekennzeichnet worden ist.

9. Entstehung, Veranlagung, Erhebung und Vergütung

Die Entstehung der Körperschaftsteuer (§ 48 KStG) erfolgt

- für Steuerabzugsbeträge in dem Zeitpunkt, in dem die steuerpflichtigen Einkünfte zufließen,
- für Vorauszahlungen mit Beginn des Kalendervierteljahrs, in dem die Vorauszahlungen zu entrichten sind, oder, wenn die Steuerpflicht erst im Laufe des Kalenderjahrs begründet wird, mit Begründung der Steuerpflicht,
- für die veranlagte Steuer mit Ablauf des Veranlagungszeitraums, so weit nicht die Steuer nach den vorgenannten Regelungen schon früher entstanden ist.

Auf die Veranlagung zur Körperschaftsteuer sowie auf die Anrechnung, Entrichtung und Vergütung der Körperschaftsteuer sind die Vorschriften sinngemäß anzuwenden, die für die Einkommensteuer gelten, soweit das KStG nicht etwas anderes bestimmt (§ 49 KStG).

Für den Steuerabzug vom Kapitalertrag gelten Sondervorschriften (§ 50 KStG); danach ist die Körperschaftsteuer für Einkünfte, die dem Steuerabzug unterliegen, durch den Steuerabzug abgegolten,

- wenn die Einkünfte nach § 5 Abs. 2 Nr. 1 KStG von der Steuerbefreiung ausgenommen sind,
- wenn der Bezieher der Einkünfte beschränkt steuerpflichtig ist und die Einkünfte nicht in einem inländischen gewerblichen oder land- oder forstwirtschaftlichen Betrieb angefallen sind oder
- wenn es sich um Kapitalerträge i.S. des § 43 Abs. 1 Nr. 5 EStG handelt.

In den vorgenannten Fällen ist die Körperschaftsteuer nicht abgegolten,

- soweit der Steuerpflichtige wegen der Steuerabzugsbeträge in Anspruch genommen werden kann oder
- soweit die Ausschüttungsbelastung i.S. des § 27 KStG herzustellen ist.

Die Anrechnung und Vergütung der nach § 36 Abs. 2 Nr. 3 EStG anrechenbaren Körperschaftsteuer ist ausgeschlossen (§ 51 KStG),

- wenn bei einem Anteilseigner die Einnahmen i.S. des § 20 Abs. 1 Nrn. 1 bis 3 oder Abs. 2 Nr. 2 Buchstabe a EStG nicht steuerpflichtig sind oder
- wenn sie nach § 50 Abs. 2 Nr. 1 oder 2 KStG bei der Veranlagung nicht erfaßt werden.

Die nach § 52 Abs. 1 KStG nicht anzurechnende Körperschaftsteuer wird an unbeschränkt steuerpflichtige, von der Körperschaftsteuer befreite Anteilseigner, an juristische Personen des öffentlichen Rechts und an Anteilseigner, die nach § 2 Nr. 1 KStG beschränkt körperschaftsteuerpflichtig sind, auf Antrag vergütet, soweit sie sich nach § 27 KStG erhöht, weil Eigenkapital i.S. des § 30 Abs. 2 Nr. 1 oder 3 KStG als für die Ausschüttung oder für die sonstige Leistung verwendet gilt.

Die Vergütung ist an die Voraussetzung geknüpft (§ 52 Abs. 2 KStG), daß der Antragsteller

- die Höhe seiner Einnahmen und die ihm nach § 52 Abs. 1 KStG zu vergütende Körperschaftsteuer durch eine Bescheinigung i.S. des § 44 oder des § 45,
- seine Befreiung von der Körperschaftsteuer durch eine Bescheinigung des Finanzamts,
- den ausländischen Ort seines Sitzes und seiner Geschäftsleitung durch eine Bescheinigung der ausländischen Steuerbehörde nachweist.

	Kontrollfragen	bearbeitet	Lösungshinweis	Lösung +	-
01	Wann liegen unbeschränkte und beschränkte Steuerpflicht i.S. des KStG vor?		111 f.		
02	Charakterisieren Sie kurz die Grundzüge des geltenden Körperschaftsteuerrechts!		111		
03	Welche Korrekturen werden durch die Abweichung des körperschaftsteuerlichen vom einkommensteuerlichen Einkommensbegriff notwendig?		115 f.		
04	Nennen Sie die abziehbaren und nichtabziehbaren Aufwendungen, die bei der Ermittlung des Einkommens von Kapitalgesellschaften zu berücksichtigen sind!		116		
05	Erläutern Sie die Freibetragsregelung für kleinere Körperschaften gem. § 24 KStG!		125		
06	Definieren Sie den Begriff „verdeckte Gewinnausschüttungen". Begründen Sie, warum verdeckte Gewinnausschüttungen möglich sind und nennen Sie Beispiele!		117 f.		
07	Wie werden verdeckte Gewinnausschüttungen mit KSt belastet?		117 f.		
08	Welche KSt-Belastung tritt ein, wenn für verdeckte Gewinnausschüttungen unbelastetes Eigenkapital verwendet wird?		130 ff.		
09	Interpretieren Sie den Begriff „verdeckte Einlage" und begründen Sie ihre Entstehung!		119 f.		
10	Ist auch eine Gewinnausschüttung möglich, wenn verwendbares Eigenkapital fehlt; wenn ja, welche Regelung sieht das KStG für einen solchen Vorgang vor?		132		
11	Welche Dividenden-Begriffe werden unterschieden?		125		
12	Was besagt der Begriff „Verwendungsfiktion"?		132		
13	Welche Kriterien sind für die Herstellung der Ausschüttungsbelastung relevant?		132 f.		
14	Welche Regelung trifft § 27 KStG für die Minderung oder Erhöhung der KSt?		133		
15	Was versteht man unter einer Organschaft und worin besteht ihre körperschaftsteuerliche Relevanz?		121		
16	Welche Voraussetzungen müssen zur steuerlichen Anerkennung einer Organschaft erfüllt sein?		121 f.		
17	Welchen sachlichen Inhalt haben die Begriffe „Eigenkapital" und „verwendbares Eigenkapital" und wie ist das verwendbare Eigenkapital zu gliedern?		127 ff.		

	Kontrollfragen	bearbeitet	Lösungshinweis	Lösung +	Lösung -
18	Gliederung des verwendbaren Eigenkapitals einer Aktiengesellschaft: EK_{50} 220.000 DM; EK_{36} 80.000 DM; EK_{03} 100.000 DM a) Ausschüttung von 100.000 DM Bruttodividende. - Wie hoch ist die Entnahme aus EK50? - Wie hoch ist die KSt-Minderung? b) Welche Bruttodividende kann unter Verwendung des gesamten EK_{50} ausgeschüttet werden? c) Wie hoch ist die höchstmögliche Ausschüttung unter Verwendung des gesamten verwendbaren Eigenkapitals?		129 f.		
19	Erläutern Sie die Regelung für die Einordnung ermäßigt belasteter Eigenkapitalteile.		138 f.		
20	Wie werden nichtabziehbare Aufwendungen bei der Gliederung des verwendbaren Eigenkapitals zugeordnet?		138 f.		
21	Welche Regelung besteht für die Zuordnung von Verlusten zum verwendbaren Eigenkapital?		146		
22	In welcher Weise läuft das Anrechnungsverfahren auf der Stufe der Anteilseigner ab?		152		
23	Wie erfolgt die Anrechnung für ausländische Anteilseigner?		152		
24	Wie erfolgen Veranlagung und Entrichtung der Körperschaftsteuer?		154 ff.		

D. Vermögensteuer und Bewertungsgesetz

Ihrem Wesen nach ist die Vermögensteuer (VSt) wie die Einkommensteuer eine Personensteuer und belastet damit das Vermögen der natürlichen und juristischen Personen; wie bei der Einkommensteuer finden auch bei natürlichen Personen die persönlichen Verhältnisse des Steuerpflichtigen Berücksichtigung.

Während die Ertragsteuern das wirtschaftliche Ergebnis (Gewinn, Überschuß) als Bemessungsgrundlage erfassen, soll die Vermögensteuer das Einkommen aus Vermögensbesitz (fundiertes Einkommen) zusätzlich belasten, wobei das Vermögen nur ihre Bemessungsgrundlage darstellt.

Diese Absicht des Gesetzgebers kann nicht ausschließen, daß auch Vermögen ohne Erträge der Besteuerung unterworfen werden. Die Vermögensteuer ist keine reelle Steuer, die das Vermögen als solches als Steuerquelle erschließen soll, sondern eine „nominelle Vermögensteuer", die nur den Ertrag aus dem Vermögen als Ergänzungssteuer zu den Einkommensteuern belastet.

Die Vermögensteuer wird auch damit gerechtfertigt, daß Vermögen eine größere wirtschaftliche Leistungsfähigkeit impliziert, an die der Fiskus bei der Erzielung von Einnahmen anknüpfen kann. Außerdem fließen Besitzeinkommen auch bei verminderter bzw. nicht mehr gegebener persönlicher Leistungsfähigkeit weiter. Die Bezieher solcher Einkünfte sind nicht wie die Empfänger nichtfundierter Einkommen mit der Bildung von Rücklagen oder dem Abschluß von Versicherungen zur Vorsorge für Krankheit, Unfall, Alter oder Erwerbsunfähigkeit belastet.

Wirft ein Vermögen allerdings keinen Ertrag ab, so muß die Vermögensteuer aus der Substanz geleistet werden und die Rechtfertigung der Erhebung der Vermögensteuer als Ergänzung zur Einkommensteuer ist dann nicht mehr plausibel.

Als weitere Begründung der Erhebung der Vermögensteuer wird ihre Kontroll- und Nachholfunktion genannt.

Eine Kontrollfunktion ist darin zu sehen, daß die Finanzverwaltung durch die Feststellung des Vermögens an bestimmten Stichtagen Rückschlüsse auf den vollständigen Ausweis des steuerpflichtigen Einkommens ziehen kann.

Eine Nachholfunktion kann in der Besteuerung von Einkünften bestehen, die von der Einkommensteuer nicht oder nicht hinreichend belastet werden. Beide Funktionen können aber eine Vermögensteuer dann nicht begründen, wenn keine Notwendigkeit der Kontrolle und des Ausgleichs besteht.

1. Rechtsgrundlagen

- Vermögensteuergesetz vom 14.11.1990 (BGBl. I S. 2467), geändert durch Art. 9 des Gesetzes vom 24. Juni 1991 (BGBl. I S. 1322), zuletzt geändert durch Steueränderungsgesetz vom 25. Februar 1992 (BGBl. I S. 297 v. 28. Februar 1992, ferner Änderungen durch das FKPG vom 23.6.1993, BStBl I S. 944, Standortsicherungsgesetz (StandOG) v. 13.9. 1993 BGBl I S. 2118), Mißbrauchsbekämpfungs- und Steuerbereinigungsgesetz (StMBG) v. 21.12.1993 (BGBl I S. 2310)
- Vermögensteuer-Richtlinien 1993 (VStR 1993) - Allgemeine Verwaltungsvorschrift zur Vermögensteuer v. 30.11.1993 (BStBl I - Sondernummer 2/1993)
- Bewertungsgesetz vom 1.2.1991 (BGBl. I S. 230), geändert durch Art. 8 d. Gesetzes vom 24. Juni 1991, zuletzt geändert durch Steueränderungsgesetz 1992
- BewDV vom 2.2.1935 (RStBl. S. 189) zuletzt geändert durch Steueränderungsgesetz 1992 v. 25.2.1992 (BGBl I S. 297)
- Richtlinien für die Bewertung des Grundvermögens (BewRGr) vom 19.9.1966 (BStBl. I S. 890).

2. Steuerpflicht

Auch das Vermögensteuergesetz (VStG) unterscheidet ähnlich wie das EStG und KStG zwischen unbeschränkter und beschränkter Steuerpflicht.

Unbeschränkt steuerpflichtig sind nach § 1 VStG

- natürliche Personen, die im Inland einen Wohnsitz oder ihren gewöhnlichen Aufenthalt haben;
- nichtnatürliche Personen (Körperschaften, Personenvereinigungen und Vermögensmassen), die im Inland ihre Geschäftsleitung oder ihren Sitz haben. Das Gesetz zählt diesen Kreis von Steuerpflichtigen erschöpfend auf, der sich weitgehend mit § 1 Abs. 1 KStG deckt.

Beschränkt steuerpflichtig (§ 2 VStG) sind natürliche Personen, die im Inland weder einen Wohnsitz noch ihren gewöhnlichen Aufenthalt haben, sowie Körperschaften, Personenvereinigungen und Vermögensmassen, die weder ihre Geschäftsleitung noch ihren Sitz im Inland haben.

Die beschränkte Steuerpflicht erstreckt sich nur auf Vermögen der im § 121 BewG genannten Art, das auf das Inland entfällt. Gegenüber der unbeschränkten Steuerpflicht ergeben sich verschiedene Besonderheiten:

- Die Steuerpflicht erfaßt nicht das Gesamtvermögen, sondern nur das Inlandsvermögen (§ 121 Abs. 1 BewG).
- Vermögensteuer wird nur erhoben, wenn das Inlandsvermögen mindestens 20.000 DM beträgt (§ 8 Abs. 2 VStG).

- Beschränkt steuerpflichtig sind auch die nicht in § 1 Abs. 1 Nr. 2 VStG genannten Rechtsgebilde.
- Steuerbefreiungen (§ 3 VStG) sind auf beschränkt Steuerpflichtige nicht anzuwenden (§ 3 Abs. 2 VStG).
- Die persönlichen Freibeträge (§ 6 VStG) kommen bei beschränkter Steuerpflicht nicht in Betracht.
- Beschränkt Steuerpflichtige sind stets einzeln zu veranlagen, so daß eine Zusammenveranlagung (§ 14 VStG) entfällt.

2.1 Beginn

- Bei natürlichen Personen beginnt die unbeschränkte Steuerpflicht mit der Vollendung der Geburt bzw. in dem Zeitpunkt, in dem im Inland ein Wohnsitz oder der gewöhnliche Aufenthalt begründet wird. Für die Entstehung der Steuerpflicht ist das Vorhandensein von Vermögen ohne Bedeutung.
- Bei juristischen (nichtnatürlichen) Personen mit Sitz oder Geschäftsleitung im Inland beginnt die Steuerpflicht mit ihrer Entstehung, d.h. wenn das Gründungsgeschäft vollzogen und Vermögen auf die Körperschaft übertragen worden ist. Die Aufnahme der betrieblichen Tätigkeit ist nicht entscheidend.

2.2 Ende

- Die Steuerpflicht erlischt bei natürlichen Personen im Zeitpunkt des Todes (§ 18 VStG). Die Veranlagung wird dann mit Wirkung vom Beginn des Kalenderjahrs an aufgehoben, das auf den Tod folgt. Auch durch Aufgabe des Wohnsitzes oder gewöhnlichen Aufenthalts im Inland fällt die unbeschränkte Steuerpflicht weg; dagegen besteht weiterhin unbeschränkte Steuerpflicht bei Verlust des Vermögens, wenn die vorgenannten Voraussetzungen bestehen bleiben.
- Bei nichtnatürlichen Personen endet die unbeschränkte Steuerpflicht erst dann, wenn diese wirtschaftlich nicht mehr bestehen, d.h. die steuerliche Rechtsfähigkeit einer Kapitalgesellschaft endet mit dem Wegfall ihres Vermögens. Die unbeschränkte Steuerpflicht kann auch durch Verlegung der Geschäftsleitung oder des Sitzes in das Ausland beendet werden.

Solange jedoch Inlandsvermögen i.S. des § 121 BewG vorhanden ist, besteht beschränkte Steuerpflicht nach § 2 VStG.

3. Steuerbefreiungen

Es wird zwischen persönlicher und sachlicher Befreiung von der Vermögensteuer unterschieden.

Die persönliche Befreiung bedeutet Freistellung von der Vermögensteuer in vollem Umfang.

Das Gesetz zählt in § 3 Abs. 1 VStG die persönlichen Steuerbefreiungen auf, die nach § 3 Abs. 2 VStG nicht für beschränkt Steuerpflichtige gelten; es handelt sich dabei um Befreiungen, die aus politischen, wirtschaftlichen, sozialpolitischen oder volkswirtschaftlichen Gründen motiviert sind.

Im übrigen deckt sich die Befreiung von der Vermögensteuer fast vollständig mit der in § 5 Abs. 1 KStG und § 3 GewStG geregelten Steuerbefreiung von der Körperschaftsteuer und Gewerbesteuer.

Sachliche Befreiungen sind von der Person des Steuerpflichtigen unabhängig; sie zielen auf bestimmte Wirtschaftsgüter (oder nur einen bestimmten Teil des Wertes eines Wirtschaftsguts) ab, die aus der Besteuerung herausgelassen werden. Diese Befreiungen ergeben sich vorwiegend aus dem VStG und dem BewG.

4. Bemessungsgrundlage

Das Vermögen bildet die Bemessungsgrundlage für die Vermögensteuer. Der Vermögensteuer unterliegt nach § 4 Abs. 1 Nr. 1 VStG

- bei unbeschränkt Steuerpflichtigen das Gesamtvermögen (§§ 114 bis 120 BewG). Zum Gesamtvermögen gehören nicht die Wirtschaftsgüter, die nach den Vorschriften des VStG oder anderer Gesetze von der Vermögensteuer befreit sind.
- bei beschränkt Steuerpflichtigen das Inlandsvermögen (§ 4 Abs. 1 Nr. 2 VStG, § 121 BewG).

Der Wert des Gesamtvermögens oder des Inlandsvermögens wird auf volle 1.000 DM nach unten abgerundet.

Das Vermögen setzt sich zusammen (§ 18 BewG) aus

- dem land- und forstwirtschaftlichen Vermögen
- dem Grundvermögen
- dem Betriebsvermögen
- dem sonstigen Vermögen.

5. Steuerberechnung

5.1 Steuerpflichtiges Vermögen

Aus der Bemessungsgrundlage wird das steuerpflichtige Vermögen abgeleitet (§ 9 VStG). Steuerpflichtiges Vermögen ist bei

- unbeschränkt Steuerpflichtigen
  - bei natürlichen Personen der Vermögensbetrag, der nach Abzug der Freibeträge (§ 6 VStG) vom Gesamtvermögen (§ 4 VStG) verbleibt,
  - bei Körperschaften das Gesamtvermögen (§ 4 VStG), wenn dieses mindestens 20.000 DM beträgt (§ 8 Abs. 1 VStG);
- beschränkt Steuerpflichtigen das Inlandsvermögen, wenn dieses mindestens 20.000 DM beträgt (§ 8 Abs. 2 VStG).

5.2 Persönliche Freibeträge

Bei der Veranlagung unbeschränkt vermögensteuerpflichtiger natürlicher Personen werden von dem ermittelten Gesamtvermögen die persönlichen Freibeträge abgezogen (§ 6 VStG). Diese betragen

- 70.000 DM (120.000 DM ab 1995) für den Steuerpflichtigen
- 70.000 DM (120.000 DM ab 1995) für den Ehegatten
- 70.000 DM (120.000 DM ab 1995) für jedes Kind, das mit den Steuerpflichtigen oder mit Ehegatten zusammen veranlagt wird und das 18. Lebensjahr noch nicht vollendet hat.

Die Erhöhung der Freibeträge erfolgte durch das FKPG vom 23.6.1993 (BStBl I S. 944).

Nach § 6 Abs. 3 sind weitere 50.000 DM steuerfrei, wenn der Steuerpflichtige das 60. Lebensjahr vollendet hat oder voraussichtlich für mindestens 3 Jahre behindert im Sinne des Schwerbehindertengesetzes mit einem Grad der Behinderung von 100 ist.

Werden mehrere Steuerpflichtige zusammen veranlagt (§ 14 des VStG), wird der Freibetrag mit der Zahl der zusammen veranlagten Steuerpflichtigen, bei denen die Voraussetzungen des Satzes 1 vorliegen, vervielfacht.

6. Steuersatz

Für die Vermögensteuer gilt ein proportionaler Steuersatz, und zwar beträgt der allgemeine Steuersatz

- für natürliche Personen 0,5 % des steuerpflichtigen Vermögens,
- für Körperschaften 0,6 % des steuerpflichtigen Vermögens (§ 10 VStG).

Der **Steuersatz** für natürliche Personen (§ 10 Nr. 1 VStG) wird ab 1995 **gesplittet**:

- Für einen Teil des Vermögens (Grundvermögen, sonstiges Vermögen mit Ausnahme der WG gem. § 110 Abs. 1 Nr. 3 BewG) beträgt dann der Steuersatz **1 v.H.**
- Für das Produktivvermögen, d.h. land- und forstwirtschaftliches Vermögen, BV oder Aktien und Geschäftsanteile, bleibt es bei dem bisherigen Steuersatz von **0,5 v.H.**

Die geänderten Steuersätze gehen auf das **FKPG** zurück.

7. Veranlagung

Die Vermögensteuer ist eine Veranlagungssteuer, die in einem förmlichen Festsetzungsverfahren festgesetzt wird. Das Veranlagungsverfahren wird durch die Abgabe einer Steuererklärung unter Verwendung eines amtlichen Vordrucks eingeleitet und mit der Erteilung eines Steuerbescheids abgeschlossen.

7.1 Zusammenveranlagung

Grundsätzlich besteht Einzelveranlagung. Das Gesetz sieht bei unbeschränkter Steuerpflicht unter bestimmten Voraussetzungen Zusammenveranlagung (§ 14 Abs. 1 VStG) vor

- bei Ehegatten, wenn sie nicht dauernd getrennt leben,
- bei Ehegatten und Kinder oder Einzelpersonen und Kinder, wenn diese eine Haushaltsgemeinschaft bilden und die Kinder das 18. Lebensjahr noch nicht vollendet haben.

Beschränkt Steuerpflichtige sind stets einzeln zu veranlagen. Durch eine Zusammenveranlagung wird die persönliche Steuerpflicht jedes einzelnen nicht berührt; sie besteht lediglich in der Addition der getrennt für jede Person ermittelten Gesamtvermögen der zusammen zu veranlagenden Personen.

Bei der Zusammenveranlagung (Abschn. 104 Abs. 2 VStR) ist

- das Vermögen aller beteiligter Personen zu einem einheitlichen Gesamtvermögen zusammenzurechnen (§ 119 BewG). Dabei sind die Freibeträge und Freigrenzen des § 110 Abs. 1 und 2 BewG mit der Zahl zu vervielfachen, die der Zahl der Beteiligten entspricht (§ 110 Abs. 3 BewG);
- für jede beteiligte Person der ihr zustehende persönliche Freibetrag (§ 6 Abs. 1 und 2 VStG) und Altersfreibetrag (§ 6 Abs. 3 VStG) zu berücksichtigen.

Bei der Ermittlung des Gesamtvermögens sind Forderungen und Schulden zwischen den beteiligten Personen getrennt anzusetzen.

Einzelheiten über die Voraussetzungen der Zusammenveranlagung mit Kindern regeln die Abschn. 105 u. 106 VStR.

7.2 Hauptveranlagung

Im Gegensatz zu anderen Veranlagungssteuern (Einkommensteuer, Körperschaftsteuer, Umsatzsteuer, Gewerbesteuer) wird die Vermögensteuer für drei Kalenderjahre allgemein festgesetzt (Hauptveranlagungszeitraum, § 15 Abs. 1 VStG). Der Beginn dieses Zeitraums ist der Hauptveranlagungszeitpunkt.

Der Hauptveranlagung wird der Wert des steuerpflichtigen Vermögens zugrunde gelegt, der auf den Beginn des Hauptveranlagungszeitpunkts ermittelt worden ist (§ 5 Abs. 1 VStG). Die Festsetzung der Jahressteuerschuld erfolgt für 3 Jahre im voraus.

7.3 Neuveranlagung

Die Festsetzung der Vermögensteuer jeweils für drei Jahre soll grundsätzlich Vermögensschwankungen innerhalb des Hauptveranlagungszeitraums unberücksichtigt lassen (§ 16 VStG). Es kann jedoch der Fall eintreten, daß in den persönlichen

Verhältnissen und auch im Vermögen wesentliche Änderungen eintreten. Wenn Veränderungen gemäß § 16 Abs. 1 Nrn. 1 und 2 VStG eintreten, wird die Vermögensteuer neu veranlagt; dabei kann jeder der im Gesetz genannten zwei Tatbestände eine Neuveranlagung bedingen:

- Der auf 1.000 DM abgerundete Wert des Gesamtvermögens oder des Inlandsvermögens, der sich für den Beginn des Kalenderjahrs ergibt, weicht entweder um mehr als ein Fünftel oder um mehr als 150.000 DM von dem Wert des letzten Veranlagungszeitpunkts ab. Weicht der Wert nach oben ab, so muß die Abweichung mindestens 50.000 DM betragen, nach unten mindestens 10.000 DM (vgl. Beispiele in Abschn. 107 u. 108 VStR).
- Die Verhältnisse für die Gewährung von persönlichen Freibeträgen oder für die Zusammenveranlagung ändern sich; eine neue Ermittlung des Gesamtvermögens wird nur vorgenommen, wenn die vorgenannten Wertgrenzen überschritten sind.

Zu den geänderten Grenzen siehe unter 7.4.

7.4 Nachveranlagung

Die Vermögensteuer wird nachträglich festgesetzt - § 17 Abs. 1 VStG - (veranlagt), wenn nach dem Hauptveranlagungszeitpunkt die persönliche Steuerpflicht **neu** begründet wird oder ein persönlicher Befreiungsgrund **wegfällt** oder ein beschränkt Steuerpflichtiger **unbeschränkt steuerpflichtig** oder ein unbeschränkt Steuerpflichtiger **beschränkt steuerpflichtig** wird. Die Nachveranlagung wird auf den Beginn des Kalenderjahrs durchgeführt, das dem maßgebenden Ereignis folgt (§ 17 Abs. 2 VStG).

Die Änderung des § 16 VStG führt zu einer **Vereinheitlichung des Neuveranlagungstatbestands**. Eine Neuveranlagung erfolgt dann, wenn sich die Verhältnisse für die Zusammenveranlagung ändern oder die Vermögensteuer nach oben um mindestens 1.000 DM oder nach unten um mindestens 250 DM von der zuletzt festgesetzten Vermögensteuer abweicht.

Aufgrund der Neufassung des Gesetzes zur Änderung des Hauptfeststellungszeitraums für die wirtschaftlichen Einheiten des Betriebsvermögens sowie des Hauptveranlagungszeitraums für die Vermögensteuer finden für die wirtschaftlichen Einheiten des Betriebsvermögens die nächsten Hauptfeststellungen der Einheitswerte auf den **1.1.1995** und **1.1.1999** statt. Diese Zeitpunkte gelten auch für die Hauptveranlagungzeiträume der Vermögensteuer.

Die Änderungen sind ebenfalls auf das **FKPG** zurückzuführen.

7.5 Abgabe von Vermögensteuererklärungen

Das Veranlagungsverfahren wird durch die Abgabe einer Steuererklärung eingeleitet, die auf jeden Hauptveranlagungszeitpunkt abzugeben ist (§ 19 Abs. 1 VStG).

Von den unbeschränkt Vermögensteuerpflichtigen haben eine Vermögensteuererklärung abzugeben (§ 19 Abs. 2 VStG)

- natürliche Personen,
  - die allein veranlagt werden, wenn ihr Gesamtvermögen 70.000 DM (ab 1995: 120.000 DM) übersteigt,
  - die mit anderen Personen zusammen veranlagt werden (§ 14 VStG), wenn das Gesamtvermögen der zusammen veranlagten Personen den Betrag übersteigt, der sich ergibt, wenn für jede der zusammen veranlagten Personen 70.000 DM (ab 1995: 120.000 DM) angesetzt werden;
- die in § 1 Abs. 2 Nr. 2 VStG bezeichneten Körperschaften, Personenvereinigungen und Vermögensmassen, wenn ihr Gesamtvermögen mindestens 20.000 DM beträgt.

Beschränkt Vermögensteuerpflichtige haben eine Vermögensteuererklärung über ihr Inlandsvermögen abzugeben, wenn dieses mindestens 20.000 DM beträgt (§ 19 Abs. 3 VStG).

8. Steuerentrichtung

Das Veranlagungsverfahren wird im Regelfall mit dem Vermögensteuerbescheid abgeschlossen, der die festgesetzte Vermögensteuer ausweist. Die Steuer wird zu je einem Viertel der Jahressteuer am 10. Februar, 10. Mai, 10. August und 10. November fällig; eine Jahressteuer bis zu 500 DM ist in einem Betrag am 10. November zu entrichten (§ 20 VStG).

Solange die Jahressteuer noch nicht bekanntgegeben worden ist, hat der Steuerpflichtige Vorauszahlungen auf die Jahressteuer zu entrichten (§ 21 Abs. 1 VStG); diese betragen ein Viertel der zuletzt festgestellten Jahressteuer. Das Finanzamt kann die Vorauszahlungen an die voraussichtliche Jahressteuer anpassen.

Ist die Summe der Vorauszahlungen, die bis zur Bekanntgabe des Steuerbescheids zu entrichten waren, geringer als die Steuer, die sich nach dem bekanntgegebenen Steuerbescheid ergibt, ist der Unterschiedsbetrag innerhalb eines Monats nach Bekanntgabe des Steuerbescheids zu entrichten (Nachzahlung).

Liegt die Summe der Vorauszahlungen über der im Steuerbescheid ausgewiesenen Steuer, so wird der Differenzbetrag durch Aufrechnung oder Zurückzahlung ausgeglichen (§ 22 VStG).

9. Bewertungsgesetz

Die Bemessungsgrundlage der Vermögensteuer regelt sich gemäß § 4 Abs. 1 VStG nach dem Bewertungsgesetz (BewG); damit wird eine enge Verbindung zwischen dem Vermögensteuergesetz und dem Bewertungsgesetz deutlich.

Ohne das Bewertungsgesetz wäre eine Besteuerung des Vermögens praktisch undurchführbar (vgl. §§ 1 und 17 Abs. 1 BewG). Dieser materielle Zusammenhang induziert die Behandlung beider Gesetze in enger Verbindung, obwohl das Bewertungsgesetz dem allgemeinen Steuerrecht zuzuordnen ist.

Die grundlegenden Vorschriften des BewG gelten als allgemeine Bewertungsvorschriften für alle Steuern, soweit Einzelsteuergesetze nicht besondere Bewertungsvorschriften enthalten. Dem Bewertungsgesetz ist eine Inhaltsübersicht vorangestellt, die eine weitgehende und materiell bedeutsame Gliederung aufweist:

Teil	§§	Inhalt
I.	**1 bis 16**	**Allgemeine Bewertungsvorschriften** z.B. gemeiner Wert, Teilwert, Kurswert, Nennwert, Kapitalwert, Jahreswert von Nutzungen
II.	**17 bis 121**	**Besondere Bewertungsvorschriften** 1. Abschnitt: **Einheitsbewertung** (§§ 19 bis 109a) A. Allgemeines (§§ 19 bis 32) B. Land- und forstwirtschaftliches Vermögen (§§ 33 bis 67) 1. Allgemeines 2. Besondere Vorschriften 3. Bewertungsbeirat, Gutachterausschuß C. Grundvermögen (§§ 68 bis 94) 1. Allgemeines 2. Unbebaute Grundstücke 3. Bebaute Grundstücke 4. Sondervorschriften D. Betriebsvermögen (§§ 95 bis 109a) 2. Abschnitt: **Sonstiges Vermögen, Gesamtvermögen und Inlandsvermögen** (§§ 110 bis 121)
III.	**121 a bis 124**	**Übergangs- und Schlußbestimmungen**
IV.	**125 bis 137**	Vorschriften für die Bewertung von Vermögen in dem in Art. 3 des **Einigungsvertrages genannten Gebiet**

Diese Gliederung ist insofern bedeutsam, als es für die richtige Anwendung des BewG der Beachtung der Vorschriften für die unterschiedlichen Geltungsbereiche bedarf (§§ 1 und 17 BewG).

Konkurrierende Bewertungsvorschriften sind nach folgender Rangordnung anzuwenden:

(1) Bewertungsvorschriften der Einzelsteuergesetze (z.B. §§ 6, 7, 7a, EStG)
(2) Besondere Bewertungsvorschriften im II. Teil des BewG
(3) Allgemeine Bewertungsvorschriften im I. Teil des BewG.

10. Bewertungsgegenstand

Eine Bewertung setzt immer ein ganz bestimmtes Objekt voraus; nach dem BewG ist dies eine wirtschaftliche Einheit. Das Gesetz gibt keine exakte Definition der wirtschaftlichen Einheit, sondern lediglich eine Umschreibung (Auslegungsregel) in der

Weise, daß was als wirtschaftliche Einheit zu gelten hat, nach der Verkehrsauffassung zu entscheiden ist; dabei sind die örtliche Gewohnheit, die tatsächliche Übung, die Zweckbestimmung und die wirtschaftliche Zusammengehörigkeit der einzelnen Wirtschaftsgüter zu berücksichtigen (§ 2 Abs. 1 BewG).

Für den Begriff wirtschaftliche Einheit sind sowohl objektive als auch subjektive Kriterien bestimmend.

Wenn mehrere Wirtschaftsgüter eine wirtschaftliche Einheit ausmachen können, sind die Wirtschaftsgüter die kleinste Bewertungseinheit (§ 2 Abs. 2 BewG). Wirtschaftsgüter sind alle im wirtschaftlichen Verkehr nach der Verkehrsanschauung selbständig bewertbaren Güter jeder Art (Sachen und Rechte).

In der Rechtsprechung wurden folgende Kriterien für ein Wirtschaftsgut entwickelt, und zwar

- muß es sich um Sachen, Rechte, wirtschaftliche Vorteile handeln, ferner müssen erfüllt sein
- nach der Verkehrsauffassung selbständige Nutzungsfähigkeit und damit selbständige Bewertbarkeit,
- einmalige und eindeutig abgrenzbare Aufwendungen für dieses Gut,
- über die Dauer eines Wirtschaftsjahres hinausgehender Nutzen für das Unternehmen.

Einzelne Wirtschaftsgüter, die für sich allein genutzt werden und von anderen Gütern unabhängig sind, bilden die kleinste wirtschaftliche Einheit.

Eine wirtschaftliche Einheit kann aus mehreren Wirtschaftsgütern bestehen; eine solche Zusammenfassung mehrerer Wirtschaftsgüter zu einer Einheit ist an drei Voraussetzungen geknüpft

- einheitliche Erscheinung
- einheitliches Eigentum
- gleiche Vermögensart.

Jede wirtschaftliche Einheit ist für sich zu bewerten, wobei der Wert im ganzen festzustellen ist (Gesamtbewertung).

11. Bewertungsmaßstäbe

Das Bewertungsrecht kennt als Wertbegriffe

- den gemeinen Wert
- den Teilwert

- Steuerbilanzwert
- den Ertragswert.

11.1 Gemeiner Wert (Bewertungsgrundsatz)

Dem gemeinen Wert kommt im Bewertungsrecht eine grundsätzliche Bedeutung zu, da er immer dann zugrunde gelegt wird, soweit das Gesetz nichts anderes bestimmt (§ 9 Abs. 1 BewG).

Der gemeine Wert (§ 9 Abs. 2 BewG) wird durch den Preis bestimmt, der im gewöhnlichen Geschäftsverkehr nach der Beschaffenheit des Wirtschaftsgutes bei einer Veräußerung zu erzielen wäre. Dabei sind alle Umstände, die den Preis beeinflussen, zu berücksichtigen. Ungewöhnliche oder persönliche Verhältnisse sind nicht zu berücksichtigen.

Grundlage des gemeinen Wertes ist danach der fiktive (erzielbare) Veräußerungspreis (Verkehrswert). Der tatsächliche (gezahlte) Kaufpreis ist nicht als Bewertungsmaßstab vorgesehen, da Kaufpreise vielfach von situationsbedingten Einflüssen mitbestimmt werden.

Bei Bewertungen gilt der gemeine Wert

- uneingeschränkt beim Grundvermögen (§§ 83, 90 BewG)
- für Teile des sonstigen Vermögens (§ 110 BewG)
- für die Bewertung von Anteilen an Kapitalgesellschaften, die keinen inländischen Kurswert haben (§ 11 Abs. 2 BewG)
- für die Bewertung von ausländischem Sachvermögen oder ausländischen Teilen einer sich auf das In- und Ausland erstreckenden wirtschaftlichen Einheit (§ 31 Abs. 1 BewG).

Als Ersatzwert ist der gemeine Wert in § 13 Abs. 3 BewG und in § 14 Abs. 4 BewG vorgeschrieben (Bewertung von Nutzungen und Leistungen).

Die Anwendung des gemeinen Werts wird ausdrücklich **ausgeschlossen** für

- die Bewertung von Wertpapieren und Schuldbuchforderungen mit inländischem Kurswert (§ 11 Abs. 1 BewG)
- die Bewertung von Kapitalforderungen (Nennwert) - (§ 12 BewG)
- die Bewertung von wiederkehrenden bzw. lebenslänglichen Nutzungen und Leistungen (Kapitalwert) - (§§ 13 - 16 BewG)
- die Bewertung der Betriebe der Land- und Forstwirtschaft (Ertragswert) - (§ 36 BewG)
- die Bewertung von Wirtschaftsgütern der Gewerbebetriebe und der ihnen nach § 96 BewG gleichgestellten Betrieben der freien Berufe (Steuerbilanzwert bzw. Einheitswert) - (§ 109 Abs. 1 BewG).

11.2 Teilwert

Der bewertungsrechtliche Teilwert entspricht dem einkommensteuerlichen Teilwertbegriff (§ 10 BewG).

Der Teilwert ist danach der Betrag, den ein Erwerber des ganzen Unternehmens im Rahmen des Gesamtkaufpreises für das einzelne Wirtschaftsgut ansetzen würde, wobei davon auszugehen ist, daß der Erwerber das Unternehmen fortführt.

11.3 Steuerbilanzwert

Bei Steuerpflichtigen, die ihren Gewinn nach § 4 Abs. 1 oder § 5 EStG ermitteln, sind die zu einem Gewerbebetrieb gehörenden Wirtschaftsgüter mit den Steuerbilanzwerten anzusetzen (§ 109 Abs. 1 BewG).

11.4 Ertragswert

Unter Ertragswert wird im allgemeinen der kapitalisierte Reinertrag verstanden.

Bei der Ermittlung des bewertungsrechtlichen Ertragswerts (§ 36 Abs. 2 BewG) ist von der Ertragsfähigkeit auszugehen. Ertragsfähigkeit ist der bei ordnungsmäßiger und schuldenfreier Bewirtschaftung mit entlohnten fremden Arbeitskräften gemeinhin und nachhaltig erzielbare Reinertrag. Ertragswert ist das Achtzehnfache dieses Reinertrags (§ 36 Abs. 3 BewG). Bei der Beurteilung der Ertragsfähigkeit sind die Ertragsbedingungen zu berücksichtigen, soweit sie nicht unwesentlich sind.

Der Ertragswert findet beim Grundvermögen und beim land- und forstwirtschaftlichen Vermögen Anwendung.

12. Vermögensarten

Das Gesamtvermögen umfaßt die Vermögensarten (§ 18 BewG)

- land- und forstwirtschaftliches Vermögen (§§ 33 bis 67, § 31 BewG)
- Grundvermögen (§§ 68 bis 94, § 31 BewG)
- Betriebsvermögen (§§ 95 bis 109a, § 31 BewG)
- sonstiges Vermögen (§§ 110 bis 113 BewG).

Zum Gesamtvermögen eines unbeschränkt Steuerpflichtigen zählt nicht nur das im Inland, sondern auch das im Ausland belegene Vermögen, soweit sich nicht aus einem Doppelbesteuerungsabkommen (DBA) eine andere Regelung ergibt.

12.1 Land- und Forstwirtschaft

Zu dieser Vermögensart gehören alle Wirtschaftsgüter, die einem Betrieb der Land- und Forstwirtschaft zu dienen bestimmt sind (§ 33 BewG). Im einzelnen werden die Bestandteile dieses Vermögens in § 34 genannt.

Zum land- und forstwirtschaftlichen Vermögen zählen nicht Zahlungsmittel, Forderungen, Wertpapiere und die über den normalen Bestand hinausgehenden Bestände (Überbestände) an Vorräten und Vieh (§ 33 Abs. 3 BewG).

12.2 Grundvermögen

Der Begriff Grundvermögen (§ 68 Abs. 1 BewG) umfaßt alle unbebauten und bebauten Grundstücke, soweit sie nicht zu einem land- und forstwirtschaftlichen Betrieb oder einem Gewerbebetrieb gehören. Die Abgrenzung des Grundvermögens vom land- und forstwirtschaftlichen Vermögen wird in § 69 BewG geregelt.

Jede wirtschaftliche Einheit des Grundvermögens bildet ein Grundstück i.S. des BewG (§ 70 Abs. 1 BewG).

Unbebaute Grundstücke sind Grundstücke, auf denen sich keine benutzbaren Gebäude befinden (§ 72 Abs. 1 BewG).

Eine besondere Grundstückart innerhalb der unbebauten Grundstücke bilden die baureifen Grundstücke (§ 73 BewG).

Bebaute Grundstücke sind demnach Grundstücke, auf denen sich benutzbare Gebäude befinden (§ 74 BewG).

Bodenschätze sowie Maschinen und sonstige Vorrichtungen aller Art, die zu einer Betriebsanlage gehören (Betriebsvorrichtungen), auch wenn sie wesentliche Bestandteile sind, sind nicht in das Grundvermögen einzubeziehen (§ 68 Abs. 2 BewG).

Das Bewertungsgesetz unterscheidet die folgenden Grundstücksarten bebauter Grundstücke, deren Bewertung nach differenzierten Verfahren erfolgt (§ 75 Abs. 1 BewG):

- Mietwohngrundstücke (§ 75 Abs. 2 BewG)
- Geschäftsgrundstücke (§ 75 Abs. 3 BewG)
- gemischtgenutzte Grundstücke (§ 75 Abs. 4 BewG)
- Einfamilienhäuser (§ 75 Abs. 5 BewG)
- Zweifamilienhäuser (§ 75 Abs. 6 BewG)
- sonstige bebaute Grundstücke (§ 75 Abs. 7 BewG).

12.3 Betriebsvermögen

Zum Betriebsvermögen (§ 95 Abs. 1 BewG) gehören nach der gesetzlichen Definition alle Teile eines Gewerbebetriebs i.S.d. § 15 Abs. 1 u. 2 EStG, die bei der steuerlichen Gewinnermittlung zum Betriebsvermögen gehören.

Dem Betrieb eines Gewerbes steht die Ausübung eines freien Berufes i.S. des § 18 Abs. 1 Nr. 1 EStG gleich (§ 96 BewG). Einen gewerblichen Betrieb bilden insbesondere alle Wirtschaftsgüter, die den Körperschaften, Personenvereinigungen und Vermögensmassen gehören, wenn diese ihre Geschäftsleitung oder ihren Sitz im Inland haben (§ 97 Abs. 1 BewG).

Nach § 97 Abs. 2 BewG bilden einen gewerblichen Betrieb auch die Wirtschaftsgüter, die den sonstigen juristischen Personen des privaten Rechts, den nichtrechtsfähigen Vereinen, Anstalten, Stiftungen und anderen Zweckvermögen gehören, soweit sie einem wirtschaftlichen Geschäftsbetrieb dienen. Ein wirtschaftlicher Geschäftsbetrieb ist eine selbständige nachhaltige Tätigkeit, durch die Einnahmen oder andere wirtschaftliche Vorteile erzielt werden und die über den Rahmen einer Vermögensverwaltung hinausgeht. Auf die Absicht, Gewinn zu erzielen, kommt es nicht an (§ 14 AO).

Beispiele: Kantine eines Vereins, Hausdruckerei.

Die Wirtschaftsgüter müssen dem Betrieb als Hauptzweck dienen (= notwendiges Betriebsvermögen); notwendiges Privatvermögen (bei natürlichen Personen) kann dem Betrieb nicht als Hauptzweck dienen. Wirtschaftsgüter, die weder zum notwendigen Betriebsvermögen noch zum notwendigen Privatvermögen gehören, sind zum Betriebsvermögen zu rechnen, wenn sie mehr als 50 % dem Betrieb dienen. Diese Voraussetzung gilt stets als erfüllt, wenn ein Wirtschaftsgut bei der Einkommenbesteuerung als Betriebsvermögen behandelt worden ist (Abschn. 27 VStR).

Mehrere betriebliche Organisationseinheiten eines einheitlichen Gewerbebetriebes dagegen bilden **eine** wirtschaftliche Einheit, für die **ein** Einheitswert festgestellt wird.

Der Umfang des Betriebsvermögens bei Personengesellschaften erstreckt sich auf alle Wirtschaftsgüter, die ihr, d.h. der Gesamtheit der Mitunternehmer gehören (Abschn. 30 Abs. 1 VStR). Das gleiche gilt für Wirtschaftsgüter, die einem Mitunternehmer gehören, wenn sie überwiegend dem Betrieb der Personengesellschaft gewidmet sind (BFH-Urteil vom 10.4.1964, BStBl. III S. 354 Abschn. 30 Abs. 3 VStR).

Daraus resultiert, daß ein Pachtverhältnis z.B. zwischen Gesellschaft und Mitunternehmer in der Regel bewertungsrechtlich nicht anerkannt werden kann; solche Wirtschaftsgüter sind als Betriebsvermögen der Gesellschaft anzusehen. Wirtschaftsgüter, die beim Gesellschafter selbst bereits zum Betriebsvermögen gehören, und dem Betrieb der Personengesellschaft dienen, sind dem Betriebsvermögen nicht zuzurechnen.

Bei Wirtschaftsgütern, die der Gesellschaft gehören, ist es unerheblich, ob sie dem Betrieb tatsächlich dienen.

Zum Betriebsvermögen werden nicht gerechnet (§ 101 BewG, Abschn. 38 VStR)

- die Wirtschaftsgüter, die nach dem VStG von der Vermögensteuer befreit sind
- die Wirtschaftsgüter, die nach anderen Gesetzen als dem VStG von der Vermögensteuer befreit sind (siehe Aufzählung in Abschn. 27 Abs. 2 VStR),
- die Wirtschaftsgüter, die nach § 110 Abs. 1 Nr. 5 und § 111 Nr. 5 BewG nicht zum sonstigen Vermögen gehören.

Betriebsschulden im weitesten Sinne werden nur insoweit abgezogen, als sie mit der Gesamtheit oder einzelnen Teilen des gewerblichen Betriebs in wirtschaftlichem Zusammenhang stehen (§ 103 Abs. 1 BewG, Abschn. 41 bis 43 VStR). Als Bewertungsstichtag für den Bestand und die Bewertung gilt der Feststellungszeitpunkt (§ 106 BewG, Abschn. 45 VStR).

Für Betriebe, die regelmäßig jährliche Abschlüsse auf den Schluß des Kalenderjahrs machen, ist dieser Abschlußtag zugrunde zu legen (§ 106 Abs. 2 BewG).

Für Betriebe mit abweichendem Wirtschaftsjahr kann auf Antrag der Schluß des Wirtschaftsjahrs zugrunde gelegt werden, das dem Feststellungszeitpunkt vorangeht (§ 106 Abs. 3 BewG).

Für die Bewertung von Wertpapieren, Anteilen und Genußscheinen an Kapitalgesellschaften gilt der Stichtag, der sich nach § 112 BewG ergibt: Jeweils der 31.12. des Jahres, das dem für die Veranlagung zur Vermögensteuer maßgebenden Zeitpunkt vorangeht.

Ist das Betriebsvermögen, für das ein Einheitswert für Zwecke der Vermögensteuer festgestellt ist, insgesamt positiv, so bleibt es bei der Ermittlung des Gesamtvermögens **bis zu einem Betrag von 500.000 DM außer Ansatz**. Der übersteigende Teil ist mit 75 v. H. anzusetzen (§ 117a BewG).

Werden mehrere Steuerpflichtige zusammen veranlagt (§ 14 VStG), gelten die Absätze 1 und 2 für jeden Beteiligten, soweit ihm Betriebsvermögen zugerechnet wird (§ 117a Abs. 3 BewG).

12.4 Sonstiges Vermögen

Zum sonstigen Vermögen (§ 110 Abs. 1 BewG) zählen alle Wirtschaftsgüter, die nicht zu den drei anderen Vermögensarten gerechnet werden. Dazu gehören insbesondere Kapitalforderungen, Aktien und GmbH-Anteile, Versicherungsansprüche, Renten und Nutzungsrechte, Edelmetalle, Edelsteine, Perlen, Münzen, Medaillen, Schmuck und Luxusgegenstände, Kunstgegenstände und Sammlungen.

Im Gegensatz zu den Ansprüchen und Rechten ist die Aufzählung der zum sonstigen Vermögen gehörenden beweglichen Gegenstände in § 110 Abs. 1 BewG abschließend. Dies läßt sich aus § 111 Nr. 10 BewG ableiten, wonach Hausrat und andere bewegliche Gegenstände, die nicht in § 110 Abs. 1 BewG genannt werden, nicht zum sonstigen Vermögen gehören.

Hausrat ist alles, was zur Einrichtung und Ausstattung einer Wohnung gehört. Er bleibt damit steuerfrei, soweit nicht einzelne Gegenstände davon unter die in § 110 Abs. 1 Nr. 11 und 12 BewG genannten Luxusgegenstände und Kunstgegenstände fallen.

12.5 Gesamtvermögen

Bei unbeschränkt Steuerpflichtigen i.S. des VStG ist der Wert des gesamten Vermögens (Gesamtvermögen) zu ermitteln (§ 114 BewG). Es umfaßt sämtliche Wirtschaftsgüter, die einer der vier Vermögensarten zuzurechnen sind; das sind nicht nur inländische, sondern auch ausländische Vermögenswerte.

Nicht zum Gesamtvermögen gehören die Wirtschaftsgüter, die nach den Vorschriften des VStG oder anderer Gesetze von der Vermögensteuer befreit sind.

Für das Gesamtvermögen wird ein Einheitswert nicht festgestellt. Bei der Bewertung des Gesamtvermögens sind die Wirtschaftsgüter, für die ein Einheitswert festzustellen ist, mit den festgestellten Einheitswerten anzusetzen.

Die Summe der Werte aller vier Vermögensarten ergibt das Rohvermögen; von diesem werden die Schulden und sonstigen Abzüge abgesetzt, da nur das Reinvermögen erfaßt werden soll (§ 118 BewG).

Der Wert des verbleibenden Vermögens (Gesamtvermögen) wird auf volle 1.000 DM nach unten abgerundet (§ 4 Abs. 2 VStG).

Das Vermögen von Ehegatten wird für die Ermittlung des Gesamtvermögens zusammengerechnet, wenn sie nach § 14 Abs. 1 Nr. 1 VStG zusammen zur Vermögensteuer zu veranlagen sind (§ 119 BewG).

Ebenso wird das Vermögen von Eltern mit dem Vermögen derjenigen Kinder zusammengerechnet, mit denen sie zusammen zu veranlagen sind (§ 14 Abs. 1 Nr. 2 oder Abs. 2 VStG).

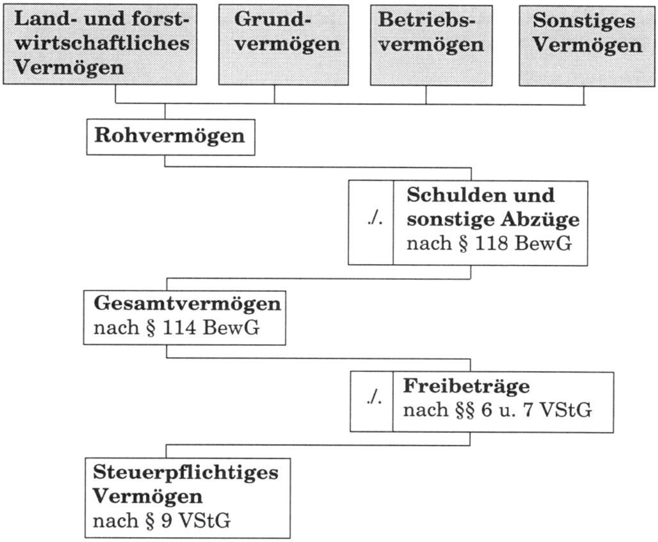

12.6 Inlandsvermögen

Während bei unbeschränkt Steuerpflichtigen das Gesamtvermögen zur Vermögensteuer herangezogen wird, erstreckt sich die sachliche Steuerpflicht bei beschränkt Steuerpflichtigen nur auf das Inlandsvermögen (§ 121 Abs. 1 BewG, Abschn. 84 VStR). Schulden und Lasten werden nach § 121 Abs. 3 BewG nur insoweit berücksichtigt, als sie mit diesem Vermögen in wirtschaftlichem Zusammenhang stehen (BFH-Urteil vom 17.12.1965, BStBl. 1966 II S. 483) und dieses Vermögen belasten (BFH-Urteil vom 19.5.1967, BStBl. III S. 596). Zum Inlandsvermögen eines beschränkt Steuerpflichtigen gehören nur solche Wirtschaftsgüter, die auch bei unbeschränkter Steuerpflicht dem steuerpflichtigen Vermögen zuzurechnen sind. Es werden deshalb auch beim Inlandsvermögen die Wirtschaftsgüter nicht erfaßt, die nach den Vorschriften des VStG oder anderer Gesetze nicht zur Vermögensteuer heranzuziehen sind.

Die als Inlandsvermögen zu qualifizierenden Wirtschaftsgüter werden im BewG erschöpfend aufgezählt (§ 121 Abs. 2 BewG).

Das inländische Grundvermögen und das land- und forstwirtschaftliche Vermögen werden mit den dafür festgestellten Einheitswerten angesetzt. Die gleiche Regelung gilt für das inländische Betriebsvermögen.

13. Bewertung der Vermögensarten

13.1 Einheitswerte

Für wichtige wirtschaftliche Einheiten werden Einheitswerte festgestellt, die einen für mehrere Steuern verbindlichen Wertansatz darstellen. Die Gründe für eine solche Einheitsbewertung liegen darin

- ungleiche Wertansätze für verschiedene Steuern auszuschließen und
- unrationelle Verwaltungsarbeit durch mehrfache Bewertung gleicher Wirtschaftsgüter zu vermeiden.

Einheitswerte sind festzustellen für

- land- und forstwirtschaftliches Vermögen
- Grundvermögen
- Betriebsvermögen.

Die Einheitswerte werden allgemein festgestellt (Hauptfeststellung) - § 21 Abs. 1 BewG - für

- Grundbesitz (land- und forstwirtschaftliches Vermögen, Grundvermögen und die Betriebsgrundstücke) gemäß § 21 BewG in Zeitabständen von 6 Jahren
- für die wirtschaftlichen Einheiten des Betriebsvermögens in Zeitabständen von 3 Jahren.

Bei wesentlichen Änderungen innerhalb des Zeitraums zwischen den Hauptfeststellungen wird eine Fortschreibung notwendig; der ursprüngliche Bescheid wird durch einen neuen Feststellungsbescheid ersetzt (§ 22 BewG).

Nach den Merkmalen, die sich ändern können, gibt es

- **Wertfortschreibung** (Wertänderungen in einem bestimmten Ausmaß)
- **Artfortschreibung** (Änderung der bewertungsrechtlichen Bezeichnung z.B. Mietwohngrundstück wird zu einem Geschäftsgrundstück)
- **Zurechnungsfortschreibung** (Änderung der Eigentumsverhältnisse).

Der Einheitswert wird neu festgesetzt - § 22 Abs. 1 BewG - (Wertfortschreibung) beim

- Grundbesitz, wenn der volle auf 100 DM abgerundete Wert zu Beginn des Kalenderjahrs vom Einheitswert des letzten Feststellungszeitpunkts nach oben um mehr als 1/10, mindestens aber um 5.000 DM, abweicht oder um mehr als 1/10, mindestens aber um 500 DM, gesunken ist oder um mehr als 100.000 DM nach oben bzw. um mindestens 5.000 DM nach unten abweicht;

- bei einem gewerblichen Betrieb, wenn der auf volle 1.000 DM abgerundete Wert zu Beginn eines Kalenderjahrs um mehr als 1/5, mindestens aber um 5.000 DM oder um mehr als 100.000 DM nach oben oder unten abweicht.

Vermögensart	Abweichung	Wertgrenzen		
		Bruchteil	Mindestbetrag	fest >
Grundbesitz	nach oben	> 1/10	5.000 DM	100.000 DM
	nach unten	> 1/10	500 DM	5.000 DM
Betriebsvermögen	nach oben/unten	> 1/5	5.000 DM	100.000 DM
	ab 1.1.1995:	–	> 200.000 DM	100.000 DM

Ab 1.1.1974 sind Grundstücke des Grundbesitzes und des Betriebsvermögens mit 140 % des auf den Wertverhältnissen am 1.1.1964 beruhenden Einheitswerts anzusetzen; Grundstücke des land- und forstwirtschaftlichen Vermögens werden mit 100 % der Einheitswerte von 1964 bewertet (§ 121a BewG).

13.2 Land- und forstwirtschaftliches Vermögen

Für die Bewertung erfolgt die Aufteilung in einen Wirtschafts- und einen Wohnteil (§ 34 BewG).

Der Wert für den Wirtschaftsteil wird aus dem Ertragswert gebildet, bei dessen Ermittlung von der Ertragsfähigkeit auszugehen ist. Diese ist der bei ordnungsmäßiger und schuldenfreier Bewirtschaftung mit entlohnten fremden Arbeitskräften gemeinhin und nachhaltig erzielbare Reinertrag. Ertragswert ist das Achtzehnfache dieses Reinertrags (5,5 % Zwischenzinsen, da 100 : 5,5 = 18,18) (§ 36 Abs. 2 BewG).

Es ist zu beachten, daß der Ertragswert der Nutzungen durch ein vergleichendes Verfahren ermittelt wird, das in den §§ 38 bis 41 BewG erläutert ist (§ 37 Abs. 1 BewG).

Der Wohnteil (Wohnungswert) wird nach den Vorschriften bewertet, die beim Grundvermögen für die Bewertung der Mietwohngrundstücke im Ertragswertverfahren (§§ 71, 78 bis 82 und 91 BewG) gelten (§ 47 BewG). Der auf diese Weise ermittelte Betrag ist um 15 % zu kürzen. Der Wirtschaftswert und der Wohnungswert bilden zusammen den Einheitswert des Betriebs (§ 48 BewG).

13.3 Grundvermögen

13.3.1 Bewertung unbebauter Grundstücke

Für unbebaute Grundstücke ist das Verfahren, in dem der als Einheitswert festzustellende gemeine Wert (§ 9 Abs. 1 BewG) zu ermitteln ist, im Gesetz nicht besonders geregelt (Abschn. 7 Abs. 1 BewRGr).

Der Wert unbebauter Grundstücke umfaßt den Wert des Grund und Bodens (Bodenwert) und den Wert der Außenanlagen.

Bei der Ermittlung der Bodenwerte ist im allgemeinen von durchschnittlichen Werten auszugehen, die sich für ein Gebiet, eine Straße oder einen Straßenabschnitt ohne Beachtung der Grundstücksgrenzen und ohne Rücksicht auf die besonderen Eigenschaften der einzelnen Grundstücke je Quadratmeter ergeben. Aus den durchschnittlichen Werten sind die Bodenwerte der Grundstücke abzuleiten, indem im Einzelfall die Größe des Grundstücks sowie seine Besonderheiten und seine Abweichungen gegenüber den durchschnittlichen Verhältnissen berücksichtigt werden.

Als Besonderheiten und Abweichungen kommen vor allem der Vorteil des Vorderlandes und des Hinterlandes (vgl. Abschn. 8 Abs. 2 BewRGr), die besondere Lage, z.B. die Ecklage (vgl. Abschn. 9 BewRGr), sowie die Größe, der Zuschnitt, die Oberflächenbeschaffenheit und der Baugrad (vgl. Abschn. 10 BewRGr) in Betracht (Abschn. 7 Abs. 2 BewRGr).

13.3.2 Bewertung bebauter Grundstücke

Für die Bewertung sind in § 76 BewG zwei Verfahren vorgesehen, deren Anwendung sich hauptsächlich nach der Art des in Betracht kommenden Grundstücks richtet (Abschn. 16 Abs. 1 BewRGr).

Für die in § 75 Abs. 1 BewG aufgezählten ersten fünf Grundstücksarten ist das **Ertragswertverfahren** nach §§ 78 bis 82 BewG und die Abschn. 18 bis 33 BewRGr anzuwenden, und für die sonstigen bebauten Grundstücke ist der Wert im Wege des **Sachwertverfahrens** nach §§ 83 bis 90 BewG und Abschn. 34 bis 46 BewRGr zu ermitteln (§ 76 BewG). Das Sachwertverfahren ist im allgemeinen dann anzuwenden, wenn sich für die Grundstücke und Gebäude eine Jahresrohmiete nicht ermitteln oder schätzen läßt.

13.3.3 Ertragswertverfahren

Der Grundstückswert (§ 78 BewG) umfaßt den

- Bodenwert
- Gebäudewert und den
- Wert der Außenanlagen;

er ergibt sich durch Anwendung eines Vervielfältigers (§ 80 BewG) auf die Jahresrohmiete (§ 79 BewG) unter Berücksichtigung der §§ 81 und 82 BewG.

Schematisches Verfahren zum Ertragswert

Jahresrohmiete	
+	12 % der Jahresrohmiete bei grundsteuerbegünstigten Grundstücken
=	endgültige Jahresrohmiete
x	Vervielfältiger (lt. Anlagen 3 - 8 BewG)
=	Grundstückswert
+/-	Korrektur wegen außergewöhnlicher Grundsteuerbelastung
+/-	Korrektur bis zu 30 % des bisher ermittelten Wertes wegen besonderer Umstände
=	Einheitswert des bebauten Grundstücks

Die Jahresrohmiete stellt das Gesamtentgelt dar, das der Mieter für die Benutzung des Grundstücks auf Grund vertraglicher Vereinbarungen nach dem Stand im Feststellungszeitpunkt für ein Jahr zu entrichten hat (Sollmiete) - Abschn. 21 BewRGr - .

Durch den Aufschlag von 12 % sollen grundsteuerbefreite Grundstücke, bei denen die Grundsteuer nicht Bestandteil der Jahresrohmiete ist, den grundsteuerpflichtigen Grundstücken gleichgestellt werden.

Der Vervielfältiger bestimmt sich nach der Grundstücksart, der Bauart und Bauausführung, dem Baujahr des Gebäudes sowie nach der Einwohnerzahl der Belegenheitsgemeinde und ist aus den Anlagen 3 bis 8 zum BewG zu entnehmen. Bei erheblichen Abweichungen der Grundsteuerbelastung in einer Gemeinde von der in den Vervielfältigern berücksichtigten Grundsteuerbelastung sind die Grundstückswerte bis zu 10 % zu ermäßigen oder zu erhöhen.

Korrekturen ergeben sich entweder durch wertmindernde oder werterhöhende Umstände, die weder in der Höhe der Jahresrohmiete noch in der Höhe des Vervielfältigers berücksichtigt sind.

Als wertmindernde Umstände (§ 82 Abs. 1 BewG) kommen in Betracht: ungewöhnlich starke Beeinträchtigung durch Lärm, Rauch oder Gerüche; behebbare Baumängel und Bauschäden und die Notwendigkeit baldigen Abbruchs.

Werterhöhende Umstände (§ 82 Abs. 2 BewG) können nur sein

- die Größe der nicht bebauten Fläche, wenn sich auf dem Grundstück keine Hochhäuser befinden; ein Zuschlag unterbleibt, wenn die gesamte Fläche bei Einfamilienhäusern oder Zweifamilienhäusern nicht mehr als 1.500 qm, bei den übrigen Grundstücksarten nicht mehr als das Fünffache der bebauten Fläche beträgt;
- die nachhaltige Ausnutzung des Grundstücks für Reklamezwecke gegen Entgelt.

Ermäßigung oder Erhöhung darf insgesamt 30 % des Grundstückswertes nicht übersteigen (§ 82 Abs. 3 BewG).

13.3.4 Sachwertverfahren

Nach dem Sachwertverfahren wird der Grundstückswert stufenweise durch getrennte Bewertung von Grund und Boden (§ 84 BewG), Gebäude (§ 85 BewG) und Außenanlagen (§ 89 BewG) ermittelt. Diese drei Faktoren werden zu dem Ausgangswert zusammengefaßt und an den gemeinen Wert angeglichen. Darin liegt der Unterschied zum Ertragswertverfahren, nach dem der Grundstückswert im ganzen festgestellt wird.

Das BewG enthält zu diesem Verfahren ausführliche Vorschriften (§§ 84 bis 90), die durch Erläuterungen in den Richtlinien für die Bewertung des Grundvermögens (Abschn. 34 bis 46) ergänzt werden.

Außerdem gibt Anlage 10 zu Abschn. 34 Abs. 2 BewRGr eine übersichtliche Darstellung der Ermittlung des Grundstückswerts im Sachwertverfahren.

Darstellung der Ermittlung des Grundstückswerts im Sachwertverfahren

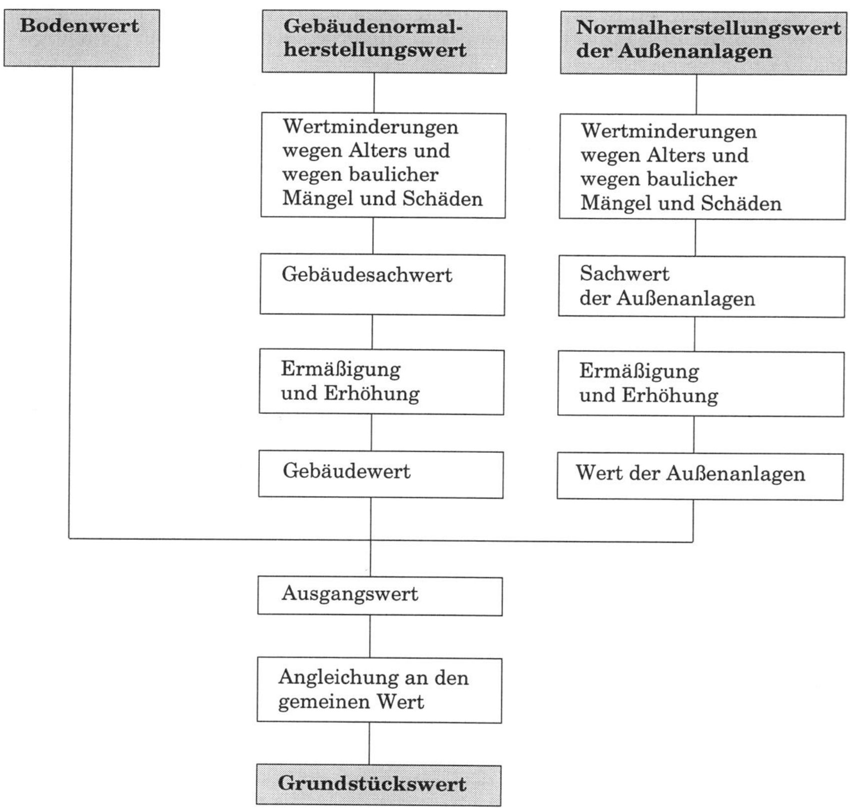

13.4 Bewertung des Betriebsvermögens

Die Bewertung des Betriebsvermögens erfolgt nicht nach dem Grundsatz der Gesamtbewertung, der bei den zuvor behandelten Vermögensarten zu beachten war, sondern durch Ansatz sämtlicher Vermögens- und Schuldposten mit ihren Steuerbilanzwerten (§ 109 BewG).

Nach § 98a BewG ist der Gesamtwert des gewerblichen Betriebs die Summe der Werte, die für die zum gewerblichen Betrieb gehörenden Wirtschaftsgüter ermittelt sind (Rohbetriebsvermögen), vermindert um die Summe der Schulden des Betriebs und der sonstigen zulässigen Abzüge. Das Ergebnis stellt den Wert der wirtschaftlichen Einheit des gewerblichen Betriebs dar. Nach dem Bewertungsgesetz sind nach § 109 BewG u. Abschn. 47 bis 54 VStR anzusetzen:

- bei den Besitzposten
  - Betriebsgrundstücke i.S. des § 99 Abs. 1 Nr. 1 BewG mit 140 % des Einheitswerts
  - Betriebsgrundstücke i.S. des § 99 Abs. 1 Nr. 2 BewG (Betriebe der Land- und Forstwirtschaft) mit dem Einheitswert
  - Beteiligungen an Personengesellschaften mit dem Anteil am Einheitswert (Abschn. 52 VStR)
  - notierte Wertpapiere mit Kurswert (Abschn. 3 VStR)
  - nicht notierte Anteile an Kapitalgesellschaften mit dem gemeinen Wert (Abschn. 4 bis 16 VStR)
  - Kapitalforderungen, soweit es sich nicht um notierte Wertpapiere handelt, mit dem Wert, der sich nach den Grundsätzen über die steuerliche Gewinnermittlung ergibt (§ 109 Abs. 4 BewG)
  - alle anderen Besitzposten mit dem Steuerbilanzwert;
- bei den Schuldposten
  - Rückstellungen für Preisnachlässe und Wechselhaftung mit dem Wert, der sich nach den Grundsätzen über die steuerliche Gewinnermittlung ergibt,
  - Kapitalschulden mit dem Nennwert

Schulden dürfen nur abgezogen werden, wenn sie mit der Gesamtheit oder einzelnen Teilen des gewerblichen Betriebs in wirtschaftlichem Zusammenhang stehen (§ 103 Abs. 1 BewG, Abschn. 41 - 43 VStR).

Ist das Betriebsvermögen insgesamt positiv, bleibt es bei der Ermittlung des Gesamtvermögens nach § 117 a Abs. 1 BewG, bis zu einem Betrag von 500.000 DM außer Ansatz; der übersteigende Teil ist mit 75 % anzusetzen.

13.4.1 Vermögensaufstellung

Die Ermittlung des Betriebsreinvermögens für jeden einzelnen inländischen gewerblichen Betrieb erfolgt mit Hilfe der Vermögensaufstellung.

Das führt regelmäßig zu einer Bestandidentität zwischen Steuerbilanz und Vermögensaufstellung.

In dieser Aufstellung werden die einzelnen Wirtschaftsgüter bzw. wirtschaftlichen Untereinheiten (Betriebsgrundstücke) zum Rohbetriebsvermögen zusammengefaßt, und durch Abzug der betrieblichen Schulden (§ 103 BewG), Lasten und sonstigen Abzügen ergibt sich das Betriebsreinvermögen (§ 98a BewG).

Unterschiede der Vermögensaufstellung gegenüber der Steuerbilanz bestehen darin, daß sie

- keine periodenbezogene Rechnung darstellt
- eine reine Stichtagsrechnung bezogen auf einen Feststellungszeitpunkt ist
- statistisch erstellt und nicht aus der Buchführung abgeleitet wird.

Das Betriebsvermögen umfaßt alle Teile eines Gewerbebetriebs i.S. des § 15 Abs. 1 EStG, die bei der steuerlichen Gewinnermittlung zum Betriebsvermögen gehören (§ 95 Abs. 1 Satz 1 BewG - Fassung ab 1.1.1993 nach StÄndG 1992).

Es ist also die sachliche und persönliche Zuordnung neben etwaiger Befreiungstatbestände zu prüfen.

13.4.2 Bewertungsmaßstäbe

Die allgemeine Bewertungsregel ist nach § 109 Abs. 1 BewG der **Steuerbilanzwert** des einzelnen Wirtschaftsguts; allerdings sind für verschiedene Einzelpositionen andere Bewertungsmaßstäbe anzuwenden.

Solche **Ausnahmen** gelten für Vermögensgegenstände, die

- mit ihren Einheitswerten, die sich aus Grundlagenfeststellungen ergeben, angesetzt werden: Betriebsgrundstücke (§ 99 BewG), Beteiligungen an Personengesellschaften (Abschn. 52 VStR);
- aus vom Bundesminister für Finanzen veröffentlichten Kurswertlisten zu entnehmen sind (§ 113 BewG): am Stichtag an einer deutschen Börse zum amtlichen Handel zugelassenen Wertpapiere und Schuldbuchforderungen;
- unter Anwendung von festgelegten Vervielfältigern ermittelt werden: Pensionsverpflichtungen und Verpflichtungen aus Pensionsanwartschaften (§ 104 BewG);
- mit dem Nennwert anzusetzen sind: Kapitalschulden (§ 12 BewG).

Bewertungsmaßstäbe und Vermögensarten

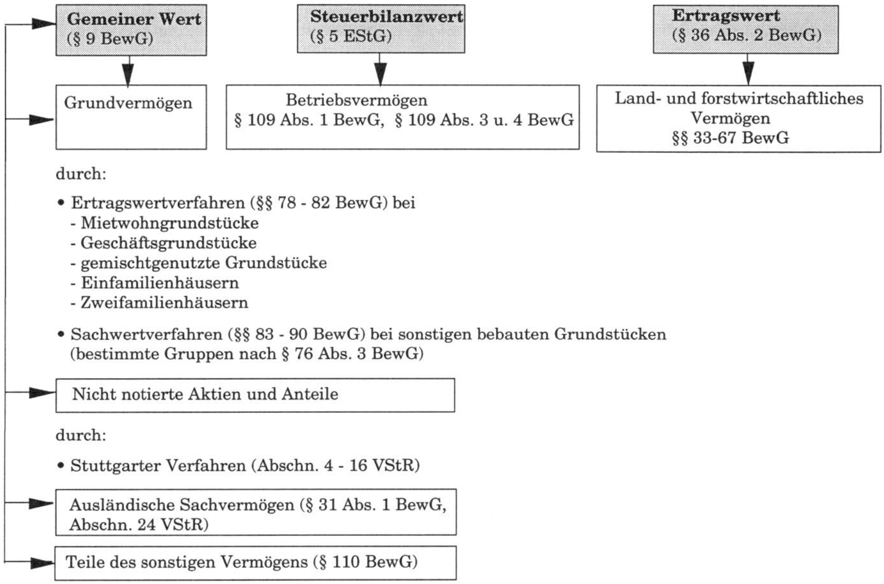

13.5 Bewertung des sonstigen Vermögens

Bewertungsgrundsatz ist der gemeine Wert; bestehen aber besondere Bewertungsvorschriften, z.B. für Wertpapiere und Anteile, Kapitalforderungen, wiederkehrende bzw. lebenslängliche Nutzungen und Leistungen, so haben diese Vorrang. Zu Fragen der Bewertung der einzelnen Wirtschaftsgüter des sonstigen Vermögens geben die Vorschriften der VStR in den Abschn. 56 bis 69 nähere Einzelheiten. Die Bewertung orientiert sich an den Wertverhältnissen des Veranlagungszeitpunkts.

13.5.1 Bewertung von nicht notierten Aktien und Anteilen

Aktien, für die weder eine amtliche Börsennotierung noch eine Preisfeststellung im geregelten Freiverkehr vorgelegen hat, sind mit dem gemeinen Wert anzusetzen. Das gleiche gilt u.a. auch für GmbH-Anteile.

Läßt sich der gemeine Wert nicht aus Verkäufen ableiten, so ist er unter Berücksichtigung des Vermögens und der Ertragsaussichten der Kapitalgesellschaft zu schätzen (Stuttgarter Verfahren) - Abschn. 4 bis 16 VStR.

13.5.2 Ermittlung des Vermögenswertes (Substanzwert)

Nach Abschnitt 6 Abs. 1 VStR ist zunächst das gesamte Vermögen der Gesellschaft zu berechnen.

Grundlage für die Bestimmung des Substanzwertes ist der Einheitswert des Betriebsvermögens. Dieser bedarf verschiedener Korrekturen, um den tatsächlichen Substanzwert zu erhalten. Im einzelnen sind zu berücksichtigen

Hinzurechnungen u.a.

- befreites Auslandsvermögen nach § 11 Abs. 2 Satz 4 BewG
- Schachtelbeteiligungen nach § 102 BewG

Der so ermittelte korrigierte Vermögenswert wird zum Nominalkapital der Gesellschaft in Beziehung gesetzt und ergibt den Vermögenswert (V).

$$V = \frac{\text{Korrigierter Vermögenswert} \cdot 100}{\text{Nominalkapital}}$$

13.5.3 Ermittlung des Ertragshundertsatzes

Neben der Vermögenssubstanz sind auch die Ertragsaussichten der Gesellschaft zu berücksichtigen (Abschn. 7 VStR). Es soll deshalb das in Zukunft zu erwartende Betriebsergebnis einigermaßen zutreffend geschätzt werden. Hierzu wird der körperschaftsteuerliche Gewinn der letzten drei Jahre zugrunde gelegt und um die Einnahmen und Ausgaben, die aufgrund der besonderen Vorschriften des KStG außer Ansatz geblieben sind, berichtigt.

Außerdem sind hinzuzurechnen lt. Abschn. 7 VStR

- Sonderabschreibungen oder erhöhte Absetzungen u.a., da nur die normalen Absetzungen für Abnutzung zu berücksichtigen sind,
- ein etwaiger Verlustabzug,
- einmalige Veräußerungsverluste,
- steuerfreie Vermögensmehrungen,
- Investitionszulagen.

Abgezogen werden

- einmalige Veräußerungsgewinne,
- die übrigen nichtabziehbaren Ausgaben, Aufsichtsratsvergütungen zur Hälfte,
- Tarifbelastung auf die nichtabziehbaren Ausgaben.

Aus den einzelnen Jahreserträgen ist der Durchschnitt zu errechnen, wobei zu prüfen ist, ob dieser Durchschnittsertrag auch künftig zu erzielen ist; gegebenenfalls ist der künftige Ertrag zu schätzen (Abschn. 7 Abs. 1 VStR).

Das Betriebsergebnis ist für jeden Veranlagungszeitraum gesondert zu berechnen. Nach Abschn. 7 Abs. 2 VStR kann von dem Betriebsergebnis ein Abschlag von 30 % bei Kapitalgesellschaften gemacht werden, bei denen ohne Einsatz eines größeren Betriebskapitals der Ertrag ausschließlich und unmittelbar von der persönlichen Tätigkeit des Gesellschafter-Geschäftsführers abhängig ist (Steuerberater, Wirtschaftsprüfer).

Der Jahresertrag ist mit dem Nennkapital der Gesellschaft zu vergleichen; der sich ergebende Hundertsatz ist der Ertragshundertsatz, der für die weiteren Berechnungen maßgebend ist (Abschn. 7 Abs. 4 VStR).

13.5.4 Ermittlung des gemeinen Werts bei der Regelbewertung

Als gemeiner Wert ist der Betrag anzusetzen, den ein Käufer für den Erwerb eines Anteils aufwenden würde (Abschn. 8 Abs. 1 VStR).

Da er bei der Bemessung des Kaufpreises im allgemeinen neben dem Vermögenswert auch die Ertragsaussichten berücksichtigen wird, bestimmen diese beiden Komponenten den gemeinen Wert. Die Ertragsaussichten beurteilt der Käufer weniger nach der Verzinsung des Nennkapitals der Gesellschaft als vielmehr nach der Rendite des Kapitals, das er zum Erwerb des Anteils aufwenden muß. Er wird deshalb die auf den Anteil entfallenden Erträge der Gesellschaft mit den Zinsen vergleichen, die das von ihm aufzuwendende Kapital, falls er es in anderer Weise anlegt, erbringen würde. Im allgemeinen wird er nur insoweit bereit sein, einen über dem Vermögenswert liegenden Kaufpreis zu bezahlen, als in einem übersehbaren Zeitraum die Erträge des Anteils den Betrag dieser Zinsen übersteigen. Er wird entsprechend weniger bezahlen, wenn die Erträge des Anteils unter diesem Betrag liegen. Es kann davon ausgegangen werden, daß ein Käufer, der sein Kapital in anderer Weise angelegt hätte, nach den wirtschaftlichen Verhältnissen vom Stichtag mit einer Verzinsung von etwa 10 % rechnen konnte. Bei den anschließenden Berechnungen ist von einem Zinssatz von 10 % auszugehen. Als noch übersehbar ist ein Zeitraum von fünf Jahren anzunehmen. Der gesuchte in einem Hundertsatz ausgedrückte gemeine Wert eines Anteils (X) ergibt sich demnach aus dem in einem Hundertsatz ausgedrückten Vermögenswert des Anteils (V), erhöht oder vermindert um den Unterschiedsbetrag zwischen dem Ertragshundertsatz des Anteils, berechnet auf fünf gedachte Jahre (5 E), und der Verzinsung des aufzuwendenden Kapitals, ebenfalls berechnet auf fünf gedachte Jahre (Abschn.

8 Abs. 2 VStR). Da die Höhe des aufzuwendenden Kapitals gleich dem gesuchten gemeinen Wert ist, ist dieser letztere Hundertsatz mit $5 \cdot \frac{(10\,X)}{100}$ in die Rechnung einzusetzen.

Insgesamt läßt sich folgende Gleichung aufstellen

$$X = V + 5 \cdot (E - \frac{10\,X}{100})$$

Die Auflösung der Gleichung nach X ergibt

$$X = \frac{66{,}67}{100} \cdot (V + 5\,E).$$

Der Prozentsatz 66,67 wird zur Vereinfachung auf 66 abgerundet. Als gemeiner Wert sind also 66 % der Summe bzw. Differenz aus Vermögenswert und fünffachem Ertragshundertsatz anzusetzen.

Besondere Umstände, die in den bisherigen Berechnungen nicht hinreichend zum Ausdruck gekommen sind, können noch durch Zu- und Abschläge berücksichtigt werden. Ein Abschlag ist z.B. bei den Gesellschaften geboten, bei denen nachhaltig unverhältnismäßig geringe Erträge einem großen Vermögen gegenüberstehen.

Dabei sind auch Erträge aus Beteiligungen mit zu berücksichtigen. Unverhältnismäßig geringe Erträge werden unterstellt, wenn die Rendite weniger als 5 % ausmacht. In diesem Fall beträgt der Abschlag jeweils 3 % des gemeinen Werts vor Abschlag für eine Renditenminderung von 0,5 %. Die Abschläge sind in Abschn. 8 Abs. 3 Satz 6 VStR aufgeführt.

Ist der Besitz von Anteilen an Kapitalgesellschaften ohne Einfluß auf die Geschäftsführung, ist dies nach Anschn. 9 VStR bei der Ermittlung des gemeinen Werts dieser Anteile zu berücksichtigen. Die Voraussetzungen können nur nach den Verhältnissen des einzelnen Falls beurteilt werden. Abschn. 9 enthält Annahmen, die in der Regel gelten sollen. Bei Anteilen, die keinen Einfluß auf die Geschäftsführung gewähren, ist bei der Berechnung des Ertragshundertsatzes entsprechend Abschn. 9 Abs. 2 VStR zu verfahren.

Beispiel:

(1) Einheitswert des Betriebsvermögens	1.200.000 DM
+ Schachtelbeteiligung (steuerfrei nach § 102 BewG)	100.000 DM
= Vermögen	1.300.000 DM

Das Nominalkapital der Gesellschaft beträgt 800.000 DM; daraus ergibt sich der Vermögenswert in %

V = 1.300.000 x 100 : 800.000 = 162,5 %

(2) Berichtigte Jahreserträge der letzten drei Jahre:

	126.000 DM	
	138.000 DM	
	180.000 DM	
	444.000 : 3 =	148.000 DM
./.15 % Abschlag		22.200 DM
= ausschüttungsfähiger Ertrag		125.800 DM

(Ertragshundertsatz) $E = \frac{125.800 \cdot 100}{800.000} \% = 15{,}725\ \%$

(3) Gemeiner Wert $= \frac{66}{100}\ (162{,}5 + (5 \times 15{,}725))\ \%$

$= 138{,}385$ abgerundet 138 %

13.5.5 Freibeträge und Freigrenzen

Für eine Reihe von Wirtschaftsgüter des sonstigen Vermögens bestehen Freibeträge und Freigrenzen.

Einem Steuerpflichtigen zustehende Freibeträge werden ohne Rücksicht auf die Höhe des Vermögens von diesem abgesetzt. Nur das nach Abzug der Freibeträge verbleibende Vermögen unterliegt der Besteuerung.

Freigrenzen bedeuten Besteuerungsgrenzen, bis zu denen eine Steuer nicht erhoben wird. Bei Überschreiten dieser Freigrenze wird der volle Wert in die Besteuerungsgrundlage einbezogen. Bei Zusammenveranlagung werden die Freibeträge und Freigrenzen des § 110 Abs. 1 und 2 BewG mit der Zahl der zusammen veranlagten Steuerpflichtigen vervielfacht (§ 110 Abs. 3 BewG).

Die in § 110 BewG geregelten Freibeträge werden bei Zusammenveranlagung nur den Steuerpflichtigen gewährt, die entsprechende Wirtschaftsgüter haben.

Übersicht Wirtschaftsgüter	Freibetrag (= FB) Freigrenze (= FG)	Höhe bei Einzelveranlagung	Höhe bei Zusammenveranlagung
Spareinlagen, Bank-, Postscheck- und sonstige laufende Guthaben (DM), inländische Zahlungsmittel	FB	1.000 DM	Vervielfachung
Kapitalvermögen i.S. des § 110 Abs. 1 Nr. 1 bis 3 BewG	FB	10.000 DM[1]	Vervielfachung
noch nicht fällige Versicherungsansprüche	FB	10.000 DM	Vervielfachung
Für Betriebe der Land- und Forstwirtschaft und gewerbliche Betriebe bestimmte Wirtschaftsgüter, die einem derartigen Betrieb aber nicht dienen	FG	10.000 DM	Vervielfachung
Wirtschaftsgüter in möbiliert vermieteten Wohnungen	FG	10.000 DM	Vervielfachung
Edelmetalle, Edelsteine, Perlen, Münzen und Medaillen jeglicher Art	FG	1.000 DM	Vervielfachung
Schmuckgegenstände, Gegenstände aus edlem Metall und Luxusgegenstände	FG	10.000 DM	Vervielfachung
Kunstgegenstände und Sammlungen	FG	20.000 DM	Vervielfachung
Ansprüche auf Renten und andere wiederkehrende Nutzungen unter bestimmten Voraussetzungen	FB	4.800 DM (Jahreswert)	nur für jede berechtigte Person

[1] Ab dem VZ 1995 wird der Freibetrag in erster Linie von dem mit 1 % besteuerten Vermögen abgezogen; ein etwaiger Restbetrag mindert das mit 0,5 % zu besteuernde Vermögen.

15 16 17 18

	Kontrollfragen	bearbeitet	Lösungshinweis	Lösung +	-
01	Mit welchen Argumenten läßt sich die Erhebung der Vermögensteuer rechtfertigen?		159		
02	Wann beginnt und endet die Vermögenspflicht bei nichtnatürlichen Personen?		161		
03	Definieren Sie die Bemessungsgrundlage der Vermögensteuer!		162		
04	Welche persönlichen Freibeträge kennt das VStG?		162 f.		
05	Wie lauten die Steuersätze für die Vermögensteuer?		163		
06	Welche Vermögensarten unterscheidet das VStG?		170		
07	Welche Personen haben eine Vermögensteuererklärung abzugeben?		165 f.		
08	Definieren Sie die wirtschaftliche Einheit i.S. des BewG!		167 f.		
09	Worin bestehen die Unterschiede zwischen der Bewertung nach dem EStG und dem BewG?		168		
10	Welche Bewertungsmaßstäbe kennt das BewG?		168 f.		
11	Wodurch wird der gemeine Wert bestimmt, und worin liegt seine Besonderheit?		169		
12	Was versteht man unter Einheitswert, und welche Bedeutung kommt ihm zu?		176		
13	Welche Feststellungsarten für Einheitswerte unterscheidet das BewG, und wann werden sie im einzelnen durchgeführt?		176		
14	Was bedeutet der Begriff „Fortschreibung", und welche Fortschreibungsarten werden unterschieden?		176		
15	Welche Vermögensarten kennt das BewG?		170 ff.		
16	Was zählt zum Grundbesitz, und was gehört zum Grundvermögen?		171		
17	Erläutern Sie die einzelnen Grundstücksarten, und kennzeichnen Sie die Art ihrer Bewertung!		171		
18	Was umfaßt die Jahresrohmiete?		179		
19	Beschreiben Sie das Ertragswertverfahren und das Sachwertverfahren!		178 ff.		
20	Erläutern Sie den Begriff Betriebsvermögen i.S. des BewG!		172		
21	Wie sind Beginn und Ende des gewerblichen Betriebs festgelegt?		172, 198 f.		
22	Welchen Umfang hat das Betriebsvermögen der Einzelunternehmen, der Angehörigen der freien Berufe, der Personengesellschaften und der sonstigen Körperschaften?		172		
23	Erläutern Sie die Bewertungsmethode für das Betriebsvermögen!		181 ff.		

	Kontrollfragen	bearbeitet	Lösungshinweis	Lösung +	Lösung -
24	Welche Wirtschaftsgüter sind in der Regel mit dem Teilwert nach § 10 BewG anzusetzen?		166		
25	Welche Besonderheiten weist die Vermögensaufstellung gegenüber der Steuerbilanz auf, und wie begründen Sie diese?		181 f.		
26	Welche Regelung besteht bei der Zuordnung von gewillkürtem Betriebsvermögen zum (bewertungsrechtlichen) Betriebsvermögen?		172		
27	Definieren Sie das sonstige Vermögen, und erläutern Sie dessen Umfang und Bewertungsmaßstäbe!		173 f.		
28	Was versteht man unter Freigrenzen und Freibeträgen, und worin liegt ihre Unterscheidung?		187		

E. Gewerbesteuer

1. Allgemeines

Die Erhebung der Gewerbesteuer ist an das Bestehen eines Gewerbebetriebes gebunden; es ist dabei ohne Belang, wer Eigentümer des Betriebes ist und wem die Erträge daraus zufließen.

Grundlage für die Besteuerung ist § 6 GewStG determiniert mit den beiden Komponenten:

- Gewerbeertrag
- Gewerbekapital.

Mit der Gewerbesteuer sollen die Betriebe nach dem Äquivalenzprinzip einen finanziellen Beitrag zu den Lasten leisten, die sie selbst durch ihre Existenz und zusätzlich durch die von ihnen beschäftigten Arbeitnehmer den Gemeinden verursachen.

Der Sachsteuercharakter der Gewerbesteuer bedarf noch einer kritischen Beurteilung. Durch die Berücksichtigung des **Gewerbeertrages** als Bemessungsgrundlage reduziert sie den den Eigentümern zufließenden Ertrag und stellt somit zumindest teilweise eine zusätzliche Form der Personenbesteuerung dar.

Objektcharakter besitzt die Gewerbesteuer nur insoweit, als sie sich nach dem **Gewerbekapital** bemißt. Diese Tatsache wird noch durch die Besteuerung auch in Verlustjahren betont, in denen das Gewerbekapital als Bemessungsgrundlage bestehen bleibt.

2. Rechtsgrundlagen

- Gewerbesteuergesetz (GewStG) vom 21.3.1991 (BGBl. I S. 814), geändert durch Artikel 3 des Gesetzes vom 24.6.1991 (BGBl. I S. 1322), zuletzt geändert durch Steueränderungsgesetz 1992, Gesetz zur Umsetzung des Föderalen Konsolidierungsprogramms (FKPG), Standortsicherungsgesetz (StandOG), Mißbrauchsbekämpfungs- und Steuerbereinigungsgesetz (StMGB), Eisenbahnneuordnungsgesetz.
- Gewerbesteuer-Durchführungsverordnung (GewStDV) vom 21.03.1991 (BGBl. I S. 832), mit späteren Änderungen.
- Gewerbesteuer-Richtlinien (GewStR).

3. Steuergegenstand

Der Gewerbesteuer unterliegt jeder stehende Gewerbebetrieb, soweit er im Inland betrieben wird. Unter Gewerbebetrieb ist ein gewerbliches Unternehmen i.S. des Einkommensteuergesetzes zu verstehen (§ 2 Abs. 1 GewStG).

3.1 Begriff des stehenden Gewerbebetriebes

Die Begriffsbestimmung des stehenden Gewerbebetriebes ergibt sich aus § 1 GewStDV. Danach ist ein stehender Gewerbebetrieb jeder Gewerbebetrieb, der nicht als Reisegewerbe betrieben wird. Reisegewerbetreibende unterliegen der Gewerbesteuer nach § 35a GewStG.

Das Gesetz unterscheidet drei Formen des Gewerbebetriebes:

- Gewerbebetrieb kraft gewerblicher Tätigkeit
- Gewerbebetrieb kraft Rechtsform
- Gewerbebetrieb kraft wirtschaftlichen Geschäftsbetriebs.

3.2 Gewerbebetrieb kraft gewerblicher Tätigkeit

Eine gewerbliche Tätigkeit liegt vor, wenn folgende vier Voraussetzungen erfüllt sind (Abschn. 8 Abs. 1 GewStR):

- Selbständigkeit (Abschn. 11 GewStR, R 134 EStR)
- Nachhaltigkeit der Betätigung (R 134a EStR)
- Gewinnerzielungsabsicht (R 134b EStR)
- Beteiligung am allgemeinen wirtschaftlichen Verkehr (R 134c EStR).

Außerdem darf es sich **nicht** um

- Land- und Forstwirtschaft (Abschn. 13 GewStR) oder
- selbständige Arbeit (Abschn. 14 GewStR) oder
- Vermögensverwaltung (Abschn. 15 GewStR)

handeln.

3.2.1 Selbständigkeit

Selbständigkeit bedeutet Ausübung einer Tätigkeit

- auf eigene Rechnung und
- auf eigene Verantwortung.

Das Merkmal der Selbständigkeit läßt sich nicht immer eindeutig erkennen.

Die Frage, ob Selbständigkeit oder Unselbständigkeit vorliegt, ist nach den Grundsätzen des Einkommensteuer- und des Umsatzsteuerrechts zu prüfen (Abschn. 11 GewStR).

Aus Abschn. 11 GewStR lassen sich folgende **Entscheidungskriterien** ableiten:

- Unselbständig ist, wer lohnsteuerpflichtig ist; auf die vertragliche Bezeichnung, die Art der Tätigkeit oder die Formen der Entlohnung kommt es allein nicht an, entscheidend ist das Gesamtbild der Verhältnisse;
- Selbständigkeit ist bei einem Reisevertreter anzunehmen, wenn er für ein anderes Unternehmen vermittelt oder abschließt und ein Geschäftsrisiko trägt (BFH-Urteil vom 16.1.1952, BStBl. II S. 79);
- Unselbständigkeit ist jedoch gegeben, wenn der Reisevertreter in das Unternehmen seines Auftraggebers derart eingegliedert ist, daß er dessen Weisungen zu folgen verpflichtet ist; auf die Entlohnung nach dem Erfolg der Tätigkeit kommt es bei einem solchen Verhältnis nicht an;
- Selbständigkeit bedeutet, daß das Maß der Bewegungsfreiheit auf der eigenen Machtvollkommenheit des Vertreters beruht und nicht Ausfluß des Willens des Geschäftsherrn ist (vgl. BFH-Urteil vom 7.12.1961, BStBl. 1962 III S. 149);
- Als selbständig, und zwar in vollem Umfang, werden Versicherungsvertreter (Spezialagenten) angesehen, auch wenn sie neben den Provisionsbezügen ein geringes festes Gehalt beziehen;
- Die Annahme eines Gewerbebetriebes setzt neben der persönlichen Selbständigkeit des Unternehmers die sachliche Selbständigkeit des Betriebes voraus.

3.2.2 Nachhaltigkeit

Nachhaltigkeit der Bestätigung ist die während eines bestimmten Zeitraums auf Dauer angelegte Tätigkeit mit **Wiederholungsabsicht**. Ist die Absicht der Wiederholung erkennbar, so kann bereits eine einmalige Handlung den Beginn der fortgesetzten Tätigkeit begründen.

Außerdem besteht Nachhaltigkeit bei einer Mehrheit verschiedener einmaliger Handlungen, die in einem gewissen inneren Zusammenhang stehen (z.B. Grundstücksverkauf, Parzellierung, Bebauung mit mehreren Häusern und anschließender Verkauf in entsprechenden Zeitabständen).

Der Begriff der Nachhaltigkeit entspricht dem des Umsatzsteuerrechts.

3.2.3 Gewinnerzielungsabsicht

Die Gewinnerzielungsabsicht ist daran zu erkennen, daß beabsichtigt ist, einen Überschuß der Betriebseinnahmen über die Betriebsausgaben zu erzielen.

Gewinnerzielungsabsicht liegt auch vor, wenn eine Vermögensvermehrung angestrebt wird (vgl. BFH-Urteile vom 7.4. und 13.7.1967, BStBl. III S. 467 und 690).

Wenn die zu erwartenden Einnahmen nur die Selbstkosten decken sollen, ist eine Gewinnabsicht nicht gegeben. Die Gewinnerzielungsabsicht braucht nicht der Hauptzweck des Unternehmens zu sein, es genügt, daß sie als Nebenzweck verfolgt wird.

Die Absicht der Gewinnerzielung reicht aus, es kommt aber nicht darauf an, ob ein Gewinn tatsächlich erzielt worden ist.

3.2.4 Beteiligung am allgemeinen wirtschaftlichen Verkehr

Die Teilnahme am allgemeinen wirtschaftlichen Verkehr muß nach außen erkennbar sein. Dies liegt immer vor, wenn der Betrieb seine Leistung gegen Entgelt der Allgemeinheit, d.h. einer unbestimmten Anzahl von Personen anbietet. Ohne Bedeutung ist, ob der Kundenkreis tatsächlich groß oder eng begrenzt ist.

Neben den vier Voraussetzungen Selbständigkeit, Nachhaltigkeit, Gewinnerzielungsabsicht, Beteiligung am allgemeinen wirtschaftlichen Verkehr sind weitere Merkmale der gewerblichen Tätigkeit

- das unternehmerische Risiko sowie
- der persönliche Einsatz des Gewerbetreibenden.

Kein Kriterium einer gewerblichen Tätigkeit ist das Vorhandensein oder der Einsatz von Kapital.

3.2.5 Abgrenzung des Gewerbebetriebs gegenüber der Land- und Forstwirtschaft

Als Negativbedingung gilt, daß es sich bei einem Gewerbebetrieb weder um einen land- und forstwirtschaftlichen Betrieb noch um die Arbeit eines freiberuflich Tätigen handeln darf. Die Abgrenzung ist in den Abschn. 13 und 14 GewStR näher beschrieben. Danach ist Land- und Forstwirtschaft (Abschn. 13 GewStR) **die planmäßige Nutzung der natürlichen Kräfte des Bodens und die Verwertung der dadurch gewonnenen Erzeugnisse.** Beschränkt sich ein Betrieb nicht auf den Absatz selbstgewonnener Erzeugnisse, sondern kauft er dauernd und nachhaltig fremde Erzeugnisse hinzu, so ist zu prüfen, ob er steuerlich als land- und forstwirtschaftlicher Betrieb oder als Gewerbebetrieb zu behandeln ist. Wenn der Einkaufswert der fremden Erzeugnisse mehr als 30 % des Umsatzes ausmacht, so ist in der Regel steuerlich ein Gewerbebetrieb anzunehmen (steuerschädlicher Zukauf).

3.2.6 Abgrenzung des Gewerbebetriebs gegenüber der selbständigen Arbeit

Die selbständige Arbeit (Abschn. 14 GewStR) i.S. des § 18 EStG unterliegt nicht der Gewerbesteuer, so daß eine Abgrenzung der freien Berufstätigkeit gegenüber der gewerblichen Tätigkeit notwendig ist.

Zur Berufsart als Voraussetzung einer freiberuflichen Tätigkeit tritt als weitere Voraussetzung, daß der Berufsträger auf Grund eigener Fachkenntnisse leitend und eigenverantwortlich tätig wird.

Ob ein Berufstätiger diese Voraussetzung erfüllt, läßt sich nur nach den Verhältnissen des Einzelfalles beurteilen. Die Abgrenzung ist also nicht nach der Typisierung zu entscheiden, sondern im Einzelfall zu prüfen.

Demgemäß ist auch nicht allein die Anzahl der Angestellten des Berufsträgers entscheidend, vielmehr kommt es darauf an, welche Arbeiten sie verrichten. Handelt es sich um Tätigkeiten, die zu den eigentlichen Berufsaufgaben des Berufsträgers gehören und stellt die Tätigkeit der beschäftigten, selbst vorgebildeten Hilfskräfte eine Vervielfältigung und Erweiterung der Arbeitskraft des Berufsträgers dar, so liegt Gewerbebetrieb vor.

Detaillierte Beurteilungskriterien für die Abgrenzung finden sich in R 136 EStR.

3.3 Gewerbebetrieb kraft Rechtsform

Nach § 2 Abs. 2 GewStG gilt stets und in vollem Umfang die Tätigkeit der Kapitalgesellschaften, Erwerbs- und Wirtschaftsgenossenschaften und der Versicherungsvereine auf Gegenseitigkeit als Gewerbebetrieb und damit wurde der Kreis der gewerbesteuerpflichtigen Tätigkeiten über den eigentlichen Gewerbebegriff hinaus erweitert (Abschn. 16 GewStR).

3.3.1 Personengesellschaften

Die Rechtsform einer Personengesellschaft allein begründet noch keine Gewerbesteuerpflicht, es sei denn, die Gesellschafter sind als Unternehmer des Gewerbebetriebes anzusehen. Insoweit ist entscheidend, inwieweit die Voraussetzungen des § 15 Abs. 3 EStG (Gesetz v. 19.12.1985, BGBl. I S. 2436) gegeben sind. Siehe im einzelnen insbesondere zur gewerblich geprägten Personengesellschaft § 15 Abs. 3 EStG.

Bei einer in das Handelsregister eingetragenen Personengesellschaft besteht die Vermutung, daß sie ein Handelsgewerbe betreibt (vgl. die BFH-Urteile vom 16.9.1958, BStBl. II S. 462 und vom 9.7.1964, BStBl. III S. 530).

Es müssen also alle Voraussetzungen des Abschn. 3.2 (Seite 192) erfüllt sein.

Neben der OHG und der KG sind auch andere Gesellschaften, bei denen die Gesellschafter als Unternehmer (Mitunternehmer) des Gewerbebetriebes anzusehen sind, Personengesellschaften:

- die Reederei i.S. des § 489 BGB,
- die Gesellschaft bürgerlichen Rechts i.S. des § 705 BGB,
- die Arbeitsgemeinschaften, die nach außen in eigenem Namen auftreten.

3.3.2 Kapitalgesellschaften und andere juristische Personen

Bei diesen Gesellschaften (§ 2 Abs. 2 GewStG) wird unterstellt, daß sie stets und in vollem Umfang gewerblich tätig sind (Abschn. 16 Abs. 1 GewStR).

Die Gewerbesteuerpflicht ist bei diesen Unternehmen nur an die Rechtsform geknüpft mit der Folge, daß nicht nur eine gewerbliche Tätigkeit, sondern jegliche Tätigkeit überhaupt die Gewerbesteuerpflicht auslöst.

Im einzelnen handelt es sich um folgende Rechtsformen:

- Kapitalgesellschaften (AG, KGaA, GmbH, bergrechtliche Gewerkschaften)
- Erwerbs- und Wirtschaftsgenossenschaften, Versicherungsvereine auf Gegenseitigkeit

3.3.3 Organschaft

Organschaft liegt vor, wenn eine Kapitalgesellschaft einem anderen Unternehmen (**Organträger**) finanziell, wirtschaftlich und organisatorisch eingegliedert ist, daß sie als unabhängige Gesellschaft (Organgesellschaft) anzusehen ist. Die **Organgesellschaft** gilt im Gewerbesteuerrecht als **Betriebstätte** des Organträgers (Abschn. 17 GewStR).

3.4 Gewerbebetrieb kraft wirtschaftlichen Geschäftsbetriebs

Hierzu zählt die ohne Gewinnerzielungsabsicht und nicht gemeinnützig ausgeübte Tätigkeit (ausgenommen Land- und Forstwirtschaft) sonstiger juristischer Personen, die nicht unter § 2 Abs. 2 GewStG fallen (Abschn. 18 GewStR). Es sind dies (§ 2 Abs. 3 GewStG):

- sonstige juristische Personen des privaten Rechts
- nichtrechtsfähige Vereine.

Voraussetzung ist die Unterhaltung eines wirtschaftlichen Geschäftsbetriebs. Ein **wirtschaftlicher Geschäftsbetrieb** liegt in einer planmäßigen wirtschaftlichen Tätigkeit zur Erzielung von Einnahmen oder anderer wirtschaftlicher Vorteile, die über eine einmalige Tätigkeit hinausgeht.

Eine Gewerbesteuerpflicht besteht aber nur insoweit, als der Rahmen einer Vermögensverwaltung überschritten wird (Abschn. 18 Abs. 4 GewStR).

Die folgenden Betätigungen gehen über den Rahmen einer Vermögensverwaltung hinaus:

- Der Betrieb einer Kantine, einer Volksküche oder eines Kasinos;
- Der Betrieb einer Druckerei oder die Herausgabe einer Zeitschrift;
- Die Erhebung von Eintrittsgeld bei Veranstaltung einer Festlichkeit;
- Der Betrieb eines Kreditinstituts oder eines Versicherungsunternehmens (Abschn. 18 Abs. 5 GewStR).

Weitere Beispiele solcher Betätigungen sind die Durchführung von Erhebungen (Analysen), Erteilung von Informationen u.ä. gegen Entgelt, auch wenn dadurch die Kosten nicht vollständig gedeckt werden können und die Leistungen einem satzungsmäßigen Zweck entsprechen.

3.5 Betriebe der öffentlichen Hand

Betriebe der öffentlichen Hand (Abschn. 20 Abs. 1 GewStR) erfahren gewerbesteuerrechtlich keine Sonderbehandlung. Sie sind gewerbesteuerpflichtig, wenn sie alle Voraussetzungen erfüllen, die an den Begriff des Gewerbebetriebes (§ 1 GewStDV) geknüpft sind.

Eine Tätigkeit ist nur als Gewerbebetrieb anzusehen, wenn sie von einigem Gewicht ist. Das ist nach dem BFH-Urteil vom 24.10.1961 (BStBl. III S. 552) in der Regel der Fall, wenn der durchschnittliche Jahresgewinn etwa 2.000 DM beträgt.

Zu den steuererheblichen Voraussetzungen gehört auch die Beteiligung am allgemeinen wirtschaftlichen Verkehr. An dieser Voraussetzung fehlt es bei Kantinen, die nur für die Zugehörigen eines Betriebes eingerichtet sind. Ob Gewinnerzielungsabsicht vorliegt, muß bei ständig mit Verlust arbeitenden Eigenbetrieben von Körperschaften des öffentlichen Rechts im Einzelfall unter Abwägung aller Umstände geprüft werden. (Vgl. hierzu das BFH-Urteil vom 28.10.1970, BStBl. 1971 II S. 247).

Dienen Betriebe der öffentlichen Hand überwiegend der Ausübung der öffentlichen Gewalt (Hoheitsbetriebe), gehören sie nicht zu den Gewerbebetrieben (vgl. § 2 Abs. 2 GewStDV).

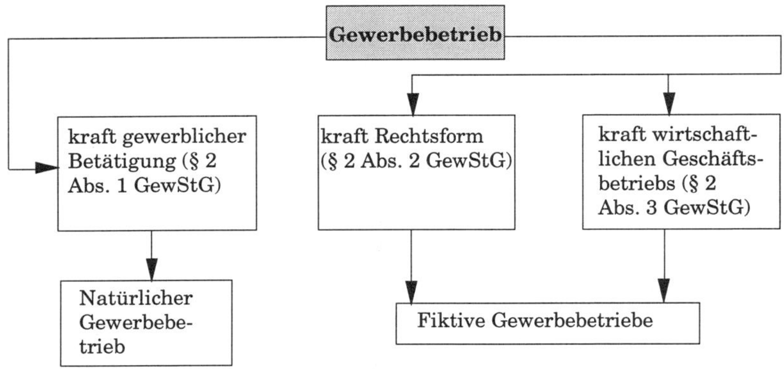

4. Steuerpflicht

4.1 Beginn

Steuergegenstand ist der Gewerbebetrieb als Objekt. Ist dieses Objekt existent, beginnt die sachliche Steuerpflicht. Je nach der Rechtsform der Unternehmung sind zu unterscheiden (Abschn. 21 GewStR):

(1) Bei **Einzelgewerbetreibenden und bei Personengesellschaften** beginnt die Steuerpflicht in dem Zeitpunkt, in dem die maßgebliche Tätigkeit aufgenommen wird. Vorbereitungshandlungen (z.B. Anmietung eines Geschäftslokals, Errichtung eines Fabrikgebäudes) begründen die Gewerbesteuerpflicht noch nicht. Die Eintragung ins Handelsregister ist hier ohne Bedeutung.

(2) Bei **Gewerbebetrieben kraft Rechtsform** gem. § 2 Abs. 2 GewStG beginnt die Steuerpflicht

- bei Kapitalgesellschaften mit der Eintragung ins Handelsregister,
- bei Erwerbs- und Wirtschaftsgenossenschaften mit der Eintragung in das Genossenschaftsregister,
- bei Versicherungsvereinen auf Gegenseitigkeit mit der aufsichtsbehördlichen Erlaubnis zum Geschäftsbetrieb,
- bei den sonstigen juristischen Personen des privaten Rechts und den nichtrechtsfähigen Vereinen, wenn alle anderen Voraussetzungen mit der Aufnahme eines wirtschaftlichen Geschäftsbetriebes vorliegen,
- bei Unternehmen, für die der Grund für die Befreiung von der Gewerbesteuer wegfällt, im Zeitpunkt des Wegfalls des Befreiungsgrundes.

4.2 Ende

Grundsätzlich endet die Steuerpflicht, wenn eine der Voraussetzungen wegfällt, welche den Beginn der Steuerpflicht begründet hat.

Im einzelnen erlischt die Steuerpflicht (Abschn. 22 GewStR)

- bei **Einzelgewerbetreibenden und bei Personengesellschaften** mit der tatsächlichen Einstellung des Betriebes i.S. völliger Aufgabe der Betriebstätigkeit. Demnach ist mit Eintritt der Liquidation der Gewerbebetrieb eingestellt.
- bei den **Kapitalgesellschaften** wie auch bei den anderen Unternehmen i.S. des § 2 Abs. 2 GewStG mit dem Aufhören jeglicher Tätigkeit überhaupt. Das ist grundsätzlich der Zeitpunkt, in dem das Vermögen an die Gesellschafter verteilt worden ist. Die Liquidation liegt demnach noch innerhalb der gewerblichen Tätigkeit, auch die Konkurseröffnung beendet die Steuerpflicht nicht.
- bei den **sonstigen juristischen Personen** des privaten Rechts und den **nichtrechtsfähigen Vereinen** i.S. des § 2 Abs. 3 GewStG mit der tatsächlichen Einstellung des wirtschaftlichen Geschäftsbetriebs.

Vorübergehende Unterbrechungen im Betrieb eines Gewerbes, die durch die Art des Betriebes veranlaßt sind, heben die Steuerpflicht für die Zeit bis zur Wiederaufnahme des Betriebs nicht auf (§ 2 Abs. 4 GewStG, Abschn. 22 Abs. 1 Satz 5 GewStR).

4.3 Unternehmerwechsel

Die Existenz eines Gewerbebetriebes ist von dem Wechsel der Personen unabhängig und besteht auch gewerbesteuerrechtlich als Objekt weiter (§ 2 Abs. 5 GewStG, Abschn. 22a GewStR). Das Gesetz unterstellt aber, daß ein Gewerbebetrieb als durch den bisherigen Unternehmer eingestellt gilt und gleichzeitig als durch den anderen Unternehmer neu gegründet.

Der Zeitpunkt des Übergangs (Unternehmerwechsel) wird als Zeitpunkt der Einstellung und als Zeitpunkt der Neugründung angesehen. In dem Besteuerungszeitraum, in den der Unternehmerwechsel fällt, gelten zwei selbständige Gewerbebetriebe als vorhanden.

Wenn der Nachfolger den übernommenen Betrieb mit einem bestehenden Gewerbebetrieb vereinigt, gilt der Gewerbebetrieb als eingestellt, aber nicht als neu gegründet.

4.4 Verpachtung eines Gewerbebetriebs

Mit der Verpachtung eines Gewerbebetriebs im ganzen erlischt die Gewerbesteuerpflicht des Verpächters (BFH-Urteil vom 13.11.1963, BStBl. 1964 III S. 124). Siehe Abschn. 15 Abs. 2 GewStR.

Die Pachteinnahmen gehören zwar, solange der Verpächter nicht die Betriebsaufgabe erklärt, einkommensteuerlich zu den Einkünften aus Gewerbebetrieb, sie unterliegen jedoch nicht mehr der Gewerbesteuer. Ein Gewerbebetrieb i.S. des Gewerbesteuerrechts existiert in diesem Falle nicht mehr.

4.5 Steuerschuldner

Steuerschuldner (§ 5 Abs. 1 GewStG) ist der Unternehmer, für dessen Rechnung das Gewerbe betrieben wird.

Wird das Gewerbe für Rechnung mehrerer Personen betrieben, so sind diese Gesamtschuldner.

Ist die Tätigkeit einer Personengesellschaft Gewerbebetrieb, so ist die Gesellschaft Steuerschuldner (§ 5 Abs. 1 Satz 3 GewStG).

Bei Unternehmerwechsel ist der bisherige Unternehmer bis zum Zeitpunkt des Übergangs Steuerschuldner (§ 5 Abs. 2 GewStG).

Die Frage der Haftung des Betriebsübernehmers ist in der Weise geregelt, daß nach § 75 Abs. 1 AO der Erwerber eines Betriebes haftet für Steuern, bei denen sich die Steuerpflicht auf den Betrieb des Unternehmens gründet, vorausgesetzt, daß die Steuern seit dem Beginn des letzten, vor der Übereignung liegenden Kalenderjahres entstanden sind und bis zum Ablauf von einem Jahr nach Anmeldung des Betriebes durch den Erwerber festgesetzt oder angemeldet werden.

5. Besteuerungsgrundlagen

Besteuerungsgrundlagen (§ 6 GewStG) für die Gewerbesteuer sind

- der Gewerbeertrag
- das Gewerbekapital.

Nach diesen Besteuerungsgrundlagen unterscheiden wir demnach

- Gewerbesteuer nach dem Gewerbeertrag,
- Gewerbesteuer nach dem Gewerbekapital.

Damit werden die Ertragskraft (finanzielles Ergebnis) und das eingesetzte Kapital (Betriebsvermögen) der Gewerbesteuer unterworfen. Die Gewerbeertrags- und Gewerbekapitalsteuer werden gemeinsam erhoben.

5.1 Gewerbeertrag

Gewerbeertrag (§ 7 GewStG) ist der nach den Vorschriften des EStG und des KStG zu ermittelnde

- inländische Gewinn aus Gewerbebetrieb (= Ausgangsgröße), vermehrt um
- Hinzurechnungen (§ 8 GewStG) und vermindert um
- Kürzungen (§ 9 GewStG).

5.1.1 Gewinn als Ausgangsgröße

Der Gewinn, der der Einkommensteuer- oder der Körperschaftsteuerveranlagung zugrunde gelegt worden ist, bildet nicht ohne weiteres Ausgangspunkt für die Ermittlung des Gewerbeertrags (Abschn. 39 Abs. 1 GewStR). Es bedarf der verfahrensrechtlich selbständigen Gewinnermittlung für die Gewerbesteuer. Da die wirtschaftliche Leistungsfähigkeit des Betriebes von der Gewerbesteuer erfaßt werden soll, bleibt der Gewinn aus der Veräußerung des Gewerbebetriebes (ausgenommen bei Kapitalgesellschaften) bei dem Gewerbeertrag außer Ansatz. Gewinne aus der Veräußerung der Beteiligung an einer Personengesellschaft gehören auch dann nicht zum Gewerbeertrag, wenn die Beteiligung zum Betriebsvermögen gehört (vgl. BFH-Urteil vom 25.5.1962, BStBl. III S. 438).

Dementsprechend vermindern Verluste aus den bezeichneten Veräußerungen auch nicht den Gewerbeertrag.

Für die Ermittlung des Gewerbeertrags im Falle der Organschaft gilt, daß die Gewerbeerträge für den Organträger und für die Organgesellschaft getrennt zu ermitteln sind.

5.1.2 Hinzurechnungen

Dem Gewinn aus Gewerbebetrieb werden die in § 8 GewStG genannten Beträge wieder hinzugerechnet, soweit sie bei der Ermittlung des Gewinns abgesetzt worden sind:

(1) **Entgelte für Dauerschulden** (§ 8 Nr. 1 GewStG, Abschn. 47 GewStR).

Es handelt sich um Schulden, die wirtschaftlich mit der Gründung oder dem Erwerb des Betriebs (Teilbetriebs) oder eines Anteils am Betrieb oder mit der Erweiterung oder Verbesserung zusammenhängen oder der nicht nur vorübergehenden Verstärkung des Betriebskapitals dienen. Die Entgelte für Dauerschulden sind mit 50 % anzusetzen.

Ob eine Schuld in diesem Sinne vorliegt, ist in jedem Fall eine Tatfrage. Nicht allein auf die Abmachung der Parteien, sondern auf das tatsächliche Geschäftsverhältnis kommt es an (Abschn. 47 Abs. 4 GewStR).

Nach dem Charakter der Schuld ist zwischen zum laufenden Geschäftsverkehr gehörigen Schulden und Schulden, die der **Verstärkung des dauernd dem Betrieb gewidmeten Kapitals** dienen, zu unterscheiden.

Neben den Charakter der Schuld tritt als zweiter Beurteilungsmaßstab das **zeitliche Moment.** Danach sind Schulden mit einer Laufzeit von mehr als einem Jahr Dauerschulden.

Bei Verbindlichkeiten, die mit der Gründung oder dem Erwerb eines Betriebes, Teilbetriebes oder eines Anteils am Betrieb zusammenhängen, sind bei einer kürzeren Laufzeit Dauerschulden, wenn sie nicht dem laufenden Geschäftsverkehr zuzurechnen sind.

Kontokorrentschulden gelten im allgemeinen als laufende Schulden (vgl. BFH-Urteil vom 17.3.1959, BStBl. 1960 III S. 49 und vom 6.11.1964, BStBl. 1965 III S. 195).

Sie sind nur dann Dauerschulden, wenn angenommen werden muß, daß trotz der äußeren Form des Kontokorrentkredits ein bestimmter Mindestkredit dem Unternehmen dauernd gewidmet werden soll. Nur in dieser Höhe kann die Schuld als dauernde Verstärkung des Betriebskapitals angesehen werden.

Hat der niedrigste Schuldenstand nur während ganz kurzer Zeit - bis zu sieben zusammenhängende Tage - bestanden, so ist er für die Feststellung des als Dauerschuld in Betracht kommenden Mindestbetrages der Schuld unberücksichtigt zu lassen.

Die Richtlinien (Abschn. 47 Abs. 8 GewStR) geben zur Erläuterung folgendes Beispiel:

Der Kontostand einer Kontokorrentschuld, die mit 4 % zu verzinsen ist, hat in einem Wirtschaftsjahr in täglich unterschiedlicher Höhe zwischen 1 Mio. DM und 49.000 DM betragen. Die acht niedrigsten Kontostände lauten auf

1.	49.000 DM	5.	105.000 DM
2.	54.800 DM	6.	117.200 DM
3.	58.600 DM	7.	121.400 DM
4.	70.100 DM	8.	130.000 DM

Als Dauerschuldzinsen sind die Hälfte von 4 % von 130.000 DM, das sind 2.600 DM, hinzuzurechnen.
Entsprechend würde, wenn die aufgezeigten Kontostände Nr. 1 an 3 Tagen, Nr. 2 an 2 Tagen und Nr. 3 an 2 Tagen bestanden hätten, von dem viertniedrigsten Kontostand mit 70.100 DM auszugehen sein, da die an insgesamt an sieben Tagen bestehenden niedrigeren Kontostände Nr. 1 bis 3 außer Betracht bleiben müßten.

Für die Frage, ob hinzuzurechnende Entgelte vorliegen, ist nicht die Bezeichnung, sondern der sachliche Inhalt der Leistung entscheidend (Abschn. 48 Abs. 1 GewStR). Als Zinsen sind alle Leistungen des Schuldners an den Gläubiger anzusehen, die das Entgelt für die Nutzung des Kredits darstellen (BFH-Urteil vom

26.6.1963, BStBl. III S. 386). Bei Bankkrediten sind danach die laufenden Sondervergütungen (Provisionen), die neben den Zinsen vereinbart sind, in der Regel den Entgelten zuzurechnen.

(2) **Renten und dauernde Lasten** (§ 8 Nr. 2 GewStG), die wirtschaftlich mit der Gründung oder dem Erwerb des Betriebs (Teilbetriebs) oder eines Anteils am Betrieb zusammenhängen; das gilt nicht, wenn diese Beträge beim Empfänger zur Steuer nach dem Gewerbeertrag heranzuziehen sind (Abschn. 52 GewStR).

Renten sind periodisch wiederkehrende, gleichmäßige, der Höhe nach bestimmte Leistungen in Geld oder vertretbaren Sachen, die für eine gewisse Dauer (mindestens aber 10 Jahre oder auf Lebenszeit) geleistet werden und auf einer einheitlichen rechtlichen Verpflichtung (Rentenstammrecht) beruhen.

Dauernde Lasten sind auf einer besonderen Verpflichtung beruhende wiederkehrende Leistung, die für eine gewisse Dauer (mindestens 10 Jahre) aufgebracht werden. Gleichmäßigkeit nach Art und Zeit der Leistung wie bei den Renten ist hier nicht relevant.

(3) **Gewinnanteile des typischen stillen Gesellschafters** (§ 8 Nr. 3 GewStG), wenn sie beim Empfänger nicht zur Steuer nach dem Gewerbeertrag heranzuziehen sind (Abschn. 53 Abs. 1 GewStR).

Der hier verwendete Begriff des stillen Gesellschafters geht insofern über den handelsrechtlichen (und den einkommensteuerrechtlichen) Begriff hinaus, als nicht die Beteiligung an einem Handelsgewerbe erforderlich ist, sondern es genügt die Beteiligung an einem Gewerbe schlechthin.

Zu den Gewinnanteilen gehören auch gewinnabhängige Bezüge, die nach Beendigung des stillen Gesellschaftsverhältnisses für die von dem stillen Gesellschafter während des Bestehens des Gesellschaftsverhältnisses erbrachten Leistungen gewährt werden (vgl. BFH-Urteil vom 17.2.1972, BStBl. II S. 586).

(4) **Die Gewinnanteile**, die an persönlich haftende Gesellschafter einer Kommanditgesellschaft auf Aktien auf ihre nicht auf das Grundkapital gemachten Einlagen oder als Vergütung (Tantieme) für die Geschäftsführung verteilt worden sind (§ 8 Nr. 4 GewStG, Abschn. 55 GewStR).

Vergütungen i.S. dieser Vorschrift sind auch feste Vergütungen, Ruhegehälter und ähnliche Bezüge.

Eine Hinzurechnung ist deshalb erforderlich, weil bei der Gewinnermittlung einer KGaA nach § 9 Nr. 2 KStG die vorbezeichneten Gewinnanteile abziehbare Aufwendungen darstellen.

(5) Die Hälfte der **Miet- und Pachtzinsen** für die Benutzung der nicht in Grundbesitz bestehenden Wirtschaftsgüter des Anlagevermögens, die im Eigentum eines anderen stehen (§ 8 Nr. 7 GewStG).

Fallen die Miet- und Pachtzinsen beim Empfänger in einem Betrieb an, der der Gewerbesteuer unterliegt, so sind sie beim Mieter oder Pächter zur Hälfte nur dann hinzuzurechnen, wenn ein ganzer Betrieb oder Teilbetrieb Gegenstand des Miet- und Pachtvertrages ist und die Miet- und Pachtzinsen 250.000 DM übersteigen (Abschn. 57 Abs. 7 GewStR).

Bei der Beurteilung, ob ein Miet- oder Pachtvertrag vorliegt, kommt es darauf an, ob die Verträge ihrem wesentlichen rechtlichen Gehalt nach Miet- oder Pachtverträge i.S. des bürgerlichen Rechts sind (z.B. Verträge für die Überlassung von betrieblichen Erfahrungen - sog. know how - fallen nicht darunter).

(6) Die **Anteile am Verlust** einer in- oder ausländischen OHG, einer KG oder einer anderen Gesellschaft, bei der die Gesellschafter als Unternehmer (Mitunternehmer) des Gewerbebetriebs anzusehen sind (§ 8 Nr. 8 GewStG).

(7) Die **Ausgaben i.S. des § 9 Nr. 3 KStG** bei den der Körperschaftsteuer unterliegenden Gewerbebetrieben (§ 8 Nr. 9 GewStG, Abschn. 58 GewStR).

(8) Gewinnminderungen, die

a) durch Ansatz des niedrigeren Teilwerts des Anteils an einer Körperschaft oder
b) durch Veräußerung oder Entnahme des Anteils oder bei Auflösung oder Herabsetzung des Kapitals der Körperschaft

entstanden sind, soweit der Ansatz des niedrigeren Teilwerts oder die sonstige Gewinnminderung auf Gewinnausschüttungen der Körperschaft zurückzuführen ist und auf die Gewinnausschüttungen § 9 Nr. 2a, 7 oder 8 angewendet wird.

5.1.3 Kürzungen

Zur Ermittlung des Gewerbeertrags sind nach den Hinzurechnungen noch **Kürzungen** (§ 9 GewStG) vorzunehmen.

Im einzelnen sind dies:

(1) 1,2 v.H. des Einheitswerts des zum Betriebsvermögen des Unternehmers gehörenden **Grundbesitzes**, soweit er nicht zu Betriebstätten i.S. des § 2 Abs. 6 Satz 1 GewStG gehört (§ 9 Nr. 1 GewStG). Die Zugehörigkeit zum Betriebsvermögen ist nach den Vorschriften des Einkommensteuergesetzes zu beurteilen (Abschn. 61 GewStR).

Maßgebend für die Kürzung ist der Einheitswert, der auf den letzten Feststellungszeitpunkt (Hauptfeststellungs-, Fortschreibungs- oder Nachfeststellungszeitpunkt) vor dem Ende des Erhebungszeitraums lautet (Abschn. 61 Abs. 4 GewStR).

(2) **Anteile am Gewinn einer in- oder ausländischen OHG, einer KG oder einer anderen Gesellschaft**, bei der die Gesellschafter als Unternehmer (Mitunternehmer) des Gewerbebetriebs anzusehen sind, wenn die Gewinnanteile bei Ermittlung des Gewinns (§ 7 GewStG) angesetzt worden sind (§ 9 Nr. 2 GewStG).

(3) **Schachtelgewinne** (§ 9 Nr. 2a GewStG), das sind Gewinne aus Anteilen an einer nicht steuerbefreiten inländischen Kapitalgesellschaft i.S. des § 2 Abs. 2 GewStG oder u.a. einer Kreditanstalt des öffentlichen Rechts, an der das Unternehmen zu Beginn des Erhebungszeitraums mindestens zu einem Zehntel am Grund- oder Stammkapital beteiligt ist, wenn die Gewinnanteile bei Ermittlung des Gewinns (§ 7 GewStG) angesetzt worden sind.

(4) Der Teil des Gewerbeertrags eines inländischen Unternehmens, der auf eine **nicht im Inland belegene Betriebstätte** entfällt (§ 9 Nr. 3 GewStG). Da die auf eine ausländische Betriebstätte entfallenden positiven wie negativen Gewerbeerträge nach § 2 Abs. 1 GewStG unberücksichtigt bleiben, hat diese Vorschrift lediglich deklaratorische Bedeutung (Abschn. 62c GewStR).

(5) Die bei der Ermittlung des Gewinns aus Gewerbebetrieb des Vermieters oder Verpächters berücksichtigten **Miet- oder Pachtzinsen** für die Überlassung von nicht in Grundbesitz bestehenden Wirtschaftsgütern des Anlagevermögens, soweit sie nach § 8 Nr. 7 GewStG dem Gewinn aus Gewerbebetrieb des Mieters oder Pächters hinzugerechnet worden sind (§ 9 Nr. 4 GewStG).

Die so tatsächlich hinzugerechneten Beträge sind zur Vermeidung einer doppelten Besteuerung bei der Ermittlung des Gewerbeertrages des Vermieters oder Verpächters zu kürzen.

(6) Die aus den Mitteln des Gewerbebetriebs geleisteten Ausgaben zur Förderung mildtätiger, kirchlicher, religiöser, wissenschaftlicher und der als besonders förderungswürdig anerkannten gemeinnütziger Zwecke i.S. des § 10b Abs. 1 EStG oder § 9 Nr. 3a KStG, § 9 Nr. 5 GewStG.

Spenden i.S. des § 10b EStG sind in bestimmter Höhe als Sonderausgaben abzugsfähig (Abschn. 64 GewStR); sie berühren also nicht den Gewinn aus Gewerbebetrieb und demgemäß auch nicht den Gewerbeertrag. Spenden mindern aber die Höhe, in der sie als Sonderausgaben abgezogen worden sind, den Gewerbeertrag des Erhebungszeitraums.

(7) Die Zinsen aus den in § 43 Abs. 1 Nr. 5 EStG **bezeichneten festverzinslichen Wertpapieren**, bei denen die Einkommensteuer (Körperschaftsteuer) durch Abzug vom Kapitalertrag erhoben worden sind (§ 9 Nr. 6 GewStG).

Sie sind deshalb abzuziehen, weil durch die Kuponsteuer (Steuerabzug) auch die Gewerbesteuer abgegolten wird.

(8) Die Gewinne aus **Anteilen an einer Kapitalgesellschaft** mit Geschäftsleitung und Sitz außerhalb des Geltungsbereichs des Gewerbesteuergesetzes, wenn folgende Voraussetzungen gegeben sind (§ 9 Nr. 7 GewStG):

- Ununterbrochene Beteiligung von mindestens 10 v.H. am Nennkapital der ausländischen Kapitalgesellschaft seit Beginn des Erhebungszeitraums.
- Die ausländische Kapitalgesellschaft (Tochtergesellschaft) muß ihre Bruttoerträge ausschließlich oder fast ausschließlich aus unter § 8 Abs. 1 Nr. 1 bis 6 des Außensteuergesetzes fallenden Tätigkeiten und aus unter § 8 Abs. 2 des Außensteuergesetzes fallenden Beteiligungen beziehen.
- Diese Gewinnanteile müssen bei der Ermittlung des Gewinns angesetzt worden sein.

(9) Die nach § 8a KStG bei der Ermittlung des Gewinns (§ 7) angesetzten Vergütungen für Fremdkapital.

5.1.4 Maßgebender Gewerbeertrag

Für die Besteuerung ist der Gewerbeertrag des Erhebungszeitraums maßgebend, für den der einheitliche Steuermeßbetrag festgesetzt wird (§ 10 Abs. 1 GewStG).

Diese Vorschrift entspricht dem System der Gegenwartsbesteuerung, bei der der Bemessungszeitraum mit dem Erhebungszeitraum übereinstimmt.

Weicht bei einem Unternehmen, das Bücher nach den Vorschriften des HGB zu führen verpflichtet ist, das Wirtschaftsjahr vom Kalenderjahr ab, so gilt der Gewerbeertrag des ganzen Wirtschaftsjahres als in dem Erhebungszeitraum bezogen, in dem das Wirtschaftsjahr endet (§ 10 Abs. 2 GewStG).

5.1.5 Gewerbeverlust

Bei der Ermittlung des Gewerbeertrags können Gewerbeverluste berücksichtigt werden (§ 10a GewStG).

Der maßgebende Gewerbeertrag wird um die Fehlbeträge gekürzt, die sich bei der Ermittlung des maßgebenden Gewerbeertrags für die vorangegangenen Erhebungszeiträume nach den Vorschriften der §§ 7 bis 10 GewStG ergeben haben, soweit die Fehlbeträge nicht bei der Ermittlung des Gewerbeertrages für die vorangegangenen Erhebungszeiträume berücksichtigt worden sind. Die Höhe der vortragsfähigen Fehlbeträge ist gesondert festzustellen.

Damit unterscheidet sich der Gewerbeverlust von dem Verlustabzug i.S. des § 10d EStG, da seine Höhe durch die Hinzurechnungen und Kürzungen beeinflußt wird.

Der Steuerpflichtige hat kein Wahlrecht bei der Berücksichtigung des Gewerbeverlusts. Er ist von Amts wegen erstmals in dem auf das Entstehungsjahr unmittelbar folgende Erhebungszeitraum zu berücksichtigen. Eine zeitliche Beschränkung besteht nicht (Abschn. 68 GewStR).

Ein **Verlustrücktrag** wie im Einkommensteuerrecht (§ 10d EStG) ist für die Gewerbesteuer **nicht** möglich.

5.1.6 Steuermeßzahl und Steuermeßbetrag

Für die Steuerberechnung ist von einem Steuermeßbetrag auszugehen, der mit Hilfe von Steuermeßzahlen (§ 11 GewStG) auf den Gewerbeertrag ermittelt wird.

Der Steuermeßbetrag errechnet sich durch Anwendung der Steuermeßzahl auf den auf volle 100 DM nach unten abgerundeten Gewerbeertrag. Bei natürlichen Personen sowie bei Personengesellschaften ist ab 1.1.1993 ein Freibetrag in Höhe von 48.000 DM, höchstens jedoch in Höhe des abgerundeten Gewerbeertrags, vom Gewerbeertrag abzuziehen.

Nach § 11 Abs. 2 werden die Steuermeßzahlen ab 1.1.1993 in folgender Weise gestaffelt:

- 1 v.H. für die ersten 24.000 DM
- 2 v.H. für die weiteren 24.000 DM
- 3 v.H. für die weiteren 24.000 DM
- 4 v.H. für die weiteren 24.000 DM
- 5 v.H. für den weiteren Gewerbeertrag.

Beispiel:

Gewerbeertrag (auf volle 100 DM)	196.000 DM
./. Freibetrag	48.000 DM
	148.000 DM

Steuermeßzahl	**Steuermeßbetrag**	
• 1 % von 24.000 DM	240	
• 2 % von 24.000 DM	480	
• 3 % von 24.000 DM	720	96.000 DM
• 4 % von 24.000 DM	960	
• 5 % von 52.000 DM	2.600	
= Steuermeßbetrag	5.000	

oder vereinfachte Rechnung

Steuermeßzahl 5 % von 148.000 = Steuermeßbetrag	7.400
abzüglich *	2.400
	5.000

* 5 % von 96.000 = Steuermeßbetrag 4.800
lt. Staffelung 2.400 verbleiben 2.400.

Die volle Belastung mit Gewerbesteuer tritt somit erst ab einem Gewerbeertrag von mehr als 144.000 DM ein.

5.2 Gewerbekapital

Das Gewerbekapital ist neben dem Gewerbeertrag die zweite Besteuerungsgrundlage (§ 12 Abs. 1 GewStG). Auch hierbei sind Hinzurechnungen und Kürzungen zu berücksichtigen.

Maßgebend ist der Einheitswert, der auf den letzten Feststellungszeitpunkt vor dem Ende des Erhebungszeitraums lautet (§ 12 Abs. 1 S. 2 GewStG, Abschn. 74 GewStR).

Als kapitalmäßiger Ausgangswert wird der Einheitswert des Betriebsvermögens angesetzt. Beim Gewerbekapital liegt eine unmittelbare Bindung an den Einheitswert des gewerblichen Betriebes vor (Abschn. 73 Abs. 2 GewStR). Die unmittelbare Bindung an den Einheitswert des gewerblichen Betriebes umfaßt auch die dem Einheitswert des Betriebsvermögens zugrunde liegenden Feststellungen. Sie erstreckt sich also auch auf die Frage, ob im Feststellungszeitpunkt eine bestimmte Verbindlichkeit eine betriebliche war.

5.2.1 Hinzurechnungen

Die Hinzurechnungen (§ 12 Abs. 2 GewStG) sind für denselben Stichtag vorzunehmen, auf den der Einheitswert festgestellt worden ist.

Liegt der maßgebenden Einheitsbewertung des Betriebsvermögens ein vom Feststellungszeitpunkt abweichender Abschlußzeitpunkt zugrunde, so sind die Verhältnisse im Abschlußzeitpunkt auch für die Hinzurechnungen und Kürzungen entscheidend (Abschn. 75 GewStR). Vgl. das BFH-Urteil vom 6.11.1962 (BStBl. 1963 S. 69).

Die **Hinzurechnungen** im einzelnen sind

(1) Verbindlichkeiten, die den Entgelten, den Renten und dauernden Lasten und den Gewinnanteilen i.S. des § 8 Nr. 1 bis 3 GewStG entsprechen (§ 12 Abs. 2 Nr. 1 GewStG).

Diese Dauerschulden werden nur in Höhe des 50.000 DM übersteigenden Betrages angesetzt, und zwar zu 50 v.H. dieses übersteigenden Betrages.

Die Hinzurechnung setzt immer voraus, daß die Verbindlichkeiten bei der Feststellung des Einheitswertes - gleichgültig aus welchen Gründen - abgezogen worden sind.

Verbindlichkeiten in dem genannten Sinne sind Dauerschulden.

Der Wortlaut des § 12 Abs. 2 Nr. 1 GewStG macht die Hinzurechnung nicht davon abhängig, ob diese Dauerschulden auch verzinst werden; auch zinslose Dauerschulden sind dem Einheitswert hinzuzurechnen.

Die Höhe der Dauerschulden mit wechselndem Bestand, insbesondere Kontokorrentschulden (Abschn. 76 Abs. 4 GewStR), richtet sich für die Ermittlung des Gewerbekapitals nach dem Mindestbetrag der Schuld in der Zeit von einem Jahr vor und einem Jahr nach dem Stichtag, der für die Feststellung des Einheitswerts maßgebend ist. Es gilt auch hier der gleiche Berechnungsmodus wie unter E. 5.1.2 (Seite 201) dargestellt (Abschn. 76 Abs. 4 Satz 2 GewStR).

Für Renten und dauernde Lasten sowie Gewinnanteile gemäß § 8 Nrn. 2 bis 3 GewStG sind die Kapitalwerte und Vermögenseinlagen dem Einheitswert hinzuzurechnen, soweit sie bei der Feststellung des Einheitswerts abgezogen worden sind.

(2) Die Werte (Teilwerte), der nicht in Grundbesitz bestehenden Wirtschaftsgüter, die dem Betrieb dienen aber im Eigentum eines Mitunternehmers oder eines Dritten stehen, soweit sie nicht im Einheitswert des Gewerbebetriebes enthalten sind (§ 12 Abs. 2 Nr. 2 GewStG). Unter diesen Wirtschaftsgütern sind nur solche Werte zu verstehen, die der Eigentümer dem Betrieb überlassen hat und die auf Grund dieser Überlassung vom Betrieb in Gebrauch genommen sind (Abschn. 77 Abs. 2 GewStR).

Liegt die Überlassung eines Wirtschaftsgutes an den Betrieb in dem bezeichneten Sinne vor, ist es für die Hinzurechnung einerlei, ob für die Überlassung ein Entgelt gezahlt wird (Miete, Pacht) oder nicht (Leihe).

Es ist wichtig zu beachten, daß bei der Ermittlung des Gewerbekapitals die Teilwerte fremder Wirtschaftsgüter dem Einheitswert des gewerblichen Betriebes des Mieters oder Pächters stets hinzuzurechnen sind, wenn diese Wirtschaftsgüter nicht zum Gewerbekapital des Vermieters oder Verpächters gehören. Gehören sie dagegen zum Gewerbekapital des Vermieters oder Verpächters, so sind sie beim Mieter oder Pächter nur dann hinzuzurechnen, wenn ein ganzer Betrieb oder Teilbetrieb Gegenstand des Miet- oder Pachtvertrags ist und die Teilwerte des überlassenen Betriebs (Teilbetriebs) 2,5 Mill. DM übersteigen.

5.2.2 Kürzungen

Die Summe des Einheitswerts des gewerblichen Betriebs und der Hinzurechnungen wird um bestimmte Beträge gekürzt (§ 12 Abs. 3 GewStG). Dies ist notwendig, wenn Vermögenswerte im Einheitswert des Betriebsvermögens enthalten sind, die bei diesem Betrieb nicht ertragswirksam sind oder bereits einer anderen Objektsteuer oder im Rahmen eines anderen Gewerbebetriebs der Gewerbesteuer unterliegen.

Im einzelnen handelt es sich um folgende **Kürzungen**:

(1) Die Einheitswerte der Betriebsgrundstücke, die in dem Einheitswert des gewerblichen Betriebs enthalten sind. Grundstücke unterliegen der Grundsteuer und eine zusätzliche Belastung mit einer weiteren Objektsteuer soll vermieden werden.

(2) Beteiligung an einer in- oder ausländischen Personengesellschaft, bei der die Gesellschafter als Unternehmer (Mitunternehmer) anzusehen sind.
Diese Werte werden bereits bei den Gesellschaften zur Gewerbekapitalsteuer herangezogen. Diese Kürzung korrespondiert mit der Kürzungsvorschrift in § 9 Nr. 2 und 2a GewStG.

(3) Beteiligung an einer nicht steuerbefreiten inländischen Kapitalgesellschaft i.S. des § 2 Abs. 2 GewStG oder an einer Kreditanstalt öffentlichen Rechts, wenn die

Beteiligung mindestens ein Zehntel des Grund- oder Stammkapitals beträgt. Im Falle des Fehlens eines Grund- oder Stammkapitals ist die Beteiligung am Vermögen maßgebend.

(4) Die Werte (Teilwerte), die nach § 12 Abs. 2 Nr. 2 GewStG dem Gewerbekapital eines anderen (Mieter oder Pächter) hinzugerechnet werden.

Nicht zu berücksichtigen sind

das Gewerbekapital von Betriebstätten, die das Unternehmen im Ausland unterhält (§ 12 Abs. 4 GewStG).

Übersicht zur Ermittlung der Gewerbesteuer:

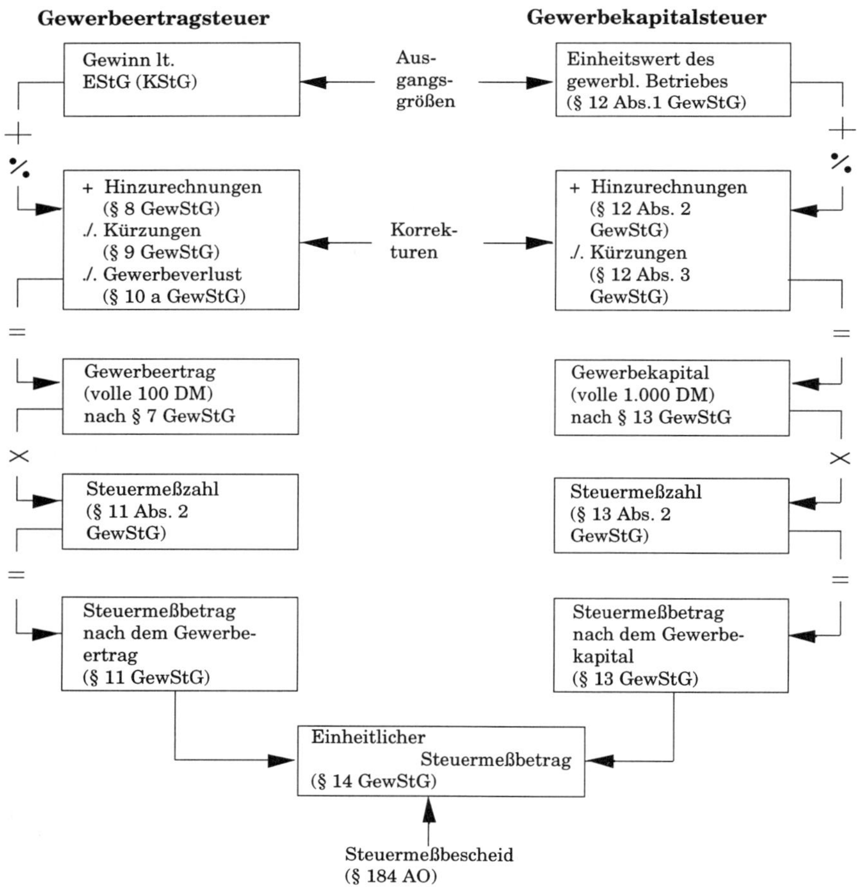

Bei einem Organverhältnis ist das Gewerbekapital des Organträgers und der Organgesellschaften getrennt zu ermitteln (Abschn. 83 GewStR); das so ermittelte Gewerbekapital ist zusammenzurechnen.

5.2.3 Steuermeßzahl und Steuermeßbetrag

Bei der Berechnung der Gewerbesteuer nach dem Gewerbekapital ist wie beim Gewerbeertrag zunächst ein Steuermeßbetrag zu ermitteln (§ 13 Abs. 1 GewStG). Dieser ist durch Anwendung eines Tausendsatzes (Steuermeßzahl) auf das Gewerbekapital zu berechnen. Zu diesem Zweck ist das Gewerbekapital auf volle 1.000 DM nach unten abzurunden. Das Gewerbekapital ist um einen Freibetrag von 120.000 DM, höchstens jedoch in Höhe des abgerundeten Gewerbekapitals, zu kürzen.

Die Steuermeßzahl für das Gewerbekapital beträgt 2 v.T.

19

5.3 Steuerberechnung

5.3.1 Einheitlicher Steuermeßbetrag

Die Steuermeßbeträge, die sich nach dem Gewerbeertrag und dem Gewerbekapital ergeben, werden zusammengerechnet und ergeben den einheitlichen Steuermeßbetrag (§ 14 GewStG).

Der einheitliche Steuermeßbetrag wird für den Erhebungszeitraum (= Kalenderjahr) nach dessen Ablauf vom Betriebsfinanzamt festgesetzt.

Fällt die Steuerpflicht im Laufe des Erhebungszeitraums weg, so kann der einheitliche Steuermeßbetrag sofort festgesetzt werden.

5.3.2 Pauschfestsetzung

Im Falle der Festsetzung der Einkommensteuer (Körperschaftsteuer) in einem Pauschbetrag, kann im Einvernehmen mit der dafür zuständigen Behörde auch der einheitliche Steuermeßbetrag in einem Pauschbetrag festgesetzt werden (§ 15 GewStG).

Es kann auch so verfahren werden, daß bei der Ermittlung des Gewerbeertrages von dem der Pauschalierung der Einkommensteuer (Körperschaftsteuer) zugrunde gelegten Gewinn ausgegangen wird. In diesem Falle ist dazu die Zustimmung der in § 15 genannten Behörde nicht erforderlich.

5.3.3 Festsetzung und Erhebung der Steuer

Die Gewerbesteuer wird aufgrund des einheitlichen Steuermeßbetrages mit einem Hundertsatz (Hebesatz) festgesetzt und erhoben (§ 16 GewStG).

Dieser Hebesatz wird von der hebeberechtigten Gemeinde für ein Kalenderjahr oder mehrere Kalenderjahre festgesetzt; er muß für alle in der Gemeinde vorhandenen Unternehmen der gleiche sein.

5.4 Entrichtung der Gewerbesteuer

Der Steuerschuldner ist verpflichtet, am 15. Februar, 15. Mai, 15. August und am 15. November Vorauszahlungen zu entrichten, die grundsätzlich ein Viertel der Steuer, die sich bei der letzten Veranlagung ergeben hat, betragen (§ 19 GewStG).

Es kann auch ein besonderer Vorauszahlungsbescheid erteilt werden, wenn

- ein Gewerbebetrieb in die Steuerpflicht eintritt,
- die Steuerpflicht erlischt und
- die Gemeinde die Vorauszahlungen der Steuer anpaßt, die sich für den laufenden Erhebungszeitraum voraussichtlich ergeben wird.

Die für einen Erhebungszeitraum entrichteten Vorauszahlungen werden auf die Steuerschuld für diesen Erhebungszeitraum angerechnet (§ 20 GewStG).

Ist die Steuerschuld höher als die festgesetzten und entrichteten Vorauszahlungen, so ist der Unterschiedsbetrag innerhalb eines Monats nach Bekanntgabe des Steuerbescheids zu entrichten (Abschlußzahlung).

Überzahlungen (Steuerschuld < Summe der anzurechnenden Vorauszahlungen) werden nach Bekanntgabe des Steuerbescheids durch Aufrechnung oder Zurückzahlung ausgeglichen.

Das gesamte Verfahren der Erhebung und Beitreibung der Gewerbesteuer liegt grundsätzlich bei der hebeberechtigten Gemeinde. Sie ist somit zuständig für die Entgegennahme der Zahlungen, für einen Erlaß, für eine Erstattung und Anrechnung, für eine Stundung, für eine Niederschlagung oder für die Beitreibung.

6. Zerlegung

Bei Hebeberechtigung mehrerer Gemeinden bezogen auf denselben Gewerbebetrieb ist der einheitliche Steuermeßbetrag auf die einzelnen Gemeinden zu zerlegen (§ 28 GewStG).

Mehrere Gemeinden sind hebeberechtigt, wenn

- ein Unternehmen im Erhebungszeitraum zur Ausübung des Gewerbes in mehreren Gemeinden Betriebstätten unterhalten hat,
- sich die Betriebstätte eines Gewerbebetriebes über mehrere Gemeinden erstreckt,
- eine Betriebstätte innerhalb eines Erhebungszeitraums von einer Gemeinde in eine andere Gemeinde verlegt worden ist.

6.1 Zerlegungsmaßstab

Der allgemeine Zerlegungsmaßstab (§ 29 GewStG, Abschn. 115 GewStR) bezieht sich entweder

(1) auf das Verhältnis der Betriebseinnahmen, die in den Betriebstätten der einzelnen Gemeinden (tatsächlich) erzielt worden sind, zu der Summe der in allen Betriebstätten erzielten Betriebseinnahmen **oder**

(2) auf das Verhältnis der Arbeitslöhne, die an die bei den Betriebstätten der einzelnen Gemeinden beschäftigten Arbeitnehmer gezahlt worden sind, zu der Summe der Arbeitslöhne, die an die bei allen Betriebstätten beschäftigten Arbeitnehmer gezahlt worden sind. Dieses Verfahren gilt als Normalregelung für alle Arten von Unternehmungen mit Ausnahme der Wareneinzelhandelsunternehmen.

Bei **Wareneinzelhandelsunternehmen** wird ein kombinierter Zerlegungsmaßstab benutzt; zur Hälfte ist das Verhältnis der Betriebseinnahmen [Verfahren (1)] und zur anderen Hälfte das Verhältnis der Arbeitslöhne [Verfahren (2)] anzuwenden.

Für die Ermittlung der Verhältniszahlen sind die Betriebseinnahmen oder Arbeitslöhne auf volle 1.000 DM abzurunden.

Erstreckt sich die Betriebstätte auf mehrere Gemeinden - § 30 GewStG - (mehrgemeindliche Betriebstätte), so ist der einheitliche Steuermeßbetrag oder Zerlegungsanteil auf die Gemeinden zu zerlegen, auf die sich die Betriebstätte erstreckt.

Hierbei soll die Zerlegung nach Lage der örtlichen Verhältnisse unter Berücksichtigung der durch die Betriebstätte verursachten Gemeindelasten erfolgen.

Die für die Zerlegung relevanten Arbeitslöhne sind die Vergütungen i.S. des § 19 Abs. 1 Nr. 1 EStG mit folgenden Abweichungen (§ 31 GewStG, Abschn. 116 GewStR):

- Nach dem Gewinn berechnete einmalige Vergütungen (Gratifikationen) sind nicht anzusetzen.
- Für den einzelnen Arbeitnehmer darf eine Vergütung von höchstens 100.000 DM abgesetzt werden.

- Bei Unternehmen, die nicht von einer juristischen Person betrieben werden, sind für die im Betrieb tätigen Unternehmer insgesamt 50.000 DM jährlich anzusetzen.

6.2 Zerlegung in besonderen Fällen

Es können sich Verhältnisse ergeben, in denen die Zerlegung nach den Grundsätzen der §§ 28 bis 31 GewStG zu einen offenbar unbilligen Ergebnis führt; dann ist nach einem Maßstab zu zerlegen, der diese tatsächlichen Verhältnisse besser berücksichtigt (§ 33 GewStG, Abschn. 116a GewStR).

Eine Unbilligkeit ist aber nur gegeben, wenn in dem einzelnen Ausnahmefall eine Unbilligkeit vorliegt; sie fehlt, wenn durch den Regelmaßstab der Zerlegung ganz allgemein eine Unbilligkeit auftritt (BFH, BStBl. 1968 II S. 185).

Es besteht auch die Möglichkeit, daß sich die Gemeinden mit dem Steuerschuldner über die Zerlegung einigen; dann ist der Steuermeßbetrag nach Maßgabe der Einigung zu zerlegen.

7. Gewerbesteuerrückstellung

Die Gewerbesteuerrückstellung ist bei der Ermittlung der Einkommensteuer relevant; doch wird sie im Zusammenhang mit der Gewerbesteuer behandelt, da gewerbesteuerrechtliche Tatbestände zu berücksichtigen sind.

Die Gewerbesteuer ist bei der einkommensteuerlichen Gewinnermittlung als Betriebsausgabe zu behandeln. Nach den Grundsätzen ordnungsmäßiger Buchführung ist die Gewerbesteuer mit dem Betrag anzusetzen, der im Wirtschaftsjahr entstanden ist und nicht mit den gezahlten Beträgen (Gewerbesteuer-Vorauszahlungen).

Es ist zu berücksichtigen, daß die Gewerbesteuer den Gewinn mindert und außerdem die Gewerbeertragsteuer von ihrer eigenen Bemessungsgrundlage abzuziehen ist; die Gewerbesteuer muß also aus dem Gewerbeertrag berechnet werden, von dem sie bereits vorher abgezogen sein muß.

Berechnungsverfahren sind in zwei Formen üblich:

- Mathematische Berechnung (genaues Verfahren)
- Praktisches Verfahren (5/6-Methode nach R 20 Abs. 2 Satz 2 EStR).

7.1 Mathematische Berechnung

Die Berechnung der Gewerbesteuerrückstellung erfolgt durch eine Gleichung mit folgenden Größen:

Gewerbeertrag + Vorauszahlungen (= Gewerbeertrag vor Abzug der Vorauszahlungen)	=	E
Gewerbekapital	=	K
Gewerbesteuerschuld	=	G
Steuermeßzahl nach dem Gewerbeertrag	=	m_e
Steuermeßzahl nach dem Gewerbekapital	=	m_k
Hebesatz	=	h

Aufstellung der Gleichung:

$$G = (E \text{ ./. } G) \cdot m_e \cdot h + K \cdot m_k \cdot h$$

daraus folgt:

$$G = \frac{(E \cdot m_e + K \cdot m_k) \cdot h}{1 + 1 \cdot m_e \cdot h}$$

Beispiel (Kapitalgesellschaft):

- Gewerbeertrag 88.000 DM
- Gewerbekapital 320.000 DM
- Freibetrag 120.000 DM
- Gewerbesteuer-Vorauszahlung 8.000 DM
- Hebesatz 300 %

Diese Werte in die Formel eingesetzt:

$$\text{Gewerbesteuerschuld (G)} = \frac{(88.000 \cdot 0{,}05 + 200.000 \cdot 0{,}002) \cdot 3}{1 + 0{,}05 \cdot 3}$$

	=	12.521,74 DM
./. Vorauszahlungen	=	8.000,00 DM
Rückstellung		4.521,74 DM

Probe:

Gewerbeertrag unter Berücksichtigung der Vorauszahlungen			80.000,00 DM
Bildung der Gewerbesteuer-Rückstellung			4.521,74 DM
=	Gewerbeertrag		75.478,26 DM
	abgerundet auf volle 100 DM	=	75.400,00 DM
Steuermeßzahl auf den Gewerbeertrag 5 %			
=	Steuermeßbetrag nach dem Gewerbeertrag		3.770,00 DM
+	Steuermeßbetrag nach dem Gewerbekapital		400,00 DM
=	einheitlicher Steuermeßbetrag 4.170 DM		4.170,00 DM
.	Hebesatz (300 v.H.) ergibt die Gewerbesteuerschuld	=	12.510,00 DM
./.	Gewerbesteuer-Vorauszahlungen		8.000,00 DM
=	Rückstellung		4.510,00 DM

7.2 Praktisches Verfahren (5/6-Methode)

Zur Vereinfachung kann die Gewerbesteuerrückstellung schätzungsweise mit 5/6 des Betrages der Gewerbesteuer angesetzt werden, die sich ohne Berücksichtigung der Gewerbesteuer als Betriebsausgabe ergeben würde.

Anwendung dieses Verfahrens auf das vorgenannte Zahlenbeispiel im Falle einer Kapitalgesellschaft:

	Gewerbeertrag vor Abzug der Vorauszahlungen		88.000 DM
	Steuermeßzahl 5 % auf 88.000 DM =	4.400 DM	
+	Steuermeßzahl 2 v.T. auf das Gewerbekapital 200.000 DM	400 DM	
	einheitlicher Steuermeßbetrag	4.800 DM	
.	Hebesatz 300 % = Gewerbesteuerschuld	14.400 DM	
	(ohne Berücksichtigung der Gewerbesteuer als Betriebsausgabe)		
	5/6 davon =	12.000 DM	(mit Berücksichtigung der Gewerbesteuer als Betriebsausgabe)
./.	Vorauszahlungen	8.000 DM	
=	Gewerbesteuer-Rückstellung	4.000 DM	

Diese vereinfachte 5/6-Methode führt zur genauen Berechnung der Gewerbesteuer-Rückstellung bei einem Hebesatz von 400 %.

Bei höheren Hebesätzen führt diese Berechnungsmethode zu höheren Rückstellungen und bei niedrigeren Hebesätzen zu niedrigeren Rückstellungen als bei der exakten mathematischen Methode.

In dem hier gezeigten Beispiel ergibt die mathematische Methode eine Rückstellung von 4.521 DM, während sich bei der vereinfachten Methode 4.000 DM errechnen.

20

	Kontrollfragen	bearbeitet	Lösungshinweis	Lösung +	Lösung -
01	Begründen Sie die Gewerbesteuer als Objektsteuer!		191		
02	Wie umschreibt das GewStG den Steuergegenstand?		191 f.		
03	Untersuchen Sie Beginn und Ende der Steuerpflicht bei • Einzelunternehmen und Personengesellschaften • Kapitalgesellschaften • sonstigen juristischen Personen • Unternehmerwechsel.		198 f.		
04	Wer ist Steuerschuldner der Gewerbesteuer?		200		
05	Welche Voraussetzungen begründen eine gewerbliche Tätigkeit?		192		
06	Zeigen Sie die Abgrenzungsprobleme des Gewerbebetriebes gegenüber der selbständigen Arbeit auf!		194		
07	Unter welchen Voraussetzungen begründen • Personengesellschaften und • Kapitalgesellschaften und andere juristische Personen die Gewerbesteuerpflicht?		195 f.		
08	Was sagen die Begriffe „natürlicher“ und „fiktiver“ Gewerbebetrieb aus?		192 ff.		
09	Welche Besteuerungsgrundlagen unterscheidet das GewStG?		200 ff.		
10	Wie lautet die Legaldefinition des Gewerbeertrags?		201		
11	Welche Positionen sind zur Ermittlung des Gewerbeertrags hinzuzurechnen und zu kürzen?		201 ff.		
12	Wie sind Zinsen für Kontokorrentschulden zu behandeln und gegebenenfalls für die Hinzurechnung zu ermitteln?		202		
13	Was besagt der Begriff „maßgebender Gewerbeertrag“?		206		
14	Worin unterscheidet sich der Gewerbeverlust (§ 10a GewStG) von dem Verlustabzug i.S. des § 10d EStG?		206		
15	Wie ist der Verlustrücktrag bzw. Verlustvortrag gewerbesteuerlich zu behandeln?		206		
16	Wie errechnet sich der Steuermeßbetrag, wenn die Steuerpflicht nicht während des ganzen Erhebungszeitraums bestanden hat?		206 f.		
17	Welche Größe bezeichnet das GewStG mit „Gewerbekapital“?		208		
18	Unter welchen Voraussetzungen werden die Werte (Teilwerte) der nicht in Grundbesitz bestehenden Wirtschaftsgüter dem Einheitswert des gewerblichen Betriebs hinzugerechnet?		208		
19	Aus welchem Grund werden die Einheitswerte der Betriebsgrundstücke gekürzt?		209 f.		
20	Wie wird das Gewerbekapital bei einem Organverhältnis berechnet?		211		

	Kontrollfragen	bearbeitet	Lösungshinweis	Lösung +	Lösung -
21	In welcher Weise wird der Gewerbeertrag im Falle eines vom Kalenderjahr abweichenden Wirtschaftsjahrs ermittelt?		206 f.		
22	Für einen Großhandelsbetrieb beginnt die Steuerpflicht am 1.7.; das Wirtschaftsjahr endet am 31.12.. Der in dem Rumpfwirtschaftsjahr erzielte Gewinn beträgt 56.000 DM. Die Hinzurechnungen machen 8.600 DM und die Kürzungen 5.500 DM aus. Berechnen Sie den Steuermeßbetrag nach dem Gewerbeertrag für diesen Erhebungszeitraum!		206 f.		
23	Worin unterscheidet sich die Hinzurechnung der Zinsen bei einer Kontokorrentschuld beim Gewerbeertrag von der Hinzurechnung der Kontokorrentschuld beim Gewerbekapital?		201, 208		
24	Ist bei der Prüfung der Hinzurechnung der Werte der nicht in Grundbesitz bestehenden Wirtschaftsgüter die Zahlung eines Entgelts für die Überlassung relevant?		208 ff.		
25	Wann wird eine Zerlegung des einheitlichen Steuermeßbetrags erforderlich?		212 f.		
26	Welche Zerlegungsmaßstäbe werden unterschieden?		213 f.		
27	Welche Abweichungen bestehen zwischen der Ermittlung der Lohnsumme und der für die Zerlegung maßgeblichen Arbeitslöhne?		213		
28	Welche besonderen Fälle können bei der Zerlegung nach den vorgenannten Grundsätzen eine abweichende Regelung bedingen?		213 f.		
29	Worin liegt die Notwendigkeit der Bildung einer Gewerbesteuerrückstellung und welches Problem taucht dabei auf?		214		
30	Beurteilen Sie die beiden Verfahren zur Ermittlung des Rückstellungsbetrags!		214 ff.		

F. Umsatzsteuer

1. Wesen

Die Umsatzsteuer erfaßt den Umsatz von wirtschaftlichen Leistungen. Sie ist gesetzestechnisch eine Verkehrsteuer, in ihrer Wirkung ist sie aber eine Verbrauchsteuer, da sie im Preis auf den Letztverbraucher überwälzt wird.

Unter der Bezeichnung „Verkehrsteuern“ werden Steuern von sehr unterschiedlicher Bedeutung zusammengefaßt. Eine gesetzliche Definition für Verkehrsteuer fehlt. Der Begriff wurde im wesentlichen von der Finanzwissenschaft entwickelt und ist von der Gesetzgebung und der Rechtsprechung übernommen worden. Bei den Verkehrsteuern handelt es sich danach um solche Steuern, die an Akte oder Vorgänge des Rechtsverkehrs, an einen rechtlichen oder wirtschaftlichen Akt, an die Vornahme eines Rechtsgeschäfts, an einen wirtschaftlichen Vorgang oder an einen Verkehrsvorgang anknüpfen.

Haupttatbestand der Umsatzsteuer ist grundsätzlich jede im Inland von einem Unternehmer ausgeführte Lieferung und sonstige Leistung. Bei Konkurrenz spezieller Verkehrsteuern (Grunderwerbsteuer) mit der Umsatzsteuer greift die Umsatzsteuerbefreiung nach § 4 Nr. 9 UStG ein.

Die Umsatzsteuer, vielfach spricht man von Mehrwertsteuer, wird durch verschiedene Merkmale bestimmt:

- Die Umsatzsteuer ist eine Verkehrsteuer und erfaßt wirtschaftliche Verkehrsvorgänge (= Umsätze);
- Sie ist außerdem eine Objektsteuer, weil sie sich nach bestimmten Merkmalen des Steuerobjekts (Steuergegenstand) bemißt.
- Sie ist als Allphasen-Nettoumsatzsteuer mit Vorsteuerabzug konzipiert, die auf jeder Wirtschaftsstufe erhoben wird;
- Sie zählt zur Gruppe der indirekten Steuern, da sie der einzelne Unternehmer (Steuerschuldner) auf den Leistungsempfänger (Steuerträger) überwälzt.

Die „Mehrwertsteuer“ löste die frühere Bruttoallphasenumsatzsteuer ab.

2. Rechtsgrundlagen

- Umsatzsteuergesetz 1993 (UStG 1993) vom 27.4.1993 (BGBl. 1993 I S. 565) mit Änderungen, z.B. Änderung des UStG v. 9.8.1994 (BGBl I S. 2058)
- Umsatzsteuer-Durchführungsverordnung 1993 (UStDV 1993) vom 27.4.1993 (BGBl. I S. 601) mit Änderungen

- Umsatzsteuerrichtlinien 1992 (UStR) vom 25.2.1992, (BStBl. I Sondernummer 1/1992)
- Erlasse bzw. Schreiben des Bundesministers der Finanzen und der Finanzminister der Länder, Verfügungen der Oberfinanzdirektionen.

3. Steuergegenstand

Das Umsatzsteuergesetz bietet keine Definition des Umsatzbegriffs; vielmehr werden in § 1 UStG die Tatbestandsmerkmale aufgezählt, die das Gesetz unter „Umsatz" versteht (= steuerbare Umsätze).

Danach sind steuerbare Umsätze

- die Lieferungen und sonstigen Leistungen, die ein Unternehmer im Inland gegen Entgelt im Rahmen seines Unternehmens ausführt (§ 1 Abs. 1 Nr. 1 UStG);
- Lieferungen oder sonstige Leistungen, die im Inland ein Unternehmer an seine Arbeitnehmer (§ 1 Abs. 1 Nr. 1b UStG) bzw. Körperschaften oder Personenvereinigungen an ihre Gesellschafter oder Mitglieder (§ 1 Abs. 1 Nr. 3) ohne besonders berechnetes Entgelt erbringen;
- Eigenverbrauch im Inland,
  - wenn ein Unternehmer Gegenstände aus seinem Unternehmen für Zwecke entnimmt, die außerhalb des Unternehmens liegen - Entnahmeeigenverbrauch (§ 1 Abs. 1 Nr. 2a),
  - soweit ein Unternehmer im Rahmen seines Unternehmens sonstige Leistungen der in § 3 Abs. 9 UStG bezeichneten Art für Zwecke ausführt, die außerhalb des Unternehmens liegen - Verwendungseigenverbrauch (§ 1 Abs. 1 Nr. 2b),
  - wenn ein Unternehmer im Rahmen seines Unternehmens Aufwendungen tätigt, die unter das Abzugsverbot des § 4 Abs. 5 Satz 1 Nr. 1 bis 7 oder Abs. 7 oder § 12 Nr. 1 EStG fallen - Repräsentationseigenverbrauch. Das gilt nicht für Geldgeschenke und Bewirtungsaufwendungen gemäß § 4 Abs. 5 Nr. 2 EStG (§ 1 Abs. 1 Nr. 2c).
- Lieferungen und sonstige Leistungen, die Körperschaften und Personenvereinigungen i.S. d. § 1 Abs. 1 Nr. 1 bis 5 KStG nichtrechtsfähige Personenvereinigungen sowie Gemeinschaften im Inland im Rahmen ihres Unternehmens an ihre Anteilseigner, Gesellschafter, Mitglieder, Teilhaber oder diesen nahestehenden Personen unentgeltlich ausführen (§ 1 Abs. 1 Nr. 3).
- Die Einfuhr von Gegenständen aus dem Drittlandsgebiet in das Inland oder die österreichischen Gebiete Jungholz und Mittelberg (Einfuhrumsatzsteuer).
- Der innergemeinschaftliche Erwerb im Inland gegen Entgelt (§ 1 Abs. 1 Nr. 5). Dieser liegt bei folgenden Voraussetzungen vor:
  1. Ein Gegenstand gelangt bei einer Lieferung an den Abnehmer (Erwerber) aus dem Gebiet eines Mitgliedstaates in das Gebiet eines anderen oder aus dem übrigen Gemeinschaftsgebiet in die in § 1 Abs. 3 bezeichneten Gebiete, auch wenn der Lieferer den Gegenstand in das Gemeinschaftsgebiet eingeführt hat (§ 1 a Abs. 1 Nr. 1 UStG).
  2. Der Erwerber ist ein Unternehmer, der den Gegenstand für sein Unternehmen erwirbt.

3. Die Lieferung an den Erwerber wird durch einen Unternehmer gegen Entgelt im Rahmen seines Unternehmens ausgeführt und ist nicht aufgrund der Sonderregelung für Kleinunternehmer steuerfrei.

Weitere Einzelheiten hierzu regelt § 1 a UStG.

Steuerbar ist also der einzelne Umsatz, bei dem alle Tatbestandsmerkmale des § 1 Abs. 1 UStG erfüllt sind. Fehlen demnach einzelne Tatbestandsmerkmale, so handelt es sich nicht um einen steuerbaren Umsatz und somit kann er nicht Gegenstand des UStG sein. Dieser hier verwendete Umsatzbegriff wurde speziell für Zwecke der Umsatzbesteuerung geschaffen und stimmt mit dem in der Betriebswirtschaftslehre verwendeten Begriff nicht überein. Die steuerbaren Umsätze unterliegen grundsätzlich auch der Steuerpflicht. Da das Umsatzsteuergesetz aber zahlreiche Befreiungen enthält, müssen steuerpflichtige und steuerfreie Umsätze unterschieden werden. Daher ist bei jedem Umsatz zunächst zu prüfen, ob er steuerbar oder nicht steuerbar ist, anschließend ob der steuerbare Umsatz steuerfrei oder steuerpflichtig ist.

Die folgende Darstellung soll die bestehenden Zusammenhänge verdeutlichen.

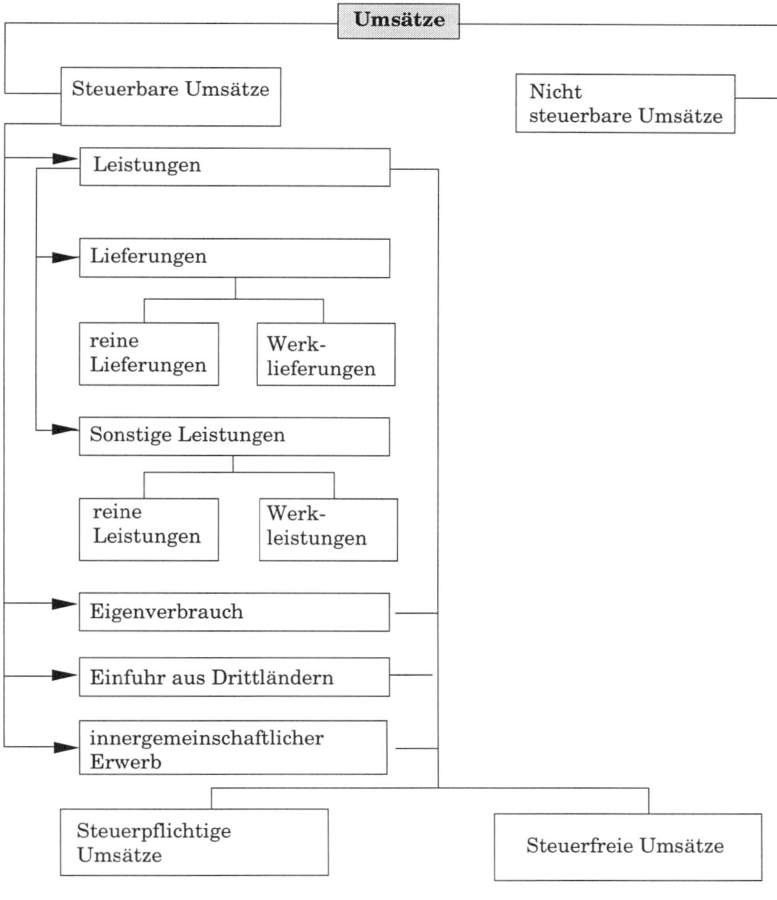

3.1 Lieferungen und sonstige Leistungen

Den Kernpunkt bildet § 1 Abs. 1 Nr. 1 UStG, der Lieferungen und sonstige Leistungen erfaßt, während die übrigen Tatbestände nur sekundäre Bedeutung haben.

Der Umsatzsteuer unterliegen die Lieferungen und sonstigen Leistungen, die ein Unternehmer im Inland gegen Entgelt im Rahmen eines Unternehmens ausführt. Dieser Haupttatbestand der steuerbaren Umsätze muß nach der Definition des Gesetzes gleichzeitig vier Kriterien erfüllen:

- Unternehmereigenschaft
- Tätigkeit im Rahmen eines Unternehmens
- Entgelt
- Ausführung im Inland.

3.1.1 Lieferungen

Lieferungen (§ 3 Abs. 1 UStG) eines Unternehmens sind alle Leistungen, durch die er oder in seinem Auftrag ein Dritter den Abnehmer oder in dessen Auftrag einen Dritten befähigt, im eigenen Namen über einen Gegenstand (= materielle oder immaterielle Güter) zu verfügen. Dieser gesetzliche Tatbestand impliziert, daß der Unternehmer dem Abnehmer die Verfügungsmacht an dem Gegenstand überträgt. Diese Verfügungsmacht wird in der Regel durch Übertragung des Eigentums verschafft.

Zu den Lieferungsfiktionen vgl. § 3 Abs. 1a UStG.

Der Eigentumserwerb ist allerdings nicht Voraussetzung, sondern es genügt die Befähigung, im eigenen Namen über den Gegenstand wie ein Eigentümer zu verfügen (= Befähigung zur Weiterveräußerung), auch bedeutet die Verfügungsmacht nicht unbedingt eine Übergabe an den Abnehmer.

Die Verfügungsmacht kann auch durch Kommission (Ein- und Verkauf) verschafft werden. Beim Kommissionsgeschäft (§ 3 Abs. 3 UStG) gemäß § 383 HGB liegt zwischen dem Kommittenten (Auftraggeber) und dem Kommissionär eine Lieferung vor. Daraus läßt sich ableiten, daß bei der Verkaufskommission der Kommissionär als Abnehmer, und bei der Einkaufskommission der Kommittent als Abnehmer gilt.

Die Eigentumsübertragung kann erfolgen durch

- Einigung und Übergabe des Gegenstandes (§ 929 BGB)
- Abtretung des Herausgabeanspruchs (§ 931 BGB)
- Besitzmittlungsverhältnis (§ 930 BGB)
- Übergabe eines Verfügungspapiers (Ladeschein, Lagerschein, Konnossement).

Bei Lieferung unter Eigentumsvorbehalt fehlt die Übertragung des Eigentums, dem Abnehmer wird aber die Verfügungsmacht i.S. des § 3 Abs. 1 UStG verschafft, wodurch der Abnehmer wirtschaftlich befähigt wird, im eigenen Namen über den Gegenstand zu verfügen (gilt auch bei Lieferung unter Eigentumsvorbehalt).

Der Ort der Lieferung ist dort, wo sich der Gegenstand zur Zeit der Verschaffung der Verfügungsmacht befindet (§ 3 Abs. 6 UStG). Wird der Gegenstand der Lieferung vom Unternehmer an den Abnehmer oder in dessen Auftrag an einen Dritten befördert, so gilt die Lieferung mit dem Beginn der Beförderung als ausgeführt (§ 3 Abs. 7 Satz 1 UStG). Versendet der Unternehmer den Gegenstand im vorgenannten Sinn, so gilt die Lieferung mit der Übergabe an den Beauftragten als ausgeführt (§ 3 Abs. 7 Satz 3 UStG).

Gelangt der Gegenstand der Lieferung bei der Beförderung oder Versendung an den Abnehmer oder in dessen Auftrag an einen Dritten aus dem Drittlandsgebiet in das Gebiet eines Mitgliedstaates, so ist diese Lieferung nach § 3 Abs. 8 UStG als im Einfuhrland ausgeführt zu behandeln, wenn der Lieferer, sein Beauftragter oder in den Fällen des Reihengeschäfts ein vorangegangener Lieferer oder dessen Beauftragter Schuldner der Einfuhrumsatzsteuer ist (vgl. Abschn. 31 UStR).

Die Bestimmung des Ortes der Lieferung ist notwendig, da nur Lieferungen, die im Inland stattfinden, steuerbar sein können.

Ebenso ist die Feststellung des Zeitpunkts einer Lieferung von Bedeutung, da nach § 13 Abs. 1 Nr. 1a UStG die Steuer mit Ablauf des Voranmeldungszeitraums, in dem die Leistungen ausgeführt worden sind, entsteht. Auch bei Steuersatzänderungen kommt dem Zeitpunkt der Lieferung materielle Bedeutung zu.

3.1.2 Sonstige Leistungen

Sonstige Leistungen (§ 3 Abs. 9 UStG) sind Leistungen, die keine Lieferungen sind. Es fehlt durch diese Begriffsbestimmung die Verschaffung der Verfügungsmacht über einen Gegenstand.

Sonstige Leistungen können sein:

- Aktives Verhalten
  - Dienstleistungen (durch freie Berufe, Handwerker, Frachtführer, Spediteure u.a.)
  - Werkleistungen, Vermittlungsleistungen, Vermietungen und Verpachtungen

- Passives Verhalten
  - Unterlassen von Handlungen (Nichtausübung einer Tätigkeit)
  - Duldung einer Handlung oder eines Zustandes (Patentausnutzung).

Im Gegensatz zu einer Lieferung, die stets zu einem genau bestimmten Zeitpunkt erfolgt, kann sich eine sonstige Leistung, z.B. Reparaturarbeiten durch einen Handwerker oder Gebrauchsüberlassung eines Gegenstandes durch einen Unternehmer, über einen längeren Zeitraum hinziehen. Erst mit ihrer Vollendung gilt die sonstige Leistung als bewirkt. Bei Leistungen jedoch, die auf ein fortwährendes Handeln oder längeres Dulden gerichtet sind (z.B. Vermietungen), wird nicht das Ende des Gesamtvorganges, sondern jede Abrechnungsperiode (z.B. Monat) als Leistungseinheit gewertet. Im Fall einer einjährigen Mietdauer werden also 12 einzelne 'sonstige Leistungen' angenommen.

Die Feststellung des Ortes der sonstigen Leistung ist erforderlich, da nur Leistungen im Inland steuerbar sind.

3.1.2.1 Ort der sonstigen Leistung

Grundsätzlich wird eine sonstige Leistung an dem Ort ausgeführt, von dem aus der Unternehmer sein Unternehmen betreibt (§ 3 a Abs. 1 Satz 1 UStG). Von diesem Grundsatz gibt es jedoch zahlreiche Ausnahmen, deren Tatbestände in § 3 a Abs. 2 und 3 UStG, §§ 1 bis 7 UStDV aufgezählt sind.

3.1.2.2 Ort der Beförderungsleistungen

Nach § 3 b Abs. 1 UStG wird eine Beförderungsleistung dort ausgeführt, wo die Beförderung bewirkt wird. Wenn sich eine Beförderung nicht nur auf das Inland erstreckt, so fällt nur der Teil der Leistung unter das UStG, der auf das Inland entfällt.

Weitere Einzelheiten, z.B. das Be-, Entladen und Umschlagen mit der Beförderung eines Gegenstandes im Zusammenhang stehende Leistung, die Beförderung eines Gegenstandes in dem Gebiet von zwei verschiedenen Mitgliedstaaten sind in § 3 b Abs. 2 bis 6 UStG geregelt.

3.1.2.3 Ort der Lieferung in besonderen Fällen und bei inner - gemeinschaftlichem Erwerb

Wenn unter bestimmten Voraussetzungen bei einer Lieferung der Gegenstand durch den Lieferer oder einen von ihm beauftragten Dritten aus dem Gebiet eines anderen Mitgliedstaates oder aus dem übrigen Gemeinschaftsgebiet in die in § 1 Abs. 3 bezeichneten Gebiete befördert oder versendet wird, so gilt die Lieferung nach Maßgabe § 3 c Abs. 2 bis 5 UStG dort als ausgeführt, wo die Beförderung oder Versendung endet.

Bei innergemeinschaftlichem Erwerb wird dieser in dem Gebiet des Mitgliedstaates bewirkt, in dem sich der Gegenstand am Ende der Beförderung oder Versendung befindet. Wenn der Erwerber gegenüber dem Lieferer eine ihm von einem anderen Mitgliedstaat erteilte Umsatzsteuer-Identifikationsnummer verwendet, so gilt der Erwerb so lange in dem Gebiet dieses Mitgliedstaates als bewirkt, bis der Erwerber nachweist, daß der Erwerb durch den in § 3 d Satz 1 UStG bezeichneten Mitgliedstaat besteuert worden ist.

3.1.3 Sonderformen der Lieferungen und sonstigen Leistungen

Als Sonderformen werden im Umsatzsteuerrecht unterschieden:
- Reihengeschäft (§ 3 Abs. 2 UStG)
- Werklieferung {§ 3 Abs. 4 UStG)
- Werkleistung {§ 3 Abs. 10 UStG)
- Tausch und tauschähnlicher Umsatz (§ 3 Abs. 12 UStG).

3.1.3.1 Reihengeschäft

Ein Reihengeschäft besteht darin, daß mehrere Unternehmer über denselben Gegenstand Umsatzgeschäfte abschließen und diese Geschäfte dadurch erfüllen, daß der erste Unternehmer dem letzten Abnehmer in der Reihe unmittelbar die Verfügungsmacht über den Gegenstand verschafft; es gilt also die Lieferung an den letzten Abnehmer gleichzeitig als Lieferung eines jeden Unternehmers in der Reihe (§ 3 Abs. 2 UStG).

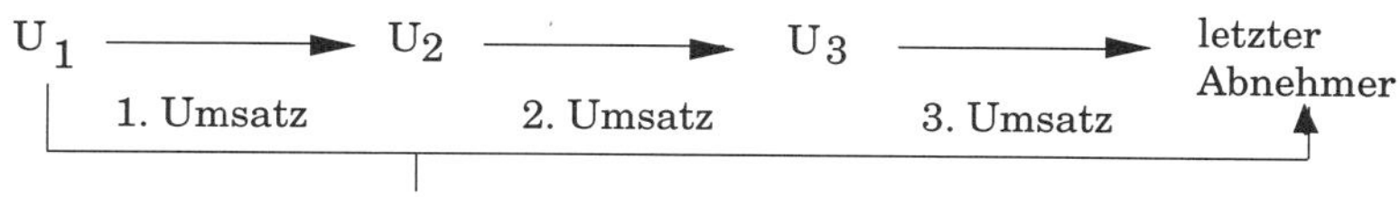

Lieferung des Gegenstandes
(= Verfügungsmacht über den Gegenstand)

Für das Reihengeschäft sind somit bedeutsam:

- mehrere Umsatzgeschäfte
- mehrere Lieferungen (so viele wie Unternehmer in der Reihe sind)
- eine Warenbewegung
- ein Ort der Lieferung (für inländische Reihengeschäfte sowie für Reihengeschäfte mit Drittländern)

Für die sog. "innergemeinschaftlichen Reihengeschäfte" gelten folgende Besonderheiten:

- Gelangt der Gegenstand aus dem Gebiet eines Mitgliedstaates in das Gebiet eines anderen Mitgliedstaates oder aus dem übrigen Gemeinschaftsgebiet in die in § 1 Abs. 3 genannten Gebiete, so gelten die auf den innergemeinschaftlichen Erwerb folgenden Lieferungen als im Gebiet des Mitgliedstaates ausgeführt, in dem der innergemeinschaftliche Erwerb den Vorschriften der Besteuerung unterliegt (§ 3 Abs. 8 a UStG) - Ortsfiktion.

- Als Erwerber bei einem i.g. Erwerb gilt derjenige, wer das Umsatzgeschäft mit einem im Gebiet eines anderen Mitgliedstaates oder im Drittlandsgebiet ansässigen Lieferer abgeschlossen hat (§ 1a Abs. 1 Nr. 1 Satz 2 - Erwerberfiktion).

3.1.3.2 Sonderfall der Lieferung (Gehaltslieferung)

Mitunter werden Lieferungsgeschäfte durchgeführt, bei denen sich die Lieferung nur auf einen bestimmten Bestandteil des übergebenen Gegenstandes beziehen soll, während der Lieferer die übergebenen Nebenstoffe zurückerhält (§ 3 Abs. 5 UStG). Für diesen Sonderfall wurde der Begriff der Gehaltslieferung geprägt.

Es ist nicht erforderlich, daß die aus den Gegenständen des Lieferers stammenden Nebenerzeugnisse oder Abfälle zurückgegeben werden; die vorgenannte Regelung gilt auch, wenn der Abnehmer an Stelle der bei der Bearbeitung oder Verarbeitung entstehenden Nebenerzeugnisse oder Abfälle Gegenstände gleicher Art zurückgibt, wie sie in seinem Unternehmen regelmäßig anfallen.

Im System der Nettobesteuerung mit Vorsteuerabzug ist diese Bestimmung bedeutungslos geworden, da sich auch bei Annahme einer vollständigen Lieferung mit anschließender steuerbarer Rücklieferung keine andere Steuerbelastung ergibt.

Beispiel:

(1) Anwendung des § 3 Abs. 5 UStG

Lieferer (L)	Abnehmer	USt bei L
Materiallieferung	500 DM	
./. Rückmaterial	200 DM	
= Hauptbestandteil	300 DM	42 DM
→		
Entgelt: Bar	300 DM	
←		
Steuerbelastung		42 DM

(2) Vollständige Lieferung mit anschließender steuerbarer Rücklieferung

Materiallieferung	500 DM	70 DM
→		
Entgelt: Bar	300 DM	
+ Rückmaterial	200 DM	
←		
damit als Vorsteuer abzugsfähig		./. 28 DM
Steuerbelastung		42 DM

3.1.3.3 Werklieferung

Hat der Unternehmer die Bearbeitung oder Verarbeitung eines Gegenstandes übernommen und verwendet er hierbei Stoffe, die er selbst beschafft, so ist die Leistung als Lieferung anzusehen (Werklieferung), wenn es sich bei den Stoffen nicht nur um Zutaten oder sonstige Nebensachen handelt (§ 3 Abs. 4 UStG Abschn. 27 UStR).

Einer Werklieferung liegt ein **Werklieferungsvertrag** zugrunde, dessen Erfüllung darauf gerichtet ist, dem Besteller (Abnehmer) einen Gegenstand zu bearbeiten, zu verarbeiten oder herzustellen, wobei der Unternehmer den Stoff ganz oder zum Teil selbst beschafft.

Umsatzsteuerlich gelten Werklieferungen als Lieferungen.

3.1.3.4 Werkleistung

Sind die Voraussetzungen des § 3 Abs. 4 UStG bei einem Werkvertrag nicht erfüllt, so liegt eine Werkleistung vor. In diesem Fall hat der Werkunternehmer die Be- oder Verarbeitung eines Werks übernommen und verwendet hierbei ganz oder zum wesentlichen Teil Stoffe, die der Besteller beschafft, oder die Ausführung des Werkvertrages macht nur die Verwendung von Nebensachen erforderlich.

Eine Werkleistung wird umsatzsteuerlich als sonstige Leistung behandelt.

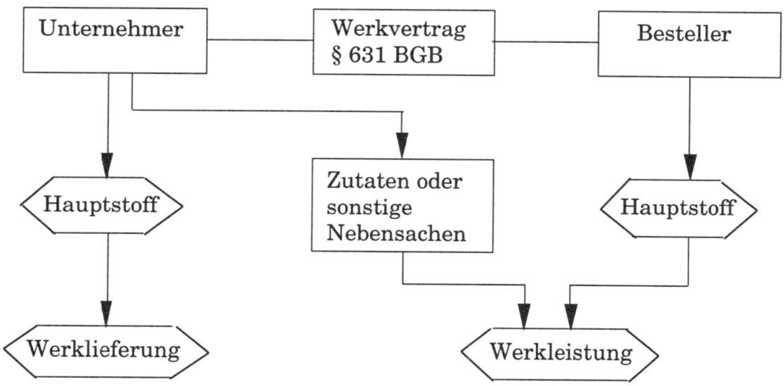

3.1.3.5 Umtauschleistung

Überläßt ein Unternehmer einem Auftraggeber, der ihm einen Stoff zur Herstellung eines Gegenstandes übergeben hat, an Stelle des herzustellenden Gegenstandes einen gleichartigen Gegenstand, wie er ihn in seinem Unternehmen aus solchem Stoff herzustellen pflegt, so gilt die Leistung des Unternehmers als Werkleistung, wenn das Entgelt für die Leistung nach Art eines Werklohns unabhängig vom Unterschied zwischen dem Marktpreis des empfangenen Stoffes und dem des überlassenen Gegenstandes berechnet wird (§ 3 Abs. 10 UStG).

In dieser Vorschrift werden Tauschvorgänge erfaßt, in denen aber wirtschaftlich eine Werkleistung gegen Entgelt nach Art eines Werklohns ausgeführt wird.

Der Materialwert des hingegebenen Stoffes und des erhaltenen Gegenstandes unterliegt keiner umsatzsteuerlichen Erfassung. Solche Umtauschleistungen i.S. des § 3 Abs. 10 UStG ergeben sich u.a. bei der Umtauschmüllerei, der Umtauschpinnerei und den Umarbeitungsgeschäften des Handwerks und der Industrie.

Der Umtausch (Ersatzlieferung) als Anspruch aus einer mangelhaften Lieferung stellt keinen steuerbaren Umsatz dar. Lediglich Zuzahlungen bzw. Rückzahlungen (Minderung des Entgelts) in diesem Zusammenhang sind umsatzsteuerlich relevant. Bei

Rücktritt vom Vertrag im Fall einer mangelhaften Lieferung erhalten die Beteiligten ihre Leistungen zurück; damit fällt der Umsatz weg und ein steuerbarer Umsatz ist nicht entstanden.

3.1.3.6 Tausch und tauschähnlicher Umsatz

Ein Tausch liegt vor, wenn das Entgelt für eine Lieferung in einer Lieferung besteht (§ 3 Abs. 12 Satz 1 UStG). Das Entgelt für die Lieferung besteht also im Wert der Gegenleistung.

Es stehen sich hierbei umsatzsteuerlich zwei selbständige Lieferungen gegenüber, bei denen jeder Beteiligte Lieferer und Abnehmer zugleich ist.

Es wird aber nicht immer zwischen den zwei Lieferungen Wertgleichheit bestehen, so daß zum Ausgleich der Wertdifferenz ein Barbetrag zu zahlen ist. Ein solcher Vorgang wird als **Tausch mit Baraufgabe** bezeichnet.

Lieferung: Wert1.000 DM
→

Unternehmer A — Abnehmer (Unternehmer B)

←
Entgelt:
Lieferung: Wert 800 DM
+ Barzahlung 200 DM

Steuerpflichtiges Entgelt:	Bei Unternehmer A	=	1.000 DM
	bei Unternehmer B	=	800 DM

Ein **tauschähnlicher Umsatz** liegt vor, wenn das Entgelt für eine sonstige Leistung in einer Lieferung oder sonstigen Leistung besteht. Das Entgelt jeder Leistung besteht auch hier im gemeinen Wert der Gegenleistung (§ 3 Abs. 12 Satz 2 UStG).

3.2 Inland, Ausland, Gemeinschaftsgebiet, Drittlandsgebiet

Zu den Tatbestandsmerkmalen der steuerbaren Umsätze gehört die Ausführung im Inland (§ 1 Abs. 1 UStG).

Inland ist das Gebiet der BRD mit Ausnahme des Gebiets von Büsingen, der Insel Helgoland, der Freihäfen, der Gewässer und Watten zwischen der Hoheitsgrenze und der jeweiligen Strandlinie sowie der deutschen Schiffe und der deutschen Luftfahrzeuge in Gebieten, die zu keinem Zollgebiet gehören (§ 1 Abs. 2 Satz 1 UStG).

Ausland ist das Gebiet, das danach nicht Inland ist (§ 1 Abs. 2 Satz 2 UStG).

Gemeinschaftsgebiet ist das Inland und die Gebiete der übrigen Mitgliedstaaten der EU, die nach dem Gemeinschaftsrecht als Inland dieser Mitgliedstaaten gelten (übriges Gemeinschaftsgebiet). Das Fürstentum Monaco gilt als Gebiet der Französischen Republik; die Insel Man gilt als Gebiet des Vereinigten Königreichs Großbritannien und Nordirland (§ 1 Abs. 2a Sätze 1 + 2 UStG).

Drittlandsgebiet ist das Gebiet, das nicht Gemeinschaftsgebiet ist (§ 1 Abs. 2a Satz 3 UStG).

3.3 Eigenverbrauch und Gesellschafterverbrauch

3.3.1 Eigenverbrauch

Eigenverbrauch im Inland (§ 1 Abs. 1 Nr. 2 UStG, Abschn. 7 bis 9 u. 11 UStR) entsteht bei

- Entnahme von Gegenständen aus dem Unternehmen für Zwecke, die außerhalb des Unternehmens liegen - Entnahmeeigenverbrauch - (§ 1 Abs. 1 Nr. 2a UStG). Es handelt sich hierbei um die Entnahme von Gegenständen für private Zwecke (Überführungen aus dem Betriebsbereich in den Privatbereich des Unternehmers).
- Ausführung sonstiger Leistungen der in § 3 Abs. 9 UStG bezeichneten Art für Zwecke, die außerhalb des Unternehmens liegen; z.B. private Nutzung eines betrieblichen Pkw oder dessen unentgeltliche Überlassung an eine dem Unternehmer nahestehende Person - Verwendungseigenverbrauch - § 1 Abs. 1 Nr. 2b UStG -.
- Tätigung nichtabzugsfähiger Betriebsausgaben, die nach § 4 Abs. 5 Satz 1 Nr. 1 - 7 oder Abs. 7 oder nach § 12 Nr. 1 EStG den Gewinn nicht mindern dürfen (§ 1 Abs. 1 Nr. 2 c UStG) - Repräsentationseigenverbrauch. Das gilt nicht für Geldgeschenke.

  Dieser Eigenverbrauchstatbestand wird auch bei Unternehmern begründet, die keine außerhalb des Unternehmens liegende (Privat-)Sphäre haben, u.a. Sachgeschenke an Personen, die nicht Arbeitnehmer des Steuerpflichtigen sind, wenn sie insgesamt 75 DM (ohne Umsatzsteuer) pro Person übersteigen.

  Aufwendungen für die Bewirtung von Personen aus geschäftlichem Anlaß (§ 4 Abs. 5 Satz 1 Nr. 2 EStG) stellen Eigenverbrauch dar, soweit sie nach der allgemeinen Verkehrsauffassung als unangemessen anzusehen sind oder in ihrer Höhe und betrieblichen Veranlassung nicht nachgewiesen sind.

Weiter gilt, daß Bewirtungsaufwendungen soweit § 4 Abs. 5 Satz 1 Nr. 2 EStG den Abzug von 20 % der angemessenen und nachgewiesenen Aufwendungen ausschließt, nicht als Eigenverbrauch der Umsatzsteuer unterliegen.

Werden die nach § 4 Abs. 7 EStG geforderten Aufzeichnungspflichten nicht erfüllt, wird die Abzugsfähigkeit als Betriebsausgabe versagt und in voller Höhe als Eigenverbrauch angesehen.

3.3.2 Gesellschafterverbrauch

Der Umsatzsteuer unterliegen auch Lieferungen und sonstige Leistungen, die Körperschaften (AG, GmbH), nichtrechtsfähige Personenvereinigungen (OHG, KG) und andere im Inland im Rahmen ihres Unternehmens an ihre Anteilseigner, Gesellschafter, Mitglieder, Teilhaber oder diesen nahestehenden Personen ausführen, die Leistungsempfänger aber kein Entgelt aufwenden (§ 1 Abs. 1 Nr. 3 UStG, Abschn. 11 UStR).

Auch in diesen Fällen soll ein unversteuerter Letztverbrauch verhindert werden.

Beispiele:

(1) Die Gesellschafter einer in der Rechtsform der KG betriebenen Textilgroßhandlung können Textilien in bestimmtem Umfang für ihren Privatverbrauch entnehmen.

(2) Die Gesellschafter-Geschäftsführer einer GmbH benutzen firmeneigene PKW zu Privatfahrten im Inland und erhalten auch Kraftstoff an der firmeneigenen Tankstelle bis zu einem bestimmten Betrag, ohne dafür ein Entgelt zu zahlen.

3.4 Ausfuhrlieferungen

3.4.1 Ausfuhrlieferung

Eine Ausfuhrlieferung (§§ 4 Nr. 1a, 6 UStG) liegt vor, wenn bei einer Lieferung

- der Unternehmer den Gegenstand der Lieferung in das Drittlandsgebiet, ausgenommen Gebiete nach § 1 Abs. 3 UStG, befördert oder versendet hat oder
- der Abnehmer den Gegenstand der Lieferung in das Drittlandsgebiet, ausgenommen Gebiete nach § 1 Abs. 3 UStG, befördert oder versendet hat und ein ausländischer Abnehmer ist oder
- der Unternehmer oder der Abnehmer den Gegenstand der Lieferung in die in § 1 Abs. 3 UStG genannten Gebiete befördert oder versendet hat und der Abnehmer
  - ein Unternehmer ist, der den Gegenstand für sein Unternehmen erworben hat, oder
  - ein ausländischer Abnehmer, aber kein Unternehmer, ist und der Gegenstand in das übrige Drittlandsgebiet gelangt.

Der Gegenstand der Lieferung kann durch Beauftragte vor der Ausfuhr bearbeitet oder verarbeitet worden sein (§ 6 Abs.1 UStG).

Ein ausländischer Abnehmer ist nach § 6 Abs. 2 UStG

- ein Abnehmer, der seinen Wohnort oder Sitz im Ausland, ausgenommen in den in § 1 Abs. 3 UStG genannten Gebieten hat, oder
- eine Zweigniederlassung eines im Inland oder in den in § 1 Abs. 3 UStG genannten Gebieten ansässigen Unternehmers, die ihren Sitz im Ausland (ausgenommen den in § 1 Abs. 3 UStG genannten Gebieten) hat, wenn sie das Umsatzgeschäft im eigenen Namen abgeschlossen hat.

Eine Zweigniederlassung im Inland oder in den in § 1 Abs. 3 UStG genannten Gebieten ist kein ausländischer Abnehmer.

3.4.2 Innergemeinschaftliche Lieferung

Neben den Ausfuhrlieferungen und Lohnveredelungen an Gegenständen der Ausfuhr sind die innergemeinschaftlichen Lieferungen steuerfrei. Nach § 6 a Abs. 1 und 2 UStG liegt eine solche vor, wenn bei einer Lieferung die im Gesetz genannten Voraussetzungen erfüllt sind:

- der Unternehmer oder der Abnehmer hat den Gegenstand der Lieferung in das übrige Gemeinschaftsgebiet befördert oder versendet;
- der Abnehmer ist
  a) ein Unternehmer, der den Gegenstand der Lieferung für sein Unternehmen erworben hat,
  b) eine juristische Person, die nicht Unternehmer ist oder die den Gegenstand der Lieferung nicht für ihr Unternehmen erworben hat, oder
  c) bei der Lieferung eines neuen Fahrzeugs auch jeder andere Erwerber und
- der Erwerb des Gegenstandes der Lieferung unterliegt beim Abnehmer in einem anderen Mitgliedstaat den Vorschriften der Umsatzbesteuerung.

Der Gegenstand der Lieferung kann durch Beauftragte vor der Beförderung oder Versendung in das übrige Gemeinschaftsgebiet bearbeitet oder verarbeitet worden sein (§ 6a Abs. 1 UStG). Weitere Einzelheiten enthalten § 6 a Abs. 2, 3 u. 4 UStG.

3.4.3 Lohnveredelung an Gegenständen der Ausfuhr

Eine Lohnveredelung (§ 4 Nr. 1 UStG) liegt nach § 7 Abs. 1 UStG vor, wenn bei einer Bearbeitung oder Verarbeitung eines Gegenstandes der Auftraggeber den Gegenstand zum Zweck der Bearbeitung oder Verarbeitung in das Gemeinschaftsgebiet eingeführt oder zu diesem Zweck in diesem Gebiet erworben hat und

- der Unternehmer den bearbeiteten oder verarbeiteten Gegenstand in das Drittlandsgebiet (ausgenommen den in § 1 Abs. 3 UStG genannten Gebiete) befördert oder versendet hat oder
- der Auftraggeber den bearbeiteten oder verarbeiteten Gegenstand in das Drittlandsgebiet befördert oder versendet hat und ein im Drittlandsgebiet ansässiger Auftraggeber ist oder
- der Unternehmer den bearbeiteten oder verarbeiteten Gegenstand in die in § 1 Abs. 3 UStG genannten Gebiete befördert oder versendet hat und der Auftraggeber
  - ein im Drittlandsgebiet ansässiger Auftraggeber ist oder
  - ein Unternehmer ist, der im Inland oder in den in § 1 Abs. 3 UStG genannten Gebiete ansässig ist und den bearbeiteten oder verarbeiteten Gegenstand für Zwecke seines Unternehmens verwendet.

Der Gegenstand kann durch weitere Beauftragte vor der Ausfuhr bearbeitet oder verarbeitet worden sein.

Ein im Drittlandsgebiet ansässiger Auftraggeber ist

- Auftraggeber, der seinen Wohnort oder Sitz im Drittlandsgebiet ausgenommen den in § 1 Abs. 3 UStG genannten Gebiete hat, oder
- eine Zweigniederlassung eines im Inland oder in den in § 1 Abs. 3 UStG genannten Gebiete ansässigen Unternehmers, die ihren Sitz im Drittlandsgebiet (ausgenommen § 1 Abs. 3 UStG) hat, wenn sie das Umsatzgeschäft im eigenen Namen abgeschlossen hat.

Eine Zweigniederlassung im Inland oder in den in § 1 Abs. 3 UStG genannten Gebieten ist kein im Drittlandsgebiet ansässiger Auftraggeber.

Alle bei den Ausfuhrlieferungen relevanten Voraussetzungen müssen vom Unternehmer nachgewiesen sein. Der Bundesminister der Finanzen kann mit Zustimmung des Bundesrates durch Rechtsverordnung bestimmen, wie der Unternehmer die Nachweise zu führen hat (§§ 6 Abs. 4, 6 a Abs. 3 und 7 Abs. 4 UStG).

3.5 Einfuhr

Bei der Einfuhr von Gegenständen aus dem Drittlandsgebiet in das Inland oder die österreichischen Gebiete Jungholz und Mittelberg fällt Einfuhrumsatzsteuer an (§ 1 Abs. 1 Nr. 4 UStG).

Wichtig ist hierbei, daß die Tatbestandsrealisierung nicht an das Vorliegen der Unternehmereigenschaft gebunden ist.

Die Steuererhebung dient dem Zweck, die wettbewerbsmäßige Gleichstellung von Einfuhr und Gütern des Inlands zu erreichen.

Steuerrechtlich ist die Einfuhrumsatzsteuer eine Verbrauchsteuer i.S. der AO und eine Eingangsabgabe i.S. des Zollrechts und wird von der Zollverwaltung erhoben.

4. Unternehmer, Unternehmen

4.1 Unternehmer

Der umsatzsteuerliche Unternehmerbegriff ist weiter als der im Steuerrecht übliche Begriff. Da der Unterschied zwischen einem Unternehmer und einem Nichtunternehmer hier wesentlich ist, enthält das Umsatzsteuergesetz eine Definition des Unternehmerbegriffs. Danach ist **Unternehmer**, wer eine gewerbliche oder berufliche Tätigkeit selbständig und nachhaltig mit Einnahmeerzielungsabsicht ausübt (§ 2 Abs. 1 UStG, Abschn. 16 bis 18 UStR).

Die Elemente der Unternehmereigenschaft sind also

- gewerbliche oder
- berufliche Tätigkeit
- selbständige Ausübung (auf eigene Rechnung und Verantwortung).

Gewinnerzielungsabsicht ist nicht Bedingung.

Eine **gewerbliche** oder **berufliche Tätigkeit** liegt bereits vor, wenn sie nachhaltig und zur Erzielung von Einnahmen ausgeübt wird.

Die **selbständige Ausübung** der gewerblichen oder beruflichen Tätigkeit wird negativ definiert (§ 2 Abs. 2 UStG). Danach besteht **keine** Selbständigkeit,

- soweit natürliche Personen, einzeln oder zusammengeschlossen, einem Unternehmen so eingegliedert sind, daß sie den Weisungen des Unternehmers zu folgen verpflichtet sind,
- wenn eine juristische Person nach dem Gesamtbild der tatsächlichen Verhältnisse finanziell, wirtschaftlich und organisatorisch in ein Unternehmen eingegliedert ist (Organschaft).

Die Feststellung der Selbständigkeit ist also nicht nur bei natürlichen Personen, sondern auch bei Zusammenschlüssen natürlicher Personen und juristischer Personen zu prüfen.

Die Frage der Selbständigkeit ist unter Beachtung der Tätigkeitsmerkmale (= Gesamtheit der persönlichen, wirtschaftlichen und gesellschaftlichen Verhältnisse) zu entscheiden; sie darf nicht aus einer einseitigen Betrachtung des Außenverhältnisses beantwortet werden, vielmehr ist das Innenverhältnis maßgebend.

Für jede auf Erzielung von Einnahmen gerichtete Tätigkeit ist zu prüfen, ob Selbständigkeit oder Unselbständigkeit vorliegt, da eine natürliche Person sowohl selbständige als auch unselbständige Tätigkeiten nebeneinander ausüben kann. Tritt ein solcher Fall auf, so sind die aus der selbständig ausgeübten Tätigkeit resultierenden Einnahmen i.S. des UStG steuerbar, während die aus dem anderen Tätigkeitsbereich erzielten Einnahmen umsatzsteuerrechtlich irrelevant sind (nicht steuerbare Umsätze).

Für Fahrzeuglieferer gilt eine Ausnahmeregelung. Wer nach § 2 a UStG im Inland ein neues Fahrzeug liefert, das bei der Lieferung in das übrige Gemeinschaftsgebiet gelangt, wird, wenn er nicht Unternehmer im Sinne des § 2 UStG ist, für diese Lieferung wie ein Unternehmer behandelt. Dasselbe gilt für Unternehmer im Sinne des § 2, wenn die Lieferung nicht im Rahmen des Unternehmens ausgeführt wird.

4.2 Unternehmen

4.2.1 Begriff

Zum Unternehmerbegriff gehört notwendigerweise der Begriff des **Unternehmens** (§ 2 Abs. 1 Satz 2 UStG). Das Unternehmen umfaßt die gesamte (gewerbliche oder berufliche) Tätigkeit des Unternehmers (= Einheitstheorie). Dies bedeutet, daß ein Unternehmer zwar mehrere Betriebe, aber nur ein Unternehmen haben kann (Abschn. 20 Abs. 1 UStR).

4.2.2 Grundgeschäfte und Hilfsgeschäfte

Die gesamte gewerbliche oder berufliche Tätigkeit umfaßt neben den Tätigkeiten, die den eigentlichen Zweck der unternehmerischen Tätigkeit ausmachen (= Grundgeschäfte), auch in den Rahmen des Unternehmens fallende sog. Hilfs- und Nebengeschäfte (Abschn. 20 Abs. 2 UStR).

Hilfsgeschäfte sind demnach Geschäfte, die neben dem Hauptgegenstand des Unternehmens der Geschäftsbetrieb üblicherweise mit sich bringt.

Beispiel: Gegenstand des Unternehmens ist die Herstellung von Metallwaren. Daneben werden nicht mehr gebrauchte Maschinen verkauft und Transportleistungen gegen Entgelt ausgeführt. Auch solche Geschäfte („Hilfsgeschäfte") zählen zu den in den Rahmen des Unternehmens fallenden Leistungen.

21 22 23

5. Steuerbefreiungen

5.1 Wesen der Steuerbefreiung

Steuerbare Umsätze können nach § 4 UStG steuerfrei sein. Steuerbefreiungen bleiben nur wirksam, wenn sie für Lieferungen oder sonstige Leistungen an den Endverbraucher gewährt werden. Befreiungen in den vorhergehenden Wirtschaftsstufen werden nämlich wieder aufgehoben, wenn sie nicht an den Endverbraucher weitergegeben werden.

Die Steuerbefreiungen beziehen sich auf Tatbestände,

- die aus dem System heraus als notwendig erscheinen oder
- auf denen eine andere Verkehrsteuer ruht oder
- die aus sozialen Gründen eine Befreiung rechtfertigen und keine Verschiebung der Wettbewerbsverhältnisse zur Folge haben.

5.2 Tatbestände der Steuerbefreiung

Die im Gesetz katalogisierten 28 Steuerbefreiungen lassen sich in 3 Gruppen einteilen:

(1) Steuerfreie Umsätze mit Vorsteuerabzug (§ 15 Abs. 3 UStG). Das ist vorwiegend die Gruppe der Exportumsätze (§ 4 Nr. 1 bis 7 UStG)

- Ausfuhrlieferungen
- Lohnveredelungen i.S. des § 7 UStG
- innergemeinschaftliche Lieferungen (§ 6 a)
- Beförderungen im internationalen Eisenbahn-Frachtverkehr
- Umsätze für die Seeschiffahrt und die Luftfahrt (§ 8 UStG)
- Lieferungen von Gold an Zentralbanken
- steuerfreie Reiseleistungen gem. § 25 Abs. 5 UStG.

Die Gewährung des Vorsteuerabzugs bei diesen steuerfreien Leistungen bewirkt eine völlige Entlastung von der Umsatzsteuer.

(2) Steuerfreie Umsätze, die durch Ausübung einer Option für steuerpflichtig erklärt werden können (§ 4 Nr. 8a-g u. k, 9a, 12, 13, 19 i.V. mit § 9 UStG).

Die wichtigsten Befreiungen:
- Umsätze im Geld- und Kapitalverkehr
- Umsätze, die unter das Grunderwerbsteuergesetz fallen
- Vermietungs- und Verpachtungsumsätze.

(3) Steuerfreie Umsätze, bei denen keine Möglichkeit zum Verzicht auf die Befreiung besteht und damit der Vorsteuerabzug ausgeschlossen ist (§ 4 Nr. 8h, 8i, 9b, 10, 11, 14-18 und 20-28 i.V. mit § 15 Abs. 2 UStG).

Durch die Steuerbefreiung ohne Vorsteuerabzug kann der Unternehmer die an die Lieferanten gezahlte Umsatzsteuer nicht als Vorsteuer abziehen; außerdem kann er seinen Abnehmern keine Umsatzsteuer in Rechnung stellen, da er selbst keine Steuerzahlung an das Finanzamt zu leisten hat.

Hinzu kommen Steuerbefreiungen beim innergemeinschaftlichen Erwerb von Gegenständen nach § 4 b UStG:

1. Erwerb der in § 4 Nr. 8 Buchst. e und k und Nr. 17 Buchst. a sowie der in § 8 Abs. 1 Nr. 1 u. 2 bezeichneten Gegenstände.

2. Erwerb der in § 4 Nr. 4 und 8 Buchst. b u. i sowie der in § 8 Abs. 2 Nr. 1 u. 2 bezeichneten Gegenstände.

3. Erwerb von Gegenständen, deren Einfuhr steuerfrei wäre.

4. Gegenstände, die zur Ausführung von Umsätzen verwendet werden, für die der Vorsteuerabzug nach § 15 Abs. 3 nicht eintritt.

Übersicht über die wichtigsten Umsatzsteuerbefreiungen

Mit Vorsteuerabzug (§ 15 Abs. 3 UStG)		**Ausschluß des Vorsteuerabzugs** (§ 15 Abs. 2 UStG) - keine Option möglich		**Mit Recht des Verzichts auf Steuerbefreiungen - Option möglich** (§ 9 UStG)	
§ 4 Nr. 1:	Ausfuhrlieferungen (§ 6 UStG)	§ 4 Nr. 7:	Beförderungsunternehmer für die Deutsche Bundespost	§ 4 Nr. 8:	Umsätze im Geld- und Kapitalverkehr
§ 4 Nr. 2:	Umsätze für die Seeschiffahrt und Luftfahrt (§ 8 UStG)	§ 4 Nr. 9b:	Wetten und Lotterien	§ 4 Nr. 9a:	Grundstücksumsätze
§ 4 Nr. 3:	Grenzüberschreitende Güterbeförderung	§ 4 Nr. 11:	Bausparkassen-, Versicherungsvertreter, Versicherungsmakler	§ 4 Nr. 12:	Vermietung und Verpachtung von Grundstücken
§ 4 Nr. 4:	Lieferung von Gold an Zentralbanken	§ 4 Nr. 13:	Wohneigentümergemeinschaften	§ 4 Nr. 13:	Wohnungseigentümergemeinschaften
		§ 4 Nr. 14:	Heilberufe	§ 4 Nr. 19:	Umsätze der Blinden

6. Bemessungsgrundlage

6.1 Bemessungsgrundlage in Abhängigkeit vom Umsatztatbestand

Nach der Prüfung, ob ein Umsatz steuerpflichtig ist, stellt sich die Frage nach der Bemessungsgrundlage (§ 10 UStG). Sie bildet den Wertmaßstab, der unter Anwendung des maßgeblichen Steuersatzes die Steuer ergibt.

Da das Gesetz mehrere Umsatztatbestände kennt, ergeben sich unterschiedliche Bemessungsgrundlagen. Die Umsatzsteuer selbst gehört in allen Fällen nicht zur Bemessungsgrundlage (§ 10 Abs. 4 Satz 2 UStG).

Im einzelnen ergeben sich folgende Bemessungsgrundlagen:

(1) für Lieferung und sonstige Leistungen und beim innergemeinschaftlichen Erwerb: das vereinbarte (vereinnahmte) Entgelt

(2) beim Tausch, bei tauschähnlichen Umsätzen und bei Hingabe an Zahlungs Statt: der Wert jedes Umsatzes als Entgelt für den anderen Umsatz

(3) für den Eigenverbrauch
- in den Fällen i.S. des § 1 Abs. 1 Nr. 2a UStG (Entnahmeeigenverbrauch), bei Lieferungen i.S. des § 1 Abs. 1 Nr. 1b (an Arbeitnehmer) und Nr. 3 UStG (an Gesellschafter) sowie bei dem Verbringen eines Gegenstandes i.S.d. § 1a Abs. 2 Nr. 1 und des § 3 Abs. 1a Nr. 1 UStG: der Einkaufspreis zuzügl. der Nebenkosten, ersatzweise die Selbstkosten; jeweils zum Zeitpunkt des Umsatzes.
- in den Fällen des § 1 Abs. 1 Nr. 2b UStG (Verwendungseigenverbrauch) sowie bei entsprechenden sonstigen Leistungen i.S. des § 1 Abs. 1 Nr. 1b und Nr. 3 UStG: die bei der Ausführung dieser Umsätze entstandenen Kosten.
- in den Fällen i.S. des § 1 Abs. 1 Nr. 2c UStG die Aufwendungen.

Bei Inanspruchnahme von sonstigen Leistungen ist die Bemessungsgrundlage die durch diese Umsätze entstandenen Kosten.

Bei Eigenverbrauch in der Tätigkeit nichtabzugsfähiger Betriebsausgaben bilden diese Aufwendungen die Bemessungsgrundlage.

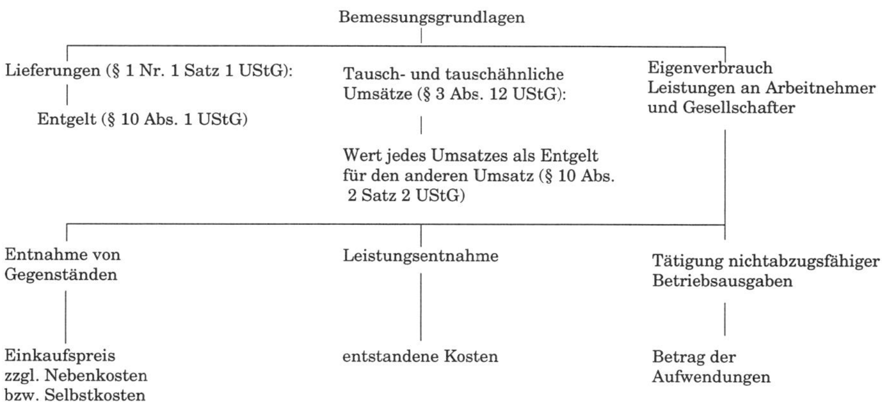

6.2 Entgelt

Entgelt ist alles, was der Empfänger einer Lieferung oder sonstigen Leistung aufwendet, um die Leistung zu erhalten, jedoch abzüglich der Umsatzsteuer (§ 10 Abs. 1 UStG, Abschn. 149 UStR).

Zum Entgelt gehört auch, was ein anderer als der Leistungsempfänger dem Unternehmer für die Leistung gewährt. Außer Betracht bleiben Zuschüsse aus öffentlichen Kassen.

Dem Entgelt kommt zweifache Bedeutung zu:

- Das Entgelt ist notwendige Voraussetzung (Tatbestandsmerkmal) eines steuerbaren Umsatzes i.S. des § 1 Abs. 1 Nr. 1 UStG.

- Das vereinbarte Entgelt ist Bemessungsgrundlage für die Berechnung der Steuer.

Das Entgelt kann bestehen in

- Bar- oder Buchgeld
- Leistungen verschiedener Art:
  Das Entgelt für eine Lieferung besteht wieder in einer Lieferung (§ 3 Abs. 12 Satz 1 UStG),
  das Entgelt für eine sonstige Leistung besteht in einer Lieferung oder sonstigen Leistung (§ 3 Abs. 12 Satz 2 UStG).

6.2.1 Umfang

Der Umfang des Entgelts wird von dem Umfang der Leistung bestimmt. Das hat zur Folge, daß zum Entgelt alles gehört, was der Empfänger der Leistung vereinbarungsgemäß aufzuwenden hat. Somit stellen berechnete Nebenkosten wie Verpackung, Fracht, Auslagenersatz Entgelt dar. Die Umsatzsteuer gehört nicht zum Entgelt.

Verzugszinsen, Fälligkeitszinsen, Nutzungszinsen, Prozeßzinsen u.a. sind nach neuerer Rechtsprechung nicht Entgelt, sondern nicht steuerbarer Schadenersatz (Abschn. 3 u. 149 UStR).

Gerichtsgebühren für Zahlungsbefehle, Prozeßkosten sind ebenfalls nicht steuerbarer Schadensersatz.

Der Wechseldiskont bei Kundenwechseln, den die Bank berechnet, dient zur Abzinsung der später fällig werdenden Wechselschuld auf den Barwert und stellt dagegen eine **Entgeltsminderung** dar.

Beträge, die der Unternehmer im Namen und für Rechnung eines anderen vereinnahmt und verausgabt, sind **durchlaufende Posten**, die nicht zum Entgelt gehören (§ 10 Abs. 1 Satz 5 UStG).

6.2.2 Besteuerung nach vereinbarten Entgelten (Sollbesteuerung)

In der Regel wird der Umsatz nach vereinbarten Entgelten bemessen (§ 16 Abs. 1 Satz 1 UStG); das bedeutet, daß die Steuerschuld nach Ablauf des Voranmeldungszeitraums entsteht, in dem die Leistungen ausgeführt worden sind (§ 13 Abs. 1 Nr. 1a UStG).

Das gilt auch für Teilleistungen. Teilleistungen liegen vor, wenn für bestimmte Teile einer wirtschaftlich teilbaren Leistung das Entgelt gesondert vereinbart wird (§ 13 Abs. 1 Nr. 1 Buchst. a Satz 3 UStG, Abschn. 180 UStR).

Anzahlungen (Vorauszahlungen) auf den Kaufpreis unterliegen ab dem VZ 1994 - und zwar unabhängig von der Höhe - ebenfalls der Umsatzsteuer (§ 13 Abs. 1 Nr. 1a Satz 4 UStG).

6.2.3 Besteuerung nach vereinnahmten Entgelten (Istbesteuerung)

Die Besteuerung nach vereinnahmten Entgelten gilt als Ausnahmeregelung; sie kann auf Antrag durch das Finanzamt gestattet werden.

Diese Ausnahmeregelung (§ 20 UStG) kommt für Unternehmer in Betracht, deren Gesamtumsatz (§ 19 Abs. 3 UStG) im vorangegangenen Kalenderjahr nicht mehr als 250.000 DM betragen hat, oder der von der Verpflichtung, Bücher zu führen und auf Grund jährlicher Bestandsaufnahmen regelmäßig Abschlüsse zu machen befreit ist, oder soweit er Umsätze aus einer Tätigkeit als Angehöriger eines freien Berufs i.S.d. § 18 Abs. 1 Nr. 1 EStG ausführt.

Die Steuerschuld entsteht mit Ablauf des Voranmeldungszeitraums, in dem das Entgelt oder das Teilentgelt vereinnahmt worden ist (§ 13 Abs. 1 Nr. 1a bzw. 1b UStG).

Auf die Rechnungserteilung nach Ausführung der Leistung kommt es hierbei nicht an.

6.2.4 Änderung der Bemessungsgrundlage

Das vereinbarte Entgelt bleibt die endgültige Bemessungsgrundlage nur dann, wenn der Leistungsempfänger vereinbarungsgemäß erfüllt.

Bei nachträglichen Änderungen des Entgelts, z.B. durch Skontoabzüge, ändert sich die Bemessungsgrundlage beim Unternehmer, was andererseits auch eine Berichtigung des Vorsteuerabzugs auf seiten des Empfängers bedingt (§ 17 UStG).

Die Berichtigungen sind für den Veranlagungszeitraum vorzunehmen, in dem die Änderung des Entgelts eingetreten ist (§ 17 Abs. 1 Satz 3 UStG).

6.3 Bemessungsgrundlage für den Eigenverbrauch

Beim Eigenverbrauch (§ 10 Abs. 4 UStG) fehlt es an einem Entgelt, so daß besondere Bemessungsgrundlagen bestimmt werden müssen („Ersatzentgelte“). Für die drei verschiedenen Eigenverbrauchstatbestände ergeben sich aus ihrer Eigenart verschiedene Größen.

(1) Beim Eigenverbrauch durch Entnahme von Gegenständen (§ 1 Abs. 1 Nr. 2a sowie Nr. 2b u. Nr. 3 UStG) ist als Bemessungsgrundlage der Einkaufspreis einschließlich Nebenkosten anzusetzen (mangels eines Einkaufspreises nach den Selbstkosten). Voraussetzung ist, daß zwischen dem Gegenstand des Eigenverbrauchs und dem der einkommensteuerlichen Entnahme Identität besteht.

(2) Besteht der Eigenverbrauch in der Verwendung von Gegenständen (§ 1 Abs. 1 Nr. 2b UStG), so ist Bemessungsgrundlage die bei der Ausführung dieser Umsätze entstandenen Kosten.

(3) Liegt der Tatbestand des Eigenverbrauchs in der Tätigung von Aufwendungen (§ 1 Abs. 1 Nr. 2c UStG), die nach § 4 Abs. 5 Nr. 1 bis 7oder Abs. 7 oder § 12 Nr. 1 EStG den Gewinn nicht mindern dürfen, so ist ihre Höhe die Bemessungsgrundlage (Betrag der Aufwendungen).

Das Umsatzsteuerrecht übernimmt also hier die im Einkommensteuerrecht relevanten Begriffe.

Die Umsatzsteuer gehört nicht zur Bemessungsgrundlage.

6.4 Bemessungsgrundlage für die Einfuhr

Der Umsatz wird bei der Einfuhr (§ 1 Abs. 1 Nr. 4 UStG) nach dem Wert des eingeführten Gegenstandes nach den jeweiligen zollrechtlichen Vorschriften über den Zollwert und seine Feststellung bemessen (§ 11 UStG).

Dem Wert oder dem Entgelt nach § 11 Abs. 1 und 2 UStG sind hinzuzurechnen nach § 11 Abs. 3

- Nr. 1: die außerhalb der in § 1 Abs. 1 Nr. 4 bezeichneten Gebiete für den eingeführten Gegenstand geschuldeten Beträge an Einfuhrabgaben, Steuern und sonstigen Abgaben,
- Nr. 2: die aufgrund der Einfuhr im Zeitpunkt des Entstehens der Einfuhrumsatzsteuer auf den Gegenstand entfallenden Beträge an Zoll einschl. der Abschöpfung und an Verbrauchsteuern außer der Einfuhrumsatzsteuer, soweit die Steuern unbedingt entstanden sind,
- Nr. 3: die auf den Gegenstand entfallenden Kosten für die Vermittlung der Lieferung und für die Beförderung bis zum ersten Bestimmungsort im Inland.

Weitere Einzelheiten regeln § 11 Abs. 3 Nr. 4 und Abs. 4 und 5 UStG.

24

7. Steuersätze

Das Umsatzsteuergesetz unterscheidet den allgemeinen und den ermäßigten Steuersatz (§ 12 UStG).

7.1 Allgemeiner Steuersatz

Die Steuer beträgt für jeden steuerpflichtigen Umsatz grundsätzlich ab 1.1.1993 15 % (bis 31.12.1992 14 %) der Bemessungsgrundlage (§ 12 Abs. 1 UStG).

Dieser allgemeine Steuersatz ist immer dann anzuwenden, wenn für den einzelnen steuerpflichtigen Umsatz nicht der ermäßigte Steuersatz nach § 12 Abs. 2 UStG anzuwenden ist.

7.2 Ermäßigter Steuersatz

Für die in § 12 Abs. 2 UStG aufgeführten Umsätze ermäßigt sich der Steuersatz auf 7 v.H. der Bemessungsgrundlage.

Zu diesen begünstigten Umsätzen gehören u.a.

- die Lieferungen, der Eigenverbrauch, die Einfuhr und der innergemeinschaftliche Erwerb der in der Anlage zu § 12 Abs. 2 Nr. 1 u. 2 UStG bezeichneten Gegenstände. **Beispiel:** Zahlreiche Lebensmittel und Getränke (Speisen und Getränke zum Verzehr an Ort und Stelle ausgenommen), Erzeugnisse des graphischen Gewerbes, Kunstgegenstände und Sammlungsstücke, Körperersatzstücke und ähnliche Gegenstände;
- Vermietung der in der Anlage bezeichneten Gegenstände;
- Beförderung von Personen im Schienenbahnverkehr und im Kraftdroschkenverkehr.

8. Rechnungserteilung und Aufzeichnungspflichten

8.1 Notwendigkeit der Rechnungserteilung

Die Ausstellung von Rechnungen mit gesondertem Ausweis der Steuer ist notwendig, um den Vorsteuerabzug für den Leistungsempfänger zu ermöglichen (§ 14 UStG).

Die Rechnungen müssen die in § 14 Abs. 1 UStG genannten Angaben enthalten.

Erleichterungen in besonderen Fällen sind in den §§ 31-34 UStDV enthalten.

Bei Leistungsempfängern (Nichtunternehmer), für die ein Vorsteuerabzug nicht in Frage kommt, ist ein gesonderter Steuerausweis bei Rechnungserteilung nicht erforderlich.

Weist der Unternehmer in einer Rechnung für eine Lieferung oder sonstige Leistung einen höheren Steuerbetrag gesondert aus als er für den Umsatz schuldet, so schuldet er auch diesen Mehrbetrag (§ 14 Abs. 2 UStG).

Auch wer in einer Rechnung einen Steuerbetrag gesondert ausweist, ohne eine Leistung auszuführen oder zum gesonderten Ausweis berechtigt zu sein, schuldet diesen Betrag, auch wenn er nicht Unternehmer ist (§ 14 Abs. 3 UStG).

8.2 Erleichterungen für Kleinbetragsrechnungen

Für die zahlreichen Fälle, in denen die Ausstellung von Rechnungen mit den in § 14 Abs. 1 UStG genannten Angaben praktisch kaum durchführbar ist, enthalten §§ 33 und 34 UStDV für Kleinbetragsrechnungen und Fahrausweise besondere Regelungen.

Danach brauchen Kleinbetragsrechnungen (deren Gesamtbetrag 200 DM nicht übersteigt) nicht alle im § 14 Abs. 1 UStG geforderten Angaben zu enthalten (§ 33 UStDV). Folgende Angaben sind ausreichend:

- Name und Anschrift des leistenden Unternehmers,
- Menge und handelsübliche Bezeichnung der gelieferten Gegenstände oder Art und Umfang der Leistung.
- Entgelt und Steuerbetrag für die Lieferung oder sonstige Leistung in einer Summe.
- Steuersatz

8.3 Aufzeichnungspflichten

Zur Feststellung der Steuer und der Grundlagen über die Berechnung hat der Unternehmer Aufzeichnungen anzufertigen (§ 22 UStG, §§ 63-68 UStDV).

Neben der Erfassung der vereinbarten (vereinnahmten) Entgelte ist ersichtlich zu machen, wie sich die Entgelte auf die steuerpflichtigen Umsätze, getrennt nach Steuersätzen, und auf die steuerfreien Umsätze verteilen. Bei der Berechtigung zum teilweisen Vorsteuerabzug müssen aus den Aufzeichnungen die Vorsteuerbeträge eindeutig und leicht nachprüfbar zu ersehen sein, die den zum Vorsteuerabzug berechtigenden Umsätzen ganz oder teilweise zuzurechnen sind (§ 22 Abs. 3 Satz 2 UStG).

Die Aufzeichnungen müssen so geführt werden, daß die Unternehmer die geschuldete Umsatzsteuer exakt berechnen können und auch die Finanzverwaltung die Möglichkeit erhält, eine Überprüfung der Ergebnisse vornehmen zu können.

§ 22 UStG und die dazu gehörigen §§ 63-68 UStDV enthalten Vorschriften über anzufertigende Aufzeichnungen.

9. Besteuerung von Unternehmen mit niedrigem Gesamtumsatz (Kleinunternehmer)

Die Umsatzsteuer wird nach § 19 Abs. 1 Satz 1 UStG nicht erhoben, wenn der in Satz 2 bezeichnete Umsatz zuzüglich der darauf entfallenden Steuer im vorangegangenen Kalenderjahr 25.000 DM nicht überstiegen hat und im laufenden Kalenderjahr 100.000 DM voraussichtlich nicht übersteigen wird. Umsatz in diesem Sinne ist der nach vereinnahmten Entgelten bemessene Gesamtumsatz (§ 19 Abs. 3 UStG).

10. Vorsteuerabzug

10.1 Wesen

Der Vorsteuerabzug (§ 15 UStG) ist das Kernstück des Mehrwertsteuersystems und dient der Berücksichtigung der auf den Vorstufen erhobenen Umsatzsteuer. Dadurch wird eine Kumulation bei der Besteuerung vermieden und eine Wettbewerbsneutralität erreicht.

Durch den Vorsteuerabzug auch für die nach § 4 Nr. 1 UStG steuerbefreiten Ausfuhrgeschäfte tritt eine vollständige Entlastung der Ausfuhren ein.

Der Vorsteuerabzug wird gemäß der §§ 15, 15a, 16 Abs. 2 und 18 Abs. 1 und 2 UStG vom Unternehmer bei der Steuerberechnung für den Voranmeldungs- und Veranlagungszeitraum berücksichtigt.

10.2 Berechtigung zum Vorsteuerabzug

Ausschließlich Unternehmer sind zum Vorsteuerabzug berechtigt; es kommt dabei nicht darauf an, ob es sich um einen Unternehmer im Inland oder um einen Unternehmer im Ausland handelt. Die sachlichen Voraussetzungen für den Vorsteuerabzug werden in § 15 Abs. 1 UStG genannt.

Vom Vorsteuerabzug ausgeschlossen sind Unternehmer, deren Gesamtumsatz im vorangegangenen Kalenderjahr 25.000 DM nicht überstiegen hat und im laufenden Kalenderjahr 100.000 DM voraussichtlich nicht übersteigen wird und von der Besteuerung nach § 19 Abs. 1 UStG Gebrauch macht (Option nach § 19 Abs. 2 UStG).

10.3 Abziehbare Vorsteuern

Der zum Abzug berechtigte Unternehmer kann die folgenden Vorsteuerbeträge abziehen (§ 15 Abs. 1 UStG):

- die ihm von anderen Unternehmern gesondert in Rechnung gestellte Umsatzsteuer für Lieferungen und sonstige Leistungen, die für sein Unternehmen ausgeführt worden sind (§ 15 Abs. 1 Nr. 1 UStG);
- die entrichtete Einfuhrumsatzsteuer für Gegenstände, die für sein Unternehmen eingeführt worden sind (§ 15 Abs. 1 Nr. 2 UStG);
- die Steuer für den innergemeinschaftlichen Erwerb von Gegenständen für sein Unternehmen (§ 15 Abs. 1 Nr. 3 UStG).

Maßgebend für die Geltendmachung des Vorsteuerabzugs ist demnach bei gesondert in Rechnung gestellten Steuern grundsätzlich der Zeitpunkt des Rechnungseingangs. Auf den Zeitpunkt der Zahlung kommt es hierbei nicht an (Sollprinzip).

Für den Abzug der Einfuhrumsatzsteuer allerdings ist der Zeitpunkt der Zahlung maßgebend.

10.4 Vereinfachungsregelung beim Vorsteuerabzug

Auf Rechnungen unter 200 DM braucht der Steuerbetrag nach § 33 UStDV nicht ausgewiesen zu werden; es genügt die Angabe des Steuersatzes. Beim Vorsteuerabzug muß der Unternehmer den Rechnungsbetrag in Entgelt und Steuer aufteilen (§ 35 UStDV).

Es ist nicht notwendig, die Steuer bei jeder Rechnung herauszurechnen; dies kann auch durch Herausrechnung der nach Steuersätzen getrennt verbuchten Rechnungsbeträge erfolgen. Zur Berechnung der Steuer aus dem Bruttobetrag können „Vomhundert-Sätze“ angewendet werden:

	Steuersatz	Vomhundert-Satz
ab 1.1.1993	15 v.H.	13,04
	7 v.H.	6,54

Im Handel gibt es Tabellen, aus denen die Vorsteuer abgelesen werden kann.

10.5 Ausschluß vom Vorsteuerabzug

10.5.1 Voller Ausschluß vom Vorsteuerabzug

Vom Vorsteuerabzug ausgeschlossen ist die Steuer für die Lieferungen und die Einfuhr von Gegenständen sowie für die sonstigen Leistungen, die der Unternehmer verwendet zu

- steuerfreien Umsätzen
- Umsätze im Ausland, die steuerfrei wären, wenn sie im Inland ausgeführt würden
- unentgeltlichen Lieferungen und sonstigen Leistungen, die steuerfrei wären, wenn sie gegen Entgelt ausgeführt würden (§ 15 Abs. 2 UStG).

Nach § 15 Abs. 3 UStG gelten Abweichungen von dem Grundsatz des Vorsteuerabzugsverbots, wenn die Steuerbefreiungen auf Umsätzen beruhen, die

- nach § 4 Nrn. 1 bis 7, § 25 Abs. 2 oder nach den in § 26 Abs. 5 UStG bezeichneten Vorschriften steuerfrei sind oder
- nach § 4 Nr. 8a bis g oder Nr. 10a UStG steuerfrei sind und sich unmittelbar auf Gegenstände beziehen, die in ein Drittlandsgebiet (Gebiet außerhalb der Europäischen Wirtschaftsgemeinschaft) ausgeführt werden.

Das Vorsteuerabzugsrecht besteht also, wenn die Vorleistungen verwendet werden, zur Ausführung

- steuerbefreiter Umsätze mit Vorsteuerabzugsrecht,
- Umsätze im Ausland, die steuerfrei wären, wenn sie im Inland ausgeführt würden.

Unternehmer mit ausschließlich steuerfreien Umsätzen ohne Vorsteuerabzugsrecht behandeln die gezahlten Vorsteuern als Aufwand bzw. Anschaffungsnebenkosten bei Anlagegütern (§ 9b EStG).

10.5.2 Teilweiser Ausschluß vom Vorsteuerabzug

Tätigt ein Unternehmer neben Umsätzen, die zum Vorsteuerabzug berechtigen, auch solche, die nach § 15 Abs. 2 UStG zum Ausschluß vom Vorsteuerabzug führen, so müssen die ihm in Rechnung gestellten Vorsteuern in abziehbar und nichtabziehbar differenziert werden.

Das UStG sieht für die Vorsteueraufteilung nach ihrer wirtschaftlichen Zuordnung im Wege einer sachgerechten Schätzung vor.

10.5.2.1 Anwendung des Zurechnungsverfahrens

Die Aufteilung der Vorsteuern erfolgt nach der sachlichen wirtschaftlichen Zurechnung zu den jeweiligen Umsätzen. Dabei kann der Unternehmer die nichtabziehbaren Teilbeträge im Wege einer sachgerechten Schätzung ermitteln (§ 15 Abs. 4 UStG). Erleichterungen bei der Aufteilung der Vorsteuern sind in § 43 UStDV vorgesehen.

Die Anwendung dieses Verfahrens setzt entsprechende Vorbereitungen im Rechnungswesen voraus:

(1) Alle anfallenden Vorsteuerbeträge müssen auf mindestens drei getrennten Konten erfaßt werden:

Beispiel:
Vorsteuerkonto I für steuerfreie Umsätze mit Vorsteuerabzugsrecht
Vorsteuerkonto II für steuerfreie Umsätze ohne Vorsteuerabzugsrecht
Vorsteuerkonto III für alle Vorsteuern, die auf Gemeinkosten entfallen, die mit den beiden vorgenannten Umsatzgruppen in wirtschaftlichem Zusammenhang stehen.

(2) Ausgestaltung der betrieblichen Kostenstellenrechnung zur Berechnung differenzierter Gemeinkostenschlüssel.

Beispiel:
Ein Industrieunternehmen hat in einem Besteuerungszeitraum außer den steuerpflichtigen Lieferungen und sonstigen Leistungen auch Umsätze aus der Vermietung von Werkwohnungen erzielt; diese sind steuerfrei nach § 4 Nr. 12a UStG und schließen den Vorsteuerabzug aus.

Die Buchhaltung weist folgende Zahlen aus:

Steuerpflichtige Umsätze	720.000 DM
Umsätze aus Vermietung	80.000 DM
Gesamtumsatz	800.000 DM

Die gesamten Vorsteuern wurden erfaßt auf

Vorsteuerkonto I (Umsätze mit Vorsteuerabzugsrecht)	46.000 DM
Vorsteuerkonto II (Umsätze ohne Vorsteuerabzugsrecht)	5.000 DM
Vorsteuerkonto III (auf Gemeinkosten entfallende Vorsteuersummen)	4.500 DM
	55.500 DM

Nach der betrieblichen Kostenrechnung entfallen auf den Werkwohnungsbereich 2/15 der gesamten Gemeinkosten. Daraus ergibt sich folgende Aufteilung der Vorsteuern:

abziehbar	nicht abziehbar
Vorsteuerkonto I	46.000 DM
Vorsteuerkonto II	
5.000 DM	
Vorsteuerkonto III	13/15
3.900 DM	2/15
600 DM	
49.900 DM	5.600 DM

10.5.2.2 Anwendung des Umsatzschlüsselverfahrens

Die Anwendung dieses gem. § 15 Abs. 4 UStG zulässigen Verfahrens besteht in der Aufteilung der Vorsteuerbeträge, die teils mit Umsätzen, die zum Vorsteuerabzug berechtigen, und teils mit Umsätzen, die einen Vorsteuerabzug ausschließen, zusammenhängen, nach dem Verhältnis der zum Ausschluß vom Vorsteuerabzug führenden Umsätze zu den übrigen Umsätzen. Einfuhren bleiben bei der Schlüsselbildung außer Ansatz.

Der zugrundeliegende Umsatzschlüssel ist aus dem Verhältnis von zwei Umsatzgrößen U und A zu bilden:

Steuerpflichtige Lieferungen und sonstige Leistungen
\+ steuerpflichtiger Eigen- und Gesellschafterverbrauch
\+ steuerfreie Umsätze nach § 4 Nrn. 1 bis 6 UStG
\+ nicht steuerbare Umsätze (u.a. Umsätze im Ausland).

(U) = Umsatz i.S. des § 15 Abs. 4 UStG (= „Übrige Umsätze“)
- Einfuhren zählen nicht zu den Umsätzen i.S. dieser Vorschrift.

Steuerfreie Umsätze nach § 4 Nrn. 7 bis 28 UStG (soweit sie nicht durch Option steuerpflichtig sind), ausgenommen die in § 43 UStDV genannten Umsätze.

(A) = zum Ausschluß von Vorsteuerabzug führende Umsätze i.S. des § 15 Abs. 4 UStG.

Die im Veranlagungszeitraum angefallenen Vorsteuerbeträge werden im Verhältnis der zum Ausschluß vom Vorsteuerabzug führenden Umsätzen zu den „übrigen Umsätzen“ (A : U) in abziehbare und nicht abziehbare Vorsteuerbeträge aufgeteilt.

Beispiel:

Steuerpflichtige Umsätze	410.000 DM
im Ausland ausgeführte Umsätze	80.000 DM
steuerfreie Ausfuhrlieferungen	50.000 DM
steuerfreie Umsätze (§ 4 Nrn. 7-28 UStG)	60.000 DM
Umsatz	600.000 DM

Die dem Unternehmer gesondert in Rechnung gestellte Vorsteuer hat 40.000 DM und die gezahlte Einfuhrumsatzsteuer 4.000 DM betragen.

Steuerpflichtige Umsätze			410.000 DM
nicht steuerbare Lieferungen im Ausland			80.000 DM
steuerfreie Exportumsätze			50.000 DM
	U	=	540.000 DM
steuerfreie Umsätze nach § 4 Nrn. 7-28 UStG	A	=	60.000 DM

Verhältnis U : A = 540.000 DM : 60.000 DM, also 90 % : 10 %

Daraus folgt:	abziehbare Vorsteuerbeträge		
	90 % von 44.000 DM	=	39.600 DM
	nicht abziehbare Vorsteuerbeträge		
	10 % von 44.000 DM	=	4.400

10.5.2.3 Gesondert geführte Betriebe in Unternehmen

> Von der Auffassung, daß das Unternehmen umsatzsteuerrechtlich eine Einheit bildet, kann ausschließlich für Zwecke der Vorsteueraufteilung abgewichen werden, und ein in der Gliederung des Unternehmens gesondert geführter Betrieb wie ein selbständiges Unternehmen behandelt werden.

25

11. Verzicht auf Steuerbefreiungen (Optionsrecht nach § 9 UStG)

Eine vollständige Entlastung von der Umsatzsteuer entsteht nur, wenn für steuerfreie Umsätze die Berechtigung zum Vorsteuerabzug besteht, d.h. die an die Vorunternehmer entrichteten Zahlungen werden vom Finanzamt erstattet.

> Wenn ein Unternehmer steuerfreie Umsätze nach § 4 Nrn. 8-28 UStG oder nicht steuerbare Umsätze, die bei Steuerbarkeit nach diesen Vorschriften befreit wären, tätigt, wird ein Ausschluß vom Vorsteuerabzug wirksam. Daraus folgt, daß infolge der Steuerfreiheit keine Umsatzsteuer an das Finanzamt abzuführen ist, jedoch die an die Vorunternehmer gezahlten Vorsteuern nicht erstattet werden und damit als Aufwand des Unternehmens wirksam werden.

Damit liegt im Effekt nur eine eingeschränkte Steuerfreiheit vor, die sich nach der Differenz zwischen eigener steuerbefreiter Leistung und den mit Vorsteuern belasteten Vorumsätzen bemißt.

Um diese Wirkungen bei gegebenen Voraussetzungen nicht eintreten zu lassen, gewährt § 9 UStG für bestimmte steuerfreie Umsätze ein Optionsrecht: Der Unternehmer kann auf die Steuerfreiheit verzichten; dies geschieht durch einfache Erklärung gegenüber dem Finanzamt.

Die Option wirkt allerdings nur unter der Voraussetzung, daß der Umsatz an einen anderen Unternehmer für dessen Unternehmen ausgeführt wird.

In § 9 UStG sind die Umsätze ausdrücklich genannt, für die auf die Steuerbefreiung verzichtet werden kann. Dabei muß sich der Verzicht nicht auf alle diese Umsätze erstrecken, auch braucht er nicht alle unter eine Befreiungsvorschrift fallenden Umsätze zu erfassen.

Die Entscheidungskriterien für die Ausübung des Optionsrechts muß der Unternehmer aus der eigenen umsatzsteuerlichen Situation und der seiner Kontrahenten ableiten (vgl. Beispiele in *Rose, G.*, Betrieb und Steuer, Zweites Buch: Die Verkehrsteuern, 9. Auflage, Wiesbaden 1989, S. 210).

12. Trennung der Entgelte

Aus den Aufzeichnungen des Unternehmers muß zu ersehen sein, wie sich die Entgelte auf die steuerpflichtigen Umsätze, getrennt nach Steuersätzen, aufteilen (§ 22 Abs. 2 Nr. 1 UStG).

Es ist aber in vielen Fällen dem Unternehmer eine Trennung der vereinbarten bzw. vereinnahmten Entgelte nach Steuersätzen nicht möglich (besonders bei Barverkäufen in Lebensmittelgeschäften und in Warenhäusern).
Es ist nach § 63 Abs. 5 UStDV zulässig, daß die Finanzämter diesen Unternehmern auf Antrag gestatten, eine vereinfachte nachträgliche Aufteilung der Entgelte unter Berücksichtigung des Wareneingangs vorzunehmen.

Das Finanzamt darf aber nur ein Verfahren zulassen, dessen steuerliches Ergebnis nicht wesentlich von dem Ergebnis einer Aufzeichnung der Entgelte nach Steuersätzen abweicht. Die einzelnen Verfahren, die zur erleichterten Trennung der Entgelte zugelassen werden können, ergeben sich nach Verwaltungsanweisung des BdF (BdF-Schreiben v. 31.3.1981, BStBl 1981 I S. 297).

Danach werden die begünstigten oder nicht begünstigten Umsätze aufgrund der Wareneingänge ermittelt:

- unter Hinzurechnung der tatsächlichen oder üblichen Aufschläge;
- unter Hinzurechnung eines gewogenen Durchschnittsaufschlags;
- nach den tatsächlichen Verkaufsentgelten bei Filialunternehmen.

12.1 Trennung der Entgelte aufgrund der Wareneingänge unter Hinzurechnung der tatsächlichen oder üblichen Zuschläge

Die bezogenen Waren, deren Lieferungen dem ermäßigten Steuersatz unterliegen, werden im Wareneingangsbuch (oder Wareneingangskonto) getrennt von den übrigen Waren, deren Lieferung dem allgemeinen Steuersatz unterliegen, aufgezeichnet.

Auf der Grundlage der Wareneingänge sind entweder die Umsätze der Waren, die dem allgemeinen Steuersatz unterliegen, oder die steuerermäßigten Umsätze rechnerisch zu ermitteln. Zu diesem Zweck ist im Wareneingangsbuch (oder auf dem Wareneinkaufskonto) für diese Waren neben der Spalte „Einkaufsentgelt" eine zusätzliche Spalte mit der Bezeichnung „Verkaufsentgelt" einzurichten.

Die Waren der Gruppe, für die die zusätzliche Spalte „Verkaufsentgelt" geführt wird, sind grundsätzlich einzeln und mit genauer handelsüblicher Bezeichnung im Wareneingangsbuch (Wareneinkaufskonto) einzutragen.

Bei der Aufzeichnung des Wareneingangs sind auf Grund der tatsächlichen oder der üblichen Aufschlagssätze die tatsächlichen bzw. voraussichtlichen Verkaufsentgelte (ohne USt) zu errechnen und in die entsprechende Spalte einzutragen.

Nach Ablauf des Voranmeldungszeitraums ist die Summe dieser Verkaufsentgelte nach Hinzurechnung der Steuer (in Betracht kommender Steuersatz) von der Summe der im Veranlagungszeitraum vereinbarten bzw. vereinnahmten Entgelte zuzüglich Steuer zu subtrahieren.

Der Differenzbetrag stellt dann die Summe der übrigen Entgelte zuzüglich der Steuer nach dem anderen Steuersatz dar.

Beispiel: Ein Einzelhändler zeichnet die eingekaufte Ware, deren Weiterlieferung dem Steuersatz von 15 % unterliegt, in seinem Wareneingangsbuch zuzüglich Steuer (= Bruttopreis) in einer besonderen Spalte auf.

In einer weiteren Spalte trägt er die errechneten Verkaufsentgelte dieser Ware ein:

Vereinnahmte Entgelte zuzüglich Steuer	35.200 DM
./. Bruttoverkaufspreis (mit üblichen Zuschlägen) der 15%igen Waren lt. Wareneingangsbuch	13.800 DM
= Entgelt zuzüglich 7 % Steuer der übrigen Ware	21.400 DM

Trennung der Entgelte für diesen Veranlagungszeitraum:

	15 %	7 %
Entgelt (zuzüglich Steuer)	13.800 DM	21.400 DM
./. Steuer	1.800 DM	1.400 DM
= Entgelt (netto)	12.000 DM	20.000 DM

12.2 Trennung der Entgelte aufgrund der Wareneingänge nach Anwendung eines gewogenen durchschnittlichen Aufschlags

Auch bei diesem Verfahren werden die bezogenen Waren mit verschiedenen Steuersätzen im Wareneingangsbuch (Wareneinkaufskonto) getrennt aufgezeichnet.

Für die Warengruppe, für die aus dem Wareneingang der Umsatz ermittelt werden soll, ist ein gewogener Durchschnittsaufschlag nach den tatsächlichen Verhältnissen eines Kalendervierteljahres rechnerisch festzustellen.

Dieser Durchschnittsaufschlagssatz ist bei nicht geänderter Struktur des Unternehmens für die Dauer von drei Jahren anzuwenden.

Beispiel:
Zum Ende eines Kalendervierteljahres werden folgende Zahlen ermittelt:

Wareneingang mit einem Steuersatz von 15 %	17.480 DM
Bruttoverkaufspreis dieser Waren	21.850 DM
= Bruttoaufschlag	4.370 DM

Der gewogene Durchschnittsaufschlag beträgt für dieses Kalendervierteljahr

$$\frac{4.370 \cdot 100}{17.480} = 25\ \%$$

Verfahren zur Trennung der Entgelte aus den Aufzeichnungen eines späteren Veranlagungszeitraums, für den folgende Zahlen ermittelt werden:

Vereinnahmte Bruttoverkaufspreise (Entgelt zuzüglich Steuer)	48.900 DM
Wareneingang der 15prozentigen Ware (Einkaufsentgelt zuzüglich Steuer)	13.800 DM

Trennung der Entgelte:

Bruttoverkaufspreis insgesamt		48.900 DM
Wareneingang der 15prozentigen Waren	13.800 DM	
+ Aufschlag 25 %	3.450 DM	
= Bruttoverkaufspreis der 15prozentigen Ware	17.250 DM	17.250 DM
Ergibt den Bruttoverkaufspreis der 7prozentigen Ware		31.650 DM

Bruttoverkaufspreis der nicht begünstigten Ware	17.250 DM
darin enthalten 15 % Steuer (13,04 %)	2.250 DM
Entgelt der 15prozentigen Ware	15.000 DM

Bruttoverkaufspreis der begünstigten Ware	31.650 DM
darin enthalten 7 % Steuer (6,54 %)	2.070 DM
Entgelt der 7prozentigen Ware	29.580 DM

12.3 Trennung der Entgelte nach den tatsächlichen Verkaufsentgelten bei Filialunternehmen

Filialunternehmen können die Trennung der Entgelte in der Weise vornehmen, daß die tatsächlichen Verkaufsentgelte der Waren, deren Lieferungen dem ermäßigten Steuersatz (oder dem allgemeinen Steuersatz) unterliegen, im Zeitpunkt der Auslieferung an den Filialbetrieb gesondert aufgezeichnet werden.

Eine getrennte Aufzeichnung der Wareneingänge ist dann überflüssig.

Beispiel: Einem Filialbetrieb werden nicht begünstigte Waren, deren tatsächliche Bruttoverkaufspreise 15.000 DM betragen, ausgeliefert.

Die in dem gleichen Zeitraum vereinnahmten Bruttoverkaufserlöse der Filiale betrugen insgesamt 60.000 DM.

	15 %	7 %
Bruttoverkaufspreise (s.o.)	15.000 DM	45.000 DM
Umsatzsteuer	1.957 DM	2.944 DM
Entgelte	13.043 DM	42.056 DM

13. Besteuerungsverfahren

13.1 Steueranmeldung und Vorauszahlung

Der Unternehmer hat für jeden Voranmeldungszeitraum (in der Regel der Kalendermonat) eine Voranmeldung auf einem Vordruck nach amtlich bestimmtem Muster abzugeben, in der er die Steuer selbst zu berechnen hat (§ 18 Abs. 1, 2 und 3 UStG).

Beträgt die Steuerschuld für das vorangegangene Kalenderjahr weniger als 6.000 DM, ist das Kalendervierteljahr Voranmeldungszeitraum.

Ist für das laufende Kalenderjahr eine Steuerschuld von nicht mehr als 1.000 DM zu erwarten, kann das Finanzamt den Unternehmer von der Verpflichtung zur Abgabe der Voranmeldung und Entrichtung der Vorauszahlungen entbinden.

Die in der Voranmeldung berechnete Steuer ist als Vorauszahlung an das Finanzamt zu leisten. Voranmeldung und Vorauszahlung haben bis zum 10. des folgenden Monats zu erfolgen (§ 18 Abs. 1 Satz 5 UStG).

Zur Vermeidung von Härten und Vereinfachung des Besteuerungsverfahrens kann der Bundesminister der Finanzen mit Zustimmung des Bundesrates durch Rechtsverordnung die Fristen für die Voranmeldungen und Vorauszahlungen um einen Monat verlängern bzw. bestimmen, daß und unter welchen Voraussetzungen auf die Erhebung der Steuer für bestimmte Umsätze verzichtet werden kann (§§ 6 und 7 UStG).

Weitere Vereinfachungstatbestände des Besteuerungsverfahrens enthalten § 18 Abs. 9 UStG.

13.2 Zusammenfassende Meldung

Der Unternehmer hat nach § 18 a UStG bis zum 10. Tag nach Ablauf jedes Kalendervierteljahres (Meldezeitraum), in dem er innergemeinschaftliche Warenlieferungen oder Warenbewegungen ausgeführt hat, beim Bundesamt für Finanzen eine Meldung nach amtlich vorgeschriebenem Vordruck abzugeben, in der er bestimmte Angaben nach § 18 a Abs. 4 UStG zu machen hat.

Eine vorgenannte innergemeinschaftliche Warenlieferung liegt vor bei
- einer gemeinschaftlichen Lieferung im Sinne des § 6 a Abs. 1 UStG
- einer innergemeinschaftlichen Leistung im Sinne des § 6 a Abs. 2 Nr. 1 und 2 UStG.

Eine innergemeinschaftliche Warenbewegung definiert das Gesetz als Versendung oder Beförderung eines Gegenstandes vom Inland in das übrige Gemeinschaftsgebiet an einen Unternehmer (Auftragnehmer), der den Gegenstand zur Ausführung eines Umsatzes im Sinne des § 3 Abs. 1 a Nr. 2 UStG verwendet.

§ 18 a Abs. 4 UStG schreibt vor, daß die zusammenfassende Meldung folgende Angaben enthalten muß:

1. für innergemeinschaftliche Warenlieferungen im Sinne des § 18 a Abs. 2 Nr. 1 u. 3:
   - die Umsatzsteuer-Identifikationsnummer jedes Erwerbers, die ihm in einem anderen Mitgliedstaat erteilt worden ist und unter der die innergemeinschaftlichen Warenlieferungen an ihn ausgeführt worden sind und
   - für jeden Erwerber die Summe der Bemessungsgrundlagen der an ihn ausgeführten innergemeinschaftlichen Warenlieferungen.

2. für innergemeinschaftliche Warenlieferungen im Sinne des § 18 a Abs. 2 Nr. 2 UStG:
   - die Umsatzsteuer-Identifikationsnummer des Unternehmers in den Mitgliedstaaten, in die er die Gegenstände verbracht hat, und
   - die darauf entfallende Summe der Bemessungsgrundlagen.

3. für innergemeinschaftliche Warenbewegungen
   - die Umsatzsteuer-Identifikationsnummer jedes Auftragnehmers, die ihm in dem Mitgliedstaat erteilt worden ist, in dem die Versendung oder Beförderung beendet worden ist, und
   - ein Hinweis auf das Vorliegen einer innergemeinschaftlichen Warenbewegung.

13.3 Sonderregelungen

Für jeden Voranmeldungs- und Besteuerungszeitraum hat der Unternehmer nach § 18 b UStG in den amtlich vorgeschriebenen Vordrucken (§ 18 Abs. 1 - 4 UStG) die Bemessungsgrundlagen seiner innergemeinschaftlichen Lieferungen gesondert zu erklären. Diese Angaben sind in dem Voranmeldungszeitraum zu machen, in dem die Rechnung für die innergemeinschaftliche Lieferung ausgestellt wird.

§ 18 c UStG regelt die Meldepflicht bei der Lieferung neuer Fahrzeuge, wonach zur Sicherung des Steueraufkommens durch einen regelmäßigen Austausch von Auskünften mit anderen Mitgliedstaaten auf der Grundlage der Gegenseitigkeit der Bundesminister der Finanzen mit Zustimmung des Bundesrates bestimmen kann, daß Unternehmer und Fahrzeuglieferer der Finanzbehörde ihre innergemeinschaftlichen Lieferungen neuer Fahrzeuge an Abnehmer ohne Umsatzsteuer-Identifikationsnummer melden müssen.

Der Unternehmer hat auf Verlangen der Finanzbehörde die jeweils erforderlichen Bücher, Aufzeichnungen, Geschäftspapiere und andere Urkunden zur Einsicht und Prüfung vorzulegen (§ 18 d UStG).

Das Bundesamt für Finanzen hat auf Anfrage dem Unternehmer die Gültigkeit einer Umsatzsteuer-Identifikationsnummer sowie den Namen und die Anschrift der Person, der die Umsatzsteuer-Identifikationsnummer von einem anderen Mitgliedstaat erteilt wurde, zu bestätigen (§ 18 e UStG).

	Kontrollfragen	bear-beitet	Lösungs-hinweis	Lösung +	-
01	Ordnen Sie die Umsatzsteuer in das System der Steuern ein!		219		
02	Welche Kriterien erfüllen den gesetzlichen Tatbestand der steuerbaren Umsätze?		220		
03	Worin unterscheiden sich Lieferungen von sonstigen Leistungen, und welche umsatzsteuerliche Bedeutung hat diese Unterscheidung?		220		
04	Was können „sonstige Leistungen" im umsatzsteuerlichen Sinn sein?		223		
05	Welche Besonderheiten weist das Kommissionsgeschäft auf?		222		
06	Wie kann ein Unternehmer dem Abnehmer die Verfügungsmacht über den Liefergegenstand verschaffen?		222		
07	Definieren Sie den Begriff Erhebungsgebiet i.S. des Umsatzsteuerrechts und erklären Sie seine Bedeutung!		228		
08	Welche zweifache Bedeutung hat das Entgelt im Umsatzsteuerrecht?		237		
09	Wo ist der Ort einer Lieferung und einer sonstigen Leistung, und worin liegt die Bedeutung für die Besteuerung?		222		
10	Wann liegt Eigenverbrauch vor (3 Tatbestandsformen)?		229		
11	Welche Voraussetzungen führen zu dem Tatbestand „Gesellschafterverbrauch"?		230		
12	Welche Voraussetzungen begründen die Unternehmereigenschaft?		233		
13	Wie werden • Werklieferung und • Werkleistung behandelt?		226 f.		
14	a) Was kennzeichnet das Reihengeschäft und b) wieviel Lieferungen werden durchgeführt und was gilt als Ort der Lieferung?		225		
15	Erklären Sie den umsatzsteuerlich relevanten Unterschied zwischen Handelsvertreter und Kommissionär!		222		
16	Welcher Unterschied besteht zwischen der Besteuerung nach „vereinbarten" und „vereinnahmten" Entgelten?		238 f.		
17	Was wird zum Entgelt gerechnet, und wodurch sind die „durchlaufenden Posten" gekennzeichnet?		238		
18	Was sind Innenumsätze, und wie ist ihre umsatzsteuerliche Behandlung?		217		
19	In welchen Fällen des Eigenverbrauchs sind die anteiligen Kosten als Bemessungsgrundlage anzusetzen?		239		

	Kontrollfragen	bearbeitet	Lösungshinweis	Lösung +	Lösung -
20	Wie werden Schadenersatzleistungen und Vertragsstrafen behandelt?		238		
21	Definieren Sie Unternehmereinheit und Unternehmenseinheit, und erläutern Sie ihre Behandlung bei der Umsatzbesteuerung!		233		
22	Wie beurteilen Sie Steuerbefreiungen im System der Mehrwertsteuer?		229 f.		
23	Womit können Sie den Verzicht auf Steuerbefreiungen (§ 9 UStG) begründen?		234 f.		
24	Wer ist zum Vorsteuerabzug berechtigt?		243 ff.		
25	Untersuchen Sie • den vollen Ausschluß und • den teilweisen Ausschluß vom Vorsteuerabzug.		244 f.		
26	Welche Verfahren zur Feststellung des Anteils der abziehbaren Vorsteuerbeträge nennt das Gesetz?		245 f.		
27	Erläutern Sie Zweck und Angaben in der zusammenfassenden Meldung nach § 18a UStG!		253		
28	Wodurch können Änderungen der Besteuerungsgrundlage eintreten, und welche Regelung sieht hierzu § 17 UStG vor?		239		
29	Welche Angaben müssen Rechnungen nach § 14 UStG enthalten, und welche Erleichterungen bestehen für Kleinbetragsrechnungen?		241 f.		
30	Welche Tatbestände nennt § 13 UStG für die Entstehung der Steuer?		238		

Gesamtliteraturverzeichnis

A. Grundlagen

Arndt/Zierlinger, Steuerrecht, Heidelberg 1991

Bareis, H.P., Die Steuern in der betrieblichen Planung, Berlin 1969

Dirrige, H., Die Steuerplanung der Unternehmung, 2. Auflage, Stuttgart, New York 1989

Friemel/Schiml, Lehrbuch der Abgabenordnung, 12. Auflage, Herne 1994

Haberstock, L., Einführung in die Betriebswirtschaftliche Steuerlehre, 7. Auflage, Hamburg 1989

Heinhold, M., Betriebswirtschaftliche Steuerlehre, München 1976

Heinhold/Obermann/Pasch, Betriebswirtschaftliche Steuerlehre - Musterklausuren und Lösungen, Stuttgart 1993

Hübschmann/Hepp/Spitaler, Kommentar zur Abgabenordnung, Loseblattwerk, 8. Auflage, Köln

Kühn/Kutter/Hofmann, Abgabenordnung/Finanzgerichtsordnung, 16. Auflage, Stuttgart 1990

Kruse, H.W., Steuerrecht Allg. Teil, 6. Auflage, München 1991

Rose, G., Betriebswirtschaftliche Steuerlehre, 2. Auflage, Wiesbaden 1990

Sauer, O., Allgemeines Steuerrecht, Hamburg 1994

Schneeloch, D., Besteuerung und betriebliche Steuerpolitik, Band 1: Besteuerung, München 1986

Schneider, D., Grundzüge der Unternehmensbesteuerung, 5. Auflage, Wiesbaden 1990

Theis/Theis, Praktischer Führer durch das Steuerrecht, Loseblattwerk, Köln

Tipke/Kruse, Abgabenordnung und Finanzgerichtsordnung, Loseblattwerk, Köln

Tipke, K., Steuerrecht - Ein systematischer Grundriß, 13. Auflage, Köln 1991

Wacker, W.H., Lexikon der deutschen und internationalen Besteuerung, 2. Auflage, München 1982

Wöhe, G., Betriebswirtschaftliche Steuerlehre:

Band I/2: Grundlagen - Einfluß der Besteuerung auf das Rechnungswesen, 7. Auflage, München 1992

Band II/1: Einfluß der Besteuerung auf die Wahl und den Wechsel der Rechtsform, 5. Auflage, München 1990

Band II/2: Einfluß der Besteuerung auf Unternehmenszusammenschlüsse, 3. Auflage, München 1982

Wöhe, G., Die Steuern des Unternehmens, 6. Auflage, München 1991

Wöhe, G., Betriebswirtschaftslehre und Unternehmensbesteuerung, München 1984

Wöhe/Bieg, Grundzüge der Betriebswirtschaftlichen Steuerlehre, 3. Auflage, München 1991

B. Einkommensteuer

Bauch/Oestreicher, Handels- und Steuerbilanzen, 5. Auflage, Heidelberg 1993
Beckermann/Kussmann/Martin/Rick, Lehrbuch der Einkommensteuer, 7. Auflage, Herne 1992
Biergans, E., Einkommensteuer und Steuerbilanz, 6. Auflage, München 1992
Blümich/Falk, Einkommensteuergesetz, Loseblattwerk, München
Brönner/Bartels, Die Bilanz nach Handels- und Steuerrecht, 9. Auflage, Stuttgart 1987
Bühler/Scherpf, Bilanz und Steuer, 7. Auflage, München 1971
Gnam, A., Handbuch der Bilanzierung, Loseblattwerk, Freiburg i. Breisgau
Hartmann/Böttcher/Nissen, Großkommentar zur Einkommensteuer, Loseblattwerk, Stuttgart
Hartz/Meeßen/Wolf, ABC-Führer Lohnsteuer, Loseblattwerk, Stuttgart
Herrmann/Heuer/Raupach, Kommentar zur Einkommensteuer und Körperschaftsteuer, Loseblattwerk, 19. Auflage, Köln
Meyer, C., Bilanzierung nach Handels- und Steuerrecht, 10. Auflage, Herne 1994
Oeftering/Görbing, Das gesamte Lohnsteuerrecht, Loseblattwerk, München
Olfert/Körner/Langenbeck, Bilanzen, 6. Auflage, Ludwigshafen (Rhein) 1992
Plückebaum/Sauerland/Wendt, Einkommensteuer, 14. Auflage, Achim 1985
Rose, G., Betrieb und Steuer - Grundlagen zur betrieblichen Steuerlehre: 1. Buch: Die Ertragsteuern, 12. Auflage, Wiesbaden 1992
Schmidt, L., Einkommensteuergesetz, Kommentar, 13. Auflage, München 1994
Thiel, J., Bilanzrecht - Handelsbilanz, 3. Auflage, Köln 1986
Wöhe, G., Die Handels- und Steuerbilanz, 2. Auflage, München 1990

C. Körperschaftsteuer

Dötsch/Eversberg/Jost, Kommentar zum Körperschaftsteuergesetz, Loseblattwerk, Stuttgart
Frotscher/Maas, Kommentar zum Körperschaftsteuergesetz, Loseblattwerk, Freiburg
Kiessling, H., Körperschaftsteuer, 10. Auflage, Bonn und Achim 1986
Krollmann, H., Körperschaftsteuer-Kommentar, 2. Auflage, Stuttgart
Lademann/Birkholz/Gassner, Kommentar zum Körperschaftsteuergesetz, Loseblattwerk, Stuttgart
Lange/Reiß, Lehrbuch der Körperschaftsteuer, 6. Auflage, Herne 1991

D. Vermögensteuer und Bewertungsgesetz

Falterbaum/Barthel, Bewertungsrecht und Vermögensteuer, 10. Auflage, Bonn/Achim 1994
Gürsching/Stenger/Rid, Kommentar zum Bewertungsgesetz und Vermögensteuergesetz, Loseblattwerk
Haar, H./Wittenmayer, H., Lehrbuch Bewertungsrecht und Vermögensteuer, 4. Auflage Herne/Berlin 1994

Haberstock, L., Steuerbilanz und Vermögensteuergesetz, Herne/Berlin 1989
Haberstock, L., Steuerbilanz und Vermögensaufstellung, Hamburg 1991
Horschitz/Gross, Bewertungsrecht und Vermögensteuer, 7. Auflage, Stuttgart 1993
Moench/Glier/Knobel/Werner, Bewertungs- und Vermögensteuergesetz, Herne/Berlin
Rose, G., Betrieb und Steuer - Grundlagen zur betrieblichen Steuerlehre: 3. Buch: Die Substanzsteuern, 8. Auflage, Wiesbaden 1991
Rössler/Troll/Halaczinsky u.a., Bewertungsgesetz und Vermögensteuergesetz, Kommentar, München

E. Gewerbesteuer

Blümich, Gewerbesteuergesetz, Loseblattwerk, München
Lenski/Steinberg, Kommentar zum Gewerbesteuergesetz, Loseblattwerk, Köln
Meyer-Scharenberg/Popp/Woring, Gewerbesteuer-Kommentar, Herne/Berlin 1989
Müthling, H., Gewerbesteuerrecht, Loseblattwerk, München
Petzold, G., Gewerbesteuer, 4. Auflage, München 1991

F. Umsatzsteuer

Felix/Benda/Korn, Umsatzsteuergesetz (Mehrwertsteuer), Kommentar, Loseblattwerk, Stuttgart
Hahn/Kortschak, Lehrbuch der Umsatzsteuer, 6. Auflage, Herne 1993
Hartmann/Metzenmacher, Umsatzsteuergesetz (Mehrwertsteuer), Kommentar
Peter, K. (Hrsg.), NWB-Steuer-Kommentare: Umsatzsteuer und Mehrwertsteuer, Herne/Berlin
Plückebaum/Malitzky, Umsatzsteuergesetz, Kommentar, Loseblattwerk, Köln/Berlin/Bonn/München
Rau/Dürwächter/Flick/Geist, Umsatzsteuergesetz (Mehrwertsteuer). Kommentar, Loseblattwerk, Köln
Völkel/Karg, Umsatzsteuer, 9. Auflage, Stuttgart 1993

Übungsteil

Aufgaben/Fälle

1 : Ausländische Einkünfte

Der Facharbeiter Hans Fuchs hat seinen Wohnsitz in Wuppertal und ist auch an diesem Ort berufstätig. In der Zeit vom 1.10. - 30.11.1994 war er vorübergehend in Holland und erhielt dort Arbeitslohn von umgerechnet 4.500 DM.

Muß Fuchs diesen Betrag der deutschen Einkommensteuer unterwerfen?

2 : Einkünfte aus nichtselbständiger Arbeit und Vermietung und Verpachtung

Günter Kranz, 38 Jahre alt, ledig, kaufmännischer Angestellter, erzielte im Veranlagungszeitraum 1994 folgende Einkünfte:

(1)	Bruttoarbeitslohn lt. Lohnsteuerkarte	39.560 DM
	einbehaltene Lohnsteuer	8.334 DM

Als Werbungskosten macht er geltend:

Aufwendungen für Fahrten zwischen Wohnung und Arbeitsstätte:

- mit dem eigenen PKW zur 12 km entfernt gelegenen Arbeitsstätte an 240 Tagen;
- Teilnahmegebühr an einem Bilanzbuchhalterlehrgang: 720 DM

(2) Kranz besitzt ein 1985 errichtetes Mietwohnhaus und macht folgende Angaben, die bei der Ermittlung der Einkünfte aus Vermietung und Verpachtung zu berücksichtigen sind:

- Mieteinnahmen p.a. 66.000 DM;
- Kranz nutzt selbst eine Wohnung, deren Mietwert mit 600 DM monatlich anzusetzen ist (= ortsübliche mittlere Miete für Wohnungen vergleichbarer Art, Lage und Ausstattung);
- eine weitere Wohnung wurde von Herrn Kranz seinen Eltern ohne gesicherte Rechtsposition unentgeltlich überlassen, Mietwert 750 DM monatlich;
- Grundsteuer, Gebühren für Müllabfuhr und Straßenreinigung, Aufwendungen für Treppenhausbeleuchtung und Heizöl, Gesamtkosten 12.960 DM p.a., werden anteilmäßig auf die Mieter umgelegt.
- An Werbungskosten sind entstanden:

Grundsteuer	1.280 DM	Heizölkosten	9.600 DM
Städtische Gebühren	1.910 DM	Reparaturen	6.980 DM
Treppenhausbeleuchtung	212 DM	Hypothekenzinsen	32.400 DM

- AfA 2 % gemäß § 7 Abs. 4 Nr. 2 EStG von 673.000 DM Anschaffungskosten (Grundstücksanteil 120.000 DM).

Welcher Gesamtbetrag der Einkünfte ist in die Einkommensteuererklärung 1994 einzusetzen?

3 : Einkünfte aus Kapitalvermögen

Der Rechtsanwalt Rudolf Frey, verheiratet, hat Teile seines Privatvermögens in verschiedenen Formen angelegt.
Er besitzt Aktien, eine (typische) stille Beteiligung und Sparguthaben.

Im Veranlagungszeitraum 02 sind ihm folgende Einnahmen zugeflossen:

Netto-Dividende aus Aktien	5.250 DM
Netto-Gewinnanteil für 01 aus stiller Beteiligung	12.000 DM
Zinsen aus Sparguthaben	2.650 DM

Von seiner Bank wurde ihm eine Steuerbescheinigung für anrechenbare Körperschaftsteuer ausgestellt. Außerdem hat ihn seine Bank mit 180 DM für Depotgebühren belastet.

Berechnen Sie die Einkünfte aus Kapitalvermögen in 02!

4 : „Sonstige Einkünfte" i.S. des § 22 EStG mit Anwendung der §§ 19, 20, 22 und 23 EStG

Sachverhalt: Der verwitwete Prokurist Franz Keil, geb. 31.7.1931, erhält ab 1.4.1994 auf Lebenszeit Ruhegeld in Höhe von monatlich 1.800 DM (rund).

Bis zum 31.3.1994 beträgt sein Gehalt insgesamt 13.500 DM.

Franz Keil entschließt sich, zu seinem Sohn zu ziehen und verkauft deshalb sein Einfamilienhaus, das er erst am 15.10.1992 für 175.000 DM erworben hatte, am 30.9.1994 für 225.000 DM.

Am 20.2.1994 hatte er seinem Nachbarn das Vorkaufsrecht an diesem Grundstück eingeräumt gegen Zahlung von 5.000 DM.

Für die Zahlung des Kaufpreises wurden folgende Raten vereinbart:

am 30.09.1994	50.000 DM		
am 30.11.1994	150.000 DM	+	2.100 DM Zinsen
am 31.01.1995	25.000 DM	+	3.000 DM Zinsen.

Aus der Anlage der erhaltenen Zahlungen erzielte Keil Zinsen in Höhe von 4.800 DM, die ihm in 1994 zugeflossen sind.

Wie errechnet sich der Gesamtbetrag der Einkünfte für den VZ 1994?

5 : Bewertung von Gegenständen des Anlagevermögens

(1) Eine AG erwarb zum 15.11.01 ein bebautes Grundstück, auf dem sich ein altes, aber noch nutzungsfähiges Gebäude befand.
Kaufpreis 900.000 DM (Wertanteile Grundstück : Gebäude = 2 : 1)
Anschaffungsnebenkosten 75.000 DM (u.a. für Beurkundung, Grunderwerbsteuer)
Die AG (Käufer) übernahm noch einen Hypothekarkredit von 50.000 DM, so daß an den Verkäufer 850.000 DM zu zahlen waren.

(2) Anfang 02 wurde auf diesem Grundstück mit dem Bau einer Montagehalle begonnen; zu diesem Zweck wurde das Gebäude abgebrochen:
Kosten für Abbruch 34.500 DM (einschl. 15 % USt)

An Baukosten sind entstanden:

Bau-Herstellungskosten: Handwerkerrechnungen (einschl. 15 % USt)	1.667.500 DM
Straßenanlieger- und Erschließungsbeiträge	80.000 DM
Anschluß des Grundstücks an das Strom- und Wassernetz der Gemeinde	40.000 DM

Darlehensaufnahme zur Finanzierung des Baues:

Nennwert	500.000 DM
5 % Disagio	25.000 DM
Zinsen für das Darlehen bis zur Bezugsfertigkeit	60.000 DM

Laufzeit 10 Jahre
Fertigstellung und sofortige Inbetriebnahme 1.10.02
Voraussichtliche Nutzungsdauer: 40 Jahre

(3) **Aufgabe:**

1. Wertansatz des erworbenen bebauten Grundstücks zum 31.12.01
2. Anschaffungswert (Herstellungskosten) der Montagehalle, und zwar getrennt nach Grundstück und Gebäude per 1.10.02
3. Gebäudewert per 31.12.02

6 : Bewertung zu Herstellkosten

Ein Industriebetrieb stellt ausschließlich ein Produkt in größeren Stückzahlen her. Für den VZ 01 wurden folgende Kosten ermittelt:

	Materialverbrauch	400.000 DM
	Fertigungslöhne	1.200.000 DM
	Gemeinkosten des Material- und Fertigungsbereichs	1.280.000 DM
=	Herstellkosten	2.880.000 DM
	Verwaltungsgemeinkosten +)	420.000 DM
	Vertriebsgemeinkosten	100.000 DM
	Selbstkosten	3.400.000 DM

+) In den Verwaltungsgemeinkosten sind enthalten 96.000 DM kalkulatorischer Unternehmerlohn und 24.000 DM kalkulatorische Zinsen

In dem gleichen Zeitraum wurden 800.000 Mengeneinheiten hergestellt.
Am Bilanzstichtag wurde ein Bestand von 25.000 fertigen Mengeneinheiten festgestellt.

Frage: Wertansatz des Bestandes, wenn
a) ein möglichst niedriger Gewinn (Gewinnminimierung) und
b) ein möglichst hoher Gewinn (Gewinnmaximierung)
für den VZ 01 erzielt werden soll.

7 : Gewinnermittlung nach Bilanzsteuerrecht

Ein Einzelunternehmer ermittelt den Gewinn nach § 5 EStG. Für die Gewinnermittlung lt. Steuerbilanz für das Wirtschaftsjahr 01 (= Kalenderjahr) bedürfen folgende Feststellungen einer Bewertung in der Weise, daß der Gewinn im Rahmen der gesetzlichen Bestimmungen minimiert wird:

(1) Am 10.03.01 wurde ein bebautes Grundstück erworben und als Betriebsgrundstück genutzt. Der Kaufpreis von 980.000 DM setzt sich wie folgt zusammen:

Auf Grund und Boden entfallen	250.000 DM
und	
auf das Gebäude	730.000 DM

Beim Kauf sind folgende Aufwendungen entstanden:

- Notariatskosten	10.200 DM
- Grundbucheintragung	3.400 DM
- Grunderwerbsteuer	19.600 DM
- Maklergebühren	33.810 DM

Die Gebäude-AfA beträgt 4 % der Anschaffungskosten (§ 7 Abs. 4 Nr. 1 EStG).

(2) Am 01.06.01 wurde eine Computer-Anlage zum Anschaffungspreis von 80.000 DM erworben. Die betriebsgewöhnliche Nutzungsdauer beträgt 5 Jahre.

(3) Eine Schreibmaschine wurde am 10.09.01 zum Kaufpreis von 820 DM erworben. Die Bezahlung erfolgte unter Abzug von 3 % Skonto. Die Nutzungsdauer wird auf 8 Jahre geschätzt.

(4) Im Vorratsraum befinden sich vertretbare Wirtschaftsgüter, bei denen die Anschaffungskosten wegen Schwankungen der Einstandspreise im Laufe des Wirtschaftsjahres im einzelnen nicht mehr einwandfrei feststellbar sind.

Anfangsbestand	800 Stck. zu 5,00
Zugänge in 01	600 Stck. zu 5,50
	1.200 Stck. zu 6,00
	1.400 Stck. zu 7,50

Verkauf während des Jahres 01 = 3.500 Stck.
Istbestand = Sollbestand = 500 Stck.
Es kann durch entsprechende Lagerung nachgewiesen werden, daß die zuletzt angeschafften Waren zuerst veräußert werden.

(5) Der Unternehmer hat zu Beginn des Jahres 01 aus seinem Unternehmen einen Schreibautomaten entnommen und seinem Sohn geschenkt. Der Buchwert betrug im Zeitpunkt der Entnahme 1.200 DM; der Teilwert wird mit 1.500 DM ermittelt.

Aufgabe:

Es sind die Wertansätze zu ermitteln, die zur Minimierung des Steuerbilanzgewinns führen.

8 : Sonderausgaben bei getrennter Veranlagung

Sachverhalt: Karin und Ernst Koch sind seit Jahren verheiratet und beide unbeschränkt einkommensteuerpflichtig. Seit dem 10.2.1994 leben sie aber dauernd getrennt.

Für den Veranlagungszeitraum 1994 wählt E. Koch (geb. 15.5.1928) die Zusammenveranlagung, während K. Koch (geb. 5.4.1930) die getrennte Veranlagung wünscht. Beide Ehegatten beantragen übereinstimmend, daß die Sonderausgaben in voller Höhe bei der Veranlagung des Ehemannes abgezogen werden sollen.

Folgende Einkünfte werden erklärt:

Ernst Koch:	Einkünfte aus selbständiger Tätigkeit		65.000 DM
Karin Koch:	Einkünfte aus nichtselbständiger Arbeit (nach Werbungskosten		34.800 DM
	Bruttoarbeitslohn =		37.000 DM
	Arbeitnehmer-/Arbeitgeberanteil zur Sozialversicherung	je	2.400 DM

Es werden folgende Sonderausgaben geltend gemacht:

Der Ehemann zahlt aufgrund eines Lebensversicherungsvertrages vom 2.5.1994 ab 1.7.1994 monatliche Lebensversicherungsprämien von 180 DM.

Die Ehefrau zahlt seit Jahren Lebensversicherungsbeiträge von monatlich 60 DM an eine in der Schweiz ansässige Lebensversicherungsgesellschaft.

An die Haftpflichtversicherung für den PKW des Ehemanns ist ein Jahresbetrag von 450 DM gezahlt worden. (PKW-Nutzung zu 75 % betrieblich).

Gezahlte Kirchensteuer Ehemann	800 DM	Ehefrau	200 DM
Steuerberatungskosten	100 DM		100 DM
Bausparkassenbeiträge	24.000 DM		
Zinsen	560 DM		

Welche steuerpflichtigen Einkommen ergeben sich für die Eheleute?

9 : Ermittlung des zu versteuernden Einkommens

Ermittlung des zu versteuernden Einkommens für den Veranlagungszeitraum 1994 bei Zusammenveranlagung:

Der Steuerpflichtige Werner Binder ist kaufmännischer Angestellter und bezieht ein monatliches Bruttoeinkommen von 6.000 DM (geb. 5.6.1931).

Abzüge:	Rentenversicherung	270,00 DM
	Krankenversicherung	142,00 DM
	Lohnsteuer	540,00 DM
	Lohnkirchensteuer	48,60 DM

Die Ehefrau Gerda B. (geb. 9.9.1933) übt eine freiberufliche Tätigkeit aus:

Betriebseinnahmen:	42.000 DM
Betriebsausgaben:	22.000 DM

Sie ist Eigentümerin eines geerbten Einfamilienhauses - errichtet in 1939, der Einheitswert beträgt 28.000 DM, Belastung mit einer Hypothek 15.000 DM zu 6 %.

Werner Binder hatte am 10.1.1994 Aktien gekauft:

	nom 5.000 DM Kurs 140 %, verkauft wurden am 30.6.1994
davon	nom 3.000 DM Kurs 157,50 %.

Anfang Juni 1994 wurde eine Netto-Dividende von 1.050 DM gezahlt.

Kinder:
(1) Horst, geb. 4.5.1968 studiert auf Kosten seiner Eltern an einem anderen Ort. Während der Semesterferien erzielte er ein Arbeitseinkommen von 800 DM.
(2) Edith, geb. 2.4.1970, studiert am Wohnort der Eltern, sie bezieht kein eigenes Einkommen und besitzt kein eigenes Vermögen.
(3) Harald, geb. 8.5.1977, Schüler.

Bei der Ermittlung des zu versteuernden Einkommens sind außerdem zu berücksichtigen:
(1) Einzahlung auf einen Bausparvertrag 7.200 DM + 480 DM Zinsen.
(2) Beiträge zu einer Lebensversicherung 4.200 DM.
(3) Prämie zu einer Haftpflichtversicherung 840 DM.
(4) Der Steuerpflichtige ist behindert (der Grad der Behinderung beträgt 50 %).
(5) Von der Krankenkasse nicht ersetzte Krankenhauskosten 3.500 DM.

10 :Ermittlung der Einkommensteuerschuld unter Berücksichtigung von Sonderausgaben und außergewöhnlicher Belastung

Sachverhalt: Aus den vorgelegten Steuerakten für 1994 der Steuerpflichtigen Herrn Fritz Koch und seiner Ehefrau Helga Koch ergeben sich folgende Sachverhalte:

I. Persönliche Verhältnisse

Fritz Koch, geb. 6.4.1941, ist seit März 1967 mit Helga geb. Stahl, geb. 15.5.1943, verheiratet.

Die Eheleute wohnen in Wuppertal und leben nicht dauernd getrennt.

Kinder:

(1) Harald, geb. am 5.8.1971, hat bis zum 30.9.1994 in Marburg studiert und sein Studium abgeschlossen; sein eigenes Einkommen hat 3.800 DM betragen. Die Eltern haben bis zum Abschluß des Studiums die Kosten des Unterhalts, der Berufsausbildung und der auswärtigen Unterbringung getragen.

(2) Volker, geb. am 10.12.1977, absolviert eine kaufmännische Lehre am Wohnort der Eltern.

II. Einkünfte

(1) a) Fritz Koch ist Lebensmitteleinzelhändler und besitzt neben dem Hauptgeschäft noch 2 Filialen. In 1994 (Wirtschaftsjahr = Kalenderjahr) hat er einen Gewinn von 136.000 DM erzielt.

b) Am 1. Oktober 1994 wurde ein Filialgeschäft verkauft; er erzielte einen Veräußerungspreis von 145.000 DM; die Veräußerungskosten von 3.200 DM hat der Erwerber übernommen. Der Wert des Betriebsvermögens des Einzelhandelsbetriebs hat im Zeitpunkt der Veräußerung der Filiale 600.000 DM betragen; davon entfiel auf die veräußerte Filiale ein Anteil von 120.000 DM.

(2) Koch ist Kommanditist an einer Großhandels KG, deren Wirtschaftsjahr vom 1.4. bis 31.3. läuft. Im Wirtschaftsjahr 1993/94 wurde mit einem Verlust von 90.000 DM abgeschlossen, während im Wirtschaftsjahr 1992/93 ein Gewinn von 50.000 DM erzielt wurde. Nach dem Gesellschaftsvertrag ist Koch sowohl am Gewinn als auch am Verlust mit 20 % beteiligt.

(3) Fritz Koch ist Inhaber einer Beteiligung von 30 % an einer GmbH, deren Stammkapital 200.000 DM beträgt, die er zu 90.000 DM in 1991 erworben hatte. In 1994 veräußerte er einen Teil von nom. 20.000 DM und erzielte einen Verkaufserlös von 45.000 DM; die Veräußerungskosten haben 800 DM betragen.

(4) Aus Sparguthaben sind Herrn Koch 520 DM Zinsen gutgeschrieben worden.

(5) Die Ehefrau Helga übt eine freiberufliche Tätigkeit aus und erzielte in 1994 48.500 DM Betriebseinnahmen und wies 22.600 DM Betriebsausgaben nach.

(6) Helga Koch erhielt an Dividenden aus ihrem Aktienbesitz 1.575 DM nach Abzug von 25 % Kapitalertragsteuer auf ihrem Bankkonto gutgeschrieben.

(7) Außerdem besitzt Helga Koch ein Mehrfamilienhaus, Baujahr 1937 (Erbe), mit 4 gleichwertigen Wohnungen; davon wurden 3 Wohnungen gegen eine Miete von je 500 DM monatlich vermietet. Außerdem haben die Mieter eine Kostenumlage von jeweils 180 DM p.a. zu zahlen.
Die 4. Wohnung hat die Eigentümerin ihren Eltern unentgeltlich zur Verfügung gestellt.
Mieteinnahmen = 18.540 DM
Werbungskosten = 9.600 DM

(8) Die Eheleute bewohnen das 1986 gemeinsam errichtete Einfamilienhaus in Wuppertal. Die Herstellungskosten haben 285.000 DM betragen; der Einheitswert ist mit 78.000 DM festgestellt worden. In 1994 wurden 2.800 DM Hypothekenzinsen gezahlt.

III. Sonstige Angaben

Als Sonderausgaben und außergewöhnliche Belastung werden von den Eheleuten geltend gemacht:

(1)	Krankenkassenbeiträge der Eheleute		3.600 DM
(2)	Lebensversicherungsbeiträge		2.400 DM
(3)	Feuer-Wasser-Sturm-Versicherung für das Einfamilienhaus		264 DM
(4)	Kraftfahrzeugversicherung für den PKW der Ehefrau		
	Haftpflichtversicherung	640 DM	
	Kaskoversicherung	160 DM	800 DM
(5)	Bausparbeiträge	19.200 DM	
	Zinsgutschrift	800 DM	20.000 DM
(6)	gezahlte Kirchensteuer		1.800 DM
(7)	Spenden für wissenschaftliche Zwecke	4.000 DM	
	für religiöse Zwecke	2.000 DM	
	an politische Partei	1.500 DM	7.500 DM
(8)	Operations- und Krankenhauskosten für die Ehefrau		6.000 DM
	Erstattung der Krankenkasse		1.800 DM

(9) Fritz Koch hat in 1994 zum Unterhalt seiner Eltern 12.000 DM beigetragen; der Vater bezieht seit dem 65. Lebensjahr eine Rente von 6.000 DM, die Mutter hat keine Einkünfte.

Die Eheleute Koch beantragen die Zusammenveranlagung.

IV. Aufgabe

(1) Ermitteln Sie das zu versteuernde Einkommen.
(2) Welche Einkommensteuerschuld ergibt sich für 1994?

Bei der Bearbeitung dieser Sachverhalte sind alle möglichen Steuervorteile zu berücksichtigen.

11 : Berechnung der Körperschaftsteuerschuld

Die X-AG mit Sitz und Geschäftsleitung in Wuppertal mit einem Grundkapital von 1 Mill. DM hat im Wirtschaftsjahr (= Kalenderjahr) 01 ein zu versteuerndes Einkommen in Höhe von 400.000 DM erzielt.

In diesem Zeitraum fielen u.a. folgende Betriebsausgaben an:

Vermögensteuer	20.000 DM
AR-Vergütungen	42.000 DM

Im Jahr 02 werden aufgrund eines Gewinnverteilungsbeschlusses, der den gesellschaftsrechtlichen Vorschriften entspricht, 300.000 DM für das Jahr 01 als Gewinn ausgeschüttet.

Für die X-AG kommt keine Tarifermäßigung in Betracht; der Bestand an verwendbarem Eigenkapital zu Beginn des Wirtschaftsjahres 01 betrug 500.000 DM, (EK_{03} = Altkapital gem. § 30 Abs. 2 Nr. 3 KStG).

Es sind zu ermitteln:
(1) Körperschaftsteuerschuld für das Jahr 02.
(2) Bestand und Zusammensetzung des verwendbaren Eigenkapitals am Ende des Wirtschaftsjahres nach Berücksichtigung der Ausschüttung für das Jahr 02.
(3) Welche höchstmögliche Bardividende ergibt sich bei Ausschüttung des gesamten vEK?

12 : Steuerbilanzgewinn und verwendbares Eigenkapital

I. Sachverhalt

Das gegliederte verwendbare Eigenkapital einer GmbH zum Ende des Wirtschaftsjahres 01 wurde in dem nach § 47 KStG ergangenen Bescheid wie folgt gestellt:

EK 45 (§ 30 Abs. 1 Nr. 1 KStG)	45.000 DM
EK 30 (§ 30 Abs. 1 Nr. 2 KStG)	10.000 DM
EK 03 (§ 30 Abs. 2 Nr. 3 KStG)	20.000 DM

Vorläufige Steuerbilanz 02

Anlagevermögen	120.000 DM	Stammkapital	60.000 DM
Umlaufvermögen	160.000 DM	Rücklagen	35.000 DM
		Rückstellungen	20.000 DM
		Verbindlichkeiten	109.000 DM
		Gewinn 02 (vorläufig)	56.000 DM
	280.000 DM		280.000 DM

Folgende den Gewinn mindernde Aufwendungen sind zu berücksichtigen:

Vorauszahlungen KSt 02	60.000 DM
Vorauszahlungen VSt 02	8.000 DM
Nachzahlung 01 VSt	1.000 DM
Aufsichtratvergütung 02	12.000 DM

Der Bilanzgewinn enthält steuerfreie Kapitalerträge in Höhe von 3.000 DM.

Beschluß in 03 über die Gewinnverwendung für 02:

Zuweisung zur Rücklage	20.000 DM
Ausschüttung des Restbetrages	?

II. Aufgaben

(1) Ermittlung des endgültigen Steuerbilanzgewinns 02 und der Körperschaftsteuerschuld 02

(2) Berechnung des Ausschüttungsbetrages (Bruttodividende)
(3) Berechnung der KSt-Rückstellung und Aufstellung der endgültigen Steuerbilanz 02.

13 : Anwendung von Berechnungsformeln

Eine inländische AG hat im Wirtschaftsjahr (= Kalenderjahr) 02 für 01 Bardividende in Höhe von 360.000 DM ausgeschüttet. Es ist vEK 45 in Höhe von 300.000 DM vorhanden. Die Körperschaftsteuer auf das zu versteuernde Einkommen 01 beträgt 160.000 DM.

Fragen:

(1) Berechnen Sie die Höhe der KSt-Minderung für 01!
(2) In welcher Höhe wird verwendbares Eigenkapital für die Ausschüttung verwendet?
(3) Welche Körperschaftsteuer-Schuld ergibt sich für 01?
(4) Welche höchstmögliche Ausschüttung kann aus dem vEK vorgenommen werden?
(5) Wie hoch ist die Ausschüttungsbelastung für den ausgeschütteten Gewinn?

14 : Berücksichtigung von verdeckten Gewinnausschüttungen

Eine GmbH mit Sitz und Geschäftsleitung in Köln hat an ihren Allein-Gesellschafter in 02 20.000 DM verdeckt ausgeschüttet.

Folgende Daten sind entscheidungsrelevant:

• Jahresüberschuß 02	40.000 DM
• Nichtabziehbare Aufwendungen Vermögensteuer	2.500 DM
• Verwendbares Eigenkapital per 31.12.01 vEK 45	10.000 DM

Fragen:

(1) Welche Körperschaftsteuer-Schuld ergibt sich für 02?
(2) Gliederung des vEK gemäß § 30 KStG per 31.12.01!

15 : Bewertung nach dem „Stuttgarter Verfahren"

I. Sachverhalt

Das Stammkapital der XY-GmbH beträgt 1.200.000 DM.

Der zuletzt festgestellte Einheitswert des Gewerbebetriebes beträgt 1.500.000 DM; darin ist der Einheitswert der Betriebsgrundstücke mit 120.000 DM enthalten.

Das Auslandsvermögen ist aufgrund der in Betracht kommenden Doppelbesteuerungsabkommen (DBA) nicht im Betriebsvermögen enthalten: 150.000 DM.

Weitere relevante Angaben:	01	02	03
	DM	DM	DM
Körperschaftsteuerpflichtiger Gewinn	280.000	240.000	300.000
veranlagte Körperschaftsteuer	78.000	57.000	88.200
veranlagte Vermögensteuer	10.500	10.500	10.500

II. Aufgabe

Wie hoch ist der auf den 31.12.03 festzustellende „Gemeine Wert" der GmbH-Anteile nach dem Stuttgarter Verfahren?

16 : Ermittlung des steuerpflichtigen Vermögens zum 1.1.1994

I. Persönliche Verhältnisse

Der Kaufmann Horst Fink, geb. 30.6.1936 ist mit Beate, geb. am 10.9.1939, verheiratet; Wohnsitz Remscheid.

Kinder:
Uwe, geb. am 8.5.1970, Student in Marburg
Liane, geb. am 5.10.1983, Schülerin in einer höheren Schule in Wuppertal

II. Vemögen

(1) Fink ist Inhaber einer Papiergroßhandlung; er ermittelt den Gewinn nach § 5 EStG und erstellt per 31.12.1993 folgende Bilanz, die für unsere Zwecke stark gekürzt ist:

Aktiva	DM	**Passiva**	DM
Grundstücksanteil	60.000	Eigenkapital	173.000
Betriebs- und Geschäftsausstattung	20.000	Darlehen	75.000
Waren	160.000	Kreditoren	45.000
Debitoren	35.000	Delkredere	3.000
Bankguthaben	15.000		
Kasse	6.000		
	296.000		296.000

Erläuterungen zur Bilanz:

1. Büro- und Geschäftsräume der Großhandlung befinden sich im eigenen Wohn- und Geschäftshaus, das zu 30 % betrieblich genutzt wird. 30 % des Gesamtwertes des Hauses wurden als Betriebsvermögen ausgewiesen.
   Letzter Einheitswert 80.000 DM.
2. Die gesamte Ausstattung wurde bei Geschäftsgründung 1985 angeschafft - Anschaffungskosten 200.000 DM - AfA 10 % p.a.
3. Die Bewertung der Waren erfolgte zu Anschaffungskosten (Tageswert 160.000 DM).
4. Zur Darlehenssicherung hat A seine Wertpapiere verpfändet:

50 Aktien	Kurs 280 DM	Kurswert 14.000 DM
30 Aktien	Kurs 380 DM	Kurswert 11.400 DM
30 Aktien	Kurs 180 DM	Kurswert 5.400 DM

(2) Die Ehefrau ist Innenarchitektin und ermittelt den Gewinn nach § 4 Abs. 3 EStG. Ihre Arbeitsräume hat sie gemietet. Die Einrichtungsgegenstände sind ausschließlich geringwertige Wirtschaftsgüter und wurden im Jahr der Anschaffung als Betriebsausgaben angesetzt.

In den letzten 5 Jahren wurden angeschafft:

1991	1 Schreibmaschine	Anschaffungswert 798 DM
1992	1 Rechengerät	Anschaffungswert 750 DM
1993	1 Diktiergerät	Anschaffungswert 560 DM

Die Forderungen gingen auf ihr Bankkonto ein, das per 31.12. ein Guthaben von 18.600 DM aufwies. Im Januar 1994 gingen 3.200 DM für eine Forderung aus 1993 ein.

(3) Die Eheleute haben am 10.10.1983 ein Einfamilienhaus bezogen, dessen zuletzt festgestellter Einheitswert 86.000 DM betrug. Zwei Räume dieses Hauses werden möbliert vermietet. Zu diesem Zweck wurden Möbel für 18.000 DM gekauft; diese haben z.Z. einen Wert von 6.000 DM.

(4) Im Oktober 1993 erhält Horst Fink wegen eines Krankenhausaufenthalts eine Rechnung über 4.800 DM; der Erstattungsanspruch gegenüber der Krankenversicherung beträgt 1.800 DM.

(5) Der in dem Einfamilienhaus befindliche Hausrat hat einen Schätzwert von 60.000 DM.

(6) Das Sparguthaben der Eheleute beträgt 12.000 DM.

(7) Horst Fink besitzt Münzen, deren Wert er mit etwa 5.000 DM angibt.

(8) Horst Fink hat am 1.10.1978 eine Lebensversicherung über 100.000 DM abgeschlossen. Die Versicherungssumme ist fällig bei seinem Tod, spätestens, wenn er das 65. Lebensjahr vollendet hat. Bisher eingezahlte Prämie 24.000 DM.

Aufgabe: Ermittlung des steuerpflichtigen Vermögens von Horst und Beate Fink sowie ihrer Kinder.

17 : Ermittlung des Einheitswertes des Betriebsvermögens einer OHG

Für das Betriebsvermögen der Gesellschaft Körner und Lomberg OHG in Düsseldorf ist der Einheitswert zu ermitteln. Der Berechnung ist die nach den Bewertungsvorschriften des Einkommensteuergesetzes aufgestellte Bilanz per 31.12.1993 zugrunde zu legen.

Aktiva	**Bilanz zum 31.12.1993**		**Passiva**
Bebautes Grundstück	360.000 DM	Kapital Körner	240.000 DM
Fuhrpark	35.000 DM	Kapital Lomberg	180.000 DM
Geschäftsausstattung	56.000 DM	Delkredere	3.580 DM
geringwertige Wirtschaftsgüter	1 DM	Rückstellungen	8.000 DM
		Hypothek	60.000 DM
Wertpapiere	18.000 DM	Darlehen	20.000 DM
Warenvorräte	115.000 DM	Kreditoren	35.420 DM
Debitoren	48.507 DM	Akzepte	5.000 DM
Bankguthaben	24.492 DM	Gewinn 1993	112.000 DM
Kassenbestand	5.800 DM		
Rechnungsabgrenzung	1.200 DM		
	664.000 DM		664.000 DM

Erläuterungen zu einzelnen Bilanzpositionen:

Bebautes Grundstück: Der auf den 1.1.1964 festgesetzte Einheitswert beträgt 240.000 DM. Das Grundstück wird ausschließlich gewerblich genutzt; es gehört zu 50 % dem Gesellschafter Körner und zu 50 % seinem Bruder.

Fuhrpark: Im Konto „Fuhrpark" wird ein voll abgeschriebener Lieferwagen nicht mehr geführt; der Teilwert ist mit 2.000 DM anzunehmen.

Geringwertige Wirtschaftsgüter: Es wurden in den letzten fünf Jahren verschiedene Wirtschaftsgüter angeschafft, bei denen von der Bewertungsfreiheit des § 6 Abs. 2 EStG Gebrauch gemacht wurde:

1989:	3 Schreibmaschinen	Anschaffungskosten	2.320 DM
1990:	2 Rechenmaschinen	Anschaffungskosten	1.500 DM
1991:	1 Kopiergerät	Anschaffungskosten	680 DM
1992:	4 Taschenrechner	Anschaffungskosten	1.400 DM
1993:	1 Schreibmaschine	Anschaffungskosten	780 DM

Wertpapiere: Die ABC-Aktien (zum amtlichen Handel zugelassen) nominell 10.000 DM sind zum Anschaffungskurs von 90 DM/Stück (= 200 Stück) bewertet. Am Stichtag für die Bewertung (§ 112 BewG) fand eine Notierung nicht statt. Der letzte notierte Kurs - am 20.12.1993 - war 110 DM/Stück.

Debitoren: Bei dem Wertansatz handelt es sich um die Nennwerte der Forderungen aus Lieferungen und Leistungen des Betriebes.

Rechnungsabgrenzung: Es wurden berücksichtigt:

- Kfz-Haftpflichtversicherung, gezahlt am 1.4.1993 für ein Jahr im voraus 1.200 DM, abgegrenzt mit 300 DM
- Kfz-Steuer, fällig am 5.1.1994, gezahlt am 20.12.1993 900 DM

Rückstellungen:

(1) Gewerbesteuerrückstellung in Höhe der voraussichtlichen Gewerbesteuer-Abschlußzahlung für 1993 3.000 DM.

(2) Rückstellung für Gewährleistungsansprüche; die Höhe wurde nach den Erfahrungen in der Vergangenheit geschätzt.

Hypothek: Die Hypothek ist mit 6 1/2 % zu verzinsen; vierteljährlich werden Annuitäten in Höhe von 900 DM gezahlt. Der Wertansatz erfolgte zum Nennwert.

Gewinn: Die Gewinnverteilung erfolgt zu gleichen Teilen auf die beiden Gesellschafter; im gleichen Verhältnis wird der Verlust verteilt.

(1) Wie hoch ist der Einheitswert des Betriebsvermögens der OHG?

(2) Welche Einheitswertanteile entfallen auf die Gesellschafter Körner und Lomberg?

18 : Berechnung des steuerpflichtigen Vermögens zum 1.1.1994

Xaver Korell, geb. 7.9.1937, ist Inhaber einer Schloßfabrik in Velbert. Seine Ehefrau Irene, geb. 8.12.1937, besitzt eine stille Beteiligung an dem Handelsgewerbe ihres Bruders. Die Eheleute bewohnen gemeinsam ihr Einfamilienhaus in Velbert.

Nach folgenden Angaben ist das steuerpflichtige Vermögen zu ermitteln:

(1) Der Einheitswert des gewerblichen Betriebes (Schloßfabrik) ist zum 1.1.1993 auf 1.100.000 DM festgestellt worden.

(2) Die typische stille Beteiligung der Ehefrau beträgt 120.000 DM (kündbar nicht vor dem 1.1.2000); in den letzten Jahren erhielt sie folgende Gewinnanteile:

1991	22.500 DM
1992	24.900 DM
1993	19.500 DM

(3) Der Einheitswert des Einfamilienhauses der Eheleute, das 1985 errichtet wurde, beträgt 160.000 DM; zur Finanzierung der Baukosten wurde eine Hypothek von 120.000 DM aufgenommen. Am 31.12.1993 betrug die Schuld noch 85.000 DM. Der Wert des Hausrats wird mit 70.000 DM angegeben.

(4) Die Ehefrau ist seit 1968 zu 40 % Miteigentümerin eines Mietwohngrundstücks in Hamburg (Erbe), dessen Einheitswert zuletzt auf den 1.1.1993 mit 180.000 DM festgestellt wurde.

(5) Aus dem Verkauf eines unbebauten Grundstücks steht dem Steuerpflichtigen eine Rente von 200 DM praenumerando zu. Die Rente endet mit seinem Tode, spätestens am 31.12.1996.

(6) X. Korell hat einen Lebensversicherungsvertrag (120.000 DM) abgeschlossen; die Versicherungssumme wird nach seinem Tode, spätestens nach Vollendung des 70. Lebensjahrs fällig. Auf den Vertrag wurden bisher 48.000 DM eingezahlt; der Rückkaufswert des Anspruchs wird nicht nachgewiesen.

(7) Die Ehefrau Irene besitzt Schmuck im Werte von 30.000 DM.

(8) Der Steuerpflichtige besitzt noch folgende Vermögensgegenstände:

• Sparguthaben	25.000 DM
• eine Briefmarkensammlung im Wert von	15.000 DM
• nicht gefaßte Edelsteine im Wert von	3.000 DM
• zwei Gemälde eines nicht mehr lebenden Künstlers im Gesamtwert von	40.000 DM

(9) Ein im Dezember 1993 gekauftes Fernsehgerät zum Preis von 2.800 DM wurde erst Mitte Januar nächsten Jahres bezahlt.

Wie hoch ist das Gesamtvermögen der Eheleute am 1.1.1994?

Welches Vermögen haben die Eheleute zu besteuern?

19 : Ermittlung des einheitlichen Steuermeßbetrags

Aus den Unterlagen des Einzelunternehmers Hubert Neu sind folgende Angaben gewerbesteuerrechtlich auszuwerten:

(1) Gewinn aus Gewerbebetrieb 96.000 DM

(2) Entgelte für einen Kredit 175.000 DM
- 5 Jahre Laufzeit - zur Modernisierung des Betriebes 18.000 DM

(3) Stille Beteiligung des Einzelhändlers Fritz Reich mit 20.000 DM
auf den ein Gewinnanteil von 5.000 DM
entfällt.

(4) Neu ist seinerseits Gesellschafter bei der Metall-GmbH (28 % Anteil); der Geschäftsanteil stellt gewillkürtes Betriebsvermögen dar; sein Gewinnanteil beträgt 24.000 DM
Wert der Beteiligung 120.000 DM

(5) Für gepachtete Maschinen wurden 12.000 DM gezahlt; der Eigentümer ist nicht mehr gewerblich tätig.
(Teilwert 60.000 DM)

(6) Der Einheitswert des gewerblichen Betriebs beläuft sich auf 250.000 DM

(7) Der Einheitswert des zum Betriebsvermögen gehörenden Grundbesitzes ist mit 50.000 DM
berücksichtigt.

Für die Gewerbesteuererklärung ist der einheitliche Steuermeßbetrag zu ermitteln.

20 : Berechnung der Gewerbesteuer bei mehreren Betriebsstätten

I. Sachverhalt

Die Großhandlung Becker & Strobel OHG stellt per 31.12.1993 folgende Bilanz auf:

Gebäude	300.000 DM	Kapital Becker	250.000 DM
Fuhrpark	80.000 DM	Kapital Strobel	180.000 DM
Betriebs- und Geschäftsausstattung	74.000 DM	Hypothek	95.000 DM
		Darlehen Strobel	20.000 DM
Beteiligung an Müller KG	50.000 DM	Gewerbesteuerrückstellung	4.000 DM
Waren	135.000 DM	Bankschulden (KK-Kredit)	10.000 DM
Forderungen	46.000 DM	Verbindlichkeiten	61.000 DM
Besitzwechsel	15.000 DM	Gewinn	85.000 DM
Kasse	5.000 DM		
	705.000 DM		705.000 DM

Erläuterungen:

(1) Einheitswert (= EW)
a) Betriebsvermögen: 280.000 DM, festgestellt auf den 1.1.1993.

b) Betriebsgrundstück: 150.000 DM
   Nutzung zu eigenen Zwecken mit 80 % und zu 20 % an Dritte vermietet.
c) Beteiligung an der Müller KG 60.000 DM (= anteiliger Einheitswert).

(2) Der Gesellschafter Becker hat der OHG ein ihm gehörendes unbebautes Grundstück zur Nutzung als Lagerplatz zur Verfügung gestellt. Der Einheitswert beträgt 20.000 DM.

(3) Langfristig gepachtete Maschinen von einem befreundeten Unternehmer: Teilwerte 60.000 DM.

(4) Die Höhe der Hypothek betrug per 1.1.1993 110.000 DM.

(5) Mit ihrer Hausbank steht die OHG in einem Kontokorrentverhältnis. Die in Anspruch genommenen Kredite schwanken zwischen 20.000 DM+) und 80.000 DM; die Kredithöhe von 10.000 DM besteht seit 28.12.1993 - Zinssatz 8 %.

Folgende Soll-Salden sind entscheidungsrelevant:

Per 1.1.1992	95.000 DM
im Jahr 1992 niedrigster Schuldenstand+)	40.000 DM
per 1.1.1993	50.000 DM
im Jahr 1993 niedrigster Schuldenstand+) (24-Monate-Zeitraum)	20.000 DM

+) mehr als sieben zusammenhängende Tage

(6) Die Gewinnverteilung erfolgt nach den Bestimmungen des HGB. Die G+V-Rechnung zur Ermittlung des steuerpflichtigen Gewinns weist folgende Posten auf:

Personalkosten	260.000 DM	Rohgewinn	449.500 DM
Sozialkosten	32.000 DM	Hauserträge	24.000 DM
AfA	20.000 DM		
Maschinenmiete	12.000 DM		
Hypothekenzinsen	10.200 DM		
Zinsen Strobel	4.000 DM		
Kontokorrentzinsen	5.800 DM		
GewSt-Zahlung 1992	4.500 DM		
GewSt-Vorauszahlung 1993	8.000 DM		
GewSt-Rückstellung 1993	4.000 DM		
Sonstige Geschäftskosten	28.000 DM		
Gewinn 1993	85.000 DM		
	473.500 DM		473.000 DM

Sonstige Angaben:

In den Einkommensteuererklärungen 1993 werden folgende Spenden als Sonderausgaben geltend gemacht:

- für gemeinnützige und caritative Zwecke 3.000 DM
- für wissenschaftliche Zwecke 4.000 DM

Die Unternehmung unterhält Betriebstätten in den Gemeinden A, B und C; von den Personalkosten und Gewerbesteuerzahlungen bzw. -rückstellungen entfielen auf die Gemeinden:

	A	B	C
Personalkosten	127.000 DM	67.000 DM	40.000 DM
GewSt-Vorauszahlung	4.000 DM	2.650 DM	1.350 DM
GewSt-Rückstellungen	2.000 DM	1.200 DM	800 DM
Hebesätze	240 %	280 %	300 %

II. Aufgabe

(1) Berechnung des Gewerbekapitals

(2) Wie hoch ist der Gewerbeertrag gem. § 7 GewStG?

(3) a) Ermitteln Sie den einheitlichen Steuermeßbetrag.

b) Berechnen Sie die Gewerbesteuer für die einzelnen Betriebstätten und berücksichtigen Sie dabei, daß Gesellschafter Becker ausschließlich in der Betriebstätte A und Strobel ausschließlich in B tätig ist.

21 : Entgelt oder Schadenersatz

Ein Kfz.-Händler mit angeschlossenem Reparaturbetrieb vermietet einen PKW. Der Mieter verursacht während der Mietzeit einen Schaden, den der Händler in seiner Werkstatt repariert. Der Mieter zahlt die taxierten Reparaturkosten von 180 DM.

Wie hat der Händler diesen Betrag umsatzsteuerlich zu behandeln?

22 : Umsatzsteuerliche Behandlung von Entnahmen

Wilhelm May betreibt in Rosenheim ein Einzelhandelsgeschäft für Haushaltsgeräte; in Salzburg hat er ein Zweiggeschäft eingerichtet. Seiner Tochter Rita, die mit ihrem Ehemann in Salzburg wohnt, schenkt May eine Tiefkühltruhe, die er seinem Geschäft in Salzburg entnimmt.

(1) Wie ist diese Entnahme umsatzsteuerlich zu berücksichtigen?

(2) Wäre die Entnahme aus dem Geschäft in Rosenheim umsatzsteuerlich in gleicher Weise zu behandeln?

23 : Ort der Lieferung

Der gleiche Unternehmer wie in Aufgabe 22 hat folgenden Fall zu entscheiden: Ein Kunde in Salzburg wünscht ein Haushaltsgerät, das in Rosenheim, nicht aber in dem Zweiggeschäft geführt wird. Max bringt dieses Gerät mit seinem Lieferwagen in das Zweiggeschäft nach Salzburg, wo es dem Kunden übergeben wird.

Welche umsatzsteuerlichen Tatbestände erfüllt dieser Vorgang?

24 : Eigenverbrauch

Rolf Steinberg betreibt ein Textil-Fachgeschäft in Wuppertal und ist Gesellschafter der Fuchs § Co. GmbH, Lebensmittelgroßhandlung, Düsseldorf.

Beurteilen Sie die umsatzsteuerliche Relevanz folgender Sachverhalte:

(1) Die Ehefrau von Steinberg entnimmt im Laufe des Jahres Textilien im Werte von 3.600 DM (Einstandspreise). Eine Zahlung wird nicht geleistet.

(2) Die Eheleute Steinberg benutzen den im Betriebsvermögen ausgewiesenen PKW häufig auch zu privaten Fahrten.
Der Anteil der privaten Nutzung wird mit 25 % angesetzt; die Gesamtkosten des PKW (einschließlich AfA) belaufen sich auf 14.500 DM p.a.

(3) Im Rahmen der getroffenen Vereinbarung über die Warenentnahme hat Steinberg als Gesellschafter der Fuchs § Co. GmbH Lebensmittel für 1.500 DM (Einstandspreis) ohne Entgelt entnommen.

(4) Die Fuchs § Co. GmbH versendet zu Weihnachten an gute Geschäftsfreunde Werbegeschenke in einem Gesamtwert von 3.000 DM. Der Wert je Empfänger beträgt 80 DM Verkaufspreis; der Einstandspreis macht 60 DM aus.

25 : Aufteilung der Vorsteuerbeträge

Ein Unternehmer, welcher der Regelbesteuerung unterliegt, hat die folgenden Umsätze getätigt:

• Steuerpflichtige Lieferungen und sonstige Leistungen (§ 1 Abs. 1 Nr. 1 UStG)	450.000 DM
• Eigenverbrauch (§ 1 Abs. 1 Nr. 2 UStG)	3.000 DM
• steuerfreie Lieferungen (§ 4 Nr. 1 UStG)	65.000 DM
• steuerfreie Leistungen (§ 4 Nr. 9-28 UStG)	67.250 DM
• Lieferung im Ausland (nicht steuerbar)	20.000 DM
• steuerpflichtige Einfuhr (§ 1 Abs. 1 Nr. 3 UStG)	15.000 DM

Die angefallenen Vorsteuern in 01 haben 18.000 DM betragen, darin sind 1.100 DM Einfuhrumsatzsteuer enthalten.

Welche abziehbaren Vorsteuerbeträge ergeben sich nach § 15 Abs. 5 UStG?

Lösungen

1 : Ausländische Einkünfte

Hans Fuchs ist nach § 1 Abs. 1 EStG unbeschränkt einkommensteuerpflichtig, da er seinen Wohnsitz im Inland hat. Einen Wohnsitz hat jemand dort, wo er eine Wohnung unter Umständen innehat, die darauf schließen lassen, daß er die Wohnung beibehalten und benutzen wird (§ 8 AO).

Die unbeschränkte Steuerpflicht erstreckt sich nach § 2 Abs. 1 Satz 1 EStG auf sämtliche Einkünfte, also auch auf den in Holland erzielten Arbeitslohn.

Aus dem Ausland bezogene Einkünfte können durch Doppelbesteuerungsabkommen (DBA) steuerfrei sein; mit den Niederlanden besteht ein solches Doppelbesteuerungsabkommen.

2 : Einkünfte aus nichtselbständiger Arbeit und Vermietung und Verpachtung

(1) Einkünfte aus nichtselbständiger Arbeit (§ 19 EStG)		
Einnahmen		39.560 DM
Werbungskosten:		
• Fahrtkosten 240 Tage x 12 km x 0,70 DM (§ 9 Abs. 1 Nr. 4 EStG)	2.016 DM	
• Berufliche Weiterbildung (§ 9 Abs. 1 Satz 1 EStG) (Berufsausbildung oder Weiterbildung in einem nicht ausgeübten Beruf gemäß § 10 Abs. 1 Nr. 7 EStG wird nicht angenommen)	720 DM	
Summe der Werbungskosten		2.736 DM
Überschuß der Einnahmen über die Werbungskosten		36.824 DM
(2) Einkünfte aus Vermietung und Verpachtung (§ 21 EStG)[+)]		
• Einnahmen aus Vermietung		66.000 DM
• Einnahmen aus Mietumlagen		12.960 DM
• Nutzungswert der Wohnung im eigenen Haus Es wird kein Antrag gemäß § 52 Abs. 21 Satz 3 EStG gestellt, so daß § 52 Abs. 21 Satz 2 gilt.		7.200 DM
• Nutzungswert der den Eltern unentgeltlich überlassenen Wohnung (§ 21 Abs. 2 i.V. mit § 12 Nr. 2 EStG)		9.000 DM
• Gesamtbetrag der Einnahmen		95.160 DM
Werbungskosten:		
§ 9 Abs. 1 Nr. 1 EStG: Schuldzinsen	32.400 DM	
Nr. 2 EStG: Grundsteuer und städt. Gebühren	3.190 DM	
Übertrag	35.590 DM	

+) Übergangsregelung gem. § 52 Abs. 21 EStG

Übertrag:		35.590 DM	
Treppenhausbeleuchtung		212 DM	
Reparaturen		6.980 DM	
Heizölkosten		9.600 DM	
§ 9 Abs. 1 Nr. 7 EStG: 2 % AfA von	553.000 DM	11.060 DM	
Anschaffungskosten	673.000 DM		
./. Grundstücksanteil	120.000 DM		
Summe der Werbungskosten			63.442 DM
Überschuß der Einnahmen über die Werbungskosten			31.718 DM
Summe der Einkünfte (§ 2 Abs. 3 EStG):			
• Einkünfte aus nichtselbständiger Arbeit (§ 2 Abs. 1 Nr. 4 EStG)			36.824 DM
• Einkünfte aus Vermietung und Verpachtung (§ 2 Abs. 1 Nr. 6 EStG)			31.718 DM
• Gesamtbetrag der Einkünfte			68.542 DM

3 : Einkünfte aus Kapitalvermögen

Einnahmen aus Kapitalvermögen nach § 20 Abs. 1 EStG:

Nr. 1 Dividenden netto	5.250 DM	
+ 25 % Kapitalertragsteuer (§ 43 Abs. 1 Nr. 1 i.V. mit § 43a Abs. 1 Nr. 1 EStG)	1.750 DM	7.000 DM
Nr. 3 anzurechnende Körperschaftsteuer = Steuergutschrift (§ 36 Abs. 2 Nr. 3 EStG) 3/7 von 7.000 DM		3.000 DM
Nr. 4 Gewinnanteil als stiller Gesellschafter	12.000 DM	16.000 DM
+ 25 % Kapitalertragsteuer	4.000 DM	
Nr. 7 Zinsen aus Sparguthaben		2.650 DM
Einnahmen (§ 8 Abs. 1 EStG)		28.650 DM
Werbungskosten-Pauschbetrag (§ 9a Nr. 2 EStG)		200 DM
Gemeinsamer Sparer-Freibetrag (§ 20 Abs. 4 EStG)		12.000 DM
Einkünfte aus Kapitalvermögen		16.450 DM

4 : „Sonstige Einkünfte" i.S. des § 22 EStG mit Anwendung der §§ 19, 20, 22, und 23 EStG

Der Gesamtbetrag der Einkünfte setzt sich aus folgenden Einkunftsarten zusammen:

(1) Einkünfte aus nichtselbständiger Arbeit (§ 19 EStG)

Bruttoarbeitslohn	13.500 DM
./. Arbeitnehmer-Pauschbetrag (§ 9a Nr. 1 EStG)	2.000 DM
	11.500 DM

Die Freibeträge sowie der Arbeitnehmer-Pauschbetrag werden nicht gekürzt, wenn auch Arbeitslohn nicht während des ganzen Jahres bezogen wurde.

(2) Einkünfte aus Kapitalvermögen (§ 20 EStG)

Zinsen aus Kapitalanlage (§ 20 Abs. 1 Nr. 7 EStG)	4.800 DM
Zinsen aus Grundstücksverkauf (da das Zuflußprinzip gilt, werden 3.000 DM in 1995 berücksichtigt.	2.100 DM
	6.900 DM
./. Werbungskosten-Pauschbetrag (§ 9a Nr. 2 EStG)	100 DM
./.Sparer-Freibetrag (§ 20 Abs. 4 EStG)	6.000 DM
	800 DM

(3) Sonstige Einkünfte (§ 22 EStG)

a) Es wird unterstellt, daß das gezahlte Ruhegeld von einer gesonderten Versorgungseinrichtung und nicht von dem früheren Arbeitgeber nach § 19 Abs. 1 Nr. 2 EStG gezahlt wird; somit liegt eine Rente i.S. des § 22 Nr. 1 EStG vor.

Diese Leibrente wird mit ihrem Ertragsanteil versteuert; dieser beträgt bei Franz Keil 30 % (bei Beginn der Rente hatte er das 62. Lebensjahr vollendet).

9 Monate x 1.800 DM = 16.200 DM	
30 % Ertragsanteil	4.860 DM
./. Werbungskostenpauschbetrag (§ 9a Satz 1 Nr. 3 EStG)	200 DM
	4.660 DM

b) Einkünfte aus Spekulationsgeschäften (§ 22 Nr. 2, § 23 EStG)

Nach § 23 Abs. 1 Buchst. a EStG liegt ein Spekulationsgeschäft vor, wenn bei Grundstücken der Zeitraum zwischen Anschaffung und Veräußerung nicht mehr als 2 Jahre beträgt: 15.10.1992 bis 30.9.1994 = 15 Tage weniger als 2 Jahre. (Maßgebend für die Berechnung der Frist ist jeweils das Verpflichtungsgeschäft. Der Spekulationsgewinn ist erst dann zu versteuern, wenn er tatsächlich zugeflossen ist.

Veräußerungspreis (in 1994 zugeflossen)	200.000 DM
./. Anschaffungskosten	175.000 DM
Spekulationsgewinn	25.000 DM

Die am 31.1.1995 zufließenden 25.000 DM müssen im Veranlagungszeitraum 1995 versteuert werden.

c) Einkünfte aus sonstigen Leistungen (§ 22 Nr. 3 EStG)

Das am 20.2.1994 vereinnahmte Entgelt für die Einräumung des Vorkaufsrechts ist zu den Einkünften aus sonstigen Leistungen zu rechnen (Freigrenze 499 DM) 5.000 DM

Zusammenstellung der Einkünfte:		
aus nichtselbständiger Arbeit		11.500 DM
aus Kapitalvermögen		800 DM
sonstige Einkünfte		
Leibrente	4.660 DM	
Spekulationsgeschäft	25.000 DM	
sonstige Leistung	5.000 DM	34.660 DM
Gesamtbetrag der Einkünfte für den VZ 1994		46.960 DM

Da Franz Keil das 64. Lebensjahr noch nicht vollendet hat, entfällt der Altersentlastungsbetrag (§ 24a EStG).

5 : Bewertung von Gegenständen des Anlagevermögens

(1) Anschaffungskosten setzen sich zusammen aus:

Kaufpreis für das Grundstück einschl. Gebäude	900.000 DM
+ Anschaffungsnebenkosten	75.000 DM
= Anschaffungskosten per 15.11.01	975.000 DM

Der übernommene Hypothekarkredit wird bei den Anschaffungskosten nicht berücksichtigt

Der Kredit ist jedoch zu passivieren.

Mit 975.000 DM ist auch das (bebaute) Grundstück zum 31.12.01 anzusetzen, da weder eine AfA noch eine a.o. Abschreibung vorzunehmen ist.

(2) a) Anschaffungskosten Grund und Boden

Anschaffung 15.11.01	975.000 DM
Straßenanlieger- und Erschließungsbeiträge (R 33a Abs. 1 Satz 4 EStR)	80.000 DM
Anschaffungskosten per 1.10.02	1.055.000 DM

b) Herstellungskosten der Montagehalle:

• Kosten für Abbruch und Abtransport (R 33a Abs. 2 EStR)	30.000 DM
• Bau-Herstellungskosten	1.450.000 DM
• Kosten des Anschlusses an das Strom- und Wassernetz (R 33a Abs. 1 EStR)	40.000 DM
Finanzierungskosten gehören grundsätzlich nicht zu den Herstellungskosten	
• Herstellungskosten per 1.10.02	1.520.000 DM

(3)

AfA für 02 10 % p.a. (§ 7 Abs. 5 Nr. 1 EStG)	152.000 DM
Bilanzwert per 31.12.02	1.368.000 DM

6 : Bewertung zu Herstellkosten

Die Bewertung der fertigen und unfertigen Erzeugnisse (Teile des Umlaufvermögens) erfolgt nach § 6 Abs. 1 Nr. 2 Satz 1 EStG mit den Herstellungskosten. Diese sind im Sinne des § 6 EStG die Aufwendungen, die durch den Verbrauch von Gütern und die Inanspruchnahme von Diensten für die Herstellung eines Erzeugnisses entstehen (R 33 Abs. 1 EStR).

a) Gewinnminimierer:
Unter Beachtung von R 33 Abs. 1 EStR:

Materialverbrauch	400.000 DM
Fertigungslöhne	1.200.000 DM
Material- und Fertigungsgemeinkosten (Wahlrecht für fixe Bestandteile)	1.280.000 DM
Herstellungskosten (untere Wertgrenze)	2.880.000 DM

$$\text{Herstellungskosten für 1 Einheit} = \frac{2.880.000}{800.000} = 3{,}60 \text{ DM}$$

Herstellungskosten für 25.000 Einheiten = 3,60 DM x 25.000 = 90.000 DM

b) Gewinnmaximierer:

Herstellungskosten (untere Wertgrenze s.o.)		2.880.000 DM
Verwaltungsgemeinkosten	420.000 DM	
./. kalkulatorische Kosten	120.000 DM	300.000 DM
Herstellungskosten (obere Wertgrenze)		3.180.000 DM

$$\text{Herstellungskosten für 1 Einheit} = \frac{3.180.000}{800.000} = 3{,}975 \text{ DM}$$

Herstellungskosten für 25.000 Einheiten = 3,975 DM x 25.000 = 99.375 DM

Die Vertriebskosten gehören nicht zu den Herstellungskosten (R 33 Abs. 1 Satz 4 EStR).

Aus der pagatorischen Natur der Bilanz resultiert, daß nur tatsächlich geleistete Aufwendungen (Ausgaben) angesetzt werden dürfen. Da kalkulatorischen Kosten keine Ausgabe unmittelbar zugeordnet werden kann, bleiben sie außer Betracht.

7 : Gewinnermittlung nach Bilanzsteuerrecht

(1) Das erworbene bebaute Grundstück gehört zum notwendigen Betriebsvermögen (R 13 Abs. 7 EStR). Neben dem Kaufpreis zählen auch die Anschaffungsnebenkosten zu den Anschaffungskosten des Grundstücks (§ 255 Abs. 1 HGB, R 32a EStR). Die Anschaffungsnebenkosten werden im Verhältnis der Kaufpreisanteile auf Grund/Boden und Gebäude aufgeteilt.

	Grund/Boden = 25,5 %	Gebäude = 74,5 %	
Kaufpreis 980.000 DM	250.000 DM	730.000 DM	
Notariatskosten			10.200 DM
netto	2.601 DM	7.599 DM	
Grundbucheintragung			3.400 DM
	867 DM	2.533 DM	

Grunderwerbsteuer			19.600 DM
	4.998 DM	14.602 DM	
Maklergebühren netto			29.400 DM
	7.497 DM	21.903 DM	
	15.963 DM	46.647 DM	62.600 DM

Wertansatz per 10.3.01	265.963 DM	776.637 DM
./. AfA 4 % p.a. für 10 Monate (p.r.t.)		25.888 DM
Wertansatz per 31.12.01		253.019 DM

(2) Computer-Anlage

Anschaffungskosten 1.06.01	80.000 DM
./. AfA linear 20 % p.a. = 16.000 DM gem. § 7 Abs. 1 EStG degressiv 30 % gem. § 7 Abs. 2 EStG (Vereinfachungsregel)	24.000 DM
Wertansatz per 31.12.01	56.000 DM

(3) Schreibmaschine:

Kaufpreis	820.00 DM
./. 3 % Skonto	24.60 DM
Anschaffungskosten	795,40 DM

= geringwertiges Wirtschaftsgut, da Anschaffungskosten unter 800 DM und damit gem. § 6 Abs. 2 EStG in voller Höhe als Betriebsausgaben absetzbar.

(4) Vertretbare Wirtschaftsgüter (= gleichartige Vermögensgegenstände des Vorratsvermögens) können zu einer Gruppe zusammengefaßt werden und mit dem gewogenen Durchschnittswert angesetzt werden (§ 240 Abs. 4 HGB).

- Anfangsbestand	800 Stück zu 5,00 DM =	4.000 DM
- Zugänge	600 Stück zu 5,50 DM =	3.300 DM
	1.200 Stück zu 6,00 DM =	7.200 DM
	1.400 Stück zu 7,50 DM =	10.500 DM
4.000 Stück		25.000 DM
Durchschnittswert 1 Stück		6,25 DM
- Bestand 500 Stück		3.125,00 DM

Nach dem Bewertungsverfahren des § 256 HGB kann eine bestimmte Veräußerungsfolge unterstellt werden.

In der Steuerbilanz ist eine Bewertung mit Hilfe von Veräußerungsfolgen nur bei LIFO zulässig, wenn glaubhaft gemacht wird, daß in der Regel die zuletzt beschafften Wirtschaftsgüter zuerst veräußert werden (§ 6 Abs. 1 Nr. 2a EStG u. R 36a EStR).

Damit resultiert der Istbestand von 500 Stück aus dem Anfangsbestand von 800 Stück zu 5,00 DM/Stck., also Wertansatz : 500 Stck. x 5,00 DM = 2.500 DM.

Es ist also entsprechend der Aufgabenstellung der Wertansatz von 2.500 DM zu wählen.

(5) Die Entnahme erfolgt zum Teilwert (§ 6 Abs. 1 Nr. 4 Satz 1 EStG) = 1.500 DM.

Es ist zu buchen: Privatkonto 1.725 DM

an Geschäftsausstattung	1.200 DM
a.o. Erträge	300 DM
USt*	225 DM

* (§ 1 Abs. 1 Nr. 2a UStG)

Daraus folgt eine Erhöhung des Steuerbilanz-Gewinns um 300 DM.

8 : Sonderausgaben bei getrennter Veranlagung

(1) Die Ehegatten Karin und Ernst Koch sind beide unbeschränkt einkommensteuerpflichtig und haben zu Beginn des Veranlagungszeitraums 1994 nicht dauernd getrennt gelebt. Damit erfüllen sie den Tatbestand des § 26 Abs. 1 1. Halbsatz EStG und können zwischen getrennter Veranlagung und Zusammenveranlagung wählen.

Da einer der Ehegatten die getrennte Veranlagung wünscht, werden nach § 26 Abs. 2 Satz 1 EStG die Ehegatten getrennt veranlagt; somit sind zwei getrennte Veranlagungen durchzuführen.

Die Einkünfte der Eheleute werden getrennt ermittelt und jedem Ehegatten die von ihm bezogenen Einkünfte zugerechnet (§ 26a Abs. 1 EStG).

(2)

Einkünfte	Ernst Koch	Karin Koch
aus selbständiger Arbeit	65.000 DM	
aus nichtselbständiger Arbeit		34.800 DM
der auf die private Nutzung des PKW entfallende Anteil der Haftpflichtversicherung ist den Einkünften von Ernst K. zuzurechnen (es wird unterstellt, daß die übrigen PKW-Kosten nur anteilig als Betriebsausgaben berücksichtigt wurden).	112 DM	
	65.112 DM	34.800 DM

(3) Sonderausgaben
Bei getrennter Veranlagung werden die Sonderausgaben der Ehegatten bei dem abgezogen, der sie geleistet hat (R 174 a Abs. 1 EStR).

Sonderausgaben von Ernst Koch:

a) Unbeschränkt abzugsfähig:		
gezahlte Kirchensteuer (§ 10 Abs. 1 Nr. 4 EStG)		800 DM
gezahlte Steuerberatungskosten (§ 10 Abs. 1 Nr. 6 EStG)		100 DM
b) Beschränkt abzugsfähig:		
1. Lebensversicherungsbeiträge: (§ 10 Abs. 1 Nr. 2b) (6 x 180 DM =)	1.080 DM	
2. Haftpflichtversicherung - Anteil für private PKW-Nutzung	112 DM	

• Vorwegabzug (§ 10 Abs. 3 Nr. 2 EStG)	6.000 DM	1.192 DM
Bausparkassenbeiträge (§ 10 Abs. 2 Nr. 3 EStG) einschl. Zinsen 50 %	12.280 DM	
Grundhöchstbetrag (§ 10 Abs. 3 Nr. 1 EStG)	2.610 DM	2.610 DM
	9.670 DM	
Hälftiger Höchstbetrag (§ 10 Abs. 3 Nr. 3 EStG) 50 % von 9.670 DM höchstens von 2.610		1.305 DM
abzugsfähig		5.107 DM

Sonderausgaben von Karin Koch:

(a) Unbeschränkt abzugsfähig:			
1. Gezahlte Kirchensteuer			200 DM
2. Gezahlte Steuerberatungskosten			100 DM
(b) Beschränkt abzugsfähig:			
1. Arbeitnehmeranteil zur Sozialversicherung		2.400 DM	
2. Lebensversicherungsbeiträge Es wird unterstellt, daß der in der Schweiz ansässigen LV-Gesellschaft die Erlaubnis zum Geschäftsbetrieb im Inland erteilt ist. (§ 10 Abs. 2 Nr. 2 EStG).		720 DM	
		3.120 DM	
• Vorwegabzug	6.000 DM		
./. Kürzungsbetrag 16 % von 37.000 DM	5.920 DM	80 DM	80 DM
		3.040 DM	
• Grundhöchstbetrag		2.610 DM	2.610 DM
		430 DM	
Hälftiger Höchstbetrag 50 % von 430 DM			215 DM
		abzugsfähig	3.205 DM

Es ist noch zu prüfen, ob die **Vorsorgepauschale nach § 10c Abs. 2 EStG** höher ist, da Karin Koch Arbeitslohn bezogen hat.

Bruttoarbeitslohn 37.000 DM
Allgemeine Vorsorgepauschale:

• 18 % von 37.000 DM = 6.660 DM		
• höchstens	6.000 DM	
./. 16 % von 37.000 DM =	5.920 DM	80 DM
• zuzüglich (6.660 DM ./. 80 DM)	6.580 DM	
• höchstens	2.610 DM	2.610 DM
	3.970 DM	
• höchstens 1/2 von 3.970 DM = 1.985 DM		
1/2 von 2.610 DM = 1.305 DM		1.305 DM
		3.995 DM

- Abrundung auf den nächsten durch 54 ohne Rest teilbaren Betrag ergibt die Vorsorgepauschale = 3.942 DM.

Da die Vorsorgepauschale **höher** als die abzugsfähigen Sonderausgaben ist, wird die Vorsorgepauschale angesetzt.

Also ist für die Ehefrau diese **Vorsorgepauschale** von 3.942 DM abzugsfähig.

(4) Zu versteuerndes Einkommen der Eheleute

Ehemann Ernst Koch		
Einkünfte aus selbständiger Arbeit		65.112 DM
Anteile Sonderausgaben		5.107 DM
Einkommen		60.005 DM
Ehefrau Karin Koch		
Einkünfte aus nichtselbständiger Arbeit		
Bruttoarbeitslohn		34.800 DM
./. Sonderausgaben: Vorsorgepauschale	3.942 DM	
unbeschränkt abzugsfähig	300 DM	4.242 DM
Einkommen	4.242 DM	30.558 DM

9 : Ermittlung des zu versteuernden Einkommens

Es wird unterstellt, daß beide Ehegatten unbeschränkt steuerpflichtig sind und nicht dauernd getrennt leben. Die Zusammenveranlagung der Ehegatten wird aus § 26 Abs. 3 EStG abgeleitet. Kinder: Sohn Horst und Tochter Edith haben zu Beginn des Veranlagungszeitraums (1994) das 18. Lebensjahr, aber noch nicht das 27. Lebensjahr vollendet und werden für einen Beruf ausgebildet (§ 32 Abs 4 Nr. 1 EStG).

Sohn Harald hat zu Beginn des Veranlagungszeitraums das 18. Lebensjahr noch nicht vollendet (§ 32 Abs. 3 EStG).

Die drei Kinder sind somit berücksichtigungsfähig.

Ermittlung der Einkünfte (§ 2 Abs. 1 EStG):
Auch bei der Zusammenveranlagung werden die Einkünfte getrennt ermittelt und erst anschließend zusammengerechnet.

		Werner Binder	Gerda Binder
(1) Einkünfte aus selbständiger Arbeit Freiberufliche Tätigkeit (§ 18 Abs. 1 Nr. 1 EStG)			20.000 DM
(2) Einkünfte aus nichtselbständiger Arbeit, kfm. Angestellter (§ 19 Abs. 1 Nr. 1 EStG)			
Einnahmen	72.000 DM		
Arbeitnehmer-Pauschbetrag	2.000 DM	70.000 DM	

(3)	Einkünfte aus Kapitalvermögen			
	Dividende (§ 20 Abs. 1 EStG)			
	Bruttobetrag	1.400 DM		
	+ anzurechnende KSt (§ 20 Abs. 1 Nr. 3 EStG) = 3/7 x 1.400 DM	600 DM		
	+ Bausparzinsen	480 DM		
		2.480 DM		
	./. Werbungskosten-Pauschbetrag (§ 9a Satz 1 Nr. 2 EStG)	200 DM		
	./. Sparer-Freibetrag (§ 20 Abs. 4 EStG) 12.000 max:	2.280 DM		
		0 DM		
(4)	Einkünfte aus Vermietung und Verpachtung. Es wird unterstellt, daß die Eheleute das Einfamilienhaus selbst nutzen. Nach § 52 Abs. 21 Satz 3 EStG nicht mehr besteuert (nach unwiderruflichem Antrag).			
(5)	Sonstige Einkünfte			
	Spekulationsgewinn bei der Veräußerung der Aktien am 30.6.1994 nom.	3.000 DM		
	(§ 22 Nr. 2 i.V. mit § 23 EStG)			
	Veräußerungspreis (157,50 DM)	9.450 DM		
	./. Anschaffungskosten (140 %)	8.400 DM		
		1.050 DM		
	Da keine Werbungskosten angegeben sind, entsteht ein Spekulationsgewinn von		1.050 DM	
			71.050 DM	20.000 DM
	Gesamtbetrag der Einkünfte		91.050 DM	
	Sonderausgaben (§ 10 EStG)			
	unbeschränkt abzugsfähig:			
	Lohnkirchensteuer (12 x 48,60 DM =) (Abs. 1 Nr. 4 EStG)			583 DM
	beschränkt abzugsfähig:			
	Sozialversicherung (Abs. 1 Nr. 2a EStG)	4.944 DM		
	Haftpflichtversicherung (Abs. 1 Nr. 2a EStG)	840 DM		
	Lebensversicherung (Abs. 1 Nr. 2b EStG)	4.200 DM		
		9.984 DM		
	./. § 10 Abs. 3 Nr. 2 EStG : 12.000 DM			
	./. 16 % von 72.000DM = 11.520 DM / 480	480 DM		
		9.504 DM		

Übertrag:	9.504 DM	480 DM	
+ Einzahlung auf Bausparkasse einschl. Zinsgutschrift 7.680 DM 50 % =	3.840 DM		
	13.344 DM		
• § 10 Abs. 3 Nr. 1 EStG			
Ehemann 2.610 DM			
Ehefrau 2.610 DM	5.220 DM	5.220 DM	
	8.124 DM		
• § 10 Abs. 3 Nr. 3 EStG			
50 % von 8.124 DM			
		2.610 DM	8.893 DM
höchstens von 5.220 DM		8.310 DM	

Für Vorsorgeaufwendungen (§ 10 Abs. 1 Nr. 2 und 3 EStG) wird bei Steuerpflichtigen, die Arbeitslohn bezogen haben, eine Vorsorgepauschale abgezogen (§ 10c Abs. 3 EStG).

Berechnung:

18 % von 72.000 DM = 12.960 DM

höchstens

1. 12.000 DM abzüglich 6 % von 72.000 DM = 11.520 DM		480 DM
2. übriggebliebener Betrag	12.480 DM	
Höchstbetrag	5.220 DM	5.220 DM
3. übriggebliebener Betrag	7.260 DM	
davon die Hälfte =	3.630 DM	
höchstens	2.610 DM	2.610 DM
= Vorsorgepauschale		8.310 DM
(durch 54 ohne Rest teilbar) = 8.262 DM		

• Außergewöhnliche Belastungen (§ 33 Abs. 1 EStG)			
von der Kasse nicht ersetzte Krankenhauskosten	3.500 DM		
./. zumutbare Eigenbelastung (§ 33 Abs. 3 EStG)			
Bemessungsgrundlage	91.050 DM		
zumutbare Eigenbelastung 1 % =		9.105 DM	0 DM
• Außergewöhnliche Belastungen in besonderen Fällen (§ 33 a EStG)			
Auswärtige Unterbringung des Sohnes Horst (auf Antrag) (§ 33a Abs. 2 Nr. 2 EStG)			4.200 DM
Tochter Edith (§ 33a Abs. 2 Nr. 2 EStG)			2.400 DM
wegen der Körperbehinderung des Stpfl. (§ 33b EStG) bei 50 % Minderung der Erwerbsfähigkeit - Pauschbetrag -			1.110 DM
Einkommen			74.447 DM
• 3 Kinderfreibeträge (3 x 4.104 DM =)			12.312 DM
Zu versteuerndes Einkommen (§ 2 Abs. 5 EStG)			62.135 DM

10 : Ermittlung der Einkommensteuerschuld unter Berücksichtigung von Sonderausgaben und außergewöhnlicher Belastung

I. Persönliche Verhältnisse

(1) Fritz und Helga sind unbeschränkt einkommensteuerpflichtig (§ 1 Abs. 1 EStG); sie leben nicht dauernd getrennt. Die Ehegatten werden zusammen veranlagt, da beide Ehegatten die Zusammenveranlagung wählen (§ 26 Abs. 2 Satz 2 EStG). Die Einkünfte werden für jeden Ehegatten getrennt ermittelt und anschließend zusammengerechnet.

(2) Kinder

a) Harald, geb. 5.8.1971, hat zu Beginn des Veranlagungszeitraums 1994 das 18., aber noch nicht das 27. Lebensjahr vollendet; es ist deshalb zu prüfen, ob die Voraussetzungen des § 32 Abs. 4 EStG vorliegen. Durch das Studium in Marburg wird Harald für einen Beruf ausgebildet (§ 32 Abs. 4 Nr. 1 EStG). Damit ist Harald berücksichtigungsfähig.

Die Aufwendungen der Eltern für die auswärtige Unterbringung in Marburg können nach § 33a Abs. 2 Nr. 2 EStG berücksichtigt werden.

Auf Antrag wird ein Ausbildungsfreibetrag gewährt. Auf die tatsächliche Höhe der Aufwendungen kommt es nicht an.

Der Freibetrag von 4.200 DM ermäßigt sich um (3.800 DM ./. 3.600 DM) 200 DM auf 4.000 DM und wird auf 9/12 = 3.000 DM reduziert (§ 33a Abs. 4 EStG).

b) Volker, geb. 10.12.1977, hat zu Beginn des Veranlagungszeitraums 1994 das 18. Lebensjahr noch nicht vollendet und wird somit steuerlich berücksichtigt (§ 32 Abs. 3 EStG).

II. Einkünfte

(1) Einkünfte aus Gewerbebetrieb		
a) aus dem Lebensmittelgeschäft (§ 15 Abs. 1 Nr. 1 EStG)		136.000 DM
b) Veräußerung eines Teilbetriebs (§ 16 Abs. 1 Nr. 1 EStG)		
Veräußerungspreis	145.000 DM	
(Veräußerungskosten entfallen, da vom Erwerber übernommen)		
./. Wert des Anteils am Betriebsvermög.	120.000 DM	
= Veräußerungsgewinn (§ 16 Abs. 2 EStG)		25.000 DM
c) Verlustanteil an einer KG (§ 4a Abs. 2 Nr. 2 EStG beachten!)		./. 18.000 DM
d) Veräußerung einer wesentlichen Beteiligung: Beteiligung des Veräußerers = 30 %		

seit 1991 (innerhalb der letzten 5 Jahre);
veräußert werden nom. 20.000 DM
(< 1 %) (§ 17 Abs. 1 EStG)

Veräußerungspreis	45.000 DM		
./. Veräußerungskosten	800 DM		
./. Anschaffungskosten	30.000 DM		
= Veräußerungsgewinn (§ 17 Abs. 2 EStG)			14.200 DM

(2) Einkünfte aus selbständiger Arbeit
(§ 18 Abs. 1 Nr. 1 EStG)

Betriebseinnahmen (analog § 8 EStG)		48.500 DM	
Betriebsausgaben (§ 4 Abs. 4 EStG)		22.600 DM	25.900 DM

(3) Einkünfte aus Kapitalvermögen

a) Fritz Koch

Zinsen aus Sparguthaben		520 DM	
(§ 20 Abs. 1 Nr. 7 EStG)		800 DM	
		1.320 DM	
./. Werbungskosten (§ 9a Satz 1 Nr. 2 EStG)		100 DM	
		1.220 DM	
./. Sparer-Freibetrag 6.000 max. (§ 20 Abs. 4 EStG)		1.220 DM	
		0 DM	

b) Helga Koch

Dividenden (§ 20 Abs. 1 Nr. 1 EStG)	brutto	2.100 DM	
+ anzurechnende KSt (§ 20 Abs. 1 Nr. 3 EStG) = 3/7 v. 2.100 DM =		900 DM	
		3.000 DM	
./. WK-PB		100 DM	
./. Sparer-FB 6.000 max.		2.900 DM	
		0 DM	0 DM

(4) Einkünfte aus Vermietung und Verpachtung

a) Helga Koch (Mietwohngrundstück)

Einnahmen aus Vermietung		18.540 DM	
Mietwert der unentgeltlich überlassenen Wohnung an die Eltern (Miete + Umlage) (§ 12 Nr. 2 EStG)		6.180 DM	
./. Werbungskosten einschl. AfA		9.600 DM	15.120 DM

b) Einfamilienhaus der Eheleute			0 DM
Summe der Einkünfte			198.220 DM

Da der Altersentlastungsbetrag nach § 24a EStG entfällt = Gesamtbetrag der Einkünfte (§ 2 Abs. 3 EStG).

III. Sonderausgaben

Abs. 1 Nr. 4 Gezahlte Kirchensteuer		1.800 DM
Abs. 1 Nr. 2a Krankenkassenbeiträge	3.600 DM	
Haftpflichtversicherung (privat)	640 DM	
Abs. 1 Nr. 2b Beiträge zur Lebensversicherung	2.400 DM	
	6.640 DM	
• Vorwegabzug 12.000, max. (§ 10 Abs. 3 Nr. 2 EStG)	6.640 DM	6.640 DM
	0 DM	
Feuer-Wasser-Sturmversicherung ist hier nicht relevant (außerdem im Grundbetrag abgegolten)		
Abs. 1 Nr. 3 EStG Bausparbeiträge + Zinsgutschrift (50 %)	10.000 DM	
	10.000 DM	
Grundhöchstbetrag (§ 10 Abs. 3 Nr. 1 EStG)	5.220 DM	5.220 DM
	4.780 DM	
		13.660 DM
50 % von 4.780 DM = 2.390 DM höchstens 50 % von 5.220 DM (§ 10 Abs. 3 Nr. 3 EStG)		2.390 DM
Spenden § 10b Abs. 1 EStG für wissenschaftliche Zwecke		4.000 DM
für religiöse Zwecke		2.000 DM
an politische Partei (Abs. 2)	1.500 DM	0 DM
insgesamt		22.050 DM

IV. Außergewöhnliche Belastungen

(1) Außergewöhnliche Belastungen (§ 33 EStG)			
Operations- und Krankenhauskosten (abzüglich der Erstattung)		4.200 DM	
zumutbare Eigenbelastung (Abs. 3) 4 % von 198.220 =		7.928 DM	= 0 DM
(2) Außergewöhnliche Belastung in besonderen Fällen (§ 33a Abs. 1 EStG)			
Freiwillige Unterhaltszahlungen an die Eltern des Fritz Koch			
Höchstbetrag (2 x 6.300 DM*)		12.600 DM	
Eigene Einnahmen der Eltern: Rente	6.000 DM		
Ertragsanteil 30 %	1.800 DM		
./. Werbungskosten-Pauschbetrag (§ 9 a Nr. 3 EStG)	200 DM		
		1.600 DM	

Bezüge:			
steuerlich nicht erfaßte Teile			
der Rente (6.000 ./. 1.800)	4.200 DM		
./. Unkosten-Pauschbetrag	360 DM	3.840 DM	
		5.440 DM	
übersteigt (anrechnungsfreier Betrag)		4.500 DM	
um		940 DM	
./. 940 DM (12.600 ./. 940)			
abziehbar sind			
11.660 DM			
Freibetrag wegen auswärtiger Unterbringung des Sohnes Harald (§ 33a Abs. 2 Nr. 2 EStG)			
Ausbildungs-Freibetrag 4.200 DM			
Januar - September, also für 9 Monate		3.150 DM	
Eigene Einkünfte	3.800 DM		
./. anrechnungsfreier Betrag			
$\frac{(3.600 \times 9)}{12}$	2.700 DM		
verbleibender Betrag		1.100 DM	
abzuziehender anteiliger Ausbildungs-Freibetrag		2.050 DM	
Einkommen (§ 2 Abs. 4 EStG)			162.460 DM

+) a) Tarifliche Ermäßigung nach § 34g EStG um 50 % von 1.500 DM = 750 DM

b) Als Sonderausgaben ist der übersteigende Betrag abziehbar (§ 10b Abs. 1 Satz 2 EStG) = 0 DM

./. 2 Kinderfreibeträge à 4.104 DM = 8.208 DM

VI. Steuerfrei bleibende Veräußerungsgewinne (§ 16 Abs. 4 EStG)

600.000 DM : 120.000 DM = 20 %			
20 % von 30.000 DM =		6.000 DM	
20 % von 100.000 DM =	20.000 DM		
Veräußerungsgewinn	25.000 DM		
Kürzungsbetrag	5.000 DM	5.000 DM	
Freibetrag			./. 1.000 DM
Nach § 17 Abs. 3 EStG			
200.000 DM : 20.000 DM = 10 %			
10 % von 20.000 DM =		2.000 DM	
10 % von 80.000 DM =	8.000 DM		
Veräußerungsgewinn	14.200 DM		
Kürzungsbetrag	6.200 DM	6.200 DM	0
Zu versteuerndes Einkommen			153.252 DM

VII. Ermittlung der festzusetzenden Einkommensteuer (§ 2 Abs. 6 EStG)

(1) Der zu versteuernde Einkommensbetrag fällt nach der Einkommensteuertabelle (Splittingtabelle) in die Stufe von 153.252 DM bis 153.359 DM.

Für das auf den Stufeneingangsbetrag von 153.252 DM abgerundete gesamte zu versteuernde Einkommen würde sich eine Einkommensteuer von 41.252 DM ergeben = durchschnittlicher Steuersatz von

$$\frac{41.252 \cdot 100}{153.252} = 26{,}9178\ \%$$

Der ermäßige Steuersatz beträgt somit 26,9178 % : 2 = 13,4589 %.

(2) Steuerberechnung

a) Nach der Einkommensteuertabelle (Splitting):

Zu versteuernder Einkommensbetrag		153.252 DM
./. zur Einkommensteuer heranzuziehender Teil des Veräußerungsgewinns (39.200 DM ./. 1.000 DM)	=	38.200 DM
verbleiben		115.052 DM
ist nach der Tabelle zu versteuern		
Darauf entfallender Steuerbetrag		27.138 DM

b) mit dem ermäßigten Steuersatz

zu versteuernder Einkommenbetrag		153.252 DM
./. nach der Einkommensteuer-Tabelle zu versteuernder Betrag		115.052 DM
verbleiben		38.200 DM
mit dem ermäßigten Satz zu versteuernder Teil des Veräußerungsgewinns:		
13,4589 % von 38.200 DM	=	5.141 DM
Steuerbetrag nach der Tabelle	+	27.138 DM
./. Spenden s.o.		750 DM
Steuerschuld		31.529 DM

11 :Berechnung der Körperschaftsteuerschuld

(1) Nach § 1 Abs. 1 Nr. 1 KStG ist die Kapitalgesellschaft unbeschränkt körperschaftsteuerpflichtig, da sie ihren Sitz und ihre Geschäftsleitung im Inland hat.

Die KSt errechnet sich gem. § 7 Abs. 1 KStG nach dem zu versteuernden Einkommen in Höhe von 400.000 DM.

Der Steuersatz beläuft sich nach § 23 Abs. 1 KStG auf 45 %; da keine Ermäßigung anzuwenden ist, beläuft sich die Tarifbelastung auf 45 % v. 400.000 = 180.000 DM.

Zur Ermittlung des für die Ausschüttung zum Ende des Wirtschaftsjahres 01 zur Verfügung stehenden verwendbaren Eigenkapitals ist zunächst von dem Bestand zu Beginn des Wirtschaftsjahres auszugehen, der um die Zugänge zu erhöhen ist. Zugänge ergeben sich im vorliegenden Fall aus dem ungemilderten der KSt unterliegenden Einkommen in Höhe von 400.000 DM (§ 30 Abs. 1 Nr. 1 KStG).

Dieses ungemilderte, der KSt unterliegende Eigenkapital ist nach § 31 Abs. 1 Nr. 4 KStG um die sonstigen nicht abziehbaren Ausgaben zu mindern.

Diese nichtabzugsfähigen Ausgaben sind

§ 10 Nr. 2 KStG Vermögensteuer	20.000 DM
§ 10 Nr. 2 KStG Körperschaftsteuer	180.000 DM
§ 10 Nr. 3 KStG 1/2 der AR-Vergütung	21.000 DM

Daraus ergibt sich der Zugang zum ungemildert belasteten verwendbaren Eigenkapital (EK_{45}):

zu versteuerndes Einkommen		400.000 DM
KSt	./.	180.000 DM
VSt	./.	20.000 DM
1/2 der AR-Vergütung	./.	21.000 DM
	=	179.000 DM

Da die übrigen Teilbeträge des verwendbaren Eigenkapitals in Periode 01 nicht berührt worden sind und der Teilbetrag von EK_{45} als Anfangsbestand einen Betrag von Null ausweist, steht zur Verrechnung für die Ausschüttung am Ende von 01 folgendes verwendbares EK zur Verfügung:

ungemildert belastetetes EK_{45}	179.000 DM
Altkapital EK_{03}	500.000 DM

Die Ausschüttung von 300.000 DM ist nach § 28 Abs. 2 KStG entsprechend der Höhe der Tarifbelastung mit den Teilbeträgen des gegliederten verwendbaren Eigenkapitals zu verrechnen, das sich am Ende des Wirtschaftsjahres 01 ergibt (§ 29 Abs. 2 Satz 2 KStG).

Es ist also zunächst EK_{45} und, sollte dieser Teilbetrag nicht ausreichen, auch EK_{03} zur Ausschüttung zu verwenden; die Ausschüttung von EK_{45} führt nach § 27 Abs. 1 KStG zu einer KSt-Minderung, die nach § 28 Abs. 3 KStG auch als für die Ausschüttung verwendet gilt.

Aus EK_{45} einschließlich der KSt-Minderung kann somit folgende Ausschüttung vorgenommen werden:

Bestand EK_{45} 31.12.01		179.000 DM
KSt-Minderung 3/11 von 179.000 DM	+	48.819 DM
Ausschüttung	=	227.819 DM

Da die beschlossene Ausschüttung 300.000 DM beträgt, muß auch noch EK_{03} verwendet werden:

		300.000 DM
Ausschüttung mit EK_{45}	./.	227.819 DM
Verwendung von EK_{03}		72.181 DM

EK_{03} ist nicht mit KSt belastet, so ergibt sich eine KSt-Erhöhung von 3/7 auf den Ausschüttungsteil von 72.181 DM = 30.934 DM.

KSt-Schuld für 01 (§ 27 Abs. 3 KStG):

Tarifbelastung 45% von 400.000,- DM		180.000 DM
KSt-Minderung 3/11 von 179.000,- DM	./.	48.819 DM
KSt-Erhöhung 3/7 von 72.181 DM	+	30.934 DM
		162.115 DM

(2) Gliederung des vEK zum 31.12.01

	EK_{45}	EK_{03}
Bestand am 1.1.01	0	500.000 DM
Zugang in 01 (s.o.)+	179.000 DM	0
Für Ausschüttung 01 in 02	./. 179.000 DM	./. 72.181 DM
KSt-Erhöhung (§ 31 Abs. 1 Nr. 1 KStG)		./. 30.934 DM
Bestand am 31.12.01	0	396.885 DM

(3) Aus vEK 45 können 227.819 DM Bardividende ausgeschüttet werden. Aus vEK 03 kann eine Ausschüttung des Bestandes per 31.12.01 abzüglich der KSt-Erhöhung vorgenommen werden:

	500.000 DM
./. 3/10 von 500.000 DM =	./. 150.000 DM
oder 7/10 von 500.000 DM	= 350.000 DM
Ausschüttung aus EK 45	227.819 DM
Ausschüttung aus EK 03	350.000 DM
	577.819 DM

12 : Steuerbilanzgewinn und verwendbares Eigenkapital

(1) Einkommensermittlung

Vorläufiger Steuerbilanzgewinn 03		56.000 DM
+ nichtabzugsfähige Aufwendungen (§ 10 Nr. 2 KStG)		
• KSt (Vorauszahlung)	60.000 DM	
• VSt (Vorauszahlung)	8.000 DM	
• VSt (Nachzahlung)	1.000 DM	
• 1/2 Aufsichtsratsvergütung	6.000 DM	75.000 DM
Zwischensumme		131.000 DM
./.steuerfreie Kapitalerträge		3.000 DM
=zu versteuerndes Einkommen		128.000 DM

(2) Körperschaftsteuer (Tarifbelastung nach § 23 Abs. 1 KStG)

Einkommen	128.000 DM	
45 % KSt	57.600 DM	
Zwischensumme		70.400 DM

(3) Zugang an verwendbarem Eigenkapital, das der KSt ungemildert unterlegen hat nichtabziehbare Ausgaben nach § 31 Abs. 1 Nr. 4 KStG:

• VSt	9.000 DM	
• 1/2 Aufsichtsratsvergütung	6.000 DM	15.000 DM
= vEK 45 (§ 30 Abs. 1 Nr. 1 KStG)		55.400 DM

Zugang an verwendbarem Eigenkapital im Teilbetrag § 30 Abs. 1 Nr. 3 KStG i.V. mit § 30 Abs. 2 Nr. 2 KStG:

steuerfreie Kapitalerträge = EK 02	3.000 DM

(4) Verwendbares Eigenkapital

	EK 45	EK 30	EK 02	EK 03
Stand per 31.12.01	45.000	10.000		20.000
Zugang 02	55.400		3.000	
Stand per 31.12.02	100.400	10.000	3.000	20.000

(5) Ausschüttungsbetrag

Aus dem Gewinn 02 stehen für die Ausschüttung zur Verfügung:

Zugang zu EK 45	55.400 DM	
Zugang zu EK 02	3.000 DM	58.400 DM
./. Rücklagenzuweisung		20.000 DM
verbleiben		38.400 DM

die voll aus EK 45 gedeckt werden.

Nach § 28 Abs. 4 KStG gilt als für die Ausschüttung auch der Betrag verwendet, um den sich die KSt mindert:

gem. § 27 Abs. 1 KStG 3/14 von 38.400 DM	=	8.229 DM
Verwendung von EK_{50}	=	30.171 DM

(6) Körperschaftsteuerschuld 02

45 % von 128.000 DM	=	57.600 DM
3/11 aus 30.171 DM		8.229 DM
Festzusetzende Körperschaftsteuer 02		49.371 DM
./. Vorauszahlungen		60.000 DM
Forderung an Finanzamt wegen KSt		10.629 DM

(7) Endgültige Steuerbilanz 02

Anlagevermögen	120.000 DM	Stammkapital	60.000 DM
Umlaufvermögen	160.000 DM	Rücklagen	35.000 DM
Forderung an FA	10.629 DM	Rückstellungen	20.000 DM
		Verbindlichkeiten	109.000 DM
		Gewinnvortrag	0 DM
		Gewinn 02	66.629 DM
	290.629 DM		290.629 DM

13 : Anwendung von Berechnungsformeln

(1) KSt-Minderung auf die Bardividende 01 von 360.000 DM:
= 360.000 x 3/14 (15/70) = 77.143 DM

(2) vEK für die Ausschüttung: 360.000 x 11/14 (55/70) = 282.857 DM

(3)	KSt auf das zu versteuernde Einkommen	160.000 DM
./.	KSt-Minderung aus (1) (§ 27 Abs. 3 KStG)	77.143 DM
=	KSt-Schuld 01	82.857 DM

(4) Höchstmögliche Dividende aus dem vEK 45 von 300.000 DM:
300.000 DM x 14/11 (70/55) = 381.818 DM

(5) Die Ausschüttungsbelastung auf den ausgeschütteten Gewinn von 360.000 DM:

30 % = 360.000 x 3/7 =	154.285 DM
Probe:KSt-Minderung aus (1)	77.143 DM
aus vEK 45 (2)	282.857 DM
= Bardividende	360.000 DM

14 :Berücksichtigung von verdeckten Gewinnausschüttungen

Verdeckte Gewinnausschüttungen mindern nach § 8 Abs. 3 KStG das Einkommen nicht und sind daher außerhalb der Bilanz zuzurechnen. Sie sind wie offene Gewinnausschüttungen zu behandeln, d.h. es ist auch für sie die Ausschüttungsbelastung von 30 % herzustellen (§ 27 Abs. 1 KStG). Verdeckte Gewinnausschüttungen (also ohne Gewinnverteilungsbeschluß) sind als Zugang zu dem vEK in der Gliederung zum Schluß des Wirtschaftsjahres auszuweisen, in dem die verdeckten Gewinnausschüttungen vorgenommen wurden (Abschn. 80 Abs. 1 KStR).

Für die verdeckte Gewinnausschüttung gilt das Eigenkapital als verwendet, das zum Schluß des letzten vor der Ausschüttung abgelaufenen Wirtschaftsjahres vorhanden war (Abschn. 80 Abs. 1 Satz 4 KStR).

(1) Berechnung des Einkommens und der KSt

Jahresüberschuß	40.000 DM
+ verdeckte Gewinnausschüttung (§ 8 Abs. 3 KStG)	20.000 DM
+ VSt	2.500 DM
= zu versteuerndes Einkommen	62.500 DM
KSt = 45 % v. 62.500 DM =	28.125 DM

(2) Ermittlung und Gliederung des vEK per 31.12.02

Stand	am 31.12.01 vEK 45				10.000 DM
Abgang:	durch verdeckte Gewinnausschüttung 02	./.	20.000 DM		
	Minderung der KSt um 3/14 von 20.000 DM	+	4.285 DM	./.	15.715 DM
Zugang:	Ungemildert besteuertes Einkommen				62.500 DM
	Kürzung: Körperschaftsteuer		28.125 DM		
	Vermögensteuer		2.500 DM	./.	30.625 DM
Stand per 31.12.02					26.160 DM

(3) Änderung der Körperschaftsteuer wegen Ausschüttung

Körperschaftsteuer	28.125 DM
Minderung	4.285 DM
Körperschaftsteuer-Schuld 02	23.840 DM

(4) Probe zur KSt-Ermittlung

Ausschüttungsbelastung 30 % der verdeckten Gewinnausschüttung von	20.000 DM		
+ KSt 3/7 von 20.000 DM	8.571 DM		
davon 30 %	28.571 DM	=	8.571 DM

Tarifbelastung 45 %:			
zu versteuerndes Einkommen	62.500 DM		
./. verdeckte Gewinnausschüttung	28.571 DM		
davon 45 %	33.929 DM	=	15.269DM
Körperschaftsteuer-Schuld 01 (siehe (3))			23.840DM

15 : Bewertung nach dem „Stuttgarter Verfahren“

I. Charakterisierung des Sachverhalts

Wertpapiere (auch in Wertpapieren verbriefte Anteile an Kapitalgesellschaften), die am Stichtag an einer deutschen Börse zum amtlichen Handel zugelassen oder im geregelten Freiverkehr notiert sind, werden nach § 11 Abs. 1 BewG mit ihrem Stichtagskurs gewertet.

Geschäftsanteilscheine einer GmbH sind keine Wertpapiere in diesem Sinn; sie werden an der Börse nicht notiert, fallen also nicht unter die vorgenannte Vorschrift. GmbH-Anteile sind mit ihrem gemeinen Wert anzusetzen; dieser ist in erster Linie aus Verkäufen abzuleiten, die weniger als ein Jahr vor dem Bewertungsstichtag liegen.

Ist eine Ableitung des gemeinen Werts aus Verkäufen nicht möglich, so ist er gemäß § 11 Abs. 2 BewG unter Berücksichtigung des Vermögens und der Ertragsaussichten der Gesellschaft zu schätzen.

Diese Schätzung erfolgt nach dem „Stuttgarter Verfahren“, das in den Abschnitten 4 bis 9 VStR geregelt ist.

Das Stuttgarter Verfahren differenziert in Gesellschafter, die einen Einfluß auf die Geschäftsführung haben, und in solche, die ohne Einfluß sind (Abschn. 4 Abs. 2 VStR). Ob letzteres vorliegt, kann nur nach den Verhältnissen des einzelnen Falles beurteilt werden; dies kann insbesondere bei Gesellschaften mit vielen Gesellschaftern gegeben sein (vgl. Abschn. 9 Abs. 1 VStR).

II. Verfahren

Berechnung des gemeinen Werts für den GmbH-Anteil des Gesellschafters A

a) Ermittlung des Vermögenswertes (Abschn. 6 VStR)
Ausgangsgröße ist der
Einheitswert des Gewerbebetriebes — 1.500.000 DM
Hinzurechnungen:
Wirtschaftsgüter, die bei der Einheitsbewertung außer Betracht geblieben sind:

- Auslandsvermögen (Abschn. 6 Abs. 2 VStR) — 150.000 DM
  nach § 101 Nr. 1 BewG gehört ausländisches Vermögen nicht zum Betriebsvermögen
- Andere Anhaltspunkte nach Abschn. 6 Abs. 2 VStR liegen nicht vor

Korrigiertes Vermögen = 1.650.000 DM

Berechnung des Vermögenswerts durch Vergleich des Vermögens mit dem Stammkapital der Gesellschaft (Abschn. 6 Abs. 4 VStR)

$$= \frac{1.650.300 \times 100}{1.200.000} = 137{,}5\ \%$$

Der Vermögenswert ist also 137,5 %.

b) Ermittlung des Ertragshundertsatzes (Abschn. 7 VStR)
Ausgangsgröße nach Abschn. 7 Abs. 1 VStR ist das körperschaftsteuerliche Einkommen der letzten 3 Jahre vor dem Stichtag (Referenzperiode)

	01	02	03
	280.000 DM	240.000 DM	300.000 DM
Kürzungen: Personensteuern (Abschn. 7 Abs. 1 Nr. 2 VStR)			
• Vermögensteuer (veranlagter Jahresbetrag)	10.500 DM	10.500 DM	10.500 DM
Tarifbelastung (KSt) auf die VST (100 %)	10.500 DM	10.500 DM	10.500 DM
Betriebsergebnisse	259.000 DM	219.000 DM	279.000 DM

Durchschnittliches Ergebnis 757.000 DM : 3 = 252.333 DM. Daraus ist der künftig zu erwartende Ertrag (Ertragsaussichten) zu ermitteln.

Abschlag 15 % (Abschn. 7 Abs. 3 VStR)	37.850 DM
= ausschüttungsfähiger Jahresbetrag	214.483 DM

Berechnung des Ertragshundertsatzes durch Vergleich des ausschüttungsfähigen Jahresertrags mit dem Stammkapital (Abschn. 78 Abs. 4 VStR)

$$= \frac{214.483 \times 100}{1.200.000} = 17{,}8735\ \%$$

Der Ertragshundertsatz beträgt also 17,87 %.

c) Ermittlung des gemeinen Werts (GW) durch Anwendung der Formel:

0,66 x (V + 5 E)
GW = 0,66 x (137,5 + (5 x 17,87))
= 149,721 % also rd. 149 %

16 : Ermittlung des steuerpflichtigen Vermögens zum 1.1.1994

I. Steuerpflicht und Veranlagung

Horst und Beate Fink sind unbeschränkt vermögensteuerpflichtig, da sie ihren Wohnsitz im Inland haben (§ 1 Abs. 1 Nr. 1 VStG).

Die Ehegatten werden nach § 14 Abs. 1 Nr. 1 VStG zusammen veranlagt. Da die Kinder Uwe und Liane mit ihren Eltern eine Haushaltsgemeinschaft bilden, werden sie in die Zusammenveranlagung mit einbezogen:

Tochter Liane nach § 14 Abs. 1 Nr. 2 VStG, da sie das 18. Lebensjahr noch nicht vollendet hat (von Amts wegen); Sohn Uwe hat das 18., aber noch nicht das 27. Lebensjahr vollendet, und befindet sich noch in der Berufsausbildung § 14 Abs. 2 Nr. 1 VStG (auf gemeinsamen Antrag).

II. Ermittlung des Gesamtvermögens

(1) Grundvermögen (§ 18 Nr. 2 BewG)

a) Das Wohn- und Geschäftshaus ist eine wirtschaftliche Einheit des Grundvermögens, da es zu einem geringeren Teil als 50 % dem gewerblichen Betrieb dient (§ 99 Abs. 2 BewG).
Ansatz zum zuletzt festgestellten Einheitswert (§ 114 Abs. 3 BewG)

80.000 DM x 1,4 (§ 121a BewG)	112.000 DM

b) Einfamilienhaus
zuletzt festgestellter Einheitswert

86.000 DM x 1,4	120.400 DM

(2) Betriebsvermögen (§ 18 Nr. 3 BewG) des Ehemanns (§ 95 Abs. 1 BewG)
Das Betriebsvermögen ist mittels einer Vermögensaufstellung zu ermitteln; Bewertung nach § 109 Abs. 1 BewG.

a) Betriebs- und Geschäftsausstattung	20.000 DM
b) Waren	160.000 DM
c) Debitoren 35.000 DM ./. 3.000 DM (Delkredere Abschn. 41 Abs. 6 VStR)	32.000 DM
d) Bankguthaben	15.000 DM
e) Kassenbestand	6.000 DM
=Rohvermögen	233.000 DM
Betriebsschulden (§ 103 Abs. 1 BewG)	
f) Darlehen	75.000 DM
g) Kreditoren	45.000 DM
	120.000 DM

Rohvermögen	233.000 DM
Betriebsschulden	120.000 DM
Reinvermögen (Einheitswert)	113.000 DM

(3) Berufsvermögen der Ehefrau (§ 96BewG)
Vermögensaufstellung, da die für die Ausübung der Berufstätigkeit verwendeten Vermögenswerte wie Betriebsvermögen zu behandeln sind (wirtschaftliche Einheit)

a) Einrichtungsgegenstände		1 DM
b) Forderung (Honorar)		3.200 DM
c) Bankguthaben		18.600 DM
=Rohvermögen, da keine Betriebsschulden bestehen, gleichzeitig Reinvermögen		21.801 DM
Abrundung gem. § 30 Nr. 2 BewG		21.000 DM

(4) Sonstiges Vermögen (§ 18 Nr. 4, § 110 Abs. 1 BewG)

a) Spareinlagen § 110 Abs. 1 Nr. 2 BewG	12.000 DM	
./. Freibetrag i.V. mit § 110 Abs. 3 BewG	4.000 DM	8.000 DM
b) Wertpapiere § 110 Abs. 1 Nr. 3 BewG Die Verpfändung für betriebliche Zwecke ändert nicht an der Zuordnung zum sonstigen Vermögen; Ansatz zum amtlich notierten Kurs (§ 11 Abs. 1 BewG)		30.800 DM
Summe von a) und b)		38.800 DM
Der Wert dieser Wirtschaftsgüter bleibt bis zum Betrag von 40.000 DM außer Betracht (§ 110 Abs. 2 und 3 BewG)		0 DM
c) Noch nicht fällige Ansprüche aus der Lebensversicherung (§ 110 Abs. 1 Nr. 6 BewG) Bewertung gem. § 12 Abs. 4 BewG mit 2/3 der eingezahlten Prämien (Zweidrittelwert) 2/3 von 24.000 DM = 16.000 DM Der Rückkaufswert ist nicht bekannt. ./.Freibetrag § 110 Abs. 1 Nr. 6c i.V. mit Abs. 3 BewG	40.000 DM	0 DM
d) Münzen (§ 110 Abs. 1 Nr. 10 BewG	5.000 DM	
Die Freigrenze von 4 x 1.000 DM	4.000 DM	
wird überschritten		5.000 DM

e) Der im Einfamilienhaus befindliche Hausrat gehört nicht zum sonstigen Vermögen (§ 111 Nr. 10 BewG).

(5) Schulden
Nach § 118 Abs. 1 Nr. 1 BewG sind Schulden abzugsfähig, soweit sie nicht mit einem gewerblichen Betrieb in wirtschaftlichem Zusammenhang stehen. Die Verbindlichkeit gegenüber dem Krankenhaus ist abzugsfähig:

	4.800 DM	
./.Erstattungsanspruch	1.800 DM	3.000 DM

(6)	Zusammenrechnung Grundvermögen		232.400 DM
	Betriebsvermögen Horst Fink	113.000 DM	
	Beate Fink	21.000 DM	0 DM
		134.000 DM	
	Ansatz des Betriebsvermögens nach § 117a Abs. 1 u. 3 BewG		
	Sonstiges Vermögen (§ 110 BewG)		5.000 DM
			237.400 DM
	./. Schulden		3.000 DM
	=Gesamtvermögen (§ 114 BewG)		234.400 DM
	Bemessungsgrundlage der Vermögensteuer (§ 4 Abs. 2 VStG)		234.000 DM
	Freibeträge gem. § 6 Abs. 1 und 2 VStG 4 x 70.000 DM		280.000 DM
	Steuerpflichtiges Vermögen		0 DM

17 : Ermittlung des Einheitswertes des Betriebsvermögens einer OHG

Vermögensaufstellung (Abschn. 25 VStR) - Bewertungsgrundsätze gem. § 109 BewG

(1) Bebautes Grundstück
Das Grundstück gehört zum Betriebsvermögen, auch wenn der Bruder von Körner nicht zum Kreis der Mitunternehmer der OHG zählt - § 99 Abs. 2 Satz 4 BewG, Abschn. 36 Abs. 4 VStR

(1)	Bebautes Grundstück	240.000 DM x 1,4	336.000 DM
(2)	Fuhrpark		35.000 DM
(3)	Geschäftsausstattung		56.000 DM
(4)	Geringe Wirtschaftsgüter (§ 6 Abs. 2 EStG)		1 DM
(5)	Wertpapiere nom. 10.000 DM zum Kurs 110 DM/Stück		18.000 DM
(6)	Warenvorräte		115.000 DM
(7)	Debitoren	48.507 DM	
	./. Delkredere:	3.580 DM	
		44.927 DM	44.927 DM
(8)	Zahlungsmittel: Bankguthaben und Kassenbestand		30.292 DM
(9)	Rechnungsabgrenzung		1.200 DM
	= Rohbetriebsvermögen		636.420 DM

Betriebliche Schulden (§ 103 Abs. 1 BewG, Abschn. 41 VStR)

(1)	Rückstellungen (Abschn. 41 Abs. 3 VStR)	8.000 DM
(2)	Hypothek	60.000 DM
(3)	Das Darlehen der Ehefrau des Gesellschafters Lomberg ist als betriebliche Schuld abzugsfähig	20.000 DM
(4)	Kreditoren und Akzepte	40.420 DM
	= Betriebliche Schulden	128.420 DM
	Rohbetriebsvermögen	636.420 DM
	./. Betriebliche Schulden	128.420 DM
	= Reinbetriebsvermögen	508.000 DM
	Einheitswert des gewerblichen Betriebs	508.000 DM

Aufteilung des Einheitswerts auf die Gesellschafter (Abschn. 32 Abs. 4 VStR)

Das einer OHG dienende Betriebsvermögen ist Gesamthandvermögen und wird den Beteiligten anteilig zugerechnet (vgl. § 39 Abs. 2 Nr. 2 AO).

Einheitswert des Betriebsvermögens		508.000 DM
Kapitalkonto Körner	240.000 DM	
Kapitalkonto Lomberg	180.000 DM	420.000 DM
Mehrbetrag		88.000 DM

Die Verteilung erfolgt nach dem Gewinn- und Verlustverteilungsschlüssel 1:1

Kapitalkonto lt. Handelsbilanz	Körner 240.000 DM	Lomberg 180.000 DM
Mehrbetrag 88.000 DM : 2 =	44.000 DM	44.000 DM
Einheitswertanteile	284.000 DM	224.000 DM
Einheitswert des Betriebsvermögens	508.000 DM	

18 : Steuerpflichtiges Vermögen zum 1.1.1995

Zusammenveranlagung gem. § 14 Abs. 1 Nr. 1 VStG

I. Vermögen

(1)	Grundvermögen § 114 Abs. 3 und § 121a BewG		
	a)Einfamilienhaus Einheitswert 160.000 DM (140 %)	224.000 DM	
	b)Mietwohngrundstück Einheitswert 180.000 DM (140 %) 252.000 DM 40 %-Anteil	100.800 DM	324.800 DM

(2) Betriebsvermögen § 114 Abs. 3 BewG 1.100.000
500.000
600.000 x 75 % = 450.000 DM

(3) Sonstiges Vermögen § 110 Abs. 1 BewG

a) Stille Beteiligung § 110 Abs. 1 Nr. 1 BewG
Berechnung nach Abschn. 61 VStR
Nominalwert der Einlage 120.000 DM
durchschnittlich zu erwartender
zukünftiger Jahresertrag:

1991	22.500 DM
1992	24.900 DM
1993	19.500 DM
	66.900 DM

66.900 DM : 3 = 22.300 DM

Verzinsung der Einlage = $\frac{22.300 \times 100}{120.000} = 18{,}583\ \%$

Wert der stillen Beteiligung =
100 v.H. + 5 x (18,583 - 10) v.H. = 142,9166 v.H.
Bezogen auf den Nennwert der Einlage =
142,9166 v.H. x 120.000 DM = 171.499 DM. 171.499 DM

b) Sparguthaben § 110 Abs. 1 Nr. 2 BewG 25.000 DM
Freibetrag 2.000 DM
23.000 DM 23.000 DM

Summe a), b) = 194.499 DM
Freibetrag § 110 Abs. 2 und 3 BewG 20.000 DM 174.499 DM

c) Rentenrecht § 110 Abs. 1 Nr. 4 BewG
abgekürzte Leibrente: Bewertung nach
§ 13 Abs. 1 und § 14 Abs. 1 BewG
Vervielfältiger nach § 13 Abs. 1 BewG lt. Anlage 9a = 2,772
Vervielfältiger nach § 14 Abs. 1 BewG lt. Anlage 9 = 10,803

Der kleinere der beiden Vervielfältiger ist anzuwenden:
2,772 x 2.400 DM = 6.652 DM

d) Noch nicht fälliger Anspruch aus Lebens-
versicherung § 110 Abs. 1 Nr. 6c BewG
Bewertung nach § 12 Abs. 4 BewG, Abschn. 19 VStR
Zweidrittelwert 32.000 DM
Freibetrag § 110 Abs. 1 Nr. 6c BewG 20.000 DM 12.000 DM

e) Edelsteine § 110 Abs. 1 Nr. 10 BewG 3.000 DM
Freigrenze 2.000 DM 3.000 DM

f) Schmuck § 110 Abs. 1 Nr. 11 BewG 30.000 DM 30.000 DM
Freigrenze 20.000 DM

g) Briefmarken § 110 Abs. 1 Nr. 12 BewG 15.000 DM
Gemälde § 110 Abs. 1 Nr. 12 BewG 40.000 DM 55.000 DM
Freigrenze 40.000 DM
Rohvermögen 1.250.450 DM

II. Schulden

(1)	Hypothek (§ 118 Abs. 1 Nr. 1 BewG)	85.000 DM
(2)	Die Schuld in Höhe von 2.800 DM bleibt außer Ansatz, da sie für nicht steuerpflichtiges Vermögen entstanden ist § 118 Abs. 2 BewG	----

III. Gesamtvermögen	1.165.450 DM
Abgerundet nach § 4 Abs. 2 VStG	1.165.000 DM
IV. Freibetrag (§ 6 Abs. 1 VStG)	140.000 DM
Steuerpflichtiges Vermögen	1.025 DM

19 :Ermittlung des einheitlichen Steuermeßbetrags

I. Berechnung des Steuermeßbetrages nach dem Gewerbeertrag

Gewinn aus dem Gewerbebetrieb (§ 7 GewStG)		96.000 DM
Hinzurechnungen (§ 8 GewStG)		
(1) Entgelte für Dauerschulden (§ 8 Nr. 1 GewStG)	9.000 DM	
(2) Gewinnanteil des stillen Gesellschafters, Fritz Reich; es ist zu prüfen, ob die Beteiligung bei Reich (Einzelhändler) Betriebs- oder Privatvermögen darstellt. Wir wollen unterstellen, daß die Beteiligung nicht im Betriebsvermögen des Reich ausgewiesen ist (§ 8 Nr. 3 GewStG)	5.000 DM	
(3) Die Hälfte der Pacht für die gepachteten Maschinen (§ 8 Nr. 7 GewStG) 12.000 DM : 2 =	6.000 DM	20.000 DM
Summe des Gewinns und der Hinzurechnungen		116.000 DM
Kürzungen (§ 9 GewStG)		
(1) 1,2 % des Einheitswerts (EW) der Betriebsgrundstücke von (140 % von 150.000 DM) (§ 9 Nr. 1 GewStG)	2.520 DM	
(2) Gewinn aus Anteil an Müller KG (§ 9 Nr. 2 GewStG)	16.000 DM	18.520 DM
Gewerbeertrag (§ 7 GewStG)		97.400 DM
(gem. § 11 Abs. 1 letzter Satz GewStG)		48.000 DM
Freibetrag (§ 11 Abs. 1 S. 3 GewStG)		./. 49.400 DM

verbleibender Betrag
Steuermeßbetrag =

1 % v.	24.000 =	240
2 % v.	24.000 =	480
3 % v.	1.400 =	42
		762

II. Berechnung des Steuermeßbetrags nach dem Gewerbekapital

Einheitswert des gewerblichen Betriebs (§ 12 Abs. 1 GewStG)			280.000 DM
Hinzurechnungen (§ 12 Abs. 2 GewStG)			
(1) Dauerschulden (Abschn. 76 GewStR)			
Hypothek	110.000 DM		
Kontokorrentschuld	20.000 DM		
	130.000 DM		
Kürzungsbetrag	50.000 DM		
	80.000 DM	: 2	40.000 DM
(2) Wert der gepachteten Maschinen (§ 12 Abs. 2 Nr. 2 GewStG)			60.000 DM
Summe des Einheitswerts und der Hinzurechnungen			380.000 DM
Kürzungen (§ 12 Abs. 3 GewStG)			
(1) Einheitswert des Betriebsgrundstücks = 140 % von 150.000 DM (§ 12 Abs. 3 Nr. 1 GewStG i.V. mit § 121a BewG)	210.000 DM		
(2) Beteiligung an der Müller KG (§ 12 Abs. 3 Nr. 2 GewStG)	60.000 DM		
- im Einheitswert des gewerblichen Betriebs enthalten, da keine Begünstigung nach § 102 Abs. 1 BewG -			270.000 DM
Gewerbekapital (§ 12 Abs. 1 GewStG)			110.000 DM
Freibetrag nach § 13 Abs. 1 GewStG			./. 120.000 DM
verbleibender Betrag			
Steuermeßzahl (§ 13 Abs. 2 GewStG) 2 vom Tausend			
Steuermeßzahl			0 DM

III. Einheitlicher Steuermeßbetrag

Steuermeßbetrag nach dem Gewerbeertrag	762 DM
Steuermeßbetrag nach dem Gewerbekapital	0 DM
=	762 DM

20 : Berechnung der Gewerbesteuer bei mehreren Betriebstätten und Prüfung der Gewerbesteuerrückstellung

I. Steuerpflicht

Die Großhandlung Becker & Strobel OHG gilt als Gewerbebetrieb.

Nach § 6 Abs. 1 GewStG sind Besteuerungsgrundlagen der Gewerbeertrag (§ 7 GewStG) und das Gewerbekapital (§ 12 GewStG). Die Steuerpflicht hat während des ganzen Erhebungszeitraums bestanden.

II. Ermittlung des Gewerbeertrags

(1)	Gewinn aus dem Gewerbebetrieb nach dem EStG (§ 7 GewStG) lt. Gewinn- und Verlust-Rechnung		85.000 DM
	+ Darlehenszinsen an Strobel (Vergütung für die Hingabe von Darlehen ist Teil der Einkünfte aus Gewerbebetrieb) (§ 15 Abs. 1 Nr. 2 EStG)		4.000 DM
	+ Gewerbesteuer-Vorauszahlung		8.000 DM
	+ Gewerbesteuer-Rückstellung		4.000 DM
	= einkommensteuerlicher Gewinn vor Abzug der Gewerbeertragsteuer		101.000 DM
(2)	Hinzurechnungen (§ 8 GewStG) Dauerschuldentgelte (§ 8 Nr. 1 GewStG, Abschn. 47, 48 GewStR): Hypothekenentgelte	10.200 DM	
	Kontokorrententgelte (Abschn. 47 Abs. 8 GewStR): Der niedrigste Schuldenstand (10.000 DM) hat nur während ganz kurzer Zeit bestanden, somit ist von dem nächsthöheren Schuldenstand auszugehen 20.000 DM (es wird unterstellt, daß dieser länger als 7 Tage bestanden hat), also 8 % von 20.000 DM	1.600 DM	5.900 DM
	Pacht für gepachtete Maschinen (§ 8 Nr. 7 GewStG); eine Hinzurechnung unterbleibt, da die Pacht beim Verpächter zur GewStG nach dem Gewerbeertrag herangezogen wird		
Summe des Gewinns und der Hinzurechnungen			106.900 DM
(3)	Kürzungen 1,2 % des Einheitswerts der Betriebsgrundstücke von 150.000 DM x 1,4 (§ 9 Nr. 1 GewStG)	2.520 DM	

Ein Anteil am Gewinn der Müller KG entfällt, da der Sachverhalt keine Angaben über einen evtl. Gewinnanteil macht (§ 9 Nr. 2 GewStG)			
Ausgaben zur Förderung wissenschaftlicher und gemeinnütziger Zwecke (§ 9 Nr. 5 GewStG)	7.000 DM		9.520 DM
Gewerbeertrag			97.380 DM
nach § 11 Abs. 1 Satz 3 GewStG			97.300 DM
Freibetrag		./.	48.000 DM
		=	49.300 DM

III. Ermittlung des Gewerbekapitals

(1) Einheitswert des gewerblichen Betriebs (§ 12 Abs. 1 GewStG)			280.000 DM
(2) Hinzurechnungen (§ 12 Abs. 2 GewStG)			
Dauerschulden Hypothek per 1.1.1993	110.000 DM		
Kontokorrentkredit (Abschn. 76 Abs. 4 GewStR)	20.000 DM		
Kürzungsbetrag	./. 50.000 DM	1/2	40.000 DM
Werte der gepachteten Maschinen (s.o.)			--
Summe des Einheitswerts und der Hinzurechnungen			320.000 DM
(3) Kürzungen (§ 12 Abs. 3 GewStG)			
Einheitswert des Betriebsgrundstücks.	210.000 DM		
Das Grundstück dient zu mehr als die Hälfte (80 %) dem gewerblichen Betrieb und gilt somit als Betriebsgrundstück gem. § 99 Abs. 2 BewG. Das dem Gesellschafter Becker gehörende Grundstück dient zu mehr als der Hälfte seines Wertes betrieblichen Zwecken der Gesellschaft und gehört somit zum Betriebsvermögen der Gesellschaft gem. Abschn. 36 Abs. 3 Satz 4 VStR.	28.000 DM		
Beteiligung an der Müller KG (§ 12 Abs. 3 Nr. 2 GewStG)	60.000 DM		298.000 DM
Gewerbekapital nach § 12 Abs. 1 GewStG			22.000 DM
Freibetrag nach § 13 Abs. 1 GewStG			120.000 DM
verbleibender Betrag			0 DM

IV. Einheitlicher Steuermeßbetrag

(1) Steuermeßbetrag nach dem Gewerbeertrag			
Gewerbeertrag (§ 7 GewStG)			49.300 DM
Steuermeßzahl (§ 11 Abs. 2 Nr. 1 GewStG) 5 %			

Steuermeßbetrag 5 % von 49.300 DM = 2.465 DM	
abzüglich 2.400 lt. Staffelung	
= Steuermeßbetrag (§ 11 GewStG)	65 DM

(2)	Steuermeßbetrag nach dem Gewerbekapital	
	Gewerbekapital (§ 12 GewStG)	0 DM
	Steuermeßbetrag (§ 13 Abs. 2 GewStG)	
	2 vom Tausend	
	Steuermeßbetrag	0 DM
(3)	Einheitlicher Steuermeßbetrag	
	(§ 14 Abs. 1 GewStG)	65 DM

V. Zerlegung der Gewerbesteuer

(1) Gemäß §§ 28 ff. GewStG ist der einheitliche Steuermeßbetrag auf die Betriebstätten in den Gemeinden A, B und C zu zerlegen, da jede Gemeinde für die Gewerbesteuer hebeberechtigt ist. Maßstab für die Zerlegung ist nach § 29 Abs. 1 Nr. 1 GewStG das Verhältnis der in den einzelnen Betriebstätten gezahlten Arbeitslöhne zueinander.

Für die im Betrieb tätigen Unternehmer sind insgesamt 50.000 DM p.a. anzusetzen (§ 31 Abs. 5 GewStG). Dieser Betrag ist nach dem Anteil der Tätigkeit der Unternehmer in den einzelnen Betriebstätten zu verteilen (Abschn. 116 GewStR).

Gemeinde	A		B		C
gezahlte Löhne und Gehälter	127.000 DM		67.000 DM		40.000 DM
anteiliger Unternehmerlohn	25.000 DM		25.000 DM		-
insgesamt 284.000 DM	152.000 DM		92.000 DM		40.000 DM
Zerlegungsmaßstab	38	:	23	:	10
Aufteilung des einheitlichen Steuermeßbetrags 65 DM	35 DM		21 DM		9 DM

(2)	Gewerbesteuer für die Betriebstätte in der Gemeinde A	
	Anteiliger einheitlicher Steuermeßbetrag	35 DM
	Gewerbesteuer bei einem Hebesatz von 240 %	84 DM
	Gewerbesteuer bei Berücksichtigung als Betriebsausgabe 4.111 DM : 1,12	75 DM
	(1,12 = 1 + (0,05 x 2,4)	
	./. entrichtete Vorauszahlung	4.000 DM
		3.925 DM
	./. gebildete Rückstellung	2.000 DM
	zuviel zurückgestellt und vorausgezahlt	5.925 DM
(3)	Gewerbesteuer für die Betriebstätte in der Gemeinde B	
	Anteiliger einheitlicher Steuermeßbetrag	21 DM
	Gewerbesteuer bei einem Hebesatz von 280 %	58,80 DM
	Gewerbesteuer bei Berücksichtigung als Betriebsausgabe 2.901 DM : 1,14	51 DM
	./. entrichtete Vorauszahlung	2.650 DM
		2.599 DM
	./. gebildete Rückstellung	1.200 DM
	zuviel zurückgestellt und vorausgezahlt	3.799 DM

(4) Gewerbesteuer für die Betriebstätte in der Gemeinde C

Anteiliger einheitlicher Steuermeßbetrag	31 DM
Gewerbesteuer bei einem Hebesatz von 300 %	9 DM
Gewerbesteuer bei Berücksichtigung als Betriebsausgabe 1.353 DM : 1,15	7 DM
./. entrichtete Vorauszahlung	1.350 DM
	1.343 DM
./. gebildete Rückstellung	800 DM
zuviel zurückgestellt und vorausgezahlt	2.143 DM

(5) Zusammenstellung der Korrekturen der Gewerbesteuer-Rückstellungen für die einzelnen Betriebstätten:

in der Gemeinde	A zuviel zurückgestellt s.o.	5.925 DM
	B zuviel zurückgestellt s.o.	3.799 DM
	C zuviel zurückgestellt s.o.	2.143 DM
insgesamt sind also gewinnerhöhend auszuweisen:		11.867 DM

21 : Entgelt oder Schadenersatz

Ein steuerbarer Umsatz setzt einen Leistungsaustausch voraus. Es ist zu prüfen, ob die Leistung des Vermieters wirklich nur zum Ausgleich des Schadens und damit außerhalb eines Leistungsaustausches erfolgt. Der den Schadenersatz leistende Mieter des PKW zahlt nicht 180 DM, weil er eine Leistung erhalten hat, sondern weil er einen Schaden verursacht hat und Ersatz leisten muß. Da kein unmittelbarer Zusammenhang zwischen Leistung und Gegenleistung besteht (= echter Schadenersatz), liegt kein steuerbarer Umsatz vor. Die Schadenersatzleistung resultiert aus dem Mietvertragsverhältnis (Abschn. 3 UStR).

Beauftragt dagegen der Mieter den Kfz-Händler, auf seine Kosten den Schaden zu beheben, führt dieser eine Leistung gegen Entgelt aus. Ein Leistungsaustausch hat auch dann stattgefunden, wenn er auf einer Schadenersatzpflicht basiert (= unechter Schadenersatz).

22 : Umsatzsteuerliche Behandlung von Entnahmen

Eigenverbrauch liegt nach § 1 Abs. 1 Nr. 2a UStG (Abschn. 7 u. 8 UStR) vor, wenn ein Unternehmer im Inland Gegenstände aus seinem Unternehmen für Zwecke entnimmt, die außerhalb des Unternehmens liegen. Der „Entnahmeeigenverbrauch" („Ersatz-Lieferung") nach dieser Vorschrift setzt eine „Wertabgabe" des Unternehmens voraus, die bei Einzelunternehmern, Körperschaften des öffentlichen Rechts und Vereinen, nicht aber bei Personen- und Kapitalgesellschaften, existent sein kann. Gegenstand des Eigenverbrauchs können nur solche Gegenstände sein, die auch Objekt einer Lieferung (§ 3 Abs. 1 UStG) sein können.

(1) Die Schenkung der Tiefkühltruhe ist eine Gegenstandsentnahme in die Privatsphäre des Unternehmers May. Da der Gegenstand dem Geschäft in Salzburg, also nicht im Inland, entnommen wurde, entfällt ein wesentliches Tatbestandsmerkmal des § 1 Abs. 1 Nr. 2 UStG. Es liegt demnach kein Eigenverbrauch vor (kein steuerbarer Umsatz).

(2) Die Entnahme aus dem Geschäft in Rosenheim dagegen erfüllt alle Tatbestandsmerkmale des Eigenverbrauchs gemäß § 1 Abs. 1 Nr. 2a UStG; es liegt ein steuerbarer Umsatz vor.

Bemessungsgrundlage ist bei Gegenstandsentnahmen der Einkaufspreis zuzüglich Nebenkosten oder Selbstkosten jeweils im Zeitpunkt des Umsatzes (§ 10 Abs. 4 Nr. 1 UStG).

23 : Ort der Lieferung

Nach § 3 Abs. 6 UStG wird eine Lieferung dort ausgeführt, wo sich der Gegenstand zur Zeit der Verschaffung der Verfügungsmacht befindet. Bei Beförderung oder Versendung des Gegenstandes an den Abnehmer, wie in vorliegendem Fall, gilt die Lieferung nach § 3 Abs. 7 UStG mit dem Beginn der Beförderung als ausgeführt, obwohl dem Abnehmer die tatsächliche Verfügungsmacht erst mit Übergabe des Liefergegenstandes verschafft wird (Vorverlegung durch Fiktion). Der Beförderung durch den liefernden Unternehmer steht die Versendung durch einen Frachtführer, Verfrachter oder Spediteur (§ 3 Abs. 7 Satz 3 UStG) gleich.

Die Beförderung des Haushaltsgeräts vom Hauptgeschäft in Rosenheim nach Salzburg in das Zweiggeschäft stellt noch nicht die Beförderung an den Abnehmer dar, sondern ist ein Verbringen innerhalb des Unternehmens (Innenumsatz) und erfolgt noch nicht in Erfüllung des Rechtsgeschäfts.

Die Beförderung des Geräts an den Abnehmer beginnt in Salzburg, somit befindet sich der Ort der Lieferung im Ausland, der Vorgang ist also nicht steuerbar.

24 : Eigenverbrauch

(1) Die Entnahme der Textilien stellt einen Eigenverbrauch i.S. des § 1 Abs. 1 Nr. 2 Buchst. a UStG (= Gegenstandsentnahme) dar und ist somit umsatzsteuerpflichtig.

Die Bemessungsgrundlage für den Eigenverbrauch ist nach § 10 Abs. 4 Nr. 1 UStG der Einstandspreis von 3.600 DM zuzüglich Nebenkosten.

Umsatzsteuer = 15 % von 3.600 DM = 540 DM.

(2) In der privaten PKW-Nutzung liegt Eigenverbauch vor, und zwar nach § 1 Abs. 1 Nr. 2 Buchst. b UStG: Ausführung für Zwecke, die außerhalb des Unternehmens liegen (= Gegenstandsverwendung).

Bemessungsgrundlage sind in diesem Falle die entstandenen Kosten (§ 10 Abs. 4 Nr. 2 UStG), also 25 % von 14.500 DM = 3.625 DM.

Umsatzsteuer = 15 % von 3.625 DM = 543,75 DM.

(3) In diesem Falle wird der Tatbestand des § 1 Abs. 1 Nr. 3 UStG (Gesellschafterverbrauch) erfüllt:

- Lieferung im Inland im Rahmen des Unternehmens.
- Die Leistungsempfänger wenden kein Entgelt auf.
- Die Leistung wird von einer Kapitalgesellschaft (GmbH) erbracht.
- Der Leistungsempfänger ist ein Gesellschafter oder diesem nahestehende Personen.

Bemessungsgrundlage wie bei Sachverhalt (1): der Einstandspreis von 1.500 DM.

Umsatzsteuer = 15 % von 1.500 DM = 225 DM.

(4) Die Aufwendungen für Werbegeschenke unterliegen als Eigenverbrauch i.S. des § 1 Nr. 2 Buchst. c UStG der Umsatzsteuer, wenn sie unter das Abzugsverbot des § 4 Abs. 5 EStG fallen. Dieser Tatbestand wird in diesem Falle nicht erfüllt, da die Freigrenze von 75 DM (Einstandspreis) nicht überschritten wird.

25 : Aufteilung der Vorsteuerbeträge

Führt der Unternehmer Umsätze, die den Vorsteuerabzug nach § 15 Abs. 2 UStG versagen und solche, die ihn gestatten, nebeneinander aus, so sind sämtliche Vorsteuerbeträge (einschließlich der gezahlten Einfuhrumsatzsteuer) gemäß § 15 Abs. 5 UStG nach dem Verhältnis der zum Ausschluß vom Vorsteuerabzug führenden Umsätzen zu den übrigen Umsätzen in abziehbare und nicht abziehbare Vorsteuern aufzuteilen (Abschn. 208 Abs. 3 UStR).

	zum Vorsteuerabzug berechtigte Umsätze DM	zum Vorsteuerabzug nicht berechtigte Umsätze DM
Steuerpflichtige Lieferungen und Leistungen § 1 Abs. 1 Nr. 1 UStG	450.000	
Eigenverbrauch § 1 Abs. 1 Nr. 2 UStG	3.000	
steuerfreie Lieferungen § 4 Nr. 1 UStG	65.000	
steuerfreie Leistungen § 4 Nr. 9 - 28 UStG		67.250
nicht steuerbare Lieferungen im Ausland	20.000	
steuerpflichtige Einfuhr § 1 Abs. 1 Nr. 4 UStG - nicht Umsatz i.S. dieser Vorschrift	-	-
	U = 538.000	A = 67.250

Verhältnis U : A = 538.000 : 67.250 = 8 : 1

Von den Vorsteuern in Höhe von 18.000 DM sind somit 8/9 = 16.000 DM abziehbar.

Stichwortverzeichnis